Digitalisierung der Finanzindustrie

Rainer Alt · Thomas Puschmann

Digitalisierung der Finanzindustrie

Grundlagen der Fintech-Evolution

Rainer Alt
Institut für Wirtschaftsinformatik
Universität Leipzig
Leipzig, Deutschland

Thomas Puschmann
Institut für Informatik
Universität Zürich
Zürich, Schweiz

ISBN 978-3-662-50541-0   ISBN 978-3-662-50542-7 (eBook)
DOI 10.1007/978-3-662-50542-7

Die Deutsche Nationalbibliothek verzeichnet diese Publikation in der Deutschen Nationalbibliografie; detaillierte bibliografische Daten sind im Internet über http://dnb.d-nb.de abrufbar.

Springer Gabler

Gedruckt auf säurefreiem und chlorfrei gebleichtem Papier

Springer Gabler ist Teil von Springer Nature
Die eingetragene Gesellschaft ist Springer-Verlag GmbH Berlin Heidelberg

Vorwort

Banken sind ein zentraler Bestandteil der realwirtschaftlichen Wertschöpfung und prägen den in entwickelten Volkswirtschaften mittlerweile vorherrschenden Dienstleistungssektor. Mit dieser Entwicklung von der Agrar- zur Industrie- und zur Informations- bzw. Wissensgesellschaft haben sich auch die Banken selbst verändert. Während Banken ihre Aufgaben über Jahrhunderte verhältnismäßig stabil ausgeübt haben, ist insbesondere mit dem Aufkommen der Informationstechnologie (IT) in diesem stark von Information bestimmten Bereich ein erheblicher Wandel festzustellen. Dieser betrifft nicht mehr nur die Automatisierung von Abläufen in und zwischen Banken – vielmehr zeigen Lösungen zum elektronischen Bezahlen (z. B. elektronische Geldbörsen, alternative Währungen) oder zur Geldanlage (z. B. Crowdfunding, Robo-Advice) in Richtung neuer Lösungen mit unmittelbarem Einbezug des Kunden. Die Unterstützung und Veränderung aller Bankfunktionen durch IT spiegelt das Schlagwort der „Digitalisierung" wider. Diese sorgt in Verbindung mit Ereignissen wie Finanzkrisen für einen Veränderungsdruck im Bankensektor und einen Strukturwandel. So schätzt das amerikanische Bankhaus Goldman Sachs, „dass von den 150 Mrd. $, die die US-Banken im letzten Geschäftsjahr verdient haben, rund 11 Mrd. $ in den nächsten fünf Jahren durch die Digitalisierung bedroht sind." (NZZ 10.04.15, 30).

Bedrohung ist jedoch nur eine Seite der Veränderung bzw. der Transformation hin zu einem neuen Zustand. Die andere bildet das Erschließen zuvor nicht gegebener Möglichkeiten in Form neuer Geschäftssegmente und Bankenlösungen insgesamt. Für die Bankenbranche stellt sich eine Situation wie sie in der Büromaschinen- oder Unterhaltungsindustrie bereits stattgefunden hat: mit der Verbreitung von (Personal) Computern sind weltweite Konzerne wie Apple, Dell oder Microsoft entstanden und haben etablierte Büromaschinenhersteller wie Olivetti oder AEG-Olympia verdrängt. Ebenso ist Google dabei sich als weltweit größtes Medienunternehmen vor Comcast und Walt Disney zu etablieren – mit Apple und Facebook finden sich weitere „New Player" auf vorderen Plätzen. Übertragen auf den Bankensektor bedeutet die Analogie, dass sich mit der IT bzw. der Digitalisierung nicht nur bestehende Abläufe automatisieren, sondern sich durch diese auch neue Geschäftsmöglichkeiten realisieren lassen, wie dies insbesondere die relativ jungen Fintech-Unternehmen illustrieren. Dies ist der klassische Gegenstandsbereich der Wirtschaftsinformatik, die sich weit vor dem Aufkommen des Schlagworts der Digitalisierung mit Fragen der IT-basierten Transformation bei Unternehmen beschäftigt hat.

Banken sollten für diese Herausforderungen der Transformation eigentlich gut gerüstet sein, denn sie haben in den vergangenen Jahrzehnten große IT-Abteilungen aufgebaut. So sind etwa 9'000 der rund 33'000 Mitarbeiter bei der Investmentbank Goldman Sachs im IT-Bereich tätig. Weil dies den größten Bereich der Bank ausmacht und ein IT-Unternehmen wie Facebook fast ebenso viele Mitarbeiter (9'200 Mitarbeiter) besitzt, bezeichnet der

CEO Lloyd Blankfein die Bank bereits als Technologieunternehmen (NZZ 12.06.15, 22). Jedoch haben viele Banken noch die aus den 1960er und 70er Jahren stammenden IT-Systeme im Einsatz. Abgesehen von der fehlenden Funktionalität und Erweiterbarkeit – etwa in Richtung neuer mobiler Endgeräte oder neuer Zahlungsdienste – bindet die Wartung wertvolle Ressourcen. So sind im Schnitt etwa zwei Drittel der Belegschaft der IT-Abteilungen von Banken weniger mit Innovationen als vielmehr mit der Aufrechterhaltung des operativen Betriebs befasst. Parallel dazu sind in letzter Zeit mehrere Tausend Start-up-Unternehmen weltweit entstanden, die sich auf die Realisierung neuer Lösungen konzentrieren. Die in diesem Kontext geprägten Schlagwörter Fintech (Verbindung von Finanzdienstleistungen und Technologie), Banking Innovations oder Insurtech (Verbindung von Versicherungsdienstleistungen und Technologie) bezeichnen innovative Lösungen für Finanzdienstleistungen, die nicht notwendigerweise von Banken bzw. Versicherungen stammen.

Zum Verständnis der Digitalisierung im Bankenbereich verbindet dieses Lehrbuch Grundlagen aus Bankwirtschaft und Wirtschaftsinformatik. Es liefert dazu eine Vielzahl an Strukturierungen und Abgrenzungen, die bei der Gestaltung der Transformation in der Unternehmenspraxis von Bedeutung sind. Zur Systematisierung dienen einerseits vier Leitlinien, welche die Gestaltung der Veränderung nach unserer Meinung stark beeinflussen, und andererseits drei Betrachtungs- bzw. Gestaltungsebenen, die jeweils unterschiedliche – sich jedoch wechselseitig ergänzende – Maßnahmen beschreiben. Zudem finden sich zur Illustration des Strukturwandels im Bankenbereich wiederholt Beiträge aus Medien, welche in grau hinterlegten Einschüben die Grundlagen im Text um aktuelle Beispiele und Standpunkte ergänzen. Wir danken den Verlagen, insbesondere der Neuen Zürcher Zeitung, für die Bereitstellung dieser Inhalte und hoffen, dass mit diesem Buch eine Hilfestellung zur strukturierten Vermittlung der Grundsachverhalte und der mit der Digitalisierung verbundenen Veränderungspotenziale für eine spannende und volkswirtschaftlich bedeutsame Branche gelungen ist. Wenngleich der internationale Bezug wiederholt hergestellt wird, richten sich die Inhalte bewusst auf den deutschsprachigen Bankenbereich und an Leser aus Wissenschaft und Praxis gleichermaßen.

Um die Brücke zwischen Wissenschaft und Praxis zu schlagen folgt dieses Buch dem Prinzip der Konsortialforschung. Danach erarbeitet ein Forscherteam (bestehend aus den Universitäten Leipzig, St. Gallen und Zürich sowie der Zürcher Hochschule der Künste) die Ergebnisse in enger Kooperation mit der Unternehmenspraxis (bestehend aus Banken, Dienstleistern und Beratungspraxis). Sowohl die Generalisierung als auch die Anwendbarkeit stehen dabei im Vordergrund. Das zugrunde liegende Konsortialprojekt „CC Sourcing (Kompetenzzentrum Sourcing in der Finanzindustrie)" kann mittlerweile auf sechs erfolgreiche, jeweils zweijährige Projektphasen zurückblicken. Die erste Projektphase (2004-2006) konzentrierte sich auf eine Typologie und die Bewertung von Sourcing-Modellen, die zweite (2006-2008) auf das Management serviceorientierter Finanznetzwerke, die dritte (2008-2010) auf die Transformation zur Bank 2015, die vierte (2010-2012) auf die kunden- und serviceorientierte Gestaltung vernetzter Banken und die fünfte Phase (2012-2014) auf kunden- und serviceorientierte Innovationen vernetzter

Banken. In der sechsten Phase (2014-2016) stellen Digitalisierung, Agilität im Sourcing und Big Data die inhaltlichen Schwerpunkte dar.

Die langjährige Mitarbeit der Partnerunternehmen im Kompetenzzentrum an den Ergebnissen dokumentiert den Nutzen einer engen Kooperation zwischen Wissenschaft und Praxis. Wir möchten an dieser Stelle allen Partnerunternehmen des CC Sourcing für ihre engagierte Mitarbeit in zahlreichen Workshops und Projekten danken ohne die dieses Buch nicht entstanden wäre! Stephen Meyer von Avaloq, Roland Rühl von Fiducia, Ralph Hutter und Marc Büdenbender von Finnova, Jens-Peter Jensen von SAP, und Enzo Giannini von SunGard haben darüber hinaus an Inhalten für die im vierten Kapitel beschriebenen Beispiele von Kernbankensystemen mitgewirkt und damit zu Aktualität und Praxisbezug beigetragen. Weiterhin gebührt unser Dank dem gesamten Team des CC Sourcing. Hierzu zählen die Beiräte Prof. Dr. Gerhard Buurman, Prof. Dr. Reinhard Jung und Prof. Dr. Hubert Österle, der langjährige Leiter und Mitgründer des Kompetenzzentrums Thomas Zerndt, die Doktoranden Dr. Clemens Eckert, Dr. Michael Fischbach, Sascha Hoberecht, Dr. Falk Kohlmann, Jakob Lichtner, Rebecca Nüesch und Stephan Sachse sowie die Fachexperten Dr. Walter Etter, Christian Hrach, Joseph Kaister, Chong Li, Patrik Solis und Christian Wilhelm. Zudem gaben uns die Lehrveranstaltungen zur Finanzinformatik im Master of Science Wirtschaftsinformatik an der Universität Leipzig sowie zum Business Networking und zur Backoffice Academy an der Universität St. Gallen Rückmeldungen seitens der Studierenden, die eine wichtige Zielgruppe dieses Buches darstellen. Auch Ihnen allen möchten wir herzlich danken. Damit wünschen wir eine aufschlussreiche Lektüre dieses Lehrbuchs und sind für Verbesserungen mit Blick auf eine zweite Auflage jederzeit dankbar.

Leipzig und Zürich,
im Mai 2016   Rainer Alt, Thomas Puschmann

Inhaltsübersicht

Inhaltsverzeichnis

Abkürzungsverzeichnis

AIA	Automatic Exchange of Financial Account Information
ALM	Application Lifecycle Management
AS	Anwendungssystem
ASP	Application Service Providing
B2B	Business-to-Business
B2C	Business-to-Customer
BaFin	Bundesanstalt für Finanzdienstleistungsaufsicht
BE	Business Engineering
BI	Business Intelligence
BIAN	Banking Industry Architecture Network
BIC	Business Identifier Code
BIZ	Bank für Internationalen Zahlungsausgleich
BPEL	Business Process Execution Language
BPMN	Business Process Model and Notation
BPO	Business Process Outsourcing
BSP	Business Service Providing
BTC	Bitcoin
C2C	Customer-to-Customer
CCP	Central Counter Party
CHF	Schweizer Franken
CIR	Cost Income Ratio
CRM	Customer Relationship Management
CWO	Credit Workout (Kreditsanierung)
DIN	Deutsches Institut für Normung
DL	Dienstleister
DTA	Datenträgeraustausch
DTB	Deutsche Terminbörse
EBA	European Banking Authority
EBICS	Electronic Banking Internet Communication Standard
EBPP	Electronic Bill Presentment and Payment
EMIR	European Market Infrastructure Regulation
EPK	Ereignisgesteuerte Prozesskette
ERP	Enterprise Resource Planning
ESMA	European Securities and Markets Authority
ESFS	European System of Financial Supervision
EU	Europäische Union
EUR	Euro

Euribor	Euro Interbank Offered Rate
EVV	Externer Vermögensverwalter
E-Wallet	Electronic Wallet
EZB	Europäische Zentralbank
FATCA	Foreign Account Tax Compliance Act
FCA	Financial Conduct Authority
FIBO	Financial Industry Business Ontology
FIDLEG	Finanzdienstleistungsgesetz
FMA	Österreichische Finanzmarktaufsicht
FINMA	Eidgenössische Finanzmarktaufsicht
FINRA	Financial Industry Regulatory Authority
Fintech	Financial Technology (Finanztechnologie)
FinTS	Financial Transaction Services
FIX	Financial Information eXchange
FOREX	Foreign Exchange
FpML	Financial products Markup Language
FTE	Full-time Equivalent
GOM	Grundsätze ordnungsgemäßer Modellierung
GWG	Geldwäschereigesetz
HBCI	Homebanking Computer Interface
HFT	High Frequency Trading
HVB	Hypovereinsbank
IaaS	Infrastructure-as-a-Service
IBAN	International Bank Account Number
IOSCO	International Organization of Securities Commissions
IS	Informationssystem
ISO	International Organization for Standardization
ISIN	International Securities Identification Number
IT	Informationstechnologie
ITIL	IT Infrastructure Library
ITO	IT-Infrastruktur Outsourcing
IWF	Internationaler Währungsfonds
KFMI	Kundenorientierte Finanzmarktinfrastruktur
KWG	Gesetz über das Kreditwesen
LSV	Lastschriftverfahren
MC	Mass Customization
MiFID	Markets in Financial Instruments Directive
NACHA	National Automated Clearinghouse Association
NCUA	National Credit Union Administration
NFC	Near Field Communication
NSX	National Stock Exchange
OASIS	Organization for the Advancement of Structured Information Standards

OFAC	Office of Foreign Assets Control
OMG	Object Management Group
OTC	Over-the-Counter
P2P	Peer-to-Peer
PaaS	Platform-as-a-Service
PC	Personal Computer
PFM	Personal Finance Management
RO	Retained Organization
RZ	Rechenzentrum
SaaS	Software-as-a-Service
SD	Service Desk
SEPA	Single Euro Payments Area
SFAMA	Swiss Funds & Asset Management Association
SIC	Swiss Interbank Clearing
SLA	Service Level Agreement
SLM	Service Lifecycle Management
SOA	Serviceorientierte Architektur
SOFFEX	Swiss Options and Futures Exchange
sog.	sogenannt(e)
STP	Straight Through Processing
SWIFT	Society for Worldwide Interbank Financial Telecommunication
TARGET	Trans-European Automated Real-time Gross Settlement Express Transfer System
UML	Unified Modeling Language
UN/SPSC	United Nations Standard Products and Services Code
UNIFI	Universal Financial Industry Message Scheme
WI	Wirtschaftsinformatik
WKN	Wertpapierkennnummer
WP	Wertpapier
WSDL	Web Service Description Language
ZV	Zahlungsverkehr

Abbildungsverzeichnis

Tabellenverzeichnis

1 Einführung

Wirtschaftsinformatik bezeichnet die Gestaltung und Nutzung der Informationstechnologie (IT) für die Unternehmenspraxis. Die Bankenindustrie ist davon in besonderem Maße betroffen, da ebenso wie im Software- oder Medienbereich die Kernprodukte fast oder sogar vollständig auf Information beruhen. Prinzipiell kann die Erfassung, Weitergabe und Verarbeitung von Information mittels der IT ohne Zeitverzug bzw. in Echtzeit erfolgen. Offensichtlich betrifft dies auch alle Aspekte des Geldes bzw. des Kapitals, das einen zentralen Produktionsfaktor in modernen Volkswirtschaften darstellt. Informationstechnologische Verbesserungen sind daher für die gesamte Bankenindustrie von Bedeutung. In den vergangenen Jahrzehnten sind dort mit der fortschreitenden Digitalisierung häufigere und auch tiefgreifendere Veränderungen anzutreffen als vermutlich in den Jahrhunderten zuvor. Das erste Kapitel dieses Buches geht einführend auf diese Zusammenhänge ein. Es erläutert zunächst mit Geld, Bankensystem und Bankentypen wichtige Institutionen[1] der Bankenindustrie und mit Banken- und Finanzindustrie die betroffenen Gegenstandsbereiche der Wirtschaftsinformatik. Es folgt eine Zusammenstellung der Einflussfaktoren und Entwicklungen, welche die Transformation der Bankenindustrie durch Digitalisierung bewirken. Eine Darstellung der Leitlinien sowie des Bezugsrahmens dieses Buches schließt die Einführung ab.

1.1 Bankenindustrie

1.1.1 Evolution und Funktionen des Geldes

Die Bankenindustrie hat eine lange Tradition und eine hohe volkswirtschaftliche Bedeutung. In der Tat hat sich das Umfeld für Banken – oder Finanzdienstleister[2] im Allgemeinen – seit der Gründung erster institutioneller Banken im 12. Jahrhundert stetig gewandelt. Ohne die Zukunft präzise vorwegnehmen zu können, trägt ein Blick auf die Ursprünge der Branche zum Verständnis der gegenwärtigen Entwicklungen und Herausforderungen in der Finanzindustrie bei. So zeigt die Evolution des Geldes, dass dies niemals reiner Selbstzweck war, sondern stets der damit entstehende gesamt- oder einzelwirtschaftliche Nutzen

---

[1] Institutionen bezeichnen generalisierte Verhaltenserwartungen, die als akzeptierte Strukturen, Normen oder Regeln das Spektrum der möglichen Verhaltensweisen einschränken und damit den Handlungsspielraum der einzelnen ökonomischen Akteure berechenbarer werden lassen (Alt, 1997, 63).

[2] Der Begriff „Finanzdienstleister" unterscheidet eine juristische und eine ökonomische Perspektive. Die ökonomische subsumiert darunter die Konstrukte des Finanzkontraktes und der Finanzintermediation und bildet den Oberbegriff zu Banken, Versicherungsunternehmen, etc. Die juristische Perspektive leitet sich dagegen aus Gesetzen ab, wie z. B. in Deutschland aus dem Gesetz über das Kreditwesen (KWG) ab, in dem § 1 zwischen „Kreditinstituten" und „Finanzdienstleistungsinstituten" unterscheidet (Gramlich et al., 2012, 534), wonach Kreditinstitute Unternehmen sind, die Einlagen, Kredite etc. entgegennehmen und Zweitere deren Vermittlung (Anlagen etc.) zum Ziel haben.

im Mittelpunkt stand: Zählbarkeit, Lagerfähigkeit, leichte Transportierbarkeit, Gleichartigkeit etc. waren Eigenschaften, die dem Tauschinstrument Geld je nach Zeit und Anwendungszweck zuzuordnen waren. Diese spiegelt sich in den Funktionen des Geldes als Tauschmittel, als Wertmesser und als Wertübertragungs- und -speicherungsmittel in einer Volkswirtschaft wieder (Hartmann-Wendels et al., 2010, 266ff). Geld als Tauschmittel ersetzt den Naturalaustausch (sog. Tauschhandel) und zeichnet sich gegenüber anderen Tauschmitteln dadurch aus, dass alle Wirtschaftssubjekte es (weiter-)verwenden können und es abstrahiert von den Bedürfnissen des Empfängers. Zur Bemessung von Leistung und Gegenleistung liefert es ferner eine identische abstrakte Recheneinheit, was den Wert heterogener Güter vergleichbar macht. Schließlich erlaubt Geld als Wertübertragungs- und Wertspeicherungsmittel, dass Wirtschaftssubjekte etwa durch Kredite Kaufkraft auf andere Wirtschaftssubjekte übertragen oder diese für sich aufbewahren können.

„Von grün über rot zu digital

(...) Ware gegen Geld, ein denkbar einfacher Vorgang, so scheint es. Bezahlen ist aber eine weit weniger simple Tätigkeit als gemeinhin vermutet. So war es noch vor etwas mehr als 150 Jahren äusserst mühsam, in der Schweiz schon nur das passende Bargeld dabei zu haben. Damit ist nicht die Stückelung gemeint, sondern die Art des Geldes: Vor 1850 kursierten hierzulande mehrere hundert verschiedene Münzen mit Zahlungsfunktion. Das Münzwesen war nicht vereinheitlicht. Noch bevor allerdings die Schweizerische Nationalbank 1907 ihre Tätigkeit aufnahm, wurde ein landesweites Zahlungssystem durch die Post in Betrieb genommen. (...).

Zu Beginn des 20. Jahrhunderts wollten sich die hiesigen Banken nicht mit der Überweisung von kleinen Geldbeträgen herumschlagen. Damals war der Massenzahlungsverkehr für die Finanzinstitute uninteressant, da die meisten Zahlungen noch bar getätigt wurden – so auch die Lohnzahlungen in der heute nur mehr sprichwörtlich verwendeten Lohntüte. Für die privaten Geldhäuser hätte sich die Errichtung einer Zahlungs-Infrastruktur nicht gelohnt. Die Politik wollte allerdings den bargeldlosen Zahlungsverkehr auch hierzulande etablieren. Seit längerem hatten die Eidgenossen neidvoll über die östliche Grenze geblickt. Dort wurde von der Österreichischen Post bereits 1883 ein Postcheckdienst errichtet, der sich äusserst positiv entwickelte. Mit ihrem dichten Filialnetz schien die hiesige Post ebenfalls ein idealer Anbieter für bargeldlose Zahlungs-Dienstleistungen zu sein. In einer Motion wurde deshalb in der Schweiz die Einrichtung eines Postcheck- und Girodienstes verlangt; am 1. Januar 1906 wurde der Service offiziell eingeführt. Die Post prägt den Zahlungsverkehr in der Schweiz damit seit über 100 Jahren. Einst wurde die Verwendung des Einzahlungsscheins sogar in der Schule gelehrt. Der bei seiner Einführung noch grüne Einzahlungsschein war jedoch nur der für das Publikum sichtbare Teil einer Infrastruktur, die auf drei Pfeilern ruhte. Die Poststellen waren die Schnittstellen zwischen dem Bargeldverkehr und dem Zahlungssystem der Post. In den Postcheckämtern wurden dann die Aufträge zusammengetragen. Schliesslich gab es nachgelagert das Rechenzentrum der Post.

Fortschreitende Digitalisierung

Lange Zeit mussten die einzelnen Zahlungsaufträge noch manuell verarbeitet werden, elektronische Hilfsmittel hielten erst nach und nach Einzug. 1971 wurde sodann der damals blaue und heute rote Einzahlungsschein eingeführt mit aufgedruckter Referenznummer, die ein maschinelles Ablesen erlaubte und grosse Effizienzgewinne ermöglichte. Die elektronische Datenverarbeitung bahnte sich unaufhaltsam ihren Weg. Bereits 1978 nahm die Post die ersten Geldautomaten in Betrieb. Zehn Jahre später wurde es möglich, elektronisch zu zahlen – damals noch auf dem inzwischen längst überholten Videotext-System. Und seit 1997 kann man den Zahlungsverkehr auch über das Internet abwickeln. Lange Zeit hatte die Post beim Zahlungsverkehr die Nase vorn. Noch während des Zweiten Weltkrieges waren die Schweizer Banken massiv im Rückstand, was die Verrechnung gegenseitiger Zahlungen (Clearing) betraf. Gab es in Deutschland schon ab 1876 den Reichsbank-Giroverkehr, war man hierzulande noch zerstritten. Eine von den Bankiers eingeleitete Kommission mit dem Auftrag, das Clearing zu vereinheitlichen, scheiterte 1945. Danach fanden aber rasch Änderungen statt, bereits 1949 zentralisierten die damaligen vier Grossbanken das Clearing. Mit der Zeit schlossen sich zusätzliche Banken an. Und 1979 wurde die Datenverarbeitung von Telekurs übernommen, einer Vorgängerin der heutigen Six. Unter der Verantwortung von Six wurde Anfang Sommer dieses Jahres auch ein allen Banken offenstehendes mobiles Bezahlsystem namens Paymit lanciert. Damit haben die einst trägen Banken die Post überholt. Mit der jüngst angekündigten Partnerschaft mit Swisscom scheint der Bezahl-App Twint der Postfinance eine mächtige Konkurrenz gegenüberzustehen. Ob Twint die langjährige Vormachtstellung der Post beim Zahlungsverkehr in die neue mobile Welt hinüberzuretten vermag, ist mehr als ungewiss."

(Quelle: Neue Zürcher Zeitung v. 07.08.2015, 23)

Die Bedeutung des Geldes zeigt sich insbesondere in ökonomischen Transaktionen, die sich als Basis wirtschaftlichen Handels interpretieren lassen. Wie die Transaktionskostentheorie ausführt, erhöhen geringe Transaktionskosten die gesamtwirtschaftliche Spezialisierung und damit auch die Produktivität einer Volkswirtschaft. Transaktionskosten entstehen in allen Phasen einer ökonomischen Transaktion, die von der Information über passende Güter und Anbieter bis hin zur Verhandlung und dem Vertragsschluss sowie schließlich zur Abwicklung reichen (s. Bild 1-1). Typischerweise kommen die Funktionen des Geldes in allen Phasen zum Tragen, da es in der Informationsphase eine Orientierung über den Wert eines bestimmten Produktes vermittelt, über welchen die Transaktionspartner in der Vereinbarungsphase verhandeln. Der Preis und die Modalitäten der Bezahlung sind Bestandteil der Vereinbarungsphase und definieren die Eckpunkte der Vereinbarungsphase, in welcher der Leistungsaustausch stattfindet. Letzterer ist definiert durch die Lieferung des Produktes und die Bezahlung als Gegenleistung.

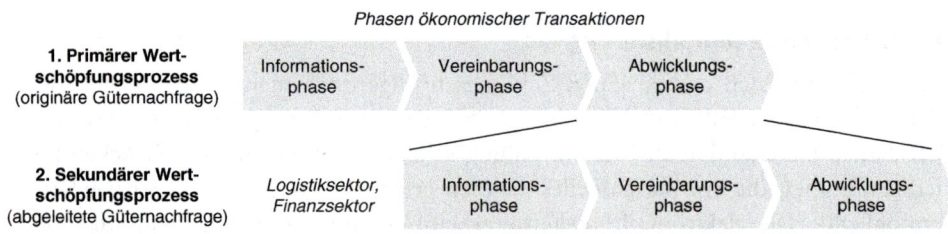

Bild 1-1: Bereiche ökonomischer Transaktionen (Alt, 1997, 142ff)

Ebenso wie Logistikunternehmen agieren Banken daher als Unterstützer („Enabler") ökonomischer Transaktionen. Sie bilden eine abgeleitete Nachfrage für die originäre Güternachfrage im sog. primären Wertschöpfungsprozess. Das nachfolgende Beispiel von Starbucks illustriert, wie das Bestell- und Bezahlsystem zur Effizienz der gesamten Transaktionen im Geschäft beiträgt und, u. a. damit über geringere Wartezeiten, die Kundenzufriedenheit verbessert. Als Anbieter eines Bezahlsystems tritt Starbucks aber auch als Anbieter in den Finanzmarkt (sekundärer Wertschöpfungsprozess) ein und könnte die Leistungen, ebenso wie Apple oder Google, zusätzlich auch anderen primär wertschöpfenden Unternehmen anbieten.

> **„Starbucks will Schlangen vermeiden**
>
> Starbucks möchte den langen Warteschlangen in seinen Cafés mit einem neuen Bezahlsystem den Kampf ansagen. Die Kunden in den USA können ab 2015 mithilfe ihrer Smartphones bereits vor dem Betreten des Ladens ihre Bestellung aufgeben und bezahlen, um längere Wartezeiten zu verhindern, wie der Konzern mit Hauptsitz in Seattle am Donnerstag mitteilte. Zunächst soll der Service noch in diesem Jahr in Portland vorgestellt werden, ehe er 2015 US-weit eingeführt werden soll."
>
> *(Quelle: Neue Zürcher Zeitung v. 18.10.2014, 37)*

Das Tauschmittel „Geld" hat seit jeher einem stetigen Wandel unterlegen und war Gegenstand zahlreicher Innovationen. Aus der folgenden Chronologie ist jedoch zu erkennen, dass sich mit der Verfügbarkeit leistungsfähiger Technologien zur Erfassung, Verarbeitung und Weiterleitung von Information die Innovationsdynamik erhöht hat und in jüngster Zeit zahlreiche Ansätze zur Verbesserung originärer Gütertransaktionen zu beobachten sind. Insbesondere führt die von IT verursachte Digitalisierung zu einer Virtualisierung der anfangs noch stark an physische Objekte gebundenen Repräsentationen des Geldes.

- *Ca. 5'000 v. Chr.:* Der Tauschhandel von *Naturalien* (wertvolle, schöne oder nützliche Dinge, wie etwa Felle oder Steingeld) beginnt teilweise durch die Verwendung von *Metallobjekten* als Zahlungsmittel abgelöst zu werden.

- *Ca. 700 v. Chr.:* Im östlichen Mittelmeerraum sind die ersten *Münzen* aus Elektrum, einem natürlichen Gold- und Silbergemisch, entstanden. Die Metallwährung bescherte der Region eine wirtschaftliche Blütezeit.
- *Ca. 11. Jh.:* China führt *Papiergeld* ein, welches das Münzgeld vollständig ersetzen soll. Damit findet eine Abkehr vom "Commodity Money", bei dem das Zahlungsmittel an sich einen Wert besitzt, zum "Representative Money" statt, bei dem die Währung nur den Wert repräsentiert. In Europa kommt Papiergeld erst im 15. Jh. zum Einsatz.
- *Ca. 17. Jh.:* Mit der Amsterdamer Wechselbank entsteht 1609 eine *zentralbankähnliche Institution*, die allerdings privaten Charakter hat. Dem folgt 1656 die Schwedische Reichsbank als die älteste, heute noch existierende Zentralbank und 1694 die Bank of England.
- *Ca. 19. Jh.:* In der industriellen Revolution erfolgt mit Buchgeld (*Giralgeld*) eine Virtualisierung des Geldes. Buchhaltungsverfahren (Kontenbücher), nicht länger physische Zahlungsmittel, bestimmen den Geldbestand. Damit entstehen die Voraussetzungen für Zentralbanksysteme, den Transfer von (Buch-)Geld unabhängig von Bargeld (Überweisungen) sowie für die (spätere) Abbildung von Geld in elektronischen Informationssystemen.
- *1946:* Einführung der ersten *Bankkarte* "Charg-It" in Brooklyn, die bargeldloses Einkaufen in Geschäften erlaubt. Die Bank saldiert dabei alle Ansprüche der Händler und wickelt die Verrechnung mit den Kunden ab.
- *1959/1967:* Der erste *Geldautomat* bzw. Automated Teller Machine (ATM) wird 1959 in Arlington/Ohio (USA) aufgestellt, 1967 folgt der erste Geldautomat in Europa durch Barclays Bank in London.
- *1977:* Die Verbraucherbank führt den ersten *Geldautomaten in Deutschland* ein, der mit Sachbearbeiter-Terminals, die nach Schalterschluss mit dem Hubwagen in den Vorraum der Filiale gerollt wurden, ausgestattet ist und bei dem Kunden mit Kundenkarte und PIN Geld abheben können.
- *1981:* Geburtsstunde des *Home Banking*: Citibank und Chase Manhattan bieten mittels Online-Diensten erstmals Bankgeschäfte über Terminals von zu Hause an – damals am heimischen Fernsehen über Videotext.
- *1983:* Die Deutsche Post lanciert mit ihrem „*Btx-Postgiro*" das erste elektronische 24-Stunden-Konto über BTX in Deutschland. Kunden können von zu Hause aus Überweisungen anweisen und Kontostände abrufen.
- *1984:* Start von *Quicken*, einer Software vom amerikanischen Softwarehersteller Intuit, die zum Homebanking und zur Finanzverwaltung für Privatpersonen entwickelt wird. 1993 erscheint die erste deutsche Version. Dem folgen weitere Anwendungen, wie *Microsoft Money* oder *StarMoney*. Im gleichen Jahr vereinbaren die deutschen Banken im „Abkommen über Bildschirmtext" das *PIN/TAN-Verfahren* zur Absicherung von Transaktionen.

- *1990:* David Chaum entwickelt das erste *digitale Bezahlverfahren* "digicash" und lanciert dieses am Markt. Die Grundlage für dieses Bezahlverfahren bilden kryptographische Protokolle, welche die Bezahlung mittels Kreditkarten über das Internet sicher gestalten sollen. 1998 wird das Vorhaben mangels Kundenakzeptanz eingestellt. Beteiligt waren u. a. Mark Twain Bank, Deutsche Bank und Credit Suisse.
- *1994:* Die Stanford Credit Union startet das erste *Internet Banking* weltweit.
- *1996:* Die drei Schweizer Großbanken SKA, SBG und SBV bieten ca. 450'000 Kunden Informationen, Börsendaten und -dienste sowie Zahlungsverkehr als *Schweizer Telebanking* an. Sie führen ca. 1% bis 2% des nationalen Zahlungsverkehrs via Videotext aus.
- *1997/98:* Erste Internet Banking Angebote entstehen in Deutschland und der Schweiz. 1997 schaltet Credit Suisse mit Direct Net das *erste Internet Banking in der Schweiz* für seine Kunden frei. Mit Direct Net sind Funktionen, wie Konto- und Depotverwaltung, Zahlungsverkehr, Kursinformationen sowie Börsentransaktionen möglich. Fünf Monate später stellt die Zürcher Kantonalbank (ZKB) ihren Kunden diesen Dienst bereit und 1998 bietet Postbank als erste Bank in *Deutschland* das browserbasierte Internet Banking an.
- *1998:* Veröffentlichung des *Homebanking Computer Interface (HBCI)* für das Electronic Banking, das Übertragungsprotokolle, Nachrichtenformate und Sicherheitsverfahren definiert durch den Branchenverband der Banken ZKA (Zentraler Kreditausschuss, heute „Die Deutsche Kreditwirtschaft"). Die Software Quicken war dank HBCI ab 1998 multibankfähig.
- *1999:* Das erste *Mobile Banking*-Angebot bietet die norwegische Fokus Bank (heutige Danske Bank) an, mit welchem Kunden mittels SMS z. B. Kontostandabfragen durchführen können.
- *2000:* Gründung des Zahlungsdienstleisters PayPal – ein stellvertretendes Beispiel für die vollständige *Digitalisierung des Geldes*. Dies bezeichnet viele innovative Zahlverfahren und virtuelle Währungen für die Zahlungsabwicklung über elektronische Kanäle und Endgeräte. Seit demselben Jahr können Kunden der UBS in der Schweiz mit Mobile Brokerage über das Wireless Application Protocol (WAP) die Börsenkurse verfolgen und Börsenaufträge tätigen.
- *2001:* Citibank bietet einen *Multi-Banking-Dienst*, den sog. „Citibank's My Accounts Service" an. Damit können Kunden Ein-/Ausgaben sowie Vermögenspositionen und Verbindlichkeiten von Konten mehrerer Banken auf einer Webseite darstellen. Die Bank stellt die Lösung 2005 ein, worauf 2006 mit mint.com eine Nicht-Bank als neutraler Anbieter folgt. Alternative PC-Softwarelösungen sind Intuit Quicken oder Microsoft Money.
- *2002:* Start des *Financial Transaction Service (FinTS)* Standard in Deutschland. FinTS umfasst ein zertifikatsbasiertes Authentifizierungssystem als Ergänzung zum PIN/TAN-basierten Banking. Im gleichen Jahr startete die Schweizer PostFinance mit Yellowbill gemeinsam mit Lindt & Sprüngli und Helvetas ihren Dienst *Elec-*

tronic Bill Presentment and Payment (EBBP, s. Kap. 2.5.3), der die elektronische Rechnungsstellung und -bezahlung über Online Banking ermöglicht.

- *2004:* Die Chinesische Alibaba Group lanciert *Alipay.com*, eine Online-Bezahlplattform, welche ohne Transaktionskosten operiert. Die Plattform ist mit über 65 Banken und Kartenanbietern integriert. 2013 wurde diese Plattform um weitere Finanzprodukte ergänzt und agiert inzwischen als eigenständige Bank mit dem Namen Zhejiang Ant Small and Micro Financial Services Group am Markt.
- *2006:* Veröffentlichung des *Electronic Banking Internet Communication Standard (EBICS)* vom Verband „Die Deutsche Kreditwirtschaft" (ehemals ZKA, s. o.) zur Realisierung eines multibankfähigen Standards, das die Übertragung von Zahlungsverkehrsdaten über das Internet regelt. EBICS ist XML-basiert und dient u. a. als sicherer Kanal für SEPA-Zahlungen.
- *2007: Google und PayPal erhalten Banklizenzen* für Europa und können damit als Anbieter von Finanzdienstleistungen (z. B. Überweisungen, Bezahlsysteme, Beratung) auftreten.
- *2009:* Nokia führt auf Basis des 2008 gegründeten M-Payment-Anbieters Obopay das mobile Bezahlsystem Nokia Money ein, stellt es aber trotz Verbreitung in Indien 2012 wieder ein. In 2009 entsteht ferner die *virtuelle Währung „Bitcoins"*, die sich als Bezahl- und Spekulationsinstrument etabliert. So ist der Kurs von einigen EUR pro Einheit (BTC) in 2012 auf ca. 800 EUR (12/2013) angestiegen und liegt heute bei ca. 395 EUR (4/2016).
- *2010:* Die Kuwaitische Gulf Bank ermöglicht die Durchführung von *Transaktionen über eine Apple iPhone App.* Im selben Jahr bietet die comdirect in Deutschland als erste Bank im Land eine Banking-Applikation für iPhone und iPad. Die PostFinance lanciert mit der PostFinance App im September 2010 die erste Schweizer iPhone-App mit Zahlungsverkehrsfunktion.
- *2013:* Die spanische Banco Sabadell realisiert „*Augmented Reality*" mittels Google Glass. So kann sich der Kunde über die Brille den nächsten Bankautomaten anzeigen lassen, mit dem Servicecenter verbinden lassen oder die „Sicht" mit dem Kundenberater, z. B. über eine Immobilie, teilen.
- *2014:* Apple initiiert mit der Einführung des iPhone 6 das *mobile Bezahlverfahren Apple Pay*, das es mit den Kreditkartenanbietern Amex, Mastercard und Visa betreibt. Grundlage ist eine lokale Verbindung mit dem Gerät am Point of Sale über die Near Field Communication-Technologie (NFC) oder iBeacon[3]. Im März 2015 folgt die Ankündigung des konkurrierenden Samsung Pay.

---

[3] iBeacon ist ein 2013 von Apple eingeführtes Bluetooth-basiertes proprietäres Kommunikationsprotokoll zwischen Mobilgeräten (iPod, iPhone) und Sendern (Beacons), die in Zeitintervallen Signale senden.

- *2015:* Mit der *Apple Watch* sind Bankdienstleistungen auch über eine Uhr nutzbar (z. B. bei Barclays, Citibank, Comdirect, Consorsbank, DAB, Deutsche Bank, Finanzblick, NatWest, Outbank).

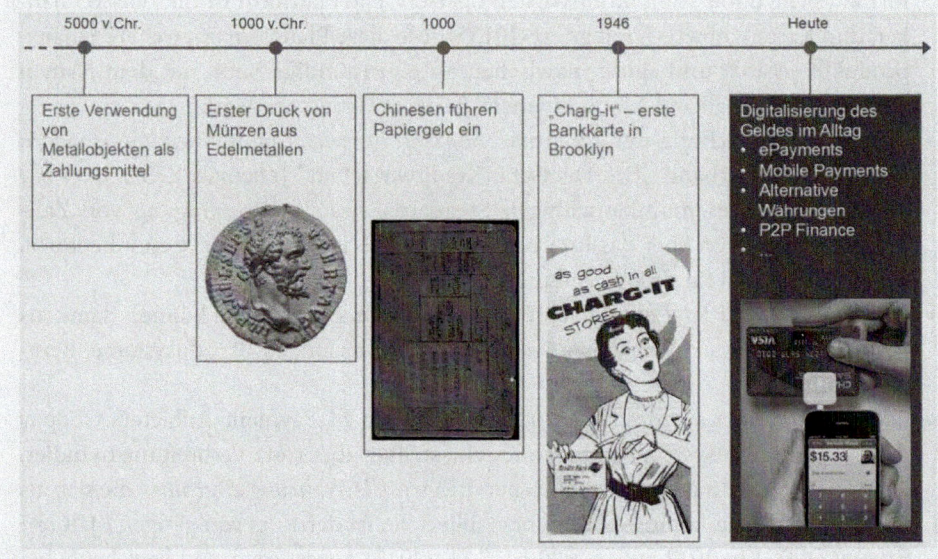

Bild 1-2: Evolution des Geldes (s. (North, 1994), www.bankinnovation.net))

Aus volkswirtschaftlicher Sicht ist der Finanzsektor Teil des Dienstleistungssektors. Letzterer besitzt in entwickelten Volkswirtschaften heute den größten Anteil am Bruttoinlandsprodukt (BIP). In Deutschland betrug dieser 69% (2013), in der Schweiz 72% (2012), in den USA 78,6% (2011) und in den EU-Mitgliedsländern durchschnittlich 74,42% (2013). Gegenüber dem auch tertiär genannten Dienstleistungssektor hat der sekundäre bzw. jener des verarbeitenden Gewerbes (Industrie) in der EU einen Anteil von 24,05% und der primäre (Agrar-)Sektor einen von 1,53%.[4] Der Anteil des Finanzdienstleistungsbereichs variiert in den Volkswirtschaften: In der Schweiz trägt er mit einem ausgeprägten Fokus auf den Finanzsektor, 64 Mrd. CHF zur direkten und 23 Mrd. CHF zur indirekten Wertschöpfung bei (Gallarotti 2014, 22). Bei einer Gesamtbruttowertschöpfung von 635 Mrd. CHF entspricht dies einem Anteil von ca. 15% an der gesamtwirtschaftlichen Wertschöpfung und einem Beschäftigungsanteil von ca. 10% oder 491'000 Beschäftigten (s. Bild 1-3 aus anderer Quelle, das den Sektor bei ca. 11% verortet). In Deutschland ist der Anteil der Finanzdienstleistungsbranche mit ca. 4% und 1,2 Mio. Beschäftigen etwas geringer ausgeprägt und zeigt die stär-

---

[4] http://de.statista.com/statistik/daten/studie/249080/umfrage/anteile-der-wirtschaftssektoren-am-bruttoinlandsprodukt-bip-der-eu-laender/.

kere Konzentration auf den Industriebereich, der 23% zur Gesamtwertschöpfung bei-trägt.[5]

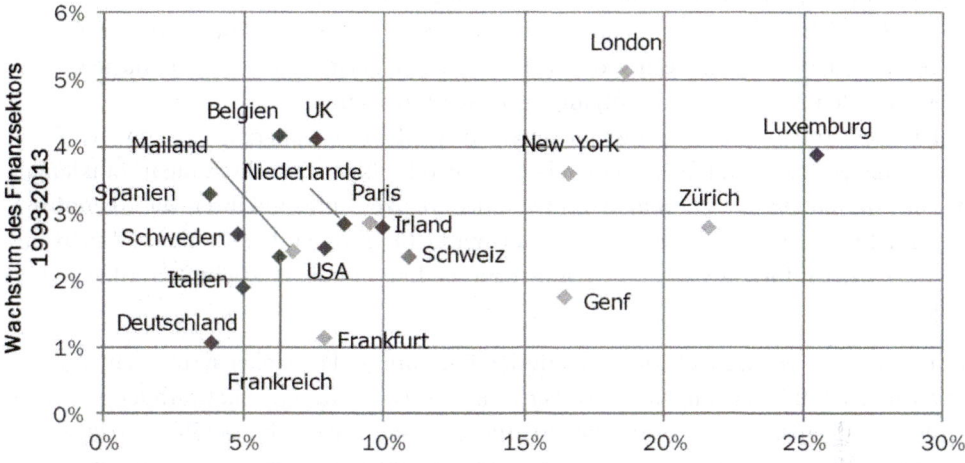

Bild 1-3: Wertschöpfung des Finanzsektors im internationalen Vergleich (Grass et al., 2014, 15)

1.1.2 Funktionen und Typen von Bankensystemen

Mit der Evolution des Geldes ist auch die Entwicklung von Bankensystemen verbunden. Neben dem Geld als Währung selbst reichen erste Vorläufer der heutigen Banken bis in das 2. Jh. v. Chr. zurück. Im damaligen Mesopotamien begannen zu jener Zeit erste Un-ternehmen mit dem Führen von Konten und der Verrechnung von Forderungen. Erst im 13. Jh. gewann das Bankengewerbe auch in Europa an Bedeutung. Der Aufstieg Italiens zur Handelsmacht ließ das dortige Bankengewerbe entstehen, wobei vor allem Florenz einen Schwerpunkt bildete. Aus dieser Zeit stammt auch der Begriff „Bank", welcher dem ita-lienischen „banco" bzw. „banca" entliehen ist und wörtlich den „Tisch" der Geldwechsler beschreibt. Heute noch ist die Geschichte Italiens im Bankengewerbe sichtbar: Die älteste existierende Bank der Welt ist die 1472 gegründete „Monte dei Paschi di Siena" (Banca MPS) aus Siena/Italien – aktuell die sechstgrößte Bank des Landes. Aus der Geschichte kommt Banken im Finanzmarkt[6] typischerweise die Funktion eines Intermediärs zu, d. h. sie nehmen eine Vermittlerrolle ein, indem sie Kapital von Anlegern an Kapitalnehmer weiterleiten. Sie wirken dabei an vier zentralen volkswirtschaftlichen Funktionen mit (Gramlich et al., 2012, 125):

---

[5] http://www.bundesregierung.de/Content/DE/Magazine/MagazinWirtschaftFinanzen/062/
sa-finanzplatz-deutschland.html.

[6] Ein Markt ist eine formelle oder informelle Einrichtung, die Käufer und Verkäufer bestimmter Güter zusammenführt, um Handel zu ermöglichen. Finanzmärkte sind spezielle Märkte, an denen Handel mit Kapital stattfindet. Je nach Fristigkeit der monetären Transaktionen ist zwischen dem Geld- und dem Kapitalmarkt zu unterscheiden (Gramlich et al., 2012, 546).

- Die *Losgrößentransformation* bezeichnet den Ausgleich zwischen dem Angebot aus der Summe vieler kleiner Einlagen und der Nachfrage nach großen Krediten, den Banken über das Zusammenführen aller Anlagen und Kredite erreichen.
- Die *Fristentransformation* balanciert Laufzeitinteressen von Schuldnern und Gläubigern. Idealerweise entsprechen dabei Höhe und Fälligkeit der von einer Bank gewährten Kredite den der Bank zur Verfügung gestellten Einlagen.
- Die *Risikotransformation* bringt die unterschiedlichen Risikobereitschaften von Schuldner und Anlegern durch z. B. Portfoliobildung oder Eigenkapitalhaftung in Einklang.
- Die *Informationstransformation* sieht vor, dass Banken aufgrund ihrer Marktkenntnisse zeitnahe Informationen über den Finanzmarkt für Kunden bereitstellen können und umgekehrt Informationen z. B. regulierungsbedingt an die Aufsichtsbehörden weiterleiten.

Mit diesen volkswirtschaftlichen Funktionen übernimmt das Bankensystem[7] einer Volkswirtschaft Funktionen für Nicht-Banken – also Privat- und Geschäftskunden sowie öffentliche Organisationen – wie Geldversorgung, Zahlungsverkehr, die Bereitstellung von Krediten und Exportfinanzierungen, Immobiliendarlehen oder Börsenanlagen. In der Vergangenheit haben sich für das System der Geschäftsbanken zwei grundsätzliche Typen herausgebildet, welche auf Basis entsprechender regulatorischer Vorschriften den institutionellen Rahmen für die darin agierenden Akteure (Banken und Nicht-Banken) definieren (Tolkmitt 2007, 19):

- Im *Trennbankensystem* spezialisieren sich die Banken auf bestimmte Bankdienstleistungen. Diesem Spezialisierungsprinzip folgte insbesondere der US-amerikanische Markt von 1933 (Glass-Seagall Act) bis 1999 (Gramm-Leach-Bliley-Act) mit der Herausbildung von Investment- und Privatkundenbanken (bzw. Investment und Commercial Banks).[8] Weiterhin folgen die Finanzmärkte in England und Frankreich diesem Prinzip.
- Im *Universalbankensystem* (z. B. Deutschland, Österreich, Schweiz) können sich Banken spezialisieren, sie müssen es jedoch nicht. Vielmehr können Banken mit einer Vollbanklizenz[9] sämtliche aus den Bankfunktionen abgeleitete Leistungen (s. Kap. 1.1.3) anbieten. Gegenüber Nicht-Banken fallen mit der Banklizenz umfassende Regulierungspflichten an, die ebenso wie die Einlagensicherung (z. B. 100'000 EUR je Anleger in Deutschland) zur Sicherheit des Bankensystems beitragen sollen.

---

[7] Nicht gleichzusetzen ist der Begriff des „Bankensystems" mit dem später im Buch gebrauchten des „Bank-IS". Letzterer bezeichnet kein volkswirtschaftliches Systemgefüge, sondern vielmehr ein elektronisches Informationssystem für Bankprozesse.

[8] Der Begriff „Investment Banking" fasst alle Bankaktivitäten zusammen, „die sich auf die Unterbringung, den Handel (Wertpapierhandel), die Verwahrung und Verwaltung sowie die Beratung über Anlagen in Wertpapieren und wertpapierähnlichen Instrumenten erstrecken" (Gramlich et al., 2012, 780).

[9] Als Kreditinstitute mit einer Banklizenz gelten in Deutschland alle inländischen Kreditinstitute im Sinne des § 1 KWG sowie ausländische Kreditinstitute, die über eine Banklizenz in ihrem Heimatland verfügen und das Einlagen- und Kreditgeschäft betreiben, Zentralnotenbanken und internationale Einrichtungen mit Bankcharakter.

Viele Volkswirtschaften bilden heute Mischformen und es existieren sowohl Universal- als auch Spezialbanken. Insbesondere im Universalbankensystem sind zunehmende Abgrenzungen zu beobachten. Zwar können diese Synergien über die einzelnen Aufgabenbereiche hinweg realisieren, jedoch sind die Eigenschaften der einzelnen Bankgeschäfte gegenüber dem Trennbankensystem (insbesondere des riskanteren Investment-Banking) weniger klar voneinander abgetrennt und es können sich Interessenkonflikte zwischen den Geschäftsbereichen ergeben. So könnten große Universalbanken das umfassende Wissen zu den finanziellen Gegebenheiten ihrer Firmenkunden auch für die Anlageberatung im Privatkundenbereich einsetzen, was häufig aus aufsichtsrechtlicher Sicht als kritisch gilt.

Neben Kunden bzw. Nicht-Banken und Geschäftsbanken bilden die nationalen und internationalen Zentralbanken ein weiteres Element von Bankensystemen. Sie übernehmen die Planung, Steuerung und Kontrolle von Geldmenge und geldpolitischen Instrumenten für eine Volkswirtschaft. Beispiele sind die Landeszentralbanken und die Bundesbank in Deutschland, die Österreichische und Schweizerische Nationalbank sowie das Federal Reserve System in den USA. Zu den Akteuren zählen die nationalen Zentral- und Geschäftsbanken sowie internationale Akteure, wie die Europäische Zentralbank (EZB), die Bank für Internationalen Zahlungsausgleich (BIZ), der internationale Währungsfond (IWF) und die Weltbank.

Zusammenfassend bezeichnet ein *Bankensystem* in Anlehnung an die Allgemeine Systemtheorie[10] die Gesamtheit aller zur Organisation der Geldgeschäfte notwendigen Systemelemente in einer Volkswirtschaft. Dazu zählen die öffentlichen und privaten Akteure ebenso wie ihre organisatorischen Verflechtungen und die gesetzlichen Regelungen. Letztere definieren den rechtlichen Rahmen in Bankensystemen und formulieren zahlreiche regulatorische Vorgaben (s. Tabelle 1-3). Zu wichtigen Regulatoren gehören nationale Organisationen wie die Bundesanstalt für Finanzdienstleistungsaufsicht (BaFin) in Deutschland, die Österreichische Finanzmarktaufsicht (FMA), die Eidgenössische Finanzmarktaufsicht (FINMA) in der Schweiz, die Financial Conduct Authority (FCA) in Großbritannien[11] und die National Credit Union Administration (NCUA) sowie die Financial Industry Regulatory Authority (FINRA) in den USA. Internationale Aufsichtsbehörden existieren in Europa mit der European Banking Authority (EBA), dem European System of Financial Supervision (ESFS), der European Securities and Markets Authority (ESMA) und der International Organization of Securities Commission (IOSCO) als internationale Vereinigung von Börsenaufsichtsbehörden.

---

[10] Ein System besteht nach dem Verständnis der allgemeinen Systemtheorie aus einer Menge miteinander verknüpfter Elemente, die sich insgesamt von ihrer Umgebung abgrenzen lassen (Alpar et al., 2014, 16). Dies können Elemente eines Banksystems ebenso wie Elemente eines Informationssystems (s. Kap. 1.2) sein (Mugler, 2014, 37ff).

[11] Bis zum 31.03.2013 firmierte die britische Finanzmarktaufsichtsbehörde unter dem Namen „Financial Services Authority" (FSA), die 1985 unter dem Namen „The Securities and Investment Board Ltd" (SIB) gegründet wurde.

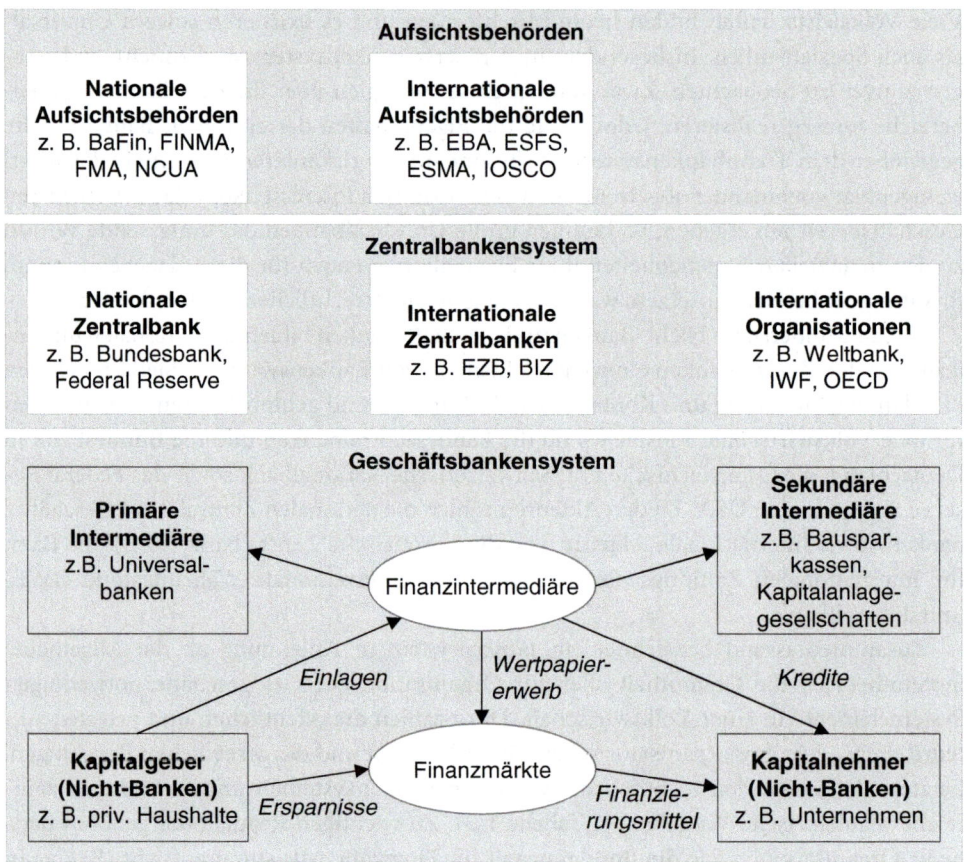

Bild 1-4: Prinzipien von Bankensystemen (erweitert nach (Mugler, 2014, 18))

1.1.3 Funktionen und Typen von Banken

Neben der makroökonomischen Perspektive des Bankensystems (s. Kap. 1.1.2) unterscheidet die mikroökonomische Sicht auf Banken vier Funktionen, an welchen sich Produkte bzw. Leistungen orientieren (Freixas & Rochet, 2008, 2ff):

- *Zahlungsverkehrsfunktion.* Banken übernehmen die nationale und internationale Abwicklung des Zahlungsverkehrs (s. Kap. 2.3.3, 4.4.3). Hierzu gehört neben der Sicherstellung des Barzahlungsverkehrs durch die Ausgabe von Banknoten auch der bargeldlose, elektronische Zahlungsverkehr etwa mittels Überweisung, Kreditkarte (s. Kap. 3.4.1) oder Smartphones (zum Mobile Payment s. Kap. 2.5.3).

- *Investitionsfunktion.* Hier nehmen Banken Spareinlagen von Kunden entgegen und legen diese in Wertpapiere, wie etwa Beteiligungspapiere, Fonds etc. an. Darüber hinaus sind Banken für die Auftragsausführung des Wertpapiergeschäfts (s. Kap. 2.3.4) zuständig. Dieses umfasst das Platzieren von Wertpapier(ver-)käufen an Börsen.

- *Kreditfunktion.* Banken vergeben Kredite an Kunden. Grundsätzlich unterscheidet man dabei zwischen Krediten für Privat- und solchen für Firmenkunden. Bekannte Beispiele aus dem Privatkundenbereich sind Konsum- oder Hypothekarkredite sowie Investitions- oder Warenfinanzierungskredite im Geschäftskundenbereich (s. Kap. 2.3.5).
- *Dienstleistungsfunktion.* Hierzu zählen die Kundenberatung für Privat- und Firmenkunden, die Entwicklung und der Vertrieb von Finanzprodukten sowie das Risikomanagement (s. Kap. 2.3.2). Weitere häufig von Banken übernommene Dienstleistungen sind sog. banknahe Aufgaben wie Versicherungs-, Immobilien- und Reisedienstleistungen.

Die Ausrichtung dieser Funktionen auf verschiedene Kundengruppen hat zu drei idealtypischen *Banktypen* geführt. Typische Kundengruppen aus dem Nicht-Banken-Segment sind Privat- und Geschäfts- bzw. Firmenkunden sowie (banknahe) institutionelle Kunden wie Versicherungen, Pensionskassen oder Kapitalanlagegesellschaften. Ebenso zählen branchenfremde Akteure, wie etwa Telekommunikations- oder Softwareunternehmen zum Segment der Nicht-Banken. Es sei darauf hingewiesen, dass im Zuge einer zunehmenden Spezialisierung von Banken diese auch Dienstleistungen für andere Banken erbringen (sog. Sourcing, s. Kap. 3.1.3). Die drei Banktypen sind (Röhrs, 2008, 5ff):

- *Universalbanken*, die eine hohe Breite an Bankfunktionen für eine ebenfalls breite Kundenbasis anbieten. Gemäß dem Begriffsverständnis des (makroökonomischen) Universalbankensystems, sind sie neben dem klassischen Bankgeschäft auch im Investmentbanking tätig und bedienen sowohl Privat- als auch Firmen- und institutionelle Kunden. Beispiele sind etwa die Deutsche Bank oder die Credit Suisse.
- *Retailbanken*, die sich auf weitgehend standardisierte Basisdienstleistungen für Privatkunden mit geringerem Vermögen konzentrieren („standardisiertes Privatkundengeschäft"). Dazu gehören Leistungen aus der Zahlungsverkehrs-, der Investitions- und der Kreditfunktion, die keinen oder nur einen begrenzten Beratungsanteil besitzen. Beispiele sind etwa die Raiffeisen- oder Genossenschaftsbanken.
- *Privatbanken*, die sich gegenüber dem standardisierten Massenkundengeschäft durch eine individualisierte Leistungserbringung auszeichnen. Dazu zählen etwa die persönliche Beratung durch einen Experten oder individuell auf den Kunden zugeschnittene Finanzprodukte. Das „Private Banking" ist an ein Mindest-Anlagevermögen gebunden, das typischerweise über 100'000 EUR liegt (s. Bild 1-5). Finanzinstitute, die sich auf dieses Kundensegment konzentrieren sind kleine Privatbankiers (z. B. Berenberg) ebenso wie Großbanken (z. B. UBS) und Sparkassen sowie Genossenschaftsbanken.

In der Realität führen diese Banktypen in Verbindung mit dem Geschäftsbankensystem zu nationalen Charakteristika, die auch durch die Trägerschaft (öffentlich/rechtlich vs. privat) und die Größe (große, mittlere, kleine (Regional-)Banken) geprägt sind. Nachfolgend seien einige nationale Bankensysteme exemplarisch aufgeführt (Mugler, 2014, 39ff):

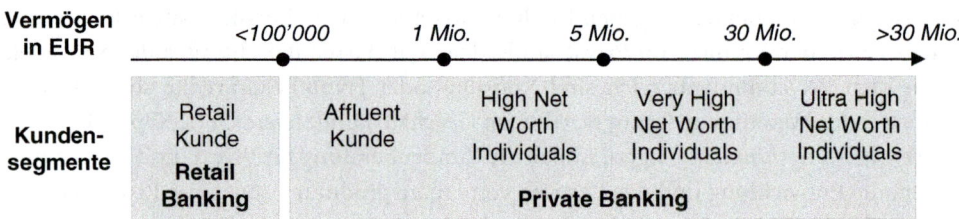

Bild 1-5: Differenzierung Retail-/Private Banking (Degen, 2010, 59)

- In *Deutschland* existiert ein sog. Drei-Säulen-System, welches private Geschäftsbanken (z. B. Commerzbank, Deutsche Bank), öffentlich-rechtliche Kreditinstitute (Sparkassen, Landesbanken und Spezialinstitute wie etwa Förderbanken) und den Genossenschaftssektor (Volks- und Raiffeisenbanken sowie genossenschaftliche Zentralbanken) unterscheidet (Tolkmitt, 2007, 33ff).[12]
- In *Österreich* haben sich Banken in sog. ein- und mehrstufigen Sektoren herausgebildet. Erstere umfassen etwa Aktienbanken (z. B. Bank Austria), Landes-Hypothekenbanken (z. B. Hypo Tirol Bank) und Bausparkassen (z. B. Bausparkasse), während zwei- (z. B. Sparkassen und Volksbanken) und dreistufige (z. B. Raiffeisenbanken) Sektoren jeweils ein oder zwei Zentralinstitute (z. B. zu Koordination und Geldausgleich) besitzen. Im Raiffeisensektor sind dies z. B. die Raiffeisen Zentralbank Österreich und mehrere Raiffeisen-Landesbanken (Österreichische Nationalbank, 2001, 4).
- Die *Schweiz* kennt im Unterschied dazu sechs Bankformen. Dies sind Groß- (z. B. Credit Suisse, UBS), Kantonal- (z. B. Zürcher Kantonalbank, St. Galler Kantonalbank), Regional- (z. B. RBA-Gruppe, Sparkassen), Raiffeisen- (z. B. Raiffeisen Gruppe) sowie Privat-, Effekten- und Vermögensverwaltungsbanken (z. B. Julius Bär). Zusätzlich existieren zahlreiche Auslandbanken, die in Vermögensverwaltung und Investmentbanking tätig sind (z. B. BNP Paribas (Suisse)) sowie die seit 2013 mit einer Banklizenz ausgestattete PostFinance.
- In den *USA* hingegen finden sich neben den dominierenden Geschäftsbanken („Commercial Banks") wie Citigroup und JP Morgan Chase auch noch einige – nach der Finanzkrise von 2008 zahlenmäßig stark reduzierte – Investmentbanken (z. B. Goldman Sachs), Sparinstitute (z. B. Great Western Bank) und Nicht-Banken, die sich entweder auf die Vergabe von Einlagen oder Krediten konzentrieren (z. B. American Express) (Blank, 1990, 17).

Neben den klassischen, regulierten Banktypen existieren sog. „Schattenbanken" oder „Parabanken" (Bernet et al., 2009, 10). Sie erbringen neben dem Bankensystem bankähnliche Funktionen im Finanzmarkt (z. B Kreditintermediation). Zu den Schattenbanken zählen u. a. Hedgefonds, Geldmarktfonds, Zweckgesellschaften für strukturierte Finanzierungen, Finanzierungsgesellschaften, sowie Versicherungen und Rückversicherungen, die Kreditprodukte (s. Kap. 2.3.5) vertreiben (Gramlich et al., 2012, 1208f). Gegenüber Banken bie-

---

[12] Zum genossenschaftlichen Bankensystem der DZ Bank s. Kap. 3.2.4.

ten sie alternative Anlagemöglichkeiten und unterliegen dabei kaum regulatorischen Vorgaben. In Verbindung mit Schattenbörsen (s. Fußnote 25) entstehen damit Banksysteme, die keiner unmittelbaren Regulierung unterliegen. Aufgrund ihrer inhärenten Instabilität sind verschiedene Ansätze zu einer stärkeren Regulierung zu beobachten.

„Das Finanzsystem im Umbruch

Verlagerung von Risiken im Nachgang zur Finanzkrise

Nach dem Kollaps von Lehman Brothers standen die Banken im Fokus der Politik. Eine Studie der OECD zeigt, dass neue Gefahren drohen, jedoch in anderen Bereichen des Finanzsektors.

(...) Neue Erkenntnisse bietet die Studie mit ihrer Analyse des Finanzsystems. Laut OECD-Experten hat sich der Finanzsektor in den vergangenen Jahren grundlegend gewandelt. Ein Grund dafür sieht die Pariser Organisation im anhaltend niedrigen Zinsumfeld. Institutionelle Investoren würden dieser Situation dadurch begegnen, dass sie besser rentierende Anlagen suchten. Es werden in der Folge höhere Risiken in Kauf genommen, was wiederum ein im historischen Vergleich grösseres Angebot an riskanten Anleihen schafft. Zudem würden jene Kreditkonditionen, die den Kreditgebern mehr Rechte und damit Sicherheiten verschaffen, zunehmend gelockert. (...) Einen zweiten Grund für die Verschiebungen am Finanzmarkt sehen die Studienautoren im Ausbau der Bankenregulierung. Weil Banken immer stärker von den Regulatoren ins Visier genommen werden, wandern immer mehr Aktivitäten zu unregulierten – oder wenig regulierten – Finanzinstitutionen ab. Die Kombination einer Flucht in riskantere Anlagen und der Ausweichbewegung in den sogenannten Schattenbanken-Sektor birgt Zündstoff. Die Autoren weisen unter anderem auf die Gefahr einer Liquiditäts-Illusion hin. Im Schattenbanken-Sektor ereignete sich bereits 2007/08 ein «Bank Run», und die Liquidität auf dem Markt für riskante Firmenanleihen ist ebenfalls fragil. Einen möglichen Auslöser für das Austrocknen der Liquidität ermitteln die Ökonomen ausgerechnet in einer künftigen Normalisierung der Geldpolitik. Es ist zu hoffen, dass dies die Zentralbanken nicht davon abhält, bald die Zinsen zu erhöhen. Schliesslich stehen die tiefen Zinsen am Ursprung der unheilvollen Entwicklungen im Finanzsektor."

(Quelle: Neue Zürcher Zeitung v. 25.06.2015, 22)

1.2 Wirtschaftsinformatik bei Banken

1.2.1 Gegenstandsbereiche der Wirtschaftsinformatik

Gegenstand der Wirtschaftsinformatik (WI) sind „Informations- und Kommunikationssysteme in Wirtschaft und Verwaltung (kurz: „Informationssysteme", (IS)). IS sind sozio-technische Systeme, die sowohl menschliche wie auch maschinelle Komponenten (Teilsysteme) als Aufgabenträger umfassen (…)" (WKWI, 1994, 80) und die der Unterstützung von Aufgaben in einem konkreten Anwendungskontext dienen. Dabei besitzt die WI Schnittstellen zu drei Kerndisziplinen:

- Die *Betriebswirtschaftslehre* für den betrieblichen Anwendungsbereich, der u. a. die Unterstützung der Aufgaben im Unternehmen von Lieferanten bis zum Kunden umfasst. Für Banken liefert die Bankbetriebslehre das Verständnis von Strukturen, Abläufen und Funktionen in diesem Anwendungsbereich.
- Die *Informatik* für die technologische Basis, die u. a. auf den Einsatz von (innovativen) IT aus dem Software- und Hardwarebereich abzielt. Für Anwenderunternehmen wie Banken besitzen die frühzeitige Abschätzung und Nutzung neuer Technologien eine besondere Bedeutung.
- Die *Ingenieurwissenschaften* stellen methodische Kenntnisse für eine möglichst systematische und nachvollziehbare Gestaltung der IS bereit. Im Vordergrund der WI steht allerdings weniger die Konstruktion einer technisch brillianten Lösung als vielmehr die effektive und effiziente Unterstützung der unternehmerischen Ziele mittels IT (Digitalisierung).

Aus der Positionierung an der Schnittstelle dieser drei Disziplinen lassen sich drei charakterisierende Gegenstandsbereiche für die WI ableiten, die ihre Identität als eigenständige Disziplin begründen (Alpar et al., 2014, 39):

- *Die Gestaltung betrieblicher Anwendungssysteme.* Zur Abgrenzung von IS ohne betrieblichen Anwendungsbezug, wie etwa Betriebssysteme oder Datenbanken, hat sich der Begriff des Anwendungssystems (AS) herausgebildet (s. Kap. 4.1). Den Kern betrieblicher AS bilden operative Systeme zur Abbildung der fachlichen Abläufe und Strukturen in einem Unternehmen bzw. einer Bank. Dabei lassen sich sektorneutrale und -spezifische AS unterscheiden. Erstere umfassen etwa branchenübergreifend einsetzbare AS für das Rechnungswesen, während letztere branchenspezifische AS für Industrieunternehmen, Handelsbetriebe oder Banken (s. Kernbankensysteme in Kap. 4.2.2) beinhalten. Neben den operativen AS haben sich entscheidungsunterstützende AS etabliert, die auf die Bereitstellung konsolidierter Informationen aus operativen Systemen in Form von Kennzahlen abzielen. Die Gestaltung von AS orientiert sich an der Unterstützung der strategischen und funktionalen Anforderungen des Unternehmens in Form einer abgestimmten bzw. integrierten Architektur, die alle Komponenten im Zusammenhang darstellt bzw. verbindet. Während Banken seit längerem auf die Eigenentwicklung von AS gesetzt haben, ist in den vergangenen zehn Jahren zunehmend der Einsatz von Standardsoftware für die operativen und entscheidungsunterstützenden AS zu beobachten.
- Das *Informationsmanagement* (IM) zielt auf die systematische Ausrichtung bzw. Organisation der Ressource „Information" ab, die für informationsbasierte Unternehmen und Branchen bzw. Digitalisierungsstrategien von hoher Bedeutung sind. Erstere betrifft etwa die Einbettung einer IT-Strategie in die Unternehmensstrategie und die (fortlaufende) Analyse des Beitrags neuer IT für die Geschäftsziele ebenso wie die Definition einer IT-Architektur und einer Systematik zur Auswahl und zum Management von IT-

Projekten in Kooperation mit den Fachbereichen eines Unternehmens. Da gerade die IT-Bereiche von Banken häufig mehrere tausend Mitarbeiter umfassen, regelt die Organisation der IT Fragestellungen des Outsourcings innerhalb des Unternehmens. Von Bedeutung für die Nutzung bzw. Akzeptanz durch die Fachbereiche des Unternehmens ist hier vor allem das (geregelte) Zusammenspiel zwischen den Fachabteilungen und den IT-Bereichen (sog. Business/IT-Alignment).

- Der *Entwurf von AS* hat die Verbindung von fachlichen und IS-bezogenen Aspekten in Form eines systematischen und nachvollziehbaren Vorgehens sicherzustellen. Im Vordergrund steht das Business/IT-Alignment, das in Form geeigneter Vorgehensweisen und Dokumentationstechniken die Wechselwirkung von geschäftlichen bzw. fachlichen Anforderungen und der IS bzw. AS gestaltet. Hierfür haben sich methodische Ansätze und Architekturmodelle des Business Engineering (BE) herausgebildet (s. Kap. 1.4.1, 2.2.3), die den AS-Entwurf ausgehend von der Geschäftsstrategie, den IT-Potenzialen und den fachlichen Anforderungen strukturieren und diesen möglichst konsistent in formalisierte Vorgaben für die Individualentwicklung von AS oder die Anpassung von Standardsoftware überführen (s. Kap. 4.1.1). Die Methoden greifen dazu auf Modellierungssprachen zurück (s. Kap. 2.2.3). Zur Wiederverwendung typischer, insbesondere bewährter Lösungsmuster setzt die WI vordefinierte Modelle für bestimmte betriebliche Bereiche und Branchen in Form von Referenzmodellen (s. Kap. 2.2.1) und Standardsoftware (s. Kap. 4.1.1) ein.

Bild 1-6 zeigt die drei Bereiche im Zusammenhang. Zunächst geht es um die Abbildung der Unternehmensaufgaben zur Unterstützung durch AS. Als Ausgangspunkt können für Banken allgemeine Unternehmensmodelle dienen, die häufig Unternehmensaufgaben in ausführende (Betrieb) und organisatorische (Entscheidungs-)Prozesse (Transformation) aufteilen (s. Kap. 2.1.2). In der sich daraus ergebenden Pyramide ist die strategische Ebene durch das Topmanagement repräsentiert, welches die strategischen Ziele und Pläne für die zukünftige Ausrichtung der Organisation festlegt (z. B. (Alpar et al., 2014, 19)). Der Planungshorizont dieser Ebene erstreckt sich auf drei bis fünf Jahre. Die taktische Ebene des mittleren Managements setzt die strategische Planung um, während das operative Management den täglichen Betrieb kontrolliert. Da die beiden Aufgabenbereiche Operation und Transformation, für sich nicht losgelöst von Partnern auf Lieferanten- und Kundenseite sind, bezeichnet neben dem unternehmensinternen Integrationsgrad (horizontal für Prozesse von Beschaffung zu Kundendienst und vertikal von Ausführungs- zu Entscheidungsebene) die Integrationsreichweite die überbetriebliche Vernetzung bzw. Integration von Unternehmen (s. Kap. 1.3.3).[13] AS unterstützen als operative AS die Ausführungsebene und damit die operativen Bankprozesse, wie Kundenberatung, Zahlungsverkehrs- und Wertpapierabwicklung, mit den sektorspezifischen AS, und Querschnittsbereiche, wie Controlling, Personal oder Rechnungswesen mit den sektorneutralen AS (s. Kap. 4.2.1).

---

[13] Integration bezeichnet die Wiederherstellung eines Ganzen, z. B. durch Verbinden oder Koppeln von (System-)Teilen zu einem abgestimmten Gesamtsystem (Alt, 2008, 79).

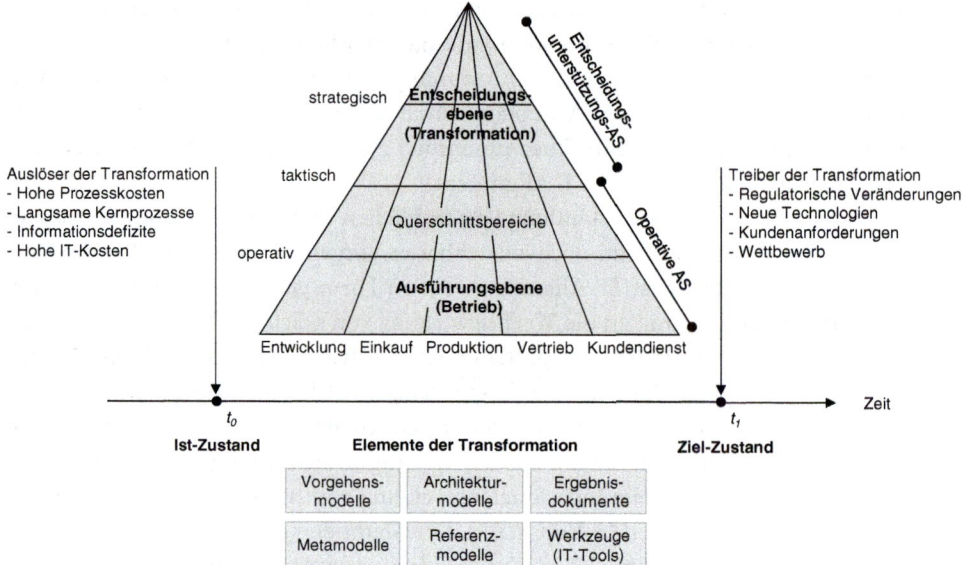

Bild 1-6: Gestaltungsbereiche der Wirtschaftsinformatik

Das Informationsmanagement des Unternehmens schafft die Strukturen zur strategischen Ausrichtung und Organisation der IT. Diese definiert, wie die IT in der Aufbauorganisation des Unternehmens eingeordnet und wie die Zusammenarbeit mit den Fachabteilungen und den Dienstleistern (s. Netzwerksteuerung in Kap. 3.3) geregelt ist. Dazu zählen auch Vorgaben für die verwendeten methodischen Werkzeuge und die Verantwortung für die kontinuierliche Transformation des Unternehmens. Wie in Bild 1-6 dargestellt, geht es einerseits um die Identifikation von internen Defiziten und andererseits um das Erkennen und Agieren auf externe Transformationstreiber. Zur Transformation des Unternehmens in einen Zielzustand liefern Entwurfsmethoden folgende Hilfsmittel:

- *Vorgehensmodelle* reihen die zur (erfolgreichen) Zielerreichung in einer sinnvollen Reihenfolge durchzuführenden Aktivitäten auf. So sieht die WI ein primär geschäftsorientiertes Vorgehen vor, das zunächst die fachlichen Anforderungen und erst in folgenden Schritten die technische Lösung spezifiziert.
- *Architekturmodelle* liefern eine Strukturierung für die Elemente eines betrachteten Objektsystems und deren Zusammenhang. Beispielsweise zeigt eine Geschäftsarchitektur in Form des Banknetzwerk (s. Kap. 3.2.2) die involvierten Unternehmen mit Leistungsflüssen und definiert die Schnittstelle zu Prozess- und Systemarchitektur (s. Kap. 1.4.1).[14]
- *Ergebnisdokumente* sind Einzelmodelle, welche die Resultate von Gestaltungsaktivitäten in bewährten Darstellungen, Tabellen und Grafiken festhalten. Beispiele sind Netzwerk-

---

[14] Architekturen sind „(…) Modelle, welche die Bestandteile eines betrachteten bzw. zu gestaltenden Systems mit ihren Beziehungen darstellen" (Alt, 2008, 124). Neben diesem Beschreibungsaspekt umfassen Architekturen einen Konstruktionsaspekt, indem sie Richtlinien für die Gestaltung und Weiterentwicklung der Systeme vorgeben.

oder Prozessablaufdiagramme (s. Kap. 2.3.2 bis 2.3.7). Sind Ergebnisdokumente aufeinander abgestimmt, so ergibt sich daraus ein Architekturmodell.

- *Metamodelle* übernehmen eine wichtige Aufgabe für die Konsistenzsicherung in Architekturmodellen und Ergebnisdokumenten, indem sie die verwendeten Gestaltungselemente und die Beziehungen zwischen diesen Elementen definieren. Ein Beispiel eines
Metamodells für Banken findet sich in Kap. 2.2.2.
- *Referenzmodelle* sind generalisierte Vorgehens-, Architektur- und/oder Metamodelle,
die für einen bestimmten Anwendungskontext (z. B. Funktionszweck, Branche) vorkonfiguriert sind und die Anwender auf bewährtes Wissen aufsetzen lassen. Beispiele
für Banken finden sich in den nachfolgenden Kapiteln.
- *Werkzeuge* sind (elektronische) Hilfsmittel zur Modellerstellung („Tools"), die eine bestimmte Modellierungssprache verwenden. Mittlerweile stehen zahlreiche Modellie-
rungswerkzeuge zur Verfügung (s. Kap. 2.1), die eine semi-formale Spezifikation erlauben, d.h. es bestehen eine zumindest teilweise festgelegte Syntax und Semantik der
verwendeten Symbole und Freiheitsgrade zur Ergänzung durch den Modellersteller.
Neben der Erstellung bilden die Werkzeuge eine effiziente Grundlage zur Anpassung
und Verwaltung von Modellen.

1.2.2 Bank- und Finanzinformatik

Während die Wirtschaftsinformatik alle Branchen betrachtet, konzentriert sich die Bankinformatik als sektorenspezifische Domäne auf Banken als Betrachtungsgegenstand: „Drei
erfolgskritische Managementpraktiken für Kreditinstitute sind das Risikomanagement,
das Strukturmanagement und das Innovations- und Technologiemanagement. Letzteres
ist unmittelbar eine Domäne der Bankinformatik" (Bartmann, 2004, 5). Sie lässt sich daher
als Wissenschaft, Technik und Anwendung der systematischen und automatischen Verarbeitung von bankbetrieblichen Informationen definieren (Gramlich et al., 2012, 159).
Anknüpfend an die Unterscheidung von Banktypen (s. Kap. 1.1.3) unterscheidet die Bankinformatik zwischen dem Privat- und Firmenkundengeschäft sowie zwischen dem Investment und dem Transaction Banking (Moormann, 2004, 13). Eine an AS ausgerichtete
Strukturierung gliedert die Bankinformatik in operative Systeme (z. B. Verarbeitung von
Transaktionsdaten), kundennahe Systeme (z. B. Anwendungen zur Beratungsunterstüt-
zung), bankinterne Systeme (z. B. Systeme der Verwaltung, des Rechnungswesens und des
bankbetrieblichen Meldewesens) und Systeme zur Managementunterstützung (z. B. AS
zur operativen und strategischen Bankplanung) (Gramlich et al., 2012, 160). Schließlich
führt eine Orientierung am Fertigungsprozess in Kreditinstituten zur Unterscheidung der
Bereiche Akquisition, Vereinbarung von Geschäften, Abwicklung von Geschäften und der
Bereitstellung von Informationen (Moormann, 2004, 4).

Einen mit der Bankdomäne verwandten Bereich (s. banknahe Dienstleistungen, Kap.
1.1.3) bildet die *Versicherungsinformatik*. Analog der Bankinformatik konzentriert sie sich
auf den Einsatz der IT für die Strukturen und Abläufe von Versicherungen mit ihren Lieferanten und Kunden. Entsprechend gilt Versicherungsinformatik als „Teil der angewandten
Informatik, welche neben der wissenschaftlichen Betrachtung der systematischen Verar-

beitung von Informationen auch die grundsätzlichen Verfahrensweisen für die Verarbeitung von Informationen sowie allgemeine Methoden und Anwendungen solcher Verfahren in verschiedenen Bereichen zum Gegenstand hat" (Koch, 2006, 359).

Aufgrund ihrer inhaltlichen Nähe bietet sich zur übergreifenden Betrachtung von Bank- und Versicherungsinformatik der allerdings bisher nur wenig verankerte Begriff der „Finanzinformatik" an. Er greift die Verbindungen von Bank- und Versicherungsgeschäft auf, die sich häufig ergänzen und in Gesamtlösungen zur Finanzierung oder Absicherung des Kunden ebenso zusammenfließen (sog. Allfinanz-Lösungen) wie in wiederholt zu beobachtenden Kooperationen und Fusionen zwischen Bank- und Versicherungsunternehmen (z. B. MLP Bank). Tabelle 1-1 zeigt die komplementäre Nutzung von Bank- und Versicherungsprodukten (weiße Bereiche) und die substitutive Nutzung, die abhängig von Finanzierungs- oder Sicherungsbedürfnis ist. Während sich Banken und Versicherungen bezüglich der Vermögensbildung (z. B. Spareinlagen, Wertpapiere bei Bankprodukten) und der Risikoabsicherung (z. B. Risikolebensversicherung bei Versicherungsprodukten) ergänzen, konkurrieren sie etwa im Hypothekenbereich. Im Mittelpunkt der Finanzinformatik steht die effiziente Bereitstellung der Prozesse von Banken und Versicherungen sowie der Einsatz von IS im Finanzbereich (s. Bild 1-7). Folglich lässt sich Finanzinformatik definieren als die inner- und überbetriebliche Gestaltung und Steuerung von AS zur Unterstützung IT-basierter (bzw. digitalisierter) Geschäftsprozesse und -modelle von Finanzdienstleistungsunternehmen.

In jüngerer Zeit hat sich für die Bereiche der Bank- und Finanzinformatik der Begriff „Fintech" etabliert. Dieser bezeichnet wenig trennscharf den Einsatz von IT zur Erstellung innovativer Finanzdienstleistungen und hat bislang vielfältige Start-up-Unternehmen hervorgebracht. Er ist ebenso wie Bank- und Finanzinformatik als Teilgebiet zu verstehen. Fintech-Lösungen sind Ausprägungen der Digitalisierung, die gegenüber Bank- und Versicherungsinformatik weniger einen Bezug zu integrierten AS als zu IT-basierten Innovationen von neuen Akteuren oder Nicht-Banken herstellen. Aus technologischer Sicht bauen sie weniger auf bank- bzw. finanzfachlicher Standardsoftware mit umfassender Funktionalität als auf fokussierten Eigenentwicklungen auf. Obgleich der Finanzsektor auch Versicherungsdienstleistungen umfasst, ist neben Fintech der Begriff „Insurtech" anzutreffen. Dieser ist als Ausprägung von Fintech für innovative Start-up-Unternehmen im Versicherungsbereich zu interpretieren.

Tabelle 1-1: Abgrenzung von Bank- und Versicherungsgeschäften (in Anlehnung an (Bodendorf & Robra-Bissantz, 2003, 6))

Kundenbedürfnis	Bankprodukte	Versicherungsprodukte
Finanzierungsbedürfnis • Ersparnisbildung • Kreditwünsche	• Termin-, Spareinlagen • Wertpapiere • Hypotheken • Kredite	• Kapitallebens- versicherung • Hypotheken
Sicherungsbedürfnis • Altersvorsorge • Schutz bei Schaden-/Notfällen	• Geldanlage in Wertpapieren • Termin-, Spareinlagen • Kredite	• Risikolebensversicherung • Sach-, Vermögens- versicherung

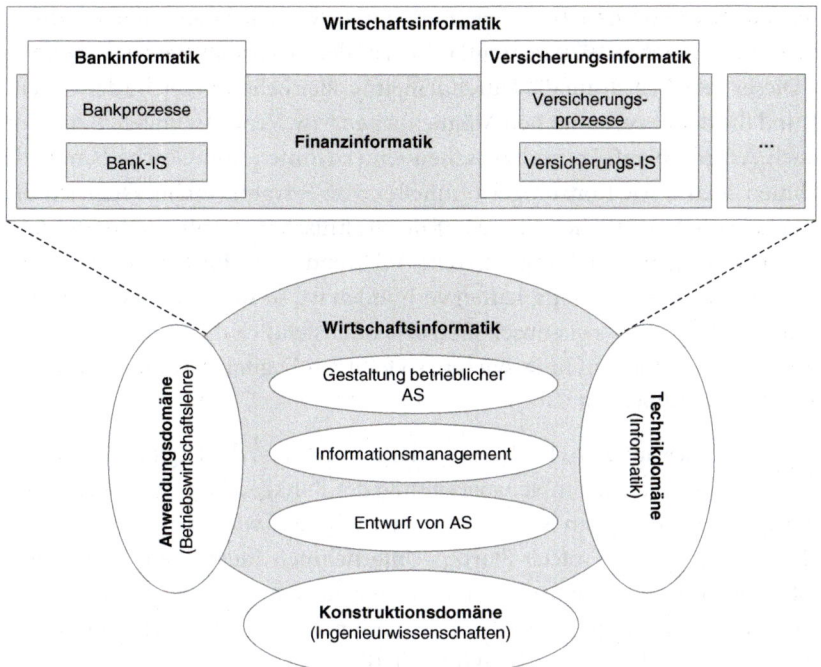

Bild 1-7: Finanzinformatik als integrierende Disziplin

1.2.3 Begriff und Beitrag der Digitalisierung

Der Begriff der Digitalisierung ist inhärent mit der WI verbunden und hat dort bereits vor seiner Popularisierung als Schlagwort eine zweifache Bedeutung erlangt (Matt et al., 2015, 340ff):

- *Digitalisierung als technische Transformation.* Aus technischer Sicht bezeichnet die Digitalisierung die Umwandlung von Schrift, Bild, Ton oder anderen analogen Signalen. Dies erfolgt durch Abtasten der analogen Signale in Form von Analog-/Digital-Umsetzer bzw. -Wandler, die seit dem Entstehen der IT eine immer höhere Leistungsfähigkeit und Verbreitung erzielt haben. Ein Beispiel aus dem Bankbereich ist die Erfassung papierhafter Einzahlungs- oder Überweisungsscheine mittels eines Scanners. Dieser erstellt ein gerastertes Abbild des analogen Dokumentes und legt dieses in digitaler Form entweder als Pixelgrafik oder nach einer Texterkennung als formatiertes und maschinell weiterverarbeitbares Dokument ab. Wie einleitend erwähnt unterscheidet sich die Finanzindustrie von anderen (insbesondere industriellen) Branchen dadurch, dass ihre Produkte nahezu vollständig informationsbasiert sind und damit keine zwingende Analog-Digital-Wandlung erforderlich ist.[15]

---

[15] Vgl. zum Informationsbegriff auch (Alpar et al., 2014, 7). Gegenüber der Darstellung von (Roh-)Daten bezeichnet Information „zusätzliches zweckorientiertes Wissen".

- *Digitalisierung als gesellschaftliche Transformation.* Eine zweite Sicht auf die Digitalisierung beruht auf dem im Jahre 1979 geprägten Begriff der „Informatisierung" (Nora & Minc, 1979). Dieser bezieht sich auf die Durchdringung aller Lebensbereiche der Gesellschaft mit IT und die damit verbundenen Möglichkeiten bzw. Veränderungen. Betroffen sind damit auch Arbeitsabläufe in und zwischen Unternehmen und Geschäftsmodelle von Unternehmen ebenso wie Konsumgewohnheiten von Privatpersonen. Obgleich die Digitalisierung im gesellschaftlichen Sinne auf der technischen beruht, so unterscheiden sich doch die jeweiligen Gestaltungsbereiche. Während die technische Sicht mit der Informatik und den Ingenieurwissenschaften verbunden ist, so sind dies in der zweiten Sicht die Sozial- und Wirtschaftswissenschaften und offensichtlich die Wirtschaftsinformatik. Sofern nicht explizit darauf hingewiesen, so folgt das Digitalisierungsverständnis dieses Buches dieser zweiten Sicht.

Die Entwicklung des Geldes aus Kap. 1.1.1 deutet darauf hin, dass die Digitalisierung sowohl zur Automatisierung als auch zur Neuausrichtung des Bankgeschäfts beitragen kann. Gerade die jüngeren Entwicklungen seitens IT-Unternehmen, wie Apple und Google sowie den zahlreichen jüngeren Fintech-Startup-Unternehmen illustrieren, dass neben klassischen Banken auch neue Wettbewerber Finanzdienstleistungen anbieten und Branchengrenzen verändern. Bevor Kap. 1.3 die Transformation detaillierter beschreibt, sei der potenzielle Beitrag der Wirtschafts- bzw. Bankinformatik kurz zusammengefasst:

- Banken besitzen als Informationsdienstleister ein hohes Anwendungspotenzial für IS („*Business/IT-Alignment*"). Die Unterstützung bestehender Geschäftsprozesse durch AS betrifft daher potenziell sämtliche Wertschöpfungsaktivitäten von der Produktentwicklung über die Kundenberatung bis hin zur Transaktionsabwicklung. Mit der Betrachtung fachlicher Anforderungen und technischer Gestaltung liefert die WI einen Rahmen zur geschäftsorientierten Ausrichtung und Organisation der informationstechnischen Ressourcen. Zu vermeiden sind Fehlentwicklungen in Form von vom Fachbereich nicht genutzter AS, Fehlerquellen aufgrund manueller Wiederholteingaben oder hohe Kosten bei der Anpassung von Systemen bei veränderten fachlichen Anforderungen. Die Erarbeitung und Weiterentwicklung eines Gesamtarchitekturkonzepts bildet daher auch für die Fähigkeit zur beständigen Anpassung an sich verändernde Kundenanforderungen, Produkte oder regulatorische Rahmenbedingungen im Sinne eines kontinuierlichen „Business/IT-Alignments" eine Herausforderung. Die (Referenz-) Architekturkonzepte der Kapitel 2 bis 4 sind u. a. vor diesem Hintergrund zu betrachten. Wenn die Digitalisierung Arbeitsabläufe unterstützt und diese auch verändern kann, so sollten sich die i.d.R. unterschiedlichen Begriffs-, Denk-, Arbeits- und Gestaltungswelten der Beschäftigten in technischen und jenen in fachlichen Bereichen ergänzen.
- Banken haben als Informationsdienstleister in besonderer Weise die Möglichkeit, um mit IT strategische Potenziale zu erschließen („*IT als Enabler*"). Die IT dient nicht nur der Verbesserung der operativen Effizienz, sondern ebenso der strategischen Effektivität bzw. (Neu-)Positionierung im Wettbewerb. Wichtige Entwicklungen dieser Digitalisierung sind mit den Ansätzen des „Sourcing" (s. Kap. 3.1.3) und der „Banking

Innovations" (s. Kap. 2.5.1) in nachfolgenden Kapiteln enthalten. So erfolgt das Sourcing bei vielen Banken nicht nur zur Reduktion ihrer operativen Kosten durch die Auslagerung von Abwicklungsaktivitäten an spezialisierte Dienstleister, die aufgrund von Skalen- und Lohnkostenvorteilen zu geringeren Stückkosten „fertigen". Vielmehr zieht diese Auslagerung Änderungen am Geschäftsmodell nach sich und die Bank entwickelt sich zur verstärkt in einem Finanznetzwerk agierenden Vertriebsbank. Zweitens können Banking Innovations als neue IT-basierte Konzepte (z. B. Crowdfunding oder Private Lending) zu neuen Produkten und ggf. Umsatzpotenzialen führen. Die Bank kann sich damit gegenüber veränderten Nutzergruppen (z. B. Digital Natives, s. Fußnote 19) und Aktivitäten von Wettbewerbern (z. B. Nicht-Banken) positionieren.

„Ist Goldman Sachs ein «Technologiekonzern»?

Die Investmentbank Goldman Sachs will mit aller Macht ein Technologiekonzern sein. Der Bankchef Lloyd Blankfein beharrt auf dieser Bezeichnung. Schliesslich seien über 9'000 der rund 33'000 Mitarbeiter im Bereich IT (Informationstechnologie) tätig, die meisten von ihnen seien Programmierer. Überdies beschäftige Goldman Sachs mehr IT-Fachkräfte als – und nun kommt es – Facebook. Der Betreiber des weltweit grössten sozialen Netzwerkes nämlich habe insgesamt 9'200 Angestellte und damit nur wenige mehr als Goldman Sachs' gesamte IT-Truppe.

Nun, Goldman Sachs ist natürlich kein Technologieunternehmen. Ein Technologieunternehmen ist eine Firma, die Technologie verkauft wie etwa IBM oder Salesforce. Goldman Sachs ist ein Finanzdienstleister, der in seiner Kernkompetenz durch den Einsatz von IT erheblich unterstützt wird. Gleiches gilt aber auch für Facebook: Facebook ist kein IT-Unternehmen, sondern bietet am Markt die Dienstleistung Beziehungsnetze an; sein Erfolg basiert dabei auch, aber nicht ausschliesslich auf der Kernkompetenz IT. Und in diese Kategorie fallen viele weitere, oft als «Technologiekonzerne» betitelte Silicon-Valley-Stars wie etwa Twitter oder Zynga. Der Logik folgend, ist auch der Fahrdienstanbieter Uber genauso wenig ein Technologiekonzern wie die Transportfirmen UPS oder Fedex: Bei allen dreien trägt die IT-Kompetenz ganz wesentlich zur Wertschöpfung bei. Gleiches gilt für den Detailhändler Amazon und Walmart.

Oder, um es auf den Punkt zu bringen: Es gibt kaum noch ein Unternehmen, dessen Markterfolg nicht wesentlich von der IT abhinge und das zunehmend IT-Kompetenz aufbaute oder einkaufte. Vor diesem Hintergrund ist es denn auch eher ein Etikettenschwindel, wenn der Bankchef Blankfein Goldman Sachs als Technologiekonzern darstellt. Angesichts des Hypes um das Silicon Valley und «Technologie-Aktien» und angesichts des noch immer angeschlagenen Image der Wall Street ist sein Ansinnen allerdings verständlich."

(Quelle: Neue Zürcher Zeitung v. 12.06.2015, 22)

1.3 Transformation der Bankenindustrie

1.3.1 Veränderung der Rahmenbedingungen

Transformation lässt sich als der Prozess der Überführung von einem bestehenden in einen neuen Zustand betrachten. Dabei findet eine Umwandlung einer Form, Struktur oder Gestalt mit oder ohne Inhalts- und Substanzverlust statt. Bekannte Branchen wie der Medien- oder Elektronikbereich illustrieren dabei eindrücklich, dass angestammte Anbieter aus einem Markt nach einem durch IT- und ggf. weitere Faktoren bedingten Wandel ausscheiden können, weil sie sich nicht ausreichend angepasst haben. In der Literatur des Innovationsmanagement finden sich zahlreiche Beispiele von Anbietern, wie Triumph Adler, welcher als Schreibmaschinenhersteller das Aufkommen des Personal Computers ebenso verpasst hatte wie Großcomputer-Hersteller (z. B. Digital, Nixdorf), hin zu Blockbuster, welcher als Betreiber von Videotheken das Video-on-Demand-Geschäft versäumt hatte. Zahlreiche Faktoren deuten darauf hin, dass sich heute auch die Bankenbranche in einem Transformationsprozess befindet, der sich in mehreren Eckpunkten bereits abzeichnet (vgl. (Alt et al., 2009b, 7ff), s. Bild 1-8).

Erstens ist die Veränderung unmittelbar anhand der voranschreitenden *Konsolidierung* der Banken zu erkennen. Die Anzahl an Banken nimmt in vielen westeuropäischen Ländern sowie Nordamerika seit Jahren kontinuierlich ab. So steht der Anzahl von über 5'000 Banken in Deutschland im Jahre 1990 (Kuhlke, 2010, 287), ein Wert von nur mehr 1990 im Jahr 2014 gegenüber (Deutsche Bundesbank, 2015, 2). Ein ähnlicher Trend ist auch für die Schweiz zu beobachten, wo sich seit den vergangenen 20 Jahren die Anzahl an Banken von 440 auf 283 reduziert hat (Schwaller & Patusi, 2014, 7). Als wichtiger Grund gilt der Rückgang der Erträge, mit dem 70% der Retail-Banken in Deutschland rechnen (Roland Berger, 2013).[16] Die Konsolidierung bei Großbanken ist besonders ausgeprägt in den USA, da im Zeitraum von 1984 bis 2013 die Aktiva großer Banken (> 10 Mrd. $ Bilanzgröße) um 840% zugenommen haben, jene der übrigen Bankengruppen dagegen fast unverändert geblieben sind (Lanz, 2014). Mit der Reduktion der Anzahl an Banken unmittelbar verbunden ist eine rückläufige Anzahl der im Finanzsektor Beschäftigten. So wies der deutsche Finanzsektor in 1995 noch 778'000 Mitarbeiter auf, in 2014 hingegen lediglich 640'000 (o.V., 2015b).

Zweitens verbreitet sich mit der *Internationalisierung* das Feld des Wettbewerbs. Dies betrifft einerseits neue Wettbewerber und andererseits die Möglichkeit zum Aufbau grenzüberschreitenden Geschäfts. Entgegen dem Konsolidierungtrend in den Märkten Westeuropas und Nordamerikas ist insbesondere in den sog. „Emerging Markets" ein deutliches Wachstum zu beobachten. Setzte sich die Liste der Top 25-Banken noch im Jahre 2005 ausschließlich aus Instituten der „industrialisierten Welt" zusammen, so stammten 2012 bereits 8 der 25 weltweit größten Banken aus diesen aufstrebenden Märkten. Hierzu zählen vier Banken aus China (Industrial & Commercial Bank of China, China Construction Bank, Agricultural Bank of China, Bank of China), drei aus Brasilien (Itau Unibanco, Banco do Brasil, Banco Bradesco) und ein russisches Institut (Sberbank). Bezogen auf die

---

[16] Vgl. dazu (Roland Berger, 2013) sowie (Wagner & Müller-Tronnier, 2013).

verwalteten Vermögen sind alle genannten Banken unter den Top 75 weltweit, die vier aus China sogar unter den Top 20 angesiedelt. Damit zeigten sich Banken aus den Emerging Markets in 2012 für ca. 30% aller weltweit generierten Erträge im Bankensektor verantwortlich (Reuttner et al., 2012). Im Zuge dieser Verlagerung engagieren sich viele Banken aus den Emerging Markets neben den Heimmärkten zunehmend auch im Ausland. So nahm die Zahl ausländischer Banken in den USA von 774 im Jahre 1995 auf 1'334 in 2009 zu, wobei 312 Banken aus den aufstrebenden Ländern stammten (Reuttner et al., 2012).

Drittens ist eine *Spezialisierung* im Bankensektor zu beobachten, die aus der Verringerung der Eigenfertigungstiefe im Zuge einer Kernkompetenzfokussierung resultiert. Diese ist in drei Bereichen zu beobachten. Zum einen erfolgt eine Verlagerung auf komplementäre Dienstleistungsanbieter (Provider). Diese übernehmen durch die Spezialisierung nicht mehr zur Kernkompetenz der Banken gehörende Aktivitäten (Outsourcing) und bieten diese häufig mehreren Instituten an (s. Kap. 1.3.2). Zum anderen reduzieren Banken ihr Produktangebot. So hat die Citibank bereits vor einiger Zeit ihr Portfolio von mehreren 100 auf 20 Produktkategorien eingeschränkt (Riese, 2006). Zusätzlich wächst der Wettbewerb der Banken nicht zuletzt durch die Fintech-Unternehmen bzw. die „Banking Innovations" (s. Kap. 2.5.1) auch immer mehr gegenüber sog. Nicht-Banken. Ein Beispiel hierfür sind die eingangs erwähnten Bezahllösungen von Apple oder Samsung.

Viertens sind Banken einer *Dezentralisierung* ihrer Aktivitäten unterworfen. Mit der Spezialisierung, als Folge der zunehmenden Arbeitsteilung und -zerlegung, geht eine Verlagerung von ehemals durch Banken durchgeführte Prozesse auf externe Akteure einher. Dabei ist eine Dezentralisierung in zwei Richtungen zu beobachten. Erstens zeichnet sich durch die verstärkte Nutzung elektronischer Kanäle eine Verschiebung von Aktivitäten in Richtung Kunden ab. Einer Befragung zufolge nehmen 58% an, dass die Interaktion mit Kunden im Jahr 2020 mehrheitlich über Online-Kanäle erfolgt (Zillmann & Ströbele, 2012). Bereits 2011 prognostizierte eine andere Studie hohe bis sehr hohe Investitionsvolumina in das Online (58%) und das Mobile Banking (50%) (Spath et al., 2011, 57). Zweitens übernehmen Nicht-Banken immer mehr Teile der Wertschöpfung von Banken. So gehen in derselben Studie 89% der befragten Banken künftig von einer bedeutenden Rolle von Nicht-Banken im Zahlungsverkehr aus. 67% bestätigen dies auch für einfache Sparprodukte und 56% für den Bereich der Kontoführung. Weniger betroffen scheint das geringervolumige Kredit- und Hypothekengeschäft. Als Folge der Dezentralisierung bilden sich neue Wertschöpfungsstrukturen heraus, die sowohl Banken und deren Dienstleister wie auch Technologieanbieter umfassen.

Fünftens hat die *Regulierung* als Folge der ab 2007 eingetretenen Finanzkrise stark zugenommen. Banken haben den Regeln zahlreicher Regulierungsansätze zu entsprechen, welche die Weitergabe von Steuerdaten, die Einhaltung definierter Quoten der Eigenkapitalunterlegen bei der Kreditvergabe und Mindestanforderungen für das Risikomanagement (MaRisk) oder Maßnahmen zum Management operationeller Risiken[17]

---

[17] „Operationelle Risiken" bezeichnen die Gefahren von Verlusten, die in Folge der Unangemessenheit oder des Versagens von internen Verfahren, Menschen und Systemen oder in Folge externer Ereignisse eintreten (Kunze, 2007, 38).

vorschreiben (s. Tabelle 1-2). Spezifische Regulationsansätze sind zudem im Zahlungsverkehr, dem Anlage- und Kreditgeschäft für unterschiedliche Finanzprodukte sowie wie
elektronischem Geld oder elektronischen Überweisungen (z. B. SEPA oder PSD, die Payment Service Directive der EU) zu berücksichtigen (Huch, 2014). Die Komplexität erhöht
sich dadurch, dass die Regulierungen typischerweise länderspezifisch sind (s. Tabelle 1-3)
und gerade international agierende Banken mit mehreren Regulierungsansätzen in den
gleichen Regulierungsbereichen konfrontiert sind.

Tabelle 1-2: Bereiche der Regulierung mit Beispielen

Regulierungsbereich	Beispiele
Steuern	AIA, FATCA
Eigenmittel	BASEL III, CRD IV/CRR I
Compliance	Sonderprüfungen Geldwäschegesetz
Rechnungslegung	IFRS-Neuerungen
Risikomanagement	FINMA Rundschreiben 2008/21, Fundamental Review of the Trading Book, 4. MaRisk-Novelle, MiFID 2
Zahlungsverkehr	SEPA, PSD
Anlagegeschäft	Anlegerschutz (insbes. WpHG), EMIR, FIDLEG, MiFID 2, Zinsänderungs-risiko im Anlagebuch, TARGET2, SFAMA
Kreditgeschäft	Bankenabgabe, Recovery & Resolution Plan / MaSan (Mindestanforde-rungen an Sanierungspläne)
Andere sowie übergreifend	Dodd-Frank Act, EBA-/ESMA-Standards, Prüfungen nach § 44 KWG, SFAMA, Meldewesen der EU (z. B. FINREP, COREP)

Insgesamt sind Finanzdienstleister mit durchschnittlich 60 regulatorischen Änderungen
täglich konfrontiert (Masters, 2011) und den jährlichen Aufwand für sämtliche Regulie-
rungsmaßnahmen beziffert eine Studie auf ca. 8,6 Mrd. EUR (Pukropski et al., 2013, 5f).
Demzufolge waren die Projektbudgets von 2010 bis 2015 allein mit der Umsetzung neuer
regulatorischer Anforderungen zu mehr als die Hälfte belastet. Am meisten ist der Bereich Risikocontrolling/-management mit 56% der Gesamtaufwände betroffen. Weitere
Projektkosten entfallen auf die Bereiche Compliance (54%), Rechnungswesen/Finanzen
(52%), interne Revision (32%) und IT/Organisation (27%). Obwohl letzterer prozentual
den kleinsten Wert aufweist, ist dieser mit 1,8 Mrd. EUR in absoluten Zahlen am stärksten
davon betroffen. Aufgrund der Kostenaufwände gilt die Regulierung allerdings gleichzeitig als eine Hürde gegenüber neuen Wettbewerbern (z. B. Nicht-Banken) und als existenz-
bedrohend für kleinere Institute.

Tabelle 1-3: Beispiele regulatorischer Ansätze nach Ländern

Regulatorischer Ansatz	Beschreibung
Europa	
• CRD IV/CRR I (Capital Requirements Directive bzw. Regulation)	• Die Kapitaladäquanzverordnung (CRD) sowie die Kapiteladäquanzrichtlinie (CRR) definieren Anforderungen an die Eigenkapitalunterlegung.
• MiFID 2 (Markets in Financial Instruments Directive 2)	• EU-Richtlinie zur Harmonisierung der Finanzmärkte im europäischen Binnenmarkt im Bereich des Anlegerschutzes.
• SEPA (Single Euro Payment Area)	• Initiative zur Schaffung eines europaweit einheitlichen Zahlungsraums ohne Unterschiede zwischen nationalen und grenzüberschreitenden Zahlungen.
• TARGET2 (Trans-European Automated Real-time Gross Settlement Express Transfer System)	• Einführung einer einheitlichen technischen Plattform für einen EU-Binnenmarkt für europäische Banken in der Wertpapierabwicklung.
• EMIR (European Market Infrastructure Regulation)	• Regeln im außerbörslichen Handel mit Derivaten, die u. a. das Clearing (Verrechnung) über eine zentrale Gegenpartei und die Meldung dieser Geschäfte an ein Transaktionsregister vorsehen.
USA	
• FATCA (Foreign Account Tax Compliance Act)	• Gesetz aus 2010 zur Regelung der Berichtspflichten von Vermögen US-steuerpflichtiger Personen bei ausländischen Banken.
• Dodd-Frank Act	• Gesetz aus 2010 mit über 200 Regelungen zur Erhöhung der Finanzstabilität, das u. a. Eigenkapitalvorgaben, Konsumentenschutz und Zahlungsverkehrsüberwachung regelt.
Schweiz	
• FINMA Rundschreiben 2008/21 – Operationelle Risiken von Banken	• Grundsätze für das Management operativer Risiken (Rahmenkonzept zur Risikoidentifikation, Kontrollsystem, Vertraulichkeit von Kundendaten etc.).
• FIDLEG (Finanzdienstleistungsgesetz)	• Ab 2017 gültige Regelung, die Banken, Vermögens- und Anlageverwalter der FINMA (s. Kap. 1.1.2) unterstellt und u. a. produktspezifische Dokumentationspflichten sowie Ausbildungsanforderungen an Kundenberater umfasst.
• SFAMA (Swiss Funds & Asset Management Association)	• Von der FINMA ab 2015 anerkannte Verhaltensregeln zu erweiterten Sorgfalts- und Informationspflichten (z. B. Offenlegung von Gebühren, Behandlung von Interessenkonflikten).
International	
• AIA (Standard for Automatic Exchange of Financial Account Information)	• Von 51 Staaten unterzeichnete und ab 2017 umzusetzende Richtlinie der OECD zur Berichterstattung der Informationen über Konto- oder Depotinhaber von Banken an die Steuerbehörden, welche diese untereinander austauschen.
• BASEL III	• Vorgaben der BIZ zur Risikoreduktion von Banken (z. B. Eigenkapitalunterlegung, Liquiditätsanforderungen), welche in Europa die Capital Requirements Directive (CRD) der EU umsetzt.

„Balkanisierung des Bankgeschäfts

(…) Warum dauert die Regeneration der UBS und ihrer Konkurrenten derart lange an? Wieso schlagen die nach der Finanzkrise eingeleiteten Revitalisierungskuren nicht besser an? Wie schwach die operative Konstitution immer noch ist, zeigt ein Blick auf die Eigenkapitalrenditen. Im vergangenen Geschäftsjahr verzinste die UBS das eingesetzte Kapital mit 7,2 Prozent, die Credit Suisse (CS) gar nur mit 4,4 Prozent. Diese Renditen reichen nicht einmal aus, um die Kapitalkosten zu decken. Unternehmenswert wurde vernichtet, statt geschaffen. Einer der Hauptgründe für diese schwache Konstitution ist die schwere regulatorische Last, die Banken schultern müssen. Neben strengeren internationalen Kapital- und Liquiditätsvorschriften gilt es einen Wust nationaler Vorgaben umzusetzen und, im Fall systemisch relevanter Banken, Notfall- und Abwicklungspläne zu erstellen. In bedeutenden Zielmärkten wie den USA oder dem EU-Raum erschweren einengende Vorschriften faktisch den Marktzugang. Jenseits des Atlantiks dürfen die beiden Schweizer Grossbank en künftig nur über eine vollkapitalisierte Holding Gesellschaft tätig werden, weil die lokalen Regulatoren sicherstellen wollen, dass im Notfall verwertbare Substanz vorhanden ist. Wer in den EU-Ländern grenzüberschreitend Kunden betreuen will, muss vorerst auf binationale Verhandlungslösungen setzen, wie sie in Form der sogenannten Freistellung zwischen der Schweiz und Deutschland bestehen.

Die wuchernde Regulierung und der damit einhergehende Compliance-Aufwand verursachen hohe Kosten, die nur grosse Institute tragen können. Dies leistet einer Balkanisierung des Bankgeschäfts Vorschub, weil es für immer mehr Institute immer aufwendiger wird, nationale Grenzen zu überspringen. Letztlich leidet der Wettbewerb, weil weniger kapitalkräftige Banken aus dem Markt gedrängt werden und – was noch beunruhigender ist – keine neuen nachrücken. Die Bankenlandschaft ähnelt zusehends einem ausgedünnten Wald, in dem einige alte Stämme immer höher in den Himmel ragen, aber keine jungen Bäume mehr nachwachsen. Allein in der Schweiz haben seit dem Ausbruch der Finanzkrise rund 50 Banken ihre Geschäftätigkeit eingestellt, und kaum eine Handvoll ist neu in den Markt eingetreten. Zurück bleibt ein Gefühl der Verunsicherung, weil niemand abschätzen kann, ob die Nettoeffekte des regulatorischen Parforceritts letztlich positiv oder negativ zu Buche schlagen werden."

(Quelle: Neue Zürcher Zeitung v. 21.03.2015, 23)

Sechstens ergibt die *Kundenorientierung* neue Rahmenbedingungen. Dies ist einerseits die Diffusion mobiler Endgeräte, wie Smartphones und Tablet-PCs („Tablets"), und andererseits die mit dem Internet aufgewachsene Generation der „Digital Natives" oder „Generation Y".[18] Letztere besitzen eine veränderte Beziehung zu den elektronischen Geräten und

---

[18] Der Begriff "Digital Natives" bezeichnet die Generation der nach 1980 Geborenen und beruht auf der Annahme einer Veränderung des menschlichen Gehirns aufgrund der Nutzung innovativer Technologien: „…it is very likely that our students' brains have physically changed – and are different from ours – as a result of how they grew up. They have spent their entire lives surrounded by and using computers, videogames, digital music players, video cams, cell phones, and all the other toys and tools of the digital age." (Prensky, 2001, 1). Danach sollen Digital Natives (1) verschiedenste Informationen parallel verarbeiten können, (2) einen direkten statt seriellen Zugriff auf Informationen bevorzugen, (3) eher in Bildern als in Text denken und arbeiten, (4) über eine höhere „Geschwindigkeit der Informationsverarbeitung" verfügen und (5) mehr als bisherige Generationen sofortige und häufige Belohnungen anstreben.

Diensten, da diese nicht nur einen wichtigen Teil ihrer sozialen Kommunikation bzw. Interaktion[19] übernehmen, sondern auch zu einem geänderten Wertegefüge und Nutzungsverhalten geführt haben. Gegenüber ihren Eltern definieren sie Konsum stärker erlebnis- anstatt besitzorientiert (Ingber & Jürgensen, 2014) und stehen elektronischen Angeboten aufgeschlossener gegenüber. Die verstärkte Nutzung elektronischer Dienste führt dabei zu einer tendenziell abnehmenden persönlichen Interaktion, die ihrerseits in Verbindung mit den übrigen Entwicklungen zu einem „Filialsterben" beiträgt. So ist in Deutschland ein Rückgang der Filialen von 50'000 im Jahre 1990 auf 37'700 in 2012 zu beobachten (BCG, 2013). Gleichzeitig sind in den vergangenen 15 Jahren die Filialkontakte eines Kunden von drei auf etwas mehr als einen pro Monat zurückgegangen (Pickens et al., 2009) und Banken haben ebenso wie Nicht-Banken ihre elektronischen Dienstleistungen ausgebaut. Bereits 2011 standen den 47,9 Mio. offline verwalteten Konten 47,3 Mio. online verwaltete Konten gegenüber. War die Filiale bislang vor allem beim Vertragsabschluss noch der vorherrschende Kanal, so nimmt der Online-Kanal in allen Kaufprozessen zu (McKinsey & Company, 2010). Vor Besuch einer Filiale hat vielfach bereits eine elektronische Recherche stattgefunden, sodass sich Kundenberater mit spezifischen Informationsbedarfen konfrontiert sehen. Anstatt eines Kanals nutzen Kunden mehrere – von der Filiale über das Online und Mobile Banking hin zum intelligenten Geldautomaten oder Banking-Terminal – und wechseln diese je nach Bedürfnis (sog. „hybride Kundeninteraktion", s. Kap. 2.5.1). Gerade die elektronischen Kanäle bieten dabei gegenüber den physischen den Vorteil einer höheren Interaktionsfrequenz, da der Kunde nicht erst eine Filiale aufsuchen muss, sondern über mobile Endgeräte jederzeit und überall Finanzdienste nutzen kann. Offensichtlich ergibt sich auch aus diesem Treiber ein Investitions- und Handlungsbedarf zum Anbieten und Abstimmen mehrerer Kanäle seitens der Finanzdienstleister.

„Apple statt Bank

Alibaba und Apple. Diese Kombination sollte die letzte Bank hellhörig machen, die bisher gedacht hat, der reine Zahlungsverkehr sei kein spannendes Geschäft mehr – und der Vorstoß der aufstrebenden Technologiekonzerne in diesen Markt deshalb kein Grund zur Sorge. Denn das Gegenteil ist wahr: Wer sich die Kundenzahlen von Alibaba und den Erfolg anschaut, den Apple nach nur wenigen Tagen mit seinem neuen Bezahlsystem Apple Pay auf dem amerikanischen Heimatmarkt hat, darf als Finanzdienstleister keinen Moment mehr zögern, eine überzeugende Antwort auf diese neue Bedrohung zu formulieren. Die Strategie, wie man künftig mit den Privatkunden umgeht und diese anspricht, ist dabei nur das eine. Denn naiv wäre der Gedanke, die Technologiekonzerne würden mit ihren neuen Möglichkeiten dauerhaft nur das Geschäft mit Privatleuten angreifen. Merke: Der technologische Umbruch, vor dem die

---

[19] Häufig gilt Kommunikation als grundlegender Begriff zur Interaktion, welche das wechselseitige Einwirken von Akteuren (menschlich oder künstlich) aufeinander bezeichnet. Das vorliegende Buch verwendet beide Begriffe synonym.

Menschheit durch die vollständige Vernetzung aller Dinge steht, wird auch vor den (Geld-)Transaktionen zwischen Unternehmen nicht haltmachen. Nicht nur die Banken, aber besonders diese, brauchen eine neue Idee von ihrem künftigen Geschäftsmodell."

(Quelle: Frankfurter Allgemeine Zeitung v. 29.10.2014, 15)

Siebtens schreitet die *Digitalisierung* in allen Bereichen weiter voran. Die Digitalisierung im gesellschaftlichen Sinne (s. Kap. 1.2.3) bezeichnet die Durchdringung aller kundenseitigen, unternehmensinternen und dienstleisterseitigen Prozesse mit IT. Nachdem die IT lange vor allem als Instrument zur Kostenreduktion galt, erkennen Banken ihre Bedeutung für neue Geschäftsmodelle und für die Differenzierung in der Kundeninteraktion bzw. im Wettbewerb. Die Banking Innovations (s. Kap. 2.5.1) oder auch Fintech genannten Ansätze führen zu veränderten bzw. neuen Prozessen, Produkten und Geschäftsmodellen in der Bankenindustrie. Beispiele innovativer Frontlösungen für Kunden sind Personal Finance Management-Werkzeuge, Mobile Payment-Lösungen oder Tablet-basierte Applikationen für die Kundenberatung. Gegenüber anderen Branchen haben Banken Anwendungen des Mobile und Social Web erst verzögert aufgegriffen. Eine Marktanalyse von mehr als 150 derartiger Anwendungen ("Apps") an der Kundenschnittstelle zeigt, dass ca. ¾ dieser Lösungen von Nicht-Banken, insbesondere IT-Unternehmen (z. B. Google) und Start-ups (z. B. Moven, Fidor Bank), stammen.[20] Vielfach integrieren die neuen Akteure klassische Bankdienstleistungen und kombinieren diese mit neuen Ansätzen, wie z. B. der Selbstberatung durch andere Kunden oder Covesting bzw. Social Trading (s. Kap. 2.5.1). Eine andere Studie zur Analyse von bankbezogenen Web-Applikationen für die Kundeninteraktion im Rahmen von elf Fallstudien zeigt aber, dass Banken diese neuen Technologien möglichst schnell adaptieren möchten (Seo & Rietsema, 2010). Hieraus ergibt sich ein unmittelbarer Investitions- und Handlungsbedarf seitens der Banken.

Zusammenfassend skizzieren diese Treiber ein dynamisches Marktumfeld für Banken, die lange Zeit in einem vergleichsweise ruhigen und regulatorisch geschützten Umfeld operieren konnten. Obgleich die Digitalisierung nur einen Treiber bildet, beeinflusst sie auch die anderen Treiber, wie etwa die Konsolidierung, Internationalisierung, die Standardisierung oder die Kundenorientierung und wirkt daher breiter. Seitens der Finanzindustrie hat dies Anpassungen bestehender Strukturen zur Folge, die neben internen Prozessen und Systemen vor allem die Interaktion mit Kunden und Dienstleistern betreffen (s. Bild 1-8). *Bankintern* umfasst die Digitalisierung zunächst die Anwendung von Konzepten der Industrialisierung (s. Kap. 1.3.1), wie etwa die Modernisierung bestehender AS-Architekturen und Kernbankensysteme, die häufig auf älteren Technologien implementiert sind (s. Kap. 4.1). In der *Kundeninteraktion* zielt sie auf die zukünftige Ausgestaltung der Kundenschnittstelle ab, während die *Dienstleisterinteraktion* eine kosteneffizientere Leistungserstellung in Netzwerken sowie die Erweiterung von Produktangebot und Marktpräsenz

---

[20] s. www.banking-innovation.org, Stand 1/2016.

zum Ziel haben kann. Die Wirkungen sind vielfältig und eröffnen Chancen (z. B. höhere Prozesseffizienzen, neue Produkte) ebenso wie Risiken (z. B. neue Wettbewerber, Reduktion klassischen Bankpersonals).

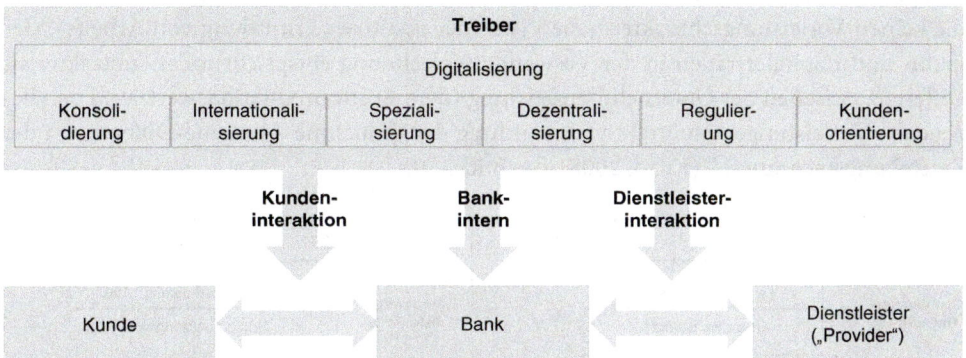

Bild 1-8: Veränderungstreiber in der Bankenbranche

1.3.2 Industrialisierung und Veränderung der Fertigungstiefe

Die genannten Treiber wirken sich sowohl auf die Produktion wie auch den Vertrieb von Bankprodukten und -dienstleistungen aus. So führt der größere Wettbewerb im Vertrieb zu sinkenden Erträgen, während die Regulierung höhere Kosten in der Produktion zur Folge hat. Ein verbreitetes vereinfachendes Maß für die Bankleistung stellt dabei die Differenz aus Aufwänden und Erträgen dar (sog. „Cost-Income-Ratio", CIR), die sich unmittelbar in der Profitabilität niederschlägt und bei effizient agierenden Banken – etwa den standardisiert agierenden Direktbanken wie ING-DiBa oder DKB – ca. 50% beträgt. Hohe Werte weisen neben den kleinen Privatbanken (in der Schweiz 90% für 2013) auch die Großbanken auf (s. Tabelle 1-4). Der Durchschnitt bei Banken in Deutschland lag 2013 bei 73,8% und in Österreich bei 77,5%. Damit bewegt sich der deutsche Bankenmarkt deutlich über anderen europäischen Märkten, etwa Luxemburg (50,7%), Schweden (53,8%) oder den Niederlanden (63%) (Quelle: Statista).

Tabelle 1-4: Kosten-Ertragsverhältnis ausgewählter Banken[21]

Jahr	Bank Austria	Credit Suisse	Comdirect	Deutsche Bank	DKB	Erste Group	Deutsche Postbank	ING-DiBa	JP Morgan Chase	UBS	Vontobel	Waadtländer Kantonalbank
2013	49,9	85,4	76,1	91,5	52,7	55,7	83,8	46,0	73,0	88,5	79,0	52,1
2014	53,9	86,8	76,6	86,8	56,1	55,1	83,0	44,0	65,0	91,1	80,3	52,4

---

[21] Quellen: Statista sowie (Henkel, 2015) zu JP Morgan Chase, (o.V., 2015a) zur Schweizer Waadtländer Kantonalbank und (o.V., 2015c) zu Vontobel.

Aus makro- wie auch mikroökonomischer Perspektive spiegelt sich diese Differenz im Wertschöpfungsanteil eines Unternehmens (mikroökonomische Sicht, s. Kap. 1.1.3) oder einer Branche (makroökonomische Sicht, s. Kap. 1.1.2) wider. So ist der Begriff der Wertschöpfung nach betrieblichem Verständnis definiert als die „Summe aller Aufwendungen, die keinen Vorleistungscharakter haben (was der additiven Ermittlung von Arbeits-, Gemein- und Kapitalerträgen in der Verwendungsrechnung entspricht) oder subtraktiv als Differenz zwischen der Unternehmensleistung (dem Bruttoproduktionswert) und den bezogenen Vorleistungen (subtraktive Ermittlung der Einnahme-/Ausgabe-Differenz in der Entstehungsrechnung)." (Krcal, 2008, 6, s. Bild 1-9).

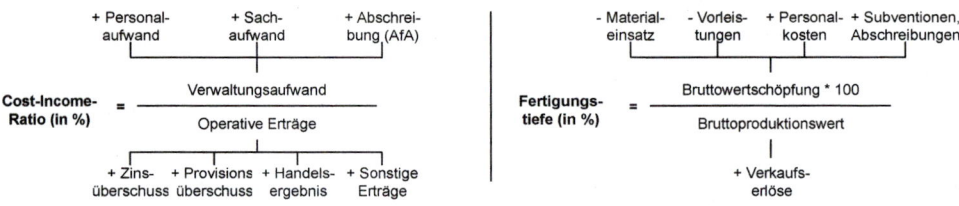

Bild 1-9: Kennzahlen der Bankleistung

Offensichtlich ist die Bankleistung, insbesondere der Personal- und Sachaufwand, unmittelbar mit der aufbau- und ablauforganisatorischen Ausgestaltung sowie der IT-Unterstützung verbunden. Die beiden Extrema reichen dabei von vollständig integrierten bis hin zu vollständig dezentralisierten Wertschöpfungsprozessen. Als Metrik hat sich die (Eigen-) Fertigungstiefe etabliert, welche den Anteil der Eigenwertschöpfung an der gesamten Wertschöpfung darstellt. Vermittelt also eine Bank lediglich einen Anlage- oder Finanzierungsleistung, dann ergibt das Verhältnis von Verkaufserlös bzw. Bruttoproduktionswert und den eigenen Leistungen die Fertigungstiefe. Sie deutet zugleich auf die Abhängigkeit eines Unternehmens von den Vorstufen in der Wertschöpfungskette hin. Dies ist insbesondere im Bereich der fertigenden Industrie, etwa der Automobilindustrie verbreitet, es finden sich jedoch auch Ansätze zur Anpassung des Konzepts auf den Vertriebsbereich (Dietl et al., 2009). Die Distributionstiefe ergibt sich hier als Relation zwischen eigener und Gesamtleistung im Vertriebsbereich. Eine analoge Differenzierung in kundenseitige Vertriebsprozesse des Frontoffice[22], welche für den Abschluss von Vertragstransaktionen zuständig sind (z. B. Beratungsprozesse), die Prüfung und Kontrolle solcher Transaktionen, die Produktentwicklung im Middleoffice sowie die Abwicklung abgeschlossener Geschäfte im Backoffice ist auch im Bankbereich vorzufinden (Brost, 2012).

Obgleich kein Automatismus zwischen einer hohen Effizienz bzw. der CIR als Maß der Bankleistung und der Fertigungstiefe existiert, so ist die arbeitsteilige Organisation doch ein Merkmal industrialisierter Branchen, wie etwa der Automobilindustrie. Der Begriff der

---

[22] Das Frontoffice bezeichnet alle kundenorientierten Prozesse (z. B. Vertragstransaktionen), Organisationseinheiten (z. B. Schalter) und Systeme (z. B. Online Banking) einer Bank. Dagegen ist das Middleoffice für die ex ante Prüfung und ex post Kontrolle von Transaktionen und das Backoffice für die Abwicklung abgeschlossener Geschäfte zuständig (Gramlich et al., 2012, 577). Für Middle- und Backoffice findet sich häufig auch der Begriff der „Marktfolge".

„Industrialisierung" selbst ist mit dem Epochenwechsel von der Agrar- (primärer Sektor) zur Industriegesellschaft (sekundärer Sektor) entstanden und stark mit der Einführung der tayloristischen Arbeitsorganisation verbunden. Diese erreicht eine hohe Effizienz durch die Identifikation kleiner, gleichartig ausgeführter Tätigkeiten wie sie charakteristisch für die industrielle Massenfertigung an Produktionsbändern seit Henry Ford war. Im Laufe der Zeit hinzugekommene Ansätze, wie etwa die Standardisierung, Spezialisierung, Automatisierung und Qualitätsorientierung, führten zu flexiblen Fertigungsstraßen, Just-in-time-Anlieferungen und Konzepten des Job Enrichment wie sie heute im Automobilbau vorherrschen (s. Tabelle 1-5).

Tabelle 1-5: Prinzipien der Industrialisierung (in Anlehnung an (Riese, 2006, 53ff))

Prinzipien der Industrialisierung	Beschreibung	Beispiele
Standardisierung	Vereinheitlichung von Produkten und Dienstleistungen und deren Bestandteile (bzw. Modul) sowie die Regelgebundenheit der Wertschöpfungsprozesse.	Standardisierung der Abwicklungsprozesse (s. Kap. 2.3.3 bis 2.3.7)
Spezialisierung	Konzentration der verfügbaren Unternehmensressourcen auf einige wenige Kernkompetenzen zur intensivierten Bewirtschaftung dieser Aufgaben.	Reduktion der Eigenfertigungstiefe durch Sourcing (s. Kap. 3.1.3 sowie 3.2.3 ff)
Automatisierung	Ersetzen manueller Tätigkeiten durch den Einsatz (informations-)technischer Mittel[23].	Automatisierung von Vertriebsprozessen (s. Kap. 2.5.2)
Qualitätsorientierung	Einhaltung materieller und zeitlicher Vorgaben in der Ausführung der betrieblichen Aufgaben vom Kunden bis zum Lieferanten.	Etablierung eines übergreifenden Qualitätsmanagements (s. Kap. 3.1)

Im Gegensatz zu produzierenden Branchen besitzt die Finanzindustrie eine hohe Eigenfertigungstiefe, wenngleich in den vergangenen zwanzig Jahren die Herausbildung spezialisierter Wertschöpfungsstufen als ein Merkmal der Industrialisierung zugenommen hat. Dies unterstreicht eine wiederholt (in 2005, 2010 und 2013) vom Kompetenzzentrum „Sourcing in der Finanzindustrie" durchgeführte Studie mit Geschäftsleitungsmitgliedern bei Banken in Deutschland, Österreich und der Schweiz (Alt et al., 2009a). Zwei Erkenntnisse lassen sich daraus ableiten (s. Bild 1-10):

• *Erstens* zeigen die Ausprägungen zu den Kernkompetenzen im unteren Bereich ein klares Profil. Während die Banken sowohl heute als auch künftig Unterstützungsprozesse am wenigsten als Kernkompetenzen betrachten, ist bei Abwicklungsprozessen und den

---

[23] Ein bekanntes Konzept in der Automatisierung bei Banken ist das „Straight Through Processing" (STP), das auf die Vermeidung von Medienbrüchen durch die Kopplung von AS (z. B. über standardisierte Schnittstellen oder Nachrichten) zielt. Im Versicherungsumfeld ist dagegen der Begriff der „Dunkelverarbeitung" verbreitet.

damit verbundenen transaktionsbezogenen Prozessen zwar ein höheres Niveau festzustellen, jedoch nimmt dies bei den erwarteten Ausprägungen jeweils ab. Die höchsten
Kernkompetenzausprägungen ergeben sich für den Vertriebsbereich. Zu berücksichtigen ist, dass in den Befragungen häufig Universal- und Privatbanken sowie Dienstleister teilgenommen haben und daher die Kernkompetenzprofile heterogen verteilt
sind.

- *Zweitens* lässt sich aus der Gegenüberstellung der Kernkompetenzprofile mit den Angaben zur Eigenfertigung eine deutliche Lücke beobachten. Danach erbringen Banken
auch zahlreiche Aktivitäten intern, die ihren eigenen Angaben zufolge nicht zu den
Kernbereichen zählen. Entgegen dem strategischen Fokus „leisten" sich die Banken hier
die Eigenfertigung. Die Veränderungen in beinahe allen Prozessbereichen zeigen aber
eine Tendenz hin zur Verringerung der Eigenfertigung, sodass die Befragten von einer
steigenden Spezialisierung und Vernetzung bis 2020 ausgehen. Allerdings deuten die
drei mit ähnlicher Struktur durchgeführten Studien auch darauf hin, dass die in 2005 erwarteten Reduktionen der Eigenfertigungstiefe in nur geringem Maße eingetreten sind.
So lassen sich aus den folgenden beiden Studien vergleichbare Trends erkennen.

Grundsätzlich sind auch bei einer hohen Eigenfertigung die Industrialisierungsprinzipien
anwendbar. Dies illustrieren die im nachfolgenden Nachrichtenbeitrag skizzierten internen Industrialisierungsvorhaben der beiden Schweizer Großbanken. Allerdings lässt sich
das aus Bild 1-10 abgeleitete Missverhältnis von Eigenfertigung und Kernkompetenz da-

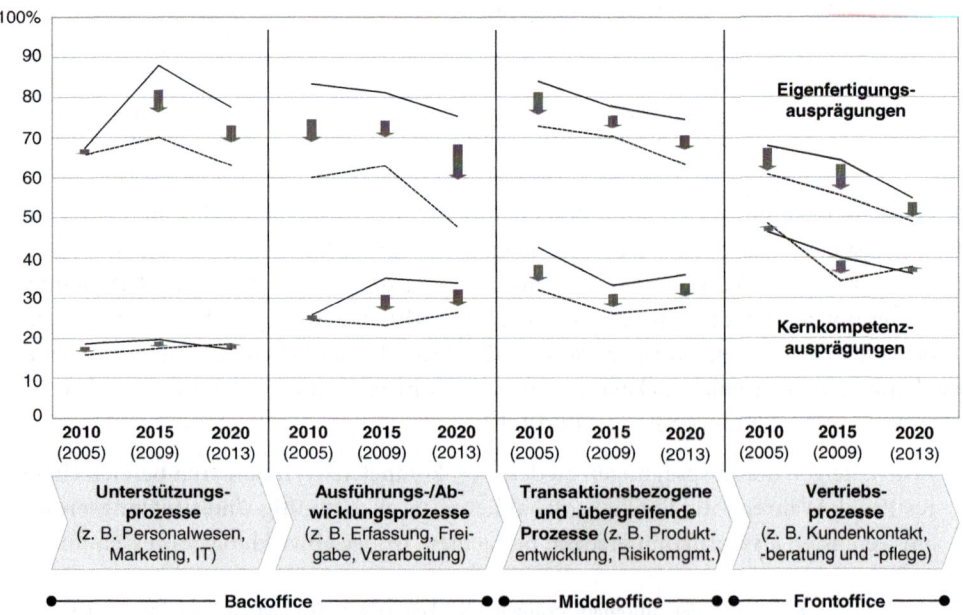

Bild 1-10: Eigenfertigung und Kernkompetenz zwischen 2005 und 2020

hingehend interpretieren, dass Banken weiterhin Ressourcen in Nicht-Kernbereiche investieren. Es ist fraglich, ob gerade in skalenelastischen Bereichen, wie der Ausführung und Abwicklung von Transaktionen, Banken selbst die notwendigen Transaktionsvolumina erreichen und ausreichend in die Professionalisierung der Abläufe und die unterstützenden Systeme investieren können. Gegenüber Großbanken besteht insbesondere bei Banken kleiner und mittlerer Größe mittelfristig ein Handlungsbedarf zur Zusammenarbeit mit Dienstleistern (Sourcing, s. Kap. 3.1.3).

„Wie die UBS und die Credit Suisse ihre Kosten senken

Industrialisierung bedeutet die Aufhebung von persönlichen Arbeitsplätzen und das berufliche Nutzen privater iPhones und Tablets. Neue Technologien ermöglichen den beiden Grossbanken erstmals eine umfassende Kostenanalyse. Die Sparmöglichkeiten sind enorm, die Auswirkungen auf die Mitarbeiter auch.

Im Sommer 2011 hatten beide Schweizer Grossbanken einmal mehr ein Sparprogramm angekündigt. Die Credit Suisse (CS) erklärte, ihre jährliche Kostenbasis bis Ende 2015 um insgesamt 4,4 Mrd. Fr. zu senken, also um gut 20%, ausgehend von den annualisierten Kosten von damals 20,1 Mrd. Fr. Etwas später gab auch die UBS bekannt, sie wolle ihre Kostenbasis um 2 Mrd. Fr. reduzieren. Die Vorgabe zur Senkung ihrer Kosten erhöhte die UBS im Oktober 2012 um 3,4 Mrd. Fr. Angepeilt wird somit eine um 5,4 Mrd. Fr. gekürzte Kostenbasis bis Ende 2015. Dieser Kraftakt würde gemäss der Bank mit einem Abbau von gut 10'000 Stellen auf noch etwa 54'000 Stellen einhergehen. (...) Allerdings unterscheidet sich diesmal der Prozess zu Kostensenkungen deutlich von früheren Sparprogrammen. Erstmals durchleuchten UBS und CS weltweit alle Produkte, Prozesse und Strukturen, und sie prüfen, ob Optimierungspotenzial vorhanden ist. Dieser Vorgang, Industrialisierung genannt, ist in der Industrie seit langem Standard. (...) Eine derart umfangreiche Kostenanalyse, wie sie derzeit erfolgt, ist zudem erst in jüngerer Vergangenheit dank neuen Technologien möglich geworden. (...) Priorität hatte bei beiden Banken die Vereinfachung von IT-Applikationen. Im Oktober 2011 existierten allein bei der CS weltweit 7'500 IT-Anwendungen. Mit den IT-Verantwortlichen wurden alle Funktionen und Applikationen geprüft, man setzte die Obergrenze von maximal 4'000 Applikationen. Bis Ende 2015 wird das nicht ganz erreicht, doch sei man auf sehr gutem Weg. Genau angeschaut wurden zudem interne Prozesse. Bei der UBS brauchte es bis zu drei Monaten, bis intern ein IT-Server bereitgestellt wurde. Durch einfachere Arbeitsprozesse und bessere Aufgaben-Priorisierung sind heute nur noch wenige Tage dafür nötig. Bei der CS wurden die Operations- und IT-Abteilungen in die Division Finanzen integriert. Angepasst wurde auch das Angebot von Produkten und Dienstleistungen an die tatsächliche Nachfrage. Zentralisierungen wie die Verlegung des Operationsbereichs des UBS-Personals nach Krakau bleiben mit Outsourcing (was soll eine Bank selbst, was sollen Dritte erbringen?), Offshoring (Zentren in Übersee und in Indien) oder Nearshoring (Zentren in der «Nähe» wie Polen) zentrale Fragen. Bei der CS arbeiten heute 25% der Mitarbeiter in Zentren in Polen, Indien und in den USA, der Anteil soll steigen."

(Quelle: Neue Zürcher Zeitung v. 19.10.2013, 35)

1.3.3 Phasen der Digitalisierung bei Banken

Die Entwicklung von Bankgeschäft und IT ist eng verbunden. Erstens sind die Produkte von Banken nahezu vollständig informationsbasiert, denn Dienstleistungen, wie etwa eine Zahlung oder ein Kredit, umfassen im Unterschied zum Kauf eines Autos keine physischen Komponenten. Vielmehr stellen Informationen die primären Produkte von Banken dar. So ist bei einem Kredit aus Kundensicht vor allem die Information über die Ausgestaltung des Kredits – also Laufzeit oder Darlehenssumme – und nicht der ggf. papierbasierte Kreditvertrag von Interesse. Zweitens sind die Prozesse fast vollständig ohne manuelle Interaktion (abgesehen von der Beratung mittels eines Bankberaters) durch IT abbildbar. Dies zeigt der zunehmende Ersatz physischen Geldes durch Mobile Payment Verfahren oder virtuelle Währungen sowie die Ergänzung des transaktionsorientierten Online Banking um elektronische Self-Services im Bereich der Kundenberatung und der Budgetplanung (s. Kap. 2.5.2). Obgleich Banken ähnlich wie Medien- oder Reiseunternehmen stark durch den IT-Einsatz geprägt sind, gestaltet sich die Entwicklung je nach Branche sehr unterschiedlich. Teilweise führte der innovative Einsatz von IT neben den genannten Effizienzverbesserungen sogar zur Neugestaltung ganzer Wertschöpfungsketten (s. Kap. 6). Bislang lassen sich für die Bankenindustrie vier Phasen des IT-Einsatzes unterscheiden (s. Bild 1-11).

In einer *ersten Phase*, welche bis in die Anfänge der Banken im Mesopotamien des 2. Jh. v. Chr. reicht, war die buchmäßige Führung von Konten für Einlagen und Forderungen mittels Tontafeln üblich. Daran knüpften im 17. Jh. Papierurkunden zur erstmaligen Verbriefung von Rechten an. Diese manuelle Führung von Bankgeschäften ohne elektronische „Informationstechnologie"[24] war mit geringfügigen Verbesserungen bis in die 1950er Jahre hinein die Regel.

Mit der *zweiten Phase* begann ab den 1950er Jahren zunächst auf Basis von Lochkarten die Automatisierung des Bankgeschäfts mittels (elektronischer) IT, z. B. 1954 bei der Deutschen Bank (Lamberti & Büger, 2009, 32). In den 1960er Jahren lösten Magnetbänder die Lochkarten und gegen Ende dieses Jahrzehnts die ersten Hostrechner die manuellen Verfahren ab. Diese Hosts erlaubten eine funktionale Unterstützung größerer Bankbereiche, wie etwa der Zahlungsverkehrs- oder der Wertpapierabwicklung. Parallel dazu entstanden elektronische Systeme bei Dienstleistern im Interbankenbereich (s. Kap. 2.3.7), die eine erste bzw. partielle Integration mit den bankinternen Systemen möglich machten. Über Schnittstellen konnten Banken strukturierte Dokumente, wie etwa Überweisungen oder

---

[24] Obgleich auch nicht-elektronische Informationstechnologien (z. B. weiße Bretter, Briefe, Papierberichte) existieren, subsummiert die Abkürzung IT in diesem Buch jeweils elektronische Informationstechnologien.

Aktienorders, an die elektronischen Netzwerke von SWIFT[25] (s. Kap. 4.2.5) oder die elektronischen Börsensysteme medienbruchfrei weiterleiten. Als erstes elektronisches Börsensystem gilt CATS (Computer Assisted Trading System), das die Toronto Stock Exchange 1977 zur Verbesserung der Liquidität des Parketthandels eingesetzt und Anfang der 1980er Jahre an die Bourse de Paris veräußert hat.

In einer *dritten Phase* hat die Integrationsreichweite weiter zugenommen. Mit Kernbankensystemen (s. Kap. 4.1.2) etablierten sich Systeme mit umfassender Funktionalität, welche die Banken zunächst selbst entwickelt hatten. Analog den in der Industrie verbreiteten integrierten AS (sog. Enterprise Resource Planning Systeme, ERP) zielen diese AS auf die Abstimmung der Funktionen im gesamten Unternehmen (Zahlungsverkehrsfunktion etc., s. Kap. 1.1.3), die Nutzung einer zentralen Datenbasis mit einheitlichen Datenformaten und die Definition abteilungs- bzw. funktionsübergreifender Prozesse. In der Phase sind neben den Eigenentwicklungen sukzessive Standardsoftware-Lösungen entstanden, die vordefinierte Funktionalität für bestimmte Bankentypen beinhalten (s. Kap. 1.1.3). Zudem sind zu diesen primär auf das Backoffice, also die Abwicklungsbereiche ohne unmittelbaren Kundenkontakt, ausgerichteten Kernbankensystemen weitere damit gekoppelte AS im Bereich des Frontoffice (s. Kap. 4.2.1) entstanden, wie etwa AS für das Portfolio Management, die Kundenberatung oder das Home Banking (s. Kap. 1.1.1). Charakteristisch für die dritte Phase ist auch die Verbreitung elektronischer Handelssysteme an vielen Börsenplätzen (s. Tabelle 1-6).

Tabelle 1-6: Beispiele elektronischer Marktplätze

Börse	Gründung (vollelektronisch seit)
National Stock Exchange (NSX), Chicago/Jersey City (Börse)	1885 (1980)
Intex, Bermuda (Derivate, eingestellt)	1984 (1984)
New Zealand Futures and Options Exchange (NZX Markets), Wellington (Derivate)	1985 (1985)
Swiss Options and Futures Exchange (SOFFEX), Zürich (Derivate, heute Eurex)	1988 (1988)
Bolsa Electrónica de Chile, Santiago (Börse, heute Kooperation mit Nasdaq)	1989 (1989)
Bourse de Paris, Paris (Börse, heute Euronext)	1802 (1989)
Deutsche Terminbörse (DTB), Frankfurt (Derivate, heute Eurex)	1990 (1990)
OMX Nordic Exchange, Helsinki (Börse, heute Nasdaq)	1912 (1990)
Toronto Stock Exchange (TMX)	1861 (1997)

---

[25] SWIFT ist die Abkürzung für „Society for Worldwide Interbank Financial Telecommunication". Diese 1973 gegründete und von Kreditinstituten getragene Gesellschaft betreibt ein internationales elektronisches Netzwerk für den belegfreien Datenaustausch zwischen über 10'000 Teilnehmern in über 200 Ländern (Stand 2015).

Die Digitalisierung der Finanzbörsen hat an zahlreichen Börsenplätzen weltweit stattgefunden. Dies umfasste neben dem Aufkommen des elektronischen Handels von Wertpapieren und/oder Derivaten zwei weitere Entwicklungen: 1. Zur Abwicklung der Börsentransaktionen sind elektronische Clearingsysteme entstanden, die eine elektronische Abwicklung bzw. Verrechnung von Börsentransaktionen erlaubten. Zu den weltweit dominanten Clearingsystemen zählen heute Clearstream sowie Euroclear. 2. Zusätzlich zum offiziellen börslichen Handel sind zahlreiche außerbörsliche Handelsmöglichkeiten entstanden, welche die Börsen selbst oder alternative Anbieter, wie etwa Banken unter der Bezeichnung „Multilateral Trading Facilities (MTF)" anbieten.[26] Beispiele sind Tradegate in Berlin sowie Chi-X und Turquoise in London. Mittlerweile hat der elektronische Handel den Präsenzhandel verdrängt und damit die Grundlage für die Abwicklung eines weltweiten Echtzeithandels, ausgeweitete Handelszeiten sowie die Handhabung eines steigenden Transaktionsvolumens an den Börsen geschaffen.

„Der letzte Tanz der Börsianer –
Wie die Computer den Handel «à la criée» ersetzten

Die Zürcher Börsenhändler gaben Ende Juli 1996 eine grosse Abschiedsfeier für ihren alten Arbeitsplatz am Ring. Hinter der Freude steckte indes auch viel Wehmut. Eine kleine Geschichte der Automatisierung.

Der Siegeszug des Computers hat hierzulande kein Büro und kaum ein Stellenprofil verschont. Ein erstes seiner «Opfer» waren die Börsenhändler alter Schule, die der Strukturwandel vom Börsenring in Büros verbannte. (...). Blickt man auf die Geschichte der Börse, muss man sich indes eher wundern, wie lange der Wandel gebraucht hat: Schon als um 1970 herum die Finanzströme und die Arbeit für die Börsen stark anstiegen, rationalisierten die Schweizer Börsen ihren Betrieb: Nacheinander wurden Erfassung und Abrechnung der Aufträge, Lieferung und Bezahlung der Wertpapiere sowie die Börseninformation automatisiert. Wie Richard T. Meier und Tobias Sigrist in ihrer Geschichte der Schweizer Börse schreiben, erlebten die Handelsplattformen in den achtziger Jahren einen weiteren Boom, denn immer mehr Firmen finanzierten sich über den Kapitalmarkt statt über Bankkredite. (...). Parallel dazu ging die Rationalisierung im Backoffice der Banken weiter. Die Börsenhändler schafften es allerdings, ihren eigenen Job, den Kampf um die Kurse, vor dem Computer zu schützen. (...). 1988 schufen die Schweizer Börsen eine Plattform für den Handel mit Derivaten. (...). Bis 1992 baute der Kanton Zürich seiner Börse in der Selnau trotzdem ein neues Gebäude (...). Am 31. Juli 1996 stellte die Zürcher Börse ihren Betrieb definitiv auf elektronischen

---

[26] Ein weiterer Börsentyp sind sog. Dark Pools, die analog den Schattenbanken (s. Kap. 1.1.3) auch als Schattenbörsen gelten. Dabei handelt es sich um bank- und börseninterne Handelsplattformen für den anonymen Handel mit Bankprodukten. Gegenüber den öffentlichen Börsen, unterliegen Dark Pools nicht der Regulierung durch Aufsichtsbehörden und es besteht für Händler keine Transparenz darüber, welche Produkte zu welchen Preisen gehandelt werden. Beispiele sind SmartPool von NYSE Euronext, HSBC und BNP Paribas sowie BlocSec von Crédit Agricole und CLSA.

Handel um. Für die Händler war es eine ganz neue Welt: Sie kannten die Auseinander-setzung von Angesicht zu Angesicht. (...). Das alles war nun vorbei. Die Börsianer, die Maschinisten der westlichen Innovations-Apparatur, fielen dieser plötzlich selbst zum Opfer; der Strukturwandel traf den Markt, der sonst immer die anderen Märkte in die Zukunft getrieben hatte. (...). Schnell mussten die Händler erkennen, dass die Computer einen sehr guten Dienst verrichteten und dass das explodierende Handelsvolumen (...) mit herkömmlichen Methoden nicht mehr zu bewältigen gewesen wäre. (...)."

(Quelle: Neue Zürcher Zeitung v. 24.02.2015, 16)

Die aktuelle *vierte Phase* kennzeichnet aufbauend auf der internen Integration in Banken die weitergehende überbetriebliche Integration. Insbesondere größere Banken arbeiten an Architekturmodellen, die sowohl aus fachlicher als auch aus informationstechnischer Sicht einzelne (standardisierte) Module umfassten. Ebenso hat das Konzept serviceorientierter Architekturen (SOA, s. Kap. 4.3) zu einer verstärkt modularen Konstruktion der Kernbankensysteme (s. Kap. 4.2.2) geführt, sodass Banken einzelne funktionale Bereiche (bzw. Services) mit geringerem Aufwand herauslösen und diese an Dienstleister vergeben können. Einen wichtigen Teil zur weiteren Industrialisierung bilden Brancheninitiativen wie das Banking Industry Architecture Network (BIAN, s. Kap. 4.2.5) mit der Definition international akzeptierter Servicearchitekturen. In diese Phase fällt auch die Fintech-Evolution mit Initiativen von Banken und Startup-Unternehmen zur Realisierung innovativer Lösungen mit dem Schwerpunkt der Kundeninteraktion (s. Banking Innovations in. Kap. 2.5.1).

In der *fünften Phase* könnte eine kundenzentrierte Perspektive das bislang vorherr-schende produktorientierte Paradigma ersetzen. Dazu zeichnen sich elektronische Marktplätze im Kundenkontakt (s. Kap. 3.4.3), wie etwa Vergleichsportale oder Crowdsourcing-Plattformen ebenso wie Marktplätze für Services im Backoffice-Bereich, ab. Erste Ansätze in diese Richtung sind z. B. bei DNAappstore oder Yodlee erkennbar, die Services von Dienstleistern bündeln und interoperabel zugreifbar machen (s. Kap. 2.5.3, 3.4.2). Die elektronischen Plattformen ersetzen die traditionell bilateralen Beziehungen zwischen Bank und Kunden bzw. Dienstleistern um multilaterale, sodass Kunden und Dienstleister gleichermaßen über eine Schnittstelle (zum Marktplatz) eine Integration herstellen können. Aus Kundensicht entsteht eine hybride Interaktion (s. Kap. 2.5.2), da Kunden über mehrere Kanäle (Mobil, Social, Web, Filiale, Nicht-Bank etc.) bankrelevante Informationen und Transaktionen austauschen bzw. durchführen können.

Die Entwicklung illustriert die zunehmende Integrationsreichweite (s. Kap. 2.3) und den Einfluss der Digitalisierung auf alle in Kap. 1.3.1 skizzierten Transformationstreiber. So begünstigt sie den Konsolidierungsprozess durch innovative Lösungen von Nicht-Banken, ermöglicht eine kostengünstigere Präsenz im internationalen Raum durch Online- und Mobile-Technologien, verstärkt die Dezentralisierung von Aktivitäten in Richtung Kunden und Dienstleister und führt damit zu einer stärkeren Spezialisierung. Auch die kostenintensive Regulierung profitiert mit der stärkeren Standardisierung und Automatisierung von der aktuellen IT-Entwicklung.

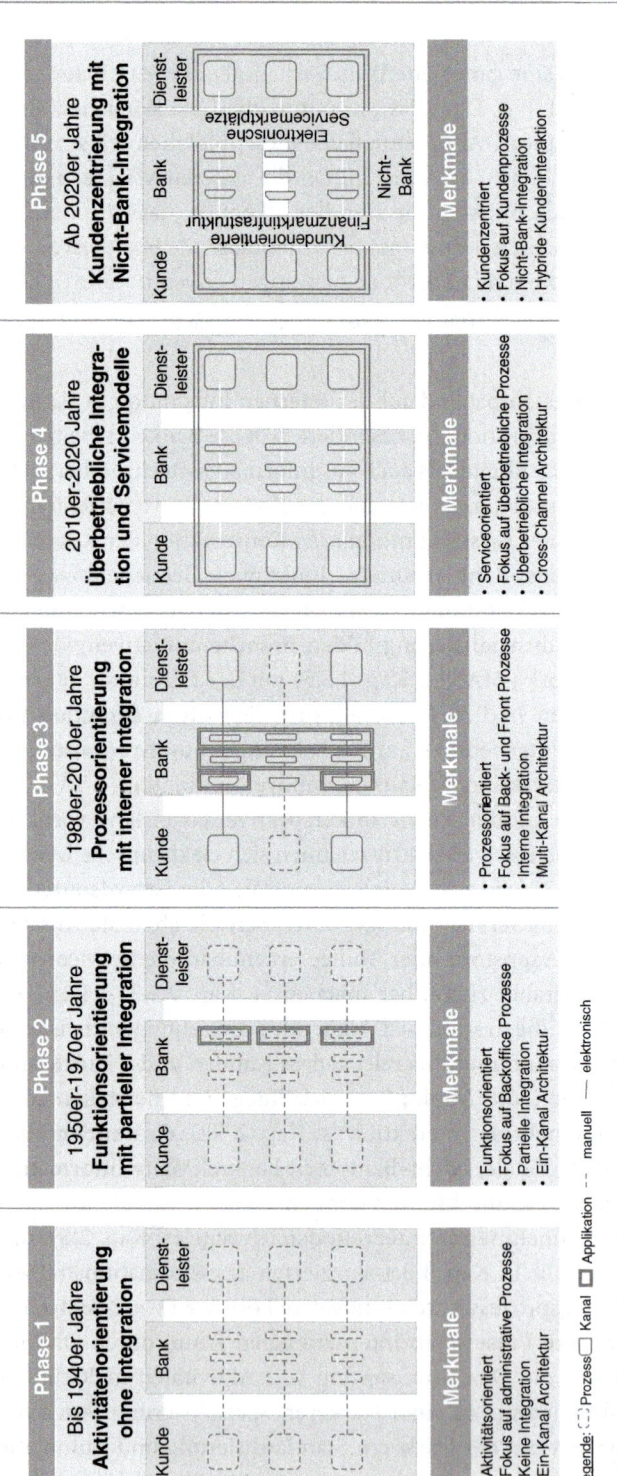

Legende: ⬭ Prozess ☐ Kanal ☐ Applikation -- manuell — elektronisch

Bild 1-11: Phasen der Digitalisierung bei Banken

1.3.4 Strategische Relevanz und Kosten der IT

Nach den Personalkosten, die mit 55-60% den größten Kostenblock bei Banken ausmachen, fallen die IT-Aufwände als zweitgrößter Posten mit 15-20% ins Gewicht und auch im Branchenvergleich weisen Banken die höchsten IT-Investitionen aller Branchen in Relation zum Umsatz auf (Gopalan et al., 2012, 34). Diese Summe variiert je nach Unternehmensgröße zwischen 4,7 bis 9,4%. Dagegen investieren Versicherungen nur 3,3% und Fluggesellschaften 2,6% ihres Umsatzvolumens in IT. Die IT-Kosten beeinflussen damit maßgeblich das Verhältnis von Einnahmen und Kosten (CIR, s. Kap. 1.3.2) der Banken. Gegenüber anderen Branchen wie der Automobil- (-1%) oder der Chemieindustrie (-3%) gehen Studien von einem weiteren Wachstum bei Banken um jährlich etwa 3% aus (BCG, 2013). Einen wichtigen Faktor für die Höhe der Kosten bildet die Größe der Bank, sodass bei Großbanken die IT-Kosten gemessen am Verhältnis zum Umsatz geringer ausfallen als bei mittelgroßen und kleinen Banken. Weshalb aber sind die Kosten bei Banken generell so hoch? Sind es die Investitionen in strategisch differenzierende AS bzw. Innovationen, die mit den aufgewendeten Kosten positiv korrelieren oder sind andere Gründe dafür verantwortlich? Die Antwort findet sich in einer Betrachtung entlang der Wertschöpfungskette in drei Bereichen:

Als *erster Bereich* ist die interne Gestaltung von IT-Architekturen von Bedeutung für die Höhe der IT-Aufwände. Dabei fallen die IT-Investitionen je nach Geschäftsbereich unterschiedlich aus, z. B. 24% im transaktionalen Abwicklungsbereich des Backoffice, 20% im Firmenkundenbereich und 20% im Investment Banking, 18% im Bereich mit kleinen und mittelgroßen Firmenkunden sowie jeweils 14% im Private Banking und Asset Management (Moormann & Schmidt, 2007, 31). Entgegen der in Kap. 1.3.2 erwähnten wachsenden Relevanz des Frontoffice entfallen die höchsten Kosten auf das (interne) Backoffice. Eine Ursache sind häufig veraltete, heterogene Anwendungsarchitekturen, die hohe Kosten beim Betrieb und ihrer Weiterentwicklung aufweisen (Koch & Rill, 2005, 22). Letztere entstehen mit neuen regulatorischen Anforderungen ebenso wie bei Anpassungen seitens des Geschäfts (neue Produkte oder Vertriebskanäle) (s. Kap. 1.1). Als Lösungsansatz für die hohen Wartungskosten gilt vor allem die Ablösung der sog. „Altsysteme" bzw. der zu Beginn einer Migration eingesetzten AS, die jedoch ihrerseits mit hohen Investitionen und Zeitaufwänden verbunden ist. So sind für die Einführung eines neuen Kernbankensystems ca. 3-5 Jahre sowie Kosten in Höhe von mehr als 120 Mio. EUR anzusetzen und für ein neues Controlling Gesamtsystem 2-4 Jahre sowie etwa 50 Mio. EUR (Moormann & Schmidt, 2007, 33).

Der *zweite Bereich* umfasst die mit der stärkeren Zusammenarbeit mit Dienstleistern verbundenen Investitionen. Obgleich diese Auslagerungs- bzw. Sourcing-Projekte mit der Zielsetzung einer Kostensenkung – in der Praxis findet sich häufig die Vorgabe von 20%-Einsparungen – stattfinden, gehen der Externalisierung interne Standardisierungsprojekte und Organisationsanpassungen voraus. In Kap. 1.3.2 sind einige dieser Maßnahmen beschrieben, die sich ebenso auf eine präzise Definition der intern wie der extern ausgeführten Tätigkeiten beziehen wie auf die Einrichtung von Organisationseinheiten zur Steuerung der überbetrieblichen Zusammenarbeit. Für eine Reduktion von Fertigungstiefe und Kosten sind daher zunächst die internen IT-Architekturen durch eine Standardisierung der Funktionalitäten, Daten und Schnittstellen anzupassen. So weist eine Studie für 40% der befragten Banken Lücken bezüglich der Anpassungsfähigkeit der IT-Architekturen auf, die sich in Kosten- und Effizienznachteilen niederschlagen (Hunt, 2013). Insgesamt geht die Studie von einem Wachstum der IS-bedingten Kosten bei Banken von knapp 57 Mrd. $ in 2013 und auf über 64 Mrd. $ in 2017 weltweit aus.

Als *dritter Bereich* besitzt die in Kap. 1.3.1 und 1.3.3 dargestellte Kundeninteraktion unmittelbare Auswirkungen auf die IT-Investitionen. Diese bilden angesichts der tendenziell abnehmenden persönlichen Interaktion mit dem Kunden ein wichtiges strategisches Element zur Wahrung und ggf. Intensivierung der Kundenbeziehung in der Zukunft. In diesem Sinne ist eine Umkehr im Verhältnis zwischen den Kanälen zu erwarten (Roland Berger, 2013): Während heute die Filialen noch 64% der Erträge liefern und elektronische Kanäle gerade einmal 19%, sollen die über die elektronischen Kanäle generierten Erträge in den nächsten Jahren auf ca. 20-30% ansteigen. Damit rückt die Fähigkeit zur Kundeninteraktion über mehrere Kanäle in den Mittelpunkt. Die Stufen des Multi- und Cross-Channel-Management (s. Kap. 1.3.3) unterstreichen, dass verschiedene Kanäle nicht nur – wie heute in vielen Banken üblich – nebeneinander (Multi-Channel), sondern möglichst durchlässig im Sinne eines Cross-Channel-Management (Übergänge zwischen den Kanälen möglich) oder einer hybriden Kundeninteraktion (übergreifend abgestimmter Kanalmix) zu gestalten sind (s. Kap. 2.5.1).

1.4 Leitlinien des Buches

Das vorliegende Buch greift die Veränderungen der Digitalisierung aus Sicht der WI auf. Transformation findet mittels eines möglichst innovativen Einsatzes von IT statt und erfordert die systematische Gestaltung der fachlichen und technischen Bereiche einer Bank gleichermaßen. Dazu verfolgt das Lehrbuch vier Leitlinien, welche die Unterscheidung mehrerer Gestaltungsebenen (s. Kap. 1.4.1), die Vernetzung von Organisationseinheiten (s. Kap. 1.4.2), die Modularisierung von fachlichen und technischen Leistungen (s. Kap. 1.4.3) und die kontinuierliche Innovationsaktivität umfassen (s. Kap. 1.4.4).

1.4.1 Mehrdimensionalität

Transformation bedeutet Veränderungen, die stets im komplexen betrieblichen Wirkungsgefüge des Unternehmens bzw. der Bank stattfinden. Bereits in den 1990er Jahren haben Studien das „Productivity Paradox" beschrieben, wonach sich höhere Investitionen in IT-Ressourcen (neue Hard- und Software) nicht in wirtschaftlichen Produktivitätskennzahlen, wie etwa dem Bruttoinlandsprodukt (BIP), niedergeschlagen haben. Nachfolgende Forschungsbeiträge haben allerdings gezeigt, dass sich Vorteile eher auf mikroökonomischer Ebene – also in Umsätzen und Gewinnen von Unternehmen – wiederfinden und sich erst zeitverzögert in gesamtwirtschaftlichen Indikatoren reflektieren. Jedoch zeigt sich auch auf der betrieblichen Ebene, dass keine direkte Verbindung zwischen IT-Einsatz und dem Unternehmenserfolg besteht und niemals der Kauf neuer Rechner per se zu einem

höheren Umsatz führt. Vielmehr ist eine Erklärung nur über die veränderten Geschäftsprozesse und Strategien in Form neuer Vertriebskanäle, Produkte und/oder Abläufe möglich (s. Bild 1-12).

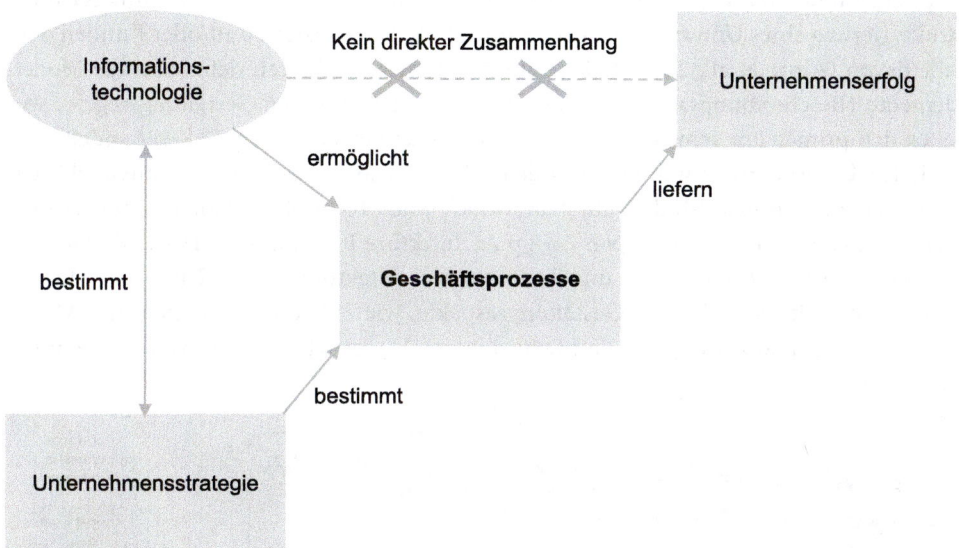

Bild 1-12: Zusammenhang zwischen IT und Unternehmenserfolg (Picot et al., 1998, 187ff)

Aus dem Verhältnis von IT, Prozessen und Unternehmensstrategie folgt die Notwendigkeit zu einer mehrdimensionalen Betrachtung der Gestaltungselemente. Dies erlaubt ein
gezieltes Vorgehen bei der Transformation und vermeidet die häufig beobachtbare Ver-
mischung von technischen und fachlichen Aspekten. In der WI hat sich seit den 1990er
Jahren dazu das Business Engineering (BE) etabliert, das zwei Gestaltungsdimensionen
und drei Gestaltungsebenen zur geschäftsorientierten Anpassung und Ausrichtung des IT-
Einsatzes unterscheidet. In der fachlichen Dimension verbindet der (Geschäfts-)Prozess
die Ebenen Geschäftsstrategie und System (Österle & Winter, 2003, 12) (s. Bild 1-13):

- Auf *strategischer* Ebene stehen Leistungsflüsse und -schwerpunkte zwischen den rele-
vanten Unternehmen und Organisationseinheiten im Vorderg
- Auf *organisatorischer* Ebene zählen die mittels IS zu gestaltende Aufbau- und Ablaufor-
ganisation zu den Gestaltungsobjekten.
- Auf *informationstechnischer* Ebene findet sich die Implementierung in konkreten AS als
Basis und Enabler für neue Strategien und Prozesse.

Die fachliche Dimension verfolgt das Ziel einer implementierungsnahen Modellierung
und unterscheidet eine vertikale bzw. ebenenübergreifende Sicht. Auf den Ebenen Strategie, Organisation und Informationssystem sieht das BE Ergebnisdokumente (s. Kap. 1.2.1)
vor, die sowohl Geschäfts-, Organisations-/Prozess- als auch Systemarchitekturen umfassen. Letztere lassen sich weiter unterteilen in Integrations-, Software- und Technologie-

architekturen, sodass nach Bedarf eine weitere Untergliederung der IS-Ebene möglich ist (Aier et al., 2008, 293). Die ebenenübergreifende Architekturmodellierung ist Bestandteil sog. Unternehmensarchitekturen („Enterprise Architecture"), die ein wichtiges methodisches Hilfsmittel der WI zur Transformation darstellen (s. Kap. 1.2.1). Sie umfassen die Strukturierung eines Unternehmens zusammen mit Dienstleistern und/oder Kunden oder Teile davon (Alpar et al., 2014, 124). Unternehmensarchitekturen definieren die Modellelemente (Beschreibungsaspekt) unter Verwendung definierter Gestaltungsregeln, wobei es sich primär um semi-formale Modellierungssprachen (s. Kap. 2.2.3) handelt. Beispiele für Unternehmensarchitekturmodelle sind das sog. „Zachmann Framework", das die Schichten „Business Model", „System Model" und „Technology Model" unterscheidet (Zachmann, 1999) oder „The Open Group Architecture Framework" (TOGAF), das eine Geschäfts-, Informationssystem- und Technologiearchitektur vorsieht. Die zweite Dimension bilden politisch-kulturelle Gestaltungsaspekte, wie Führung, Verhalten und Macht, die für die Akzeptanz, Adaption und Diffusion von IT-getriebenen Innovationen von Relevanz sind.[27]

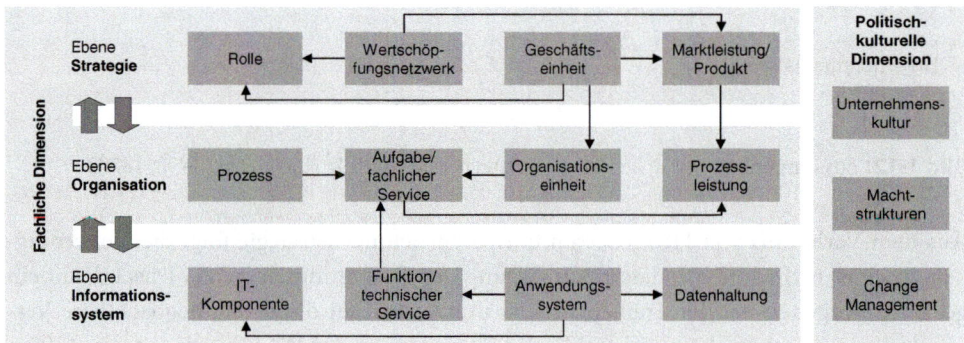

Bild 1-13: Gestaltungsobjekte des Business Engineering (aufbauend auf (Österle & Blessing, 2003, 12))

1.4.2 Vernetzung

Die Bildung komplexer mehrstufiger Wertschöpfungsstufen hat in vielen Branchen stattgefunden. Die Automobilindustrie gilt mit ihren Systemlieferanten – Lieferanten verantworten gesamte Teilbereiche eines Fahrzeugs, wie etwa den Kabelstrang oder das Armaturenbrett, und steuern die daran beteiligten (Sub-)Lieferanten selbst – und Logistikkonzepten – Just-in-time oder Just-in-Sequence verzahnen die Wertschöpfungsstufen unter den Prinzipien hoher Qualität, Ausfallsicherheit, Flexibilität und Kosteneffizienz – als besonders fortschrittlich. Weil Automobilunternehmen, wie BMW oder Porsche, selbst nur noch eine geringe Fertigungstiefe aufweisen (s. Kap. 1.3.2), findet der Wettbewerb eigentlich nicht mehr zwischen den Automobilunternehmen – häufig als Original Equip-

---

[27] Diese, häufig als „weiche Faktoren" bezeichneten Gestaltungsaspekte sind nicht bankspezifisch und Gegenstand des Projekt- und Changemanagement (Kuster et al., 2005).

ment Manufacturers (OEM) bezeichnet – statt, sondern zwischen dem gesamten, von einem OEM gesteuerten, Unternehmensnetzwerk. Vergleichbare Konzepte sind angesichts der in Kap. 1.1 dargestellten Entwicklungen auch im Bankenbereich zu beobachten und die Branche ist ebenfalls auf dem Weg zum Wettbewerb konkurrierender Banknetzwerke (s. Kap. 3). In der Literatur gelten Unternehmensnetzwerke als eine von drei prinzipiellen Formen der Koordination ökonomischer Aktivitäten:[28]

- *Marktliche Koordinationsformen* bezeichnen flüchtige, unabhängige und kompetitive (Geschäfts-)Beziehungen (Sydow, 1992, 98), die einen flexiblen Handel mit geringen Sicherheitsrisiken erlauben. Üblicherweise erfolgt eine Auswahl des passenden Handelspartners aus einer Vielzahl von Konkurrenten und die Kundenbeziehungen sind kurzfristig und kostenorientiert. Unternehmen können sich entweder durch Spezialisierung bzw. die Realisierung von Skaleneffekten (Economies of Scope, s. Kap. 3.1.1) diesem Wettbewerb stellen oder sie versuchen durch Differenzierung einer unmittelbaren Vergleichbarkeit auf dem Markt zu entgehen.
- *Hierarchische Koordinationsformen* erhöhen die Fertigungstiefe und sehen einen Bezug von Produkten bzw. Leistungen im Rahmen langfristig stabiler Strukturen vor, die auf Arbeitsverträgen beruhen und Über- bzw. Unterordnungsverhältnisse mit den damit verbundenen Beeinflussungsmöglichkeiten und Abhängigkeiten herstellen. Weil sie damit weniger dem Wettbewerb des Marktes ausgesetzt sind, bilden sie einen Schutz gegen die Konkurrenz und die direkte Steuerbarkeit ohne Abhängigkeit von anderen Kunden bzw. Akteuren. Dies ist vor allem für differenzierende und innovative Kernkompetenzen, nicht aber für kostenorientierte und standardisierte Tätigkeiten geeignet.
- *Hybride Koordinationsformen* verbinden idealerweise die Vorteile von „Markt" und „Hierarchie". Sie bestehen sowohl aus marktlichen (Wettbewerb zu bestimmten Zeitpunkten und Flexibilität) als auch hierarchischen (Längerfristigkeit und gegenseitige Abhängigkeit) Elementen. Dies trägt u. a. zum Schutz von in ein gemeinsames Projekt investierten (insbesondere beziehungsspezifischen) Ressourcen bei, wie sie in vielen auf mehrere Jahre angelegten (Out-)Sourcing-Projekten üblich sind. Die Zusammenarbeit regelt mit den Kooperationszielen, Leistungszahlen sowie Pönalen ein Kooperationsvertrag von häufig beträchtlicher Länge. Da dieser jedoch nicht alle Eventualitäten und Anforderungen abdecken kann, gilt das Vertrauen zwischen den Kooperationspartnern als Grundvoraussetzung. Die in Kap. 3 dargestellten Banknetzwerke beruhen auf dem Typus der Unternehmensnetzwerke.

Mit der steigenden Integrationsreichweite und Arbeitsteilung im Bankenbereich (s. fünfte Entwicklungsphase in Kap. 1.3.3) besitzt die Kunden- und Dienstleisterintegration eine besondere Bedeutung. Wie Tabelle 1-7 zeigt, lässt sie sich nach der mehrdimensionalen Betrachtung auf drei Ebenen gestalten. Dabei sind die zwei Eigenschaften der Vernetzung zu adressieren (Alt, 2008, 73ff):

---

[28] Vgl. z. B. (Alt, 2008, 89ff) und (Provan et al., 2007, 497).

- *Autonomie und Heterogenität.* Gegenüber der hierarchischen Organisation beruht die Vernetzung auf dem Zusammenspiel von rechtlich selbständigen Organisationseinheiten. Diese handeln i.d.R. autonom, sind nicht weisungsgebunden und weichen in ihren strategischen Zielen sowie ihrer Organisations-/Prozess- und Systemgestaltung voneinander ab.
- *Leistungsaustausch und Reziprozität.* Vernetzung impliziert einen Leistungsaustausch, der die Rahmenbedingungen und die innerhalb von Transaktionen ausgetauschten Leistungen spezifiziert. Die Reziprozität zielt dabei auf eine aus Sicht der Kooperationspartner ausgewogene Kosten-/Nutzenverteilung, die gerade bei Kooperation mit mächtigen Partnern nicht gleichverteilt sein muss.

Tabelle 1-7: Gestaltungselemente der Leitlinie „Vernetzung"

Vernetzungsbereich	Beispiele für Gestaltungselemente zur Vernetzung
Strategische Gestaltungselemente	
Wertschöpfungsnetzwerk	Gestaltung des (künftigen) Unternehmensnetzwerks mit Rollen vom Kunden bis zu sämtlichen Dienstleistern (s. Kap. 3.2.2).
Positionierung	Kernkompetenzorientierte Positionierung im Wertschöpfungsnetzwerk mit Definition der Kanäle zur Kundeninteraktion (s. Kap. 3.4.3).
Organisatorische Gestaltungselemente	
Aufbauorganisation	Gestaltung der Schnittstellenorganisationen zum Management der Vernetzung (s. Kap. 3.3.3).
Ablauforganisation	Definition der kooperativen Leistungsprozesse ausgehend von den Kundenprozessen (s. Kap. 2.3.1).
Informationstechnische Gestaltungselemente	
Anwendungssysteme	Funktionale Verteilung der Kernbankmodule in der Gesamtarchitektur (s. Kap. 4.2.1).
Schnittstellen	Nutzung von Standards (s. Kap. 4.2.5) zur möglichst medienbruchfreien Kopplung der AS (Straight Through Processing, s. Kap. 1.3.2).

1.4.3 Serviceorientierung

Serviceorientierung ist ein ambivalent verwendeter Begriff mit entsprechendem Missverständnis-Potenzial. So bezeichnet er die klassische Dienstleistung, also eine immaterielle Leistung zwischen Leistungserbringer und -nehmer mit dem Charakter eines Erfahrungsguts. Dienstleistungen lassen sich nicht auf Vorrat produzieren und weniger leicht in Bestandteile im Sinne einer Stückliste zerlegen und kalkulieren. Häufig entsteht die Dienstleistung, etwa bei einer Kundenberatung, auch erst in der unmittelbaren Interaktion von Kunde und Anbieter. Dienstleistungen sind in der Betriebswirtschaftslehre verankert und entsprechen im Englischen dem Begriff des Service. Hier beginnen die Mehrdeutigkeiten, da in der Informatik seit den 1990er Jahren sog. serviceorientierte Architekturen (SOA) entstanden sind, die eine AS- bzw. Softwarekomponente mit einer definierten und über eine standardisierte Schnittstelle aufrufbaren Funktionalität bezeichnen. Offensichtlich ist der englische „Service" im betriebswirtschaftlichen Sinne nicht identisch mit dem technischen Servicebegriff. Daher ist ein Service aus:

- *Geschäftlicher bzw. fachlicher Sicht* definiert als „the application of specialized competencies (knowledge and skills) through deeds, processes, and performances to create value for the benefit of another entity or the entity itself" (Lusch & Vargo, 2006, 2). Aus dieser Perspektive fokussieren Services auf angebotene und direkt an externen Faktoren erbrachte Leistungen. Beispiele für solche bankfachlichen (Markt-)Leistungen sind ein Konto oder ein Fondssparprodukt im Business-to-Consumer (B2C)-Bereich sowie die Abwicklung von Zahlungsverkehrstransaktionen im Business-to-Business (B2B)-Bereich. Diese strategische Betrachtung fokussiert auf Geschäftsmodelle und -prozesse für die Zusammenarbeit und Koordination von Unternehmen in überbetrieblichen Servicesystemen oder über elektronische Marktplätze (Bardhan et al., 2010, 30).
- *Technischer Sicht* die Bezeichnung für die Funktionalitäten von einzelnen oder mehreren AS-Modulen, die über standardisierte Schnittstellendefinitionen ohne Kenntnis der konkreten Implementierung nutzbar sind (Erl, 2006). Hierfür sind Standards, wie etwa die Webservice Description Language (WSDL), entstanden. In einer SOA wirken die Services, unterstützt durch ein Serviceverzeichnis und durch Übertragungsprotokolle, zusammen. Der Nutzen besteht darin, dass die Modularisierung, die standardisierten Schnittstellen und die Servicebeschreibungen eine höhere Flexibilität bei der Konfiguration bzw. Anpassung bestehender Architekturen bieten. Letztlich lassen sich die Module leichter herauslösen und durch andere ersetzen.

Neben der erwähnten terminologischen Problematik führt die Trennung von technischer und geschäftlicher Sicht dazu, dass entweder eine Reduktion des Geschäftsbezugs oder eine der technischen Implementierbarkeit stattfindet. Neuere Ansätze versuchen daher beide Sichten zu verbinden und gehen dabei entweder von den Geschäftsprozessen oder von den AS aus. Je nach Vorgehen folgt anschließend die Verifikation der technischen Realisierbarkeit bzw. des geschäftlichen Nutzens der Servicekandidaten („Meet-in-the-Middle" Verständnis in Bild 1-14). Zwar kommt dieses Vorgehen dem „Business/IT-Alignment" entgegen, jedoch weichen die Servicearchitekturen im überbetrieblichen Kontext, z. B. jene von Softwareanbietern und Banken, inhaltlich häufig voneinander ab und verhindern eine flexible Integration, wie sie das SOA-Konzept anstrebt. Eine integrierende Sicht steht noch aus, ist aber Gegenstand des Forschungsgebietes der „Service Science" (Bardhan et al., 2010). Dieser Ansatz zielt auf die Verknüpfung von technischen und geschäftlichen Aspekten über einheitlich definierte Elemente. Solche Elemente sind ein serviceorientiertes Architekturmodell oder eine Definition aller Aufgaben im Lebenszyklus der Services (s. Kap. 2.1.2). Die zweite Leitlinie dieses Buches orientiert sich an dieser übergreifenden Sicht und knüpft an folgende Eigenschaften der Serviceorientierung an:

- *Modularisierung.* Serviceorientierung beruht auf der Definition von Servicemodulen. Es kann sich bei diesen Services sowohl um auf dem Markt angebotene Services (bzw. Dienstleistungen) als auch um Bestandteile von Geschäftsprozessen (sog. fachliche Services) oder Module von AS (technische Module) handeln. Die Servicekomponenten weisen eine definierte Funktionalität bzw. einen klaren Leistungsumfang auf, ohne Implementierungs- oder Realisierungsdetails offenzulegen.
- *Interaktion.* Services stellen eine Beziehung zwischen Serviceanbieter und Servicenutzer her. Dies beruht auf dem Grundsatz der Trennung von Besitz und Nutzung – nicht der traditionelle Kauf steht bei der Serviceorientierung im Vordergrund, sondern vielmehr die Nutzung von Ressourcen nach Bedarf. Die Konfiguration dieser ggf. aus mehreren Services bestehenden und dadurch komplexen Dienstleistungen entsteht in einem Interaktionsprozess zwischen beiden Akteuren.
- *Vertrag.* Die während der Interaktion zwischen Serviceanbieter und -nutzer vereinbarten Leistungsbestandteile und -bedingungen fließen in einem Dienstgütevertrag („Service Level Agreement", SLA) zusammen. Dieser regelt die Zusammenarbeit, denn schließlich kann der Servicenutzer gegenüber der Leistungserbringung im eigenen Haus die Ressourcen beim Dienstleister weniger direkt beeinflussen.
- *Plattform.* Elektronische Serviceplattformen unterstützen das Management von Services entlang deren gesamten Lebenszyklus. Ähnlich einem elektronischen Markt können sie die nach einer übergreifenden Systematik katalogisierten Services vergleichen und daraus passende Servicebündel konfigurieren. Zusätzlich können derartige Marktplätze, Verzeichnisse oder Repositories nicht nur die Konfiguration, sondern im Sinne von „Cloud Services" auch deren Ausführung unterstützen.

Die Serviceprinzipien finden sich in allen drei nachfolgenden Kapiteln dieses Lehrbuchs wieder. Aus strategischer Sicht sind dies Bankprodukte, wie etwa ein Konto oder ein Anlageprodukt, die z. B. Banken auf dem Markt anbieten (Marktleistung). Aus organisatorischer Sicht betrachtet das Lehrbuch Prozessservices, wie etwa eine Bonitätsprüfung, die in unterschiedlichen Geschäftsprozessen Einsatz findet. Aus systemorientierter Perspektive kapseln Services schließlich AS-Logik, wie das Auslesen eines Kundendatums aus einem Kernbanken- und einem CRM-System (Customer Relationship Management), als einheitlichen Service.

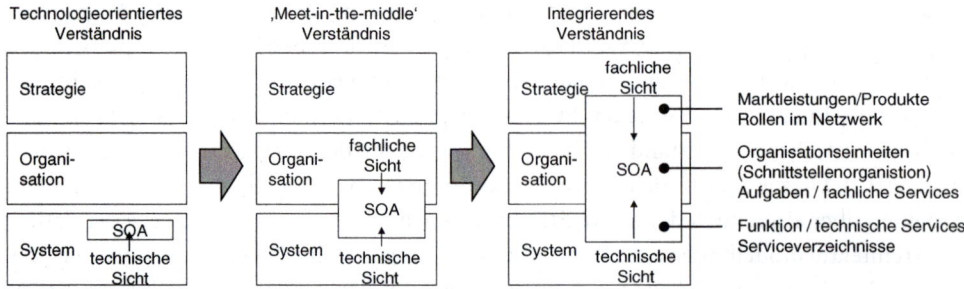

Bild 1-14: Einordnung der Serviceorientierung

1.4.4 Innovation

Die vierte Leitlinie bildet die Innovation. Der Einsatz von IT – ob serviceorientiert aufgebaut oder nicht – ist kein Selbstzweck. Vielmehr liegt das Ziel im Beitrag zur Differenzierung im Wettbewerb durch neue Produkte bzw. Leistungen oder zur Verbesserung der Kostenposition durch effizientere Prozesse. Diese IT-basierten Transformationen sind i.d.R. mit Innovationen verbunden, die dem Ursprung nach (griech. „Innovatio" – „Erneuerung", „etwas neu Geschaffenes") eine neue Idee und deren Umsetzung in die Praxis bezeichnen. Damit sind vier Kerneigenschaften von Innovation erwähnt (Schieble & Schölzel, 2011, 54):

- *Objekt.* Zunächst beziehen sich Innovationen immer auf ein Objekt, wobei es sich sowohl um ein Geschäftsmodell, ein Produkt, ein Prozess, eine Organisationsform oder ein IS handeln kann. Während i.d.R. ein Objekt im Vordergrund steht, so können auch weitere Objekte (AS, Infrastruktur), etwa bei neuen Online-Produkten, beteiligt sein.
- *Neuigkeit.* Innovationen lassen sich hinsichtlich ihres Neuigkeitsgrades in zwei Bereiche unterteilen: Radikalinnovationen sind disruptiv, da sie ein Innovationsobjekt grundlegend verändern und häufig Branchenveränderungen bewirken. Graduelle Innovationen betreffen die kontinuierliche Verbesserung und routinemäßige Weiterentwicklung eines bestehenden Objektes.
- *Innovationsmanagement.* Gerade für etablierte Unternehmen bedeutet die laufende Entdeckung neuer Ideen und das damit verbundene Infragestellen bestehender Lösungen eine Herausforderung. Neuere Ansätze, wie etwa das „Co-Creation" oder die „Open Innovation" beziehen daher zu einem frühen Entwicklungsstadium Mitarbeiter anderer Abteilungen oder gar Kunden in die Ideenfindung und -konkretisierung mit ein.
- *Anwendung.* Innovationen sind erst dann für ein Unternehmen im Wettbewerb wirksam, wenn sie auch eine Anwendung in der Praxis erfahren. Ist diese Marktfähigkeit nicht gegeben, so spricht man von Inventionen bzw. Ideen ohne erfolgreiche Anwendung. Ein Beispiel ist der nachfolgend geschilderte Einsatz der Lochkarte.

> **„Strategischer Einsatz und Auswirkungen von Banking Innovations**
>
> „(...) wurde von uns die Frage aufgeworfen, wie die Beratung des Effektenkunden am Schalter vor sich ginge, ohne dass man das Depotbuch wie bei uns zur Hand hätte. Diese Fragestellung löste ein langes, sehr verlegenes Schweigen aus, und nachdem man sich gedankliche Konstruktionen gemacht hatte, wurde erwidert, dass man ja mit dem Lochkartensystem in der Lage sei, eine Übersicht über das Depot des einzelnen Kunden (...) herzustellen. Eine Vertiefung des Gesprächs ergab aber, dass man hierfür sicherlich mehr als 15 Minuten benötigt, eine Zeitspanne, die sich durch die Wege zwischen Schalter und Hollerith-Abteilung noch um mindestens 5 Min. auf 20 Min. verlängert. In dieser Zeit würde unser Kunde verständlicherweise sehr ungeduldig

werden, und ein temperamentvoller Mensch von einer Schlamperei sprechen. Wir könnten dann nur zu unserer Entschuldigung sagen, diese Verzögerung läge nur an dem modernen Lochkartenverfahren."

(Quelle: Lamberti & Büger 2009, 33, aus einem Gespräch von 1962 in „Historische Gesellschaft der Deutschen Bank e.V. 2005, 1f)

Im Bankbereich findet sich als übergreifender Sammelbegriff zu innovativen Lösungen der Begriff der „Banking Innovations" (s. Kap. 2.5.1). Neben den Produktinnovationen (z. B. neues Anlage- oder Sparprodukt) finden sich Prozessinnovationen, da IT die Abläufe zur Bezahlung, Überweisung oder Aktienorder verändern kann. Infolge des hohen Informationsanteils des Bankgeschäfts haben Banken bereits frühzeitig Innovationen, wie etwa Geldautomaten oder mobile Verfahren, eingeführt (s. Kap. 1.1.1). Einen Überblick über mögliche Innovationen auf den drei Gestaltungsebenen zeigt Tabelle 1-8.

- *Strategische Innovationen* führen zu verändert ausgestalteten Geschäftsmodellen (z. B. Erlösmodell, Kanalstrategie etc.) oder neuen Interaktionsformen (z. B. Customer-to-Customer (C2C) anstatt Business-to-Customer (B2C)).
- *Organisatorische Innovationen* beziehen sich auf bankfachliche Anwendungsbereiche (z. B. Zahlen, Anlegen etc., s. Kap. 1.1.2) und erfordern häufig neue Leistungserstellungsprozesse (z. B. infolge eines Outsourcings).
- *IS-Innovationen* nutzen neue IT auf Ebene der AS (z. B. Kernbankensysteme, s. Kap. 4.2.2, PFM-Systeme s. Kap. 2.5.3) sowie die Ebene der Infrastruktur (Endgeräte wie Smartphone, Tablet, TV etc.).

Tabelle 1-8: Kategorien von Banking Innovations (Alt & Sachse, 2012, 161)

Innovationsbereich	Beispiele von Banking Innovations
Strategische Innovationen	
Geschäftsmodell	Crowdfunding (Betrieb einer elektronischen Plattform zur Vergabe von Kleinkrediten bzw. zur Finanzierung von Projektideen)
Produkt / Dienstleistung	Onlineberatung (Kunden beraten Kunden in Social Media)
Organisatorische Innovationen	
Prozess	Online-Hypothek (Elektronische Beantragung und Abwicklung von Hypotheken über elektronische Kanäle)
Organisation	Outsourcing (Auslagerung von Abwicklungsleistungen an externe Dienstleister) oder Nutzung gemeinsamer Vertriebskanäle
IS-Innovationen	
AS	Personal Finance Management (Anbieten eines AS zur bankübergreifenden Verwaltung von Konten und Depots)
Infrastruktur	Hardware zur sicheren Informationsübertragung (z. B. TAN-Generatoren, Verschlüsselungs-Sticks, HBCI)

1.5 Bezugsrahmen und Überblick

Das Lehrbuch ist entlang der vier Leitlinien aufgebaut. Im Vordergrund steht mit der Mehrdimensionalität die Kapiteleinteilung nach den Ebenen Strategie (Banknetzwerke), Organisation (Bankmodell) und IS (Bank-IS). Durch alle Kapitel ziehen sich die Leitlinien Vernetzung, Serviceorientierung und Innovation mit ebenenspezifischen Charakteristika (s. Tabelle 1-9). Die sechs Kapitel lehnen sich daran an und ergänzen die drei Ebenen um ein Einführungskapitel, das Anwendungsbeispiel einer Modellbank sowie ein Ausblickkapitel (s. Bild 1-16).

Tabelle 1-9: Charakteristika der Leitlinien

Leitlinien / Mehrdimen-sionalität	Vernetzung	Serviceorientierung	Innovation
Strategie (Kap. 3)	• Unternehmensnetz-werke	• Trennung von Servicebesitz und -nutzung	• Netzwerkrolle
Organisation (Kap. 2)	• Netzwerkorganisation • Netzwerksteuerungs-prozesse	• Servicelebens-zyklusprozesse • Servicenutzungs-prozesse	• Kundenprozesse • Abwicklungs-prozesse
Systeme (Kap. 4)	• AS-Architekturen und Schnittstellen	• Servicekapselung	• IT als Innova-tionstreiber

Kapitel 2 führt zunächst in die Grundlagen des Prozessmanagement ein und stellt mit dem Bankmodell ein generisches Organisations-/Prozessmodell vor, das mit Kunden-, Leistungs-, Führungs- sowie Unterstützungsprozessen typische Prozessbereiche von Banken umreißt. Im Fortgang konkretisiert das Kapitel die Prozessbereiche mit typischen Produkten. Ein weiterer Bestandteil sind Innovationen in den vier Prozessbereichen Vertrieb, Zahlen, Anlegen, Finanzieren. Darüber hinaus führt das Kapitel die Unterscheidung von Prozessen des Betriebs und der Transformation ein und zeigt aufbauorganisatorische Gestaltungsvarianten von Banken. Dem Prozessmanagement folgend, bildet der Geschäftsprozess das Bindeglied zwischen den Ebenen der Strategie und der IS. Wie in Bild 1-15 dargestellt, lässt sich daher aus den Elementen des Bankmodells die Gestaltung des Banknetzwerks und der systemtechnischen Architektur ableiten.

Kapitel 3 wendet die Grundlagen der Vernetzung am Beispiel des Banknetzwerks für die Bankenindustrie an. Mit den drei idealtypischen Banktypen der Vertriebs-, Transaktions- und Produktionsbank entwickelt das Kapitel generische Rollen von Banken und Dienstleistern und beschreibt diese für drei generische Ausprägungen von Banknetzwerken, aus welchen sich wiederum Sourcing-Modelle ableiten. Anschließend zeigt Kap. 3.2.4

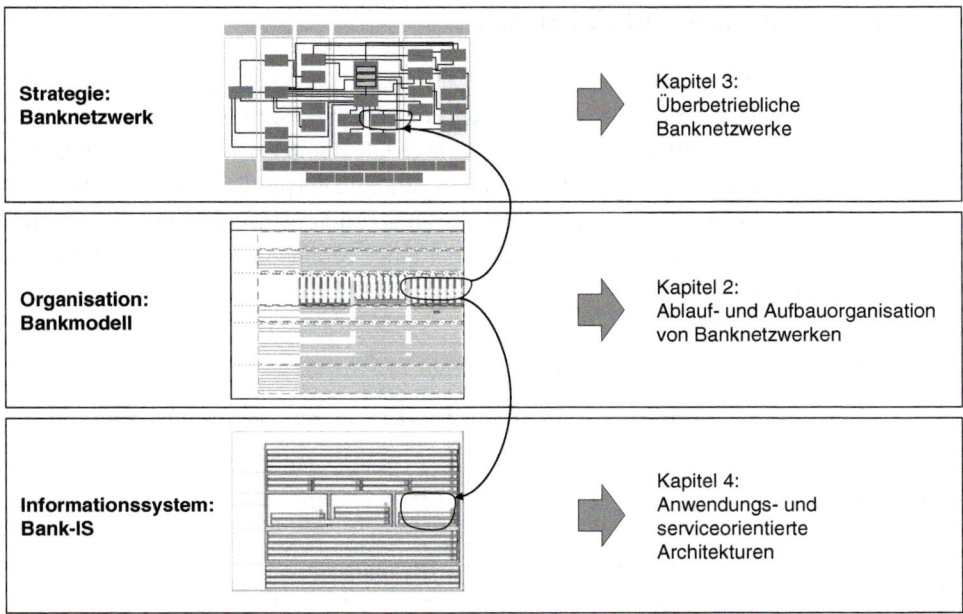

Bild 1-15: Ebenenübergreifende Vernetzung (in Anlehnung an (Alt & Zerndt, 2009a, 62))

am Beispiel der DZ Bank die wichtigsten Rollen in der Leistungserstellung auf. Neben der Abwicklungssicht beleuchtet das Kapitel auch Innovationen in Banknetzwerken sowie die zur Koordination der verteilten Leistungserstellung notwendige Netzwerksteuerung.

Kapitel 4 konzentriert sich auf die informationstechnische Ebene und stellt bankspezifische IS vor, die eine generische Anwendungsarchitektur von Bank-IS zusammenfast. Den Kern bilden Kernbankensysteme, die bezüglich ihrer typischen Funktionen und im Marktüberblick dargestellt sind. Weiterhin konkretisiert das Kapitel die Potenziale der Serviceorientierung mit den Elementen einer Servicearchitektur. Abschließend zeigt es Innovationen von Bank-IS sowie eine AS-Architektur für das Servicelebenszyklusmanagement auf.

Kapitel 5 wendet die in Kap. 2-4 dargestellten Modelle am Beispiel einer Modellbank, der „NettestBank", an. Hierzu stellt es zunächst die Ausgangssituation auf den Ebenen (Banknetzwerk, -modell und -IS) vor und zeigt anhand eines Transformationsvorhabens die Veränderung einer fiktiven Bank, der „NettestBank", zur zukünftigen „SmartestBank". Die Transformation schließt eine Bewertung des Szenarios in Form eines Business Case aus Sicht des Betriebs sowie der Transformation als Entscheidungsgrundlage ein, wie sie in der Praxis häufig stattfindet.

Kapitel 6 fasst die Erkenntnisse des Buches zusammen und unternimmt einen Ausblick auf künftige Entwicklungen.

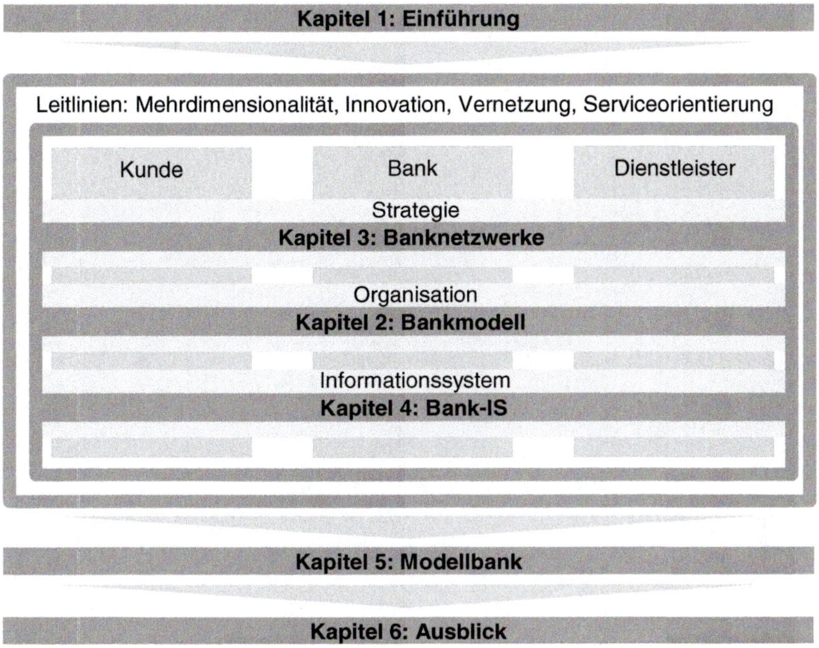

Kapitel 1: Einführung

Leitlinien: Mehrdimensionalität, Innovation, Vernetzung, Serviceorientierung

| Kunde | Bank | Dienstleister |

Strategie
Kapitel 3: Banknetzwerke

Organisation
Kapitel 2: Bankmodell

Informationssystem
Kapitel 4: Bank-IS

Kapitel 5: Modellbank

Kapitel 6: Ausblick

Bild 1-16: Struktur des Buches

2 Bankmodell

Den Ausgangspunkt zum fachlichen Verständnis der Aktivitäten einer Bank bilden die Modelle auf Organisationsebene. Im Mittelpunkt steht das sog. Bankmodell, das eine strukturierte Sicht auf die Abläufe, Aktivitäten und Produkte liefert. Der Philosophie des Prozessmanagement folgend, stehen Abläufe bzw. Prozesse im Vordergrund der Gestaltung bzw. Transformation und bilden die Voraussetzung für die aufbauorganisatorische Einordnung der Aktivitätsbereiche in die Unternehmenshierarchie und schließlich für die weiteren strategischen und systemtechnischen Überlegungen, die Gegenstand der Kapitel 3 und 4 sind.

2.1 Vernetzung durch Prozessmanagement

2.1.1 Grundlagen des Prozessmanagements

Das in den 1990er Jahren als „Business Process Reengineering" und „Business Process Redesign" (BPR) entstandene Prozessmanagement geht davon aus, dass nicht die interne Unternehmensorganisation einen Mehrwert für den Kunden bildet, sondern die effiziente und effektive Gestaltung der zur Erfüllung der Kundenbedürfnisse notwendigen Aufgaben. Offensichtlich setzt dies das Verständnis des Kundenproblems und eine Gesamtsicht der Kundenaktivitäten vom Auftrag bis zur Lieferung voraus. Ein (Geschäfts-)Prozess lässt sich in diesem Zusammenhang verstehen als eine „Menge von Aufgaben, die in einer vorgegebenen Ablauffolge zu erledigen sind und durch Applikationen der Informationstechnik unterstützt werden" (Österle, 1995, 62f). Die Gestaltung umfasst sowohl den (strategischen) Entwurf bzw. die Neugestaltung des Prozesses als auch die ständige (operative) Weiterentwicklung in Form von Prozessverbesserungen, kurz alle Maßnahmen zur Planung, Steuerung und Kontrolle von Geschäftsprozessen. Zu den Charakteristika des Prozessmanagement zählen (Alt, 2008, 102ff):

- *Kundenorientierung.* Ausgangspunkt der Gestaltung ist die Identifikation eines (internen oder externen) Kunden, der von den Leistungen des Prozesses einen Mehrwert besitzt. Alle betrachteten Abläufe beginnen und enden beim Kunden, wobei nicht-mehrwertstiftende Leistungen auch nicht-differenzierend und folglich bei der Prozessgestaltung entbehrlich sind.
- *Innovation.* Prozessmanagement zielt in erster Linie auf radikale Veränderungen, die Kreativität und die Unabhängigkeit von bestehenden Restriktionen voraussetzen. Die Prozessvision skizziert einen Zielzustand, der erst in einem zweiten Schritt einen Abgleich zum Ist-Zustand erfahren soll. Bei der Innovation bilden die Potenziale der IT einen zentralen „Enabler" (s. Kap. 1.2.3).
- *Ablauforientierung.* Das Prozessmanagement stellt die ablauforganisatorische Gestaltung vor die aufbauorganisatorische. Es unterscheidet grundsätzlich zwischen Kunden-,

Leistungs-, Unterstützungs- sowie Führungsprozessen und erkennt die Prozessführung als eigenen Gestaltungsbereich (s. Kap. 2.3.1).

- *Prozessmethoden.* Zur Gestaltung und Modellierung von Prozessen bedient sich das Prozessmanagement methodischer Hilfsmittel. Dazu zählt die Abgrenzung von Gestaltungsebenen (s. Kap. 1.4.1) sowie die Verwendung von Modellierungssprachen (s. Kap. 2.2.3) und IT-basierten Modellierungswerkzeugen. Heute sind viele Werkzeuge verfügbar, die von Open Source-Systemen wie Modelio hin zu lizenzierten Lösungen wie Signavio, Process Note und ARIS reichen. Diese können sowohl als klassische Software-Lizenz („On-Premise") als auch als Service (SaaS, s. Kap. 3.1.3) nutzbar sein.

Das Prozessmanagement ist ein Ansatz, der dem mehrdimensionalen Denken (s. Kap. 1.4.1) folgt und damit die Gestaltung der Digitalisierung unterstützt. Es betrachtet Abläufe als Elemente der Organisationsebene, die sowohl das Wirkungsmuster „IT als Enabler" als auch jenes des „Business/IT-Alignment" (s. Kap. 1.2.3) unterstützen. So ermöglicht etwa die Einführung eines auf Standardsoftware basierenden Kernbankensystems neue Geschäftsprozesse, indem bewährte „Best oder Good"-Practice-Prozesse (z. B. in Form von Referenzprozessen oder einer Modellbank, s. Kap. 2.3 und Kap. 5) bereits im Standard implementiert sind. Ebenso kann die Ausrichtung auf ein neues Kundensegment informationstechnische Veränderungen nach sich ziehen, wenn diese Bank alle Prozesse für das betreffende Segment kostengünstig über den Online-Kanal anbieten möchte.

Die zunehmende Integrationsreichweite (s. Kap. 1.3.3 und 1.4.2) bedeutet für das Prozessmanagement, dass nicht nur die Abläufe im eigenen Unternehmen, sondern sämtliche Aktivitäten im Unternehmensnetzwerk (s. Kap. 3.1.2) zu gestalten sind. Die innerbetriebliche Prozessgestaltung bildet eine Voraussetzung für die überbetriebliche Vernetzung, da sich die beteiligten Organisationen dann bereits ablauforientiert strukturiert haben und häufig auch über ein integriertes AS mit definierten Prozess-, Schnittstellen- und Datenstrukturen verfügen, an welchen sich die überbetriebliche Prozessgestaltung orientieren kann. Vor diesem Hintergrund lassen sich überbetriebliche Prozesse als „die inhaltlich, zeitlich und sinnlogisch verbundenen, von mehreren rechtlich selbständigen Unternehmen ausgeführten Aufgaben zur Bearbeitung eines überbetrieblich relevanten Geschäftsobjekts" begreifen (Alt, 2008, 8). Ein solches Geschäftsobjekt ist etwa ein Kundenauftrag, den der Kunde im Online Banking eingibt und den Banken bzw. beauftragte Dienstleister dann möglichst medienbruchfrei weiterverarbeiten.

In der Praxis trifft das Prozessmanagement auf Herausforderungen, da sich Prozessmodelle häufig in ihren Details (z. B. Verbindung zu anderen Prozessen, Einbindung von IS) unterscheiden und zwischen Unternehmen eine hohe Heterogenität (s. Kap. 1.4.2) bezüglich der Syntax und Semantik der verwendeten Modelle besteht (s. Kap. 4.2.5). „Prozessmanagement im Großen", das gegenüber der einzelbetrieblichen Betrachtung („Prozessmanagement im Kleinen") von Unternehmensnetzwerken ausgeht (Houy et al., 2011), ist daher von besonderer Bedeutung. Ein Beispiel dafür ist die in Kap. 4.2.5 beschriebene BIAN-Initiative.

2.1.2 Betriebs- und Transformationsprozesse

Der Innovationsbezug des Prozessmanagement (s. Kap. 2.1.1) unterscheidet zwischen dem bestehende Strukturen in Frage stellenden und dem an neuen Lösungen orientierten Prozessentwurf („radikale Prozessvision") sowie der sich anschließenden Weiterentwicklung des umgesetzten Prozesses („graduelle Weiterentwicklung") (s. Kap. 1.4.4). In beiden Bereichen sind Transformationsprozesse („Change-the-Business") und Betriebsprozesse („Run-the-Business") anzutreffen (s. Kap. 1.2.1). Während Letztere auf die in den Kapiteln 2.3.2 bis 2.3.7 dargestellten Prozesse zum Betrieb einer Bank (Vertrieb, Zahlen, Anlegen etc.) zielen, fokussieren Erstere auf die (Neu-)Positionierung des Unternehmens aufgrund markt- oder technologieinduzierter Veränderungen und bilden eine grundlegende Veränderung im Rahmen des Innovationsmanagements (s. Kap. 1.4.4).

Prozesse der Transformation

Wie in Kap. 1.4.4 erläutert, beschreibt Transformation die Veränderung von einem Ausgangs- in einen Zielzustand. Ansätze, wie das Business Engineering, liefern ein Instrumentarium, um dem Transformationsprozess die Beliebigkeit zu entziehen und damit die Erfolgswahrscheinlichkeit eines Transformationsprojekts zu erhöhen (s. Kap. 1.4.1). Durch Artefakte, wie ein Metamodell, ein Vorgehensmodell oder Ergebnisdokumente, unterstützen sie die systematische Transformation (s. Kap. 1.2.1). Diese verläuft idealtypisch „top-down", d. h. von der Unternehmensstrategie bis hin zur Implementierung bzw. Anpassung der AS- und Servicearchitektur. Vielfach sind Transformationsvorhaben jedoch „bottom-up" organisiert, etwa wenn die Einführung innovativer IT (Smartphones, Tablets, Social Media etc.) zu Anpassungen von Ablauf- und Aufbauorganisation oder gar der strategischen Ausrichtung führt. Nach den generischen Phasen eines Projektes lassen sich fünf Phasen des Transformationsmanagement unterscheiden, die hier am Beispiel eines Sourcing-Vorhabens illustriert sind:

- In der *Initiierungsphase* durchdenkt die Bank die Neugestaltung ihres Unternehmensnetzwerks. Dies umfasst in Anlehnung an die Bankstrategie grundlegende Überlegungen zu Innovation, Kernkompetenzen, der Positionierung innerhalb des Netzwerks und zu Sourcing-Eckpunkten (z. B. zur Anzahl und Dauer der Partnerschaften, s. Kap. 3.1.3).
- Während der *Analysephase* konkretisiert die Bank das Gesamtnetzwerk durch instanziierte Sourcing-Modelle und die weitere Ausgestaltung der Prozess- und Systemarchitektur.
- Die *Entwurfsphase* erfordert neben dem Zielbild den Abgleich mit der Ist-Situation sowie eine möglichst realistische Bewertung von Rahmenbedingungen, Kosten und Eigenschaften seitens der Kooperationspartner.
- Die *Umsetzungsphase* umfasst eine Priorisierung von Alternativen sowie die Auswahl eines geeigneten Sourcing-Modells. In der Folge beginnt die operative Transformation mit den klassischen Projektelementen Fachkonzept, IS-Konzept, Anpassung/Programmierung, Test und Einführung.

- Die *Weiterentwicklungsphase* zielt schließlich auf die Verbesserung der eingeführten Lösung bezüglich der operativen Leistungsqualität. In Banknetzwerken sind hier die Strukturen und Abläufe der Netzwerksteuerung (s. Kap. 3.1) von Bedeutung.

Die Konkretisierung der Transformationsprozesse skizziert Kap. 4.3.3 am Beispiel einer Servicearchitektur anhand der erwähnten Prozesse.

„Ein Pionierprojekt der UBS

(...) Die Schweizer «Too big to fail»-Bestimmung verlangt, dass Voraussetzungen geschaffen werden, um im Krisenfall systemrelevante Teile der Grossbanken fortführen zu können. Im Herbst 2013 wurde klar, dass die UBS eine neue Schweiz-Einheit gründen wird. Mit den Arbeiten wurde sofort begonnen. Als Erstes wurde das Zielmodell formuliert. Zwanzig Monate später, am 12. Juni 2015, fiel dann der Startschuss für die definitive Abtrennung.(...) Gleich einem generalstabsmässigen Grosseinsatz wurde mithilfe von Hunderten von Mitarbeitern weltweit jegliche Transaktion und Situation durchgespielt und genau geprüft, ob die ausgelösten Vorgänge am richtigen Ort, in der richtigen Form anlangten, verarbeitet und kommuniziert wurden. (...). So führte die Bank in den zwanzig Monaten zuvor mehrere zehntausend aufeinander abgestimmte Aktivitäten durch. Das Kernteam umfasste 150 Personen primär aus der Schweiz, aber auch aus anderen internationalen Standorten. Doch wurde das Projekt immer grösser. Zeitweise waren weltweit bis zu 2'000 UBS-Mitarbeiter gleichzeitig involviert. Wie die UBS Switzerland AG am Ende auszusehen hatte, war zu einem grossen Teil von den Schweizer Aufsichtsbehörden vorgegeben. Neben den Gesprächen mit den Behörden musste die UBS mit den Rating-Agenturen diskutieren, die sich auf die Bewertung einer noch gar nicht existierenden Bank vorbereiten mussten. Gleichzeitig wurde innerhalb des Instituts mit der aufwendigen Entflechtung der alten und der Installation der neuen IT-Systeme begonnen. Die Banktechniker und Operations-Leute bauten in der Folge aus einem IT-System und einem Banksystem zwei. Um zu garantieren, dass jeder dieser Mitarbeiter weiter Zugang zu den relevanten Daten der anderen Einheit hat – so etwa der Investmentbanker auf die Kreditlimite der XY AG in der Schweiz –, schalteten die UBS Techniker total 1200 Schnittstellen zwischen die beiden Institute. Nicht getrennt wurde die Verarbeitung, die aus einer Hand aus der UBS-Dienstleistungszentrale geliefert wird. (...). Im ersten Halbjahr 2015 erfolgten zahlreiche Prüfungen, um die Funktionsfähigkeit der Prozesse und Systeme sicherzustellen. Erste Tests zeigten zwar noch Fehler, letztlich war aber klar, dass der Übergang funktionieren würde. (...). Die Kosten der gesamten Anpassung der Rechtsstruktur dürften die Milliardengrenze überschritten haben. (...)."

(Quelle: Neue Zürcher Zeitung v. 27.07.2015, 15)

Prozesse des Betriebs

Die Leistungsprozesse einer Bank lassen sich entlang der Kundenbedürfnisse bzw. -prozesse Zahlen, Anlegen und Finanzieren in Vertriebs- und Transaktionsprozesse unterteilen. Als Schnittmenge dieser beiden Dimensionen ergeben sich produktorientierte Prozessvarianten, die einem eigenen Lebenszyklus – dem Produktlebenszyklus – unterliegen. Das Produktlebenszyklusmanagement beschreibt dabei den Lebenszyklus eines (materiellen oder immateriellen) Produktes von der Konzeption über die Entwicklung bis hin zur Produktion und Weiterentwicklung. Mit Aufkommen der Serviceorientierung (s. Kap. 1.4.3) zeigt sich das komplementäre Verhältnis von Produkten und Dienstleistungen. Ein Produkt zeichnet sich durch zwei Merkmale aus (Alt & Sachse, 2014, 116):

- *Nutzungsorientierung.* Der Übergang vom Besitz zur Nutzung physischer Güter führt dazu, dass sich physische Produkte als Dienstleistung nutzen lassen. So müssen Bankkunden durch PFM-Services, wie Mint.com (s. Kap. 1.1.1 und Kap. 2.5.1), die Software nicht mehr erwerben und auf ihrem eigenen PC installieren, sondern nutzen diese als Service über das Internet.
- *Marktgängigkeit.* Der wiederholte Verkauf von Leistungen zu vordefinierten Konditionen (Preis, Leistungsparameter etc.) unterscheidet Produkte von Projekten bzw. Services. Sobald IT-Produkte bzw. IT-basierte Dienstleistungen diese Eigenschaften besitzen, haben sie Produktcharakter und Unternehmen können sie als (marktgängige) Services am Markt anbieten bzw. dort nutzen.

Vor diesem Hintergrund entwickelt sich der traditionelle Produktlebenszyklus zu einem Servicelebenszyklus, da dieser die produktzentrierte Betrachtung auf eine entlang des gesamten Servicelebenszyklus erweitert. Dieser Servicelebenszyklusprozess lässt sich in sieben Abschnitte unterteilen (Fischbach et al., 2013, 47):

- Die *Identifikation* potenzieller Services beginnt für den Anbieter eines Service mit dem Innovationsmanagement (s. Kap. 1.4.4), das von einer Marktanalyse über die Ideengenerierung und -priorisierung hin zu ersten Machbarkeitsanalysen reicht und z. B. Open Innovation-Plattformen einsetzt.
- Die *Anforderungsanalyse* spezifiziert die Ideen aus der vorhergehenden Phase mittels fachlicher und technischer Anforderungen. Hier können vor allem bekannte Ansätze der Anforderungsanalyse (Requirements Engineering, (Alpar et al., 2014, 297ff)) die Entwicklung von IT-basierten Services unterstützen.
- Die *Konzeption* erstellt auf Basis der Anforderungen ein Konzept für den geplanten Service. Hierzu gehören ein erster Business Case, das operationale sowie funktionale Design, SLA-Entwürfe mit etwaigen Pilotkunden, eine Identifizierung von benötigten AS und Wiederverwendungspotentialen sowie Make-or-Buy-Entscheidungen.
- Die *Entwicklung* setzt den konzeptionell entwickelten Service um und enthält mit Programmierung, Prozessimplementierungen, organisationaler Integration von Partnern, Testplanung sowie dem Testen von Funktionen typische Aufgaben von IT-Entwicklungsprojekten.

- Die *Implementierung* integriert den Service in die operative Umgebung. Zusätzlich sind die Erstellung einer Nutzerdokumentation und die Durchführung von Schulungen und Integrationstests relevant.
- Der *Betrieb* sichert den reibungslosen Betrieb des Services. Hierzu gehören das Störfall-, Sicherheits-, Kontinuitäts-, Kapazitäts-, Konfigurations- und Verfügbarkeitsmanagement sowie das Servicecontrolling.
- Die *Weiterentwicklung* eines bestehenden Services erfolgt z. B. aufgrund regulatorischer Entwicklungen, Kundenanforderungen, technologischen Neuerungen oder führt zur Deaktivierung des Services.

Eine weitere Prozesskategorie des operativen Betriebs stellen die Prozesse zur Netzwerksteuerung dar (s. Kap. 3.1), welche der Koordination der Leistungserstellung mit Dienstleistern im Banknetzwerk dienen. Sie ergänzen die operativen Transaktionsprozesse in Unternehmensnetzwerken um das Management der Anbahnung, die Kontrolle der (transaktionsübergreifenden) Leistungserbringung und die laufende Weiterentwicklung hin zur Auflösung der Kooperationsbeziehung und sind damit dem überbetrieblichen Bereich zuzuordnen (s. Kap. 2.1.1).

2.2 Modellierungsansätze

2.2.1 Modellbegriff und Referenzmodellierung

Der allgemeinen Modelltheorie folgend repräsentieren Modelle ein abstrahiertes Abbild der Realität und konzentrieren sich auf spezifische Charakteristika, während sie von anderen abstrahieren. Die WI unterscheidet ein abbildungsorientiertes Modellverständnis, bei welchem Modelle „(…) die vorgefundenen Strukturen in geeignetem Abstraktionsgrad nachvollziehen" (Becker et al., 2000, 88), und einen konstruktionsorientierten Modellbegriff, der eine Interpretation der Realität in Verbindung mit einem Strukturgebungsprozess beinhaltet[29]. Grundsätzlich sind für die Modellierung von Modellen drei Merkmale charakteristisch (Stachowiak, 1973, 131ff): Das Abbildungsmerkmal bestimmt den zu beschreibenden Realitätsausschnitt, das Verkürzungsmerkmal die zu modellierenden Attribute und das pragmatische Merkmal den Verwendungszweck eines Modells. Sind damit die grundsätzlichen Merkmale eines Modells abgesteckt, so beschreibt der Prozess der Modellierung den Vorgang der Modellkonstruktion.

Damit der Modellierungsprozess auf bewährten und/oder akzeptierten Erfahrungen und Abgrenzungen aufbauen kann, hat sich die Referenzmodellierung als Hilfsmittel zur inhaltlichen und methodischen Ausgestaltung von IS etabliert. Sie umfasst „(…) die Konstruktion unternehmensspezifischer Modelle auf Basis vorgefertigter Modelle bzw. Modellbausteine" (Fettke & Loos, 2005, 19). Zurückgehend auf den Begriff „Referenz" (lat.: „referre"), verstanden als „zurücktragen", „überbringen", „berichten", zielt sie auf die Er-

---

[29] Im Unterschied zu einem Modell, das auf eine Interpretation der Realität zielt, gliedert ein Ordnungsrahmen Elemente und Beziehungen eines Originals auf einer hohen Abstraktionsebene nach einer gewählten Strukturierungsweise in einer beliebigen Sprache (Meise, 2001, 62).

stellung generalisierter, für mehr als ein Unternehmen gültiger Modelle. So verwenden zahlreiche Anbieter von Standardsoftware vordefinierte Abläufe und Einstellungen für ein typisches Unternehmen der Fertigungs-, Handels- oder Bankenbranche. SAP spricht in diesem Zusammenhang von „Branchenlösungen" (z. B. SAP Banking), andere, wie etwa die Schweizer Anbieter Avaloq und Finnova, von sog. „Modellbanken" (s. Kap. 4.2.3). Der Einsatz von Referenzmodellen soll die Durchführung radikaler und/oder gradueller Transformationsvorhaben verkürzen und zielorientierter gestalten. Allerdings sind die sich damit ergebenden Vorteile bei der Entwicklung spezifischer Modelle nur schwierig zu ermitteln, da i.d.R. eine Vergleichsbasis fehlt. Ebenso fehlt eine klare Trennlinie ab wann ein Modell als Referenzmodell gilt. Als charakterisierende Elemente gelten neben der Allgemeingültigkeit bezüglich einer Anwendungsdomäne auch die definierten Konstruktionsregeln sowie die Anpassungs- und Wiederverwendungsmechanismen. Diese Elemente definieren Modellersteller im Rahmen des Konstruktionsprozesses, während die Anpassung an einen Unternehmens- bzw. Verwendungskontext dann im Rahmen des Anwendungsprozesses stattfindet ((Bögl et al., 2006, 141), s. Bild 2-1):

- Der *Konstruktionsprozess* beinhaltet den Kreislauf zur Erstellung und Weiterentwicklung von Referenzmodellen. Er umfasst die Schritte „Problemdefinition", „Entwicklung", „Bewertung" und „Pflege". Für die drei erstgenannten Schritte ist aus Gründen der späteren Anwendbarkeit der Einbezug von Anwenderunternehmen – also den Fachabteilungen einer Bank – von Bedeutung. Für die Pflege ist im Unternehmen häufig eine Architekturabteilung zuständig. Im überbetrieblichen Kontext übernehmen neutrale Institutionen, wie z. B. BIAN (s. Kap. 4.2.5) oder (Software-)anbieterbezogene Anwendergruppen, wie z. B. Avaloq, Fiducia & GAD, Finnova oder SAP, die Pflege und Weiterentwicklung von Referenzmodellen (s. Kap. 4.2.3). Häufig als Modellbank bezeichnet, spezifizieren diese Modelle die fachlichen Elemente und Zusammenhänge vorkonfiguriert für verschiedene Banktypen.
- Der *Anwendungsprozess* zielt im Unterschied zur Konstruktion auf die Anpassung und Pflege bestehender Referenzmodelle in Form unternehmensspezifischer Modelle. So können Banken die generischen Modellbanken an ihre aufbau- und ablauforganisatorischen Spezifika (z. B. nur bestimmte Anlageprodukte, Verwendung einer bestimmten Terminologie, Besonderheiten in den Abläufen) anpassen und „ersparen" sich infolge der Vorgaben im Referenzmodell eine vollständige Neuentwicklung (s. Kap. 5). Der Anwendungsprozess bzw. -zyklus beginnt mit der „Auswahl" eines geeigneten Referenzmodells und setzt sich mit dessen „Anpassung" an die Unternehmensspezifika fort. Es schließen sich die „Integration" und „Nutzung" des Referenzmodells an, die eine Abstimmung mit anderen (Referenz-)Modellen im Unternehmen und den Einsatz der angepassten Referenzmodelle zum Ziel haben.

Die Entwicklung im Konstruktionsprozess und die Anpassung im Anwendungsprozess beruhen auf Mechanismen, welche die Modellerstellung vereinfachen und dokumentieren. Sie bestimmen die Effizienz der Individualisierung der allgemeinen Modelle, reduzieren die Beliebigkeit der Instanziierung und stellen die Rückverfolgbarkeit der instanziierten Modelle auf die zugrundeliegenden Referenzmodelle sicher (s. auch das Beispiel in Kap. 5.3.3). Grundsätzlich beschreiben zwei Mechanismen das Vorgehen ((Becker et al., 2004, 252), s. Bild 2-1)):

- *Mechanismen der generierenden Adaption.* Hier beinhaltet ein Referenzmodell Vorgaben, an welchen Stellen Anpassungen bzw. Veränderungen erfolgen können. Über Regeln erfolgt die Konfiguration bzw. „Generierung" der Modellvarianten. So definiert der Modellkonstrukteur während des Konstruktionsprozesses die Anpassungsregeln für die Nutzer im Rahmen des Anwendungsprozesses. Grundlegende Mechanismen sind die Modelltypselektion (z. B. Verwendung einer bestimmten Modellierungssprache), die Elementtypselektion (z. B. Ausblenden bestimmter Modellelemente), die Elementselektion (z. B. Ausblenden von Trivialereignissen) sowie die Darstellungs- und Bezeichnungsvariation (unternehmensspezifische Anpassungen von Notation und Terminologie). Durch diese Mechanismen sind bereits im Konstruktionsprozess definierte Regeln vorgegeben, wodurch die Verbindung zum allgemeinen Referenzmodell nachvollziehbar bleibt.
- *Mechanismen der nicht generierenden Adaption.* Gegenüber der generierenden Adaption lässt der Referenzmodellkonstrukteur dem Referenzmodellanwender hier mehr Gestaltungsspielräume. Grundlegende Mechanismen sind die Aggregation (manuelles Zusammenfügen von Modellbausteinen infolge vordefinierter Schnittstellen), die Instanziierung (Konkretisierung der Ausprägungen abstrakter Modellobjekte z. B. durch Wertebereiche), die Spezialisierung (inhaltlich freie Verfeinerung eines allgemein gehaltenen Modells) und die Analogiekonstruktion (Nutzung von Referenzmodellbausteinen durch Übertragung auf ähnliche Problemstellungen). In der Praxis sind diese Mechanismen verbreitet, weil sie in der einfachsten Variante keine Rückführbarkeit auf die ursprüngli-

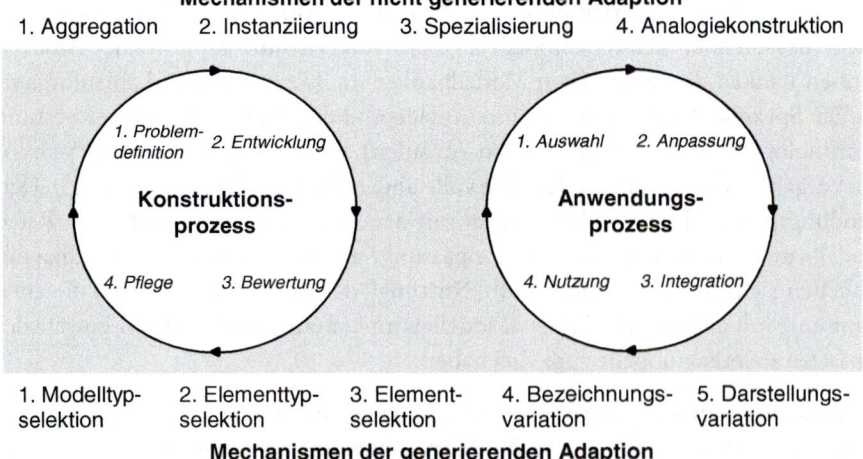

Bild 2-1: Referenzmodellierungsprozesse und -mechanismen (in Anlehnung an (Becker et al., 2004, 252))

chen Modelle verlangen und ohne die Definition von Anpassungsregeln auskommen. Der damit verbundene Konstruktionsaufwand ist dadurch zulasten der Konsistenz geringer.

Die Kombination der Adaptionsmechanismen wirkt sich direkt auf die entstehenden Modelle aus. So lassen sich etwa durch die Elementselektion bei der generierenden Adaption einzelne Aktivitäten (z. B. alle manuellen Aktivitäten) eines Geschäftsprozesses ausblenden. Diese stehen bei einer möglichen Aggregation als Teil der nicht generierenden Adaption dann nicht mehr zur Verfügung.

2.2.2 Metamodell und bankenspezifische Referenzmodelle

Das Zusammenwirken einzelner Referenzmodellelemente definieren Metamodelle (s. Kap. 1.2.1). Diese liefern eine Gesamtsicht auf alle Elemente und deren Beziehungen untereinander. Beziehungen beschreiben die logischen Verknüpfungen zwischen den Komponenten, wie etwa den Austausch einer Marktleistung über einen Kanal. Die Darstellung erfolgt durch vereinfachte Entity-Relationship-Modelle, die aus Elementen (Knoten) und Beziehungen (Kanten) bestehen. Die Pfeile der Kanten symbolisieren die Leserichtung. Rauten bezeichnen, dass ein Element ein Teilelement eines anderen Elements ist, wobei diese Beziehung auch reflexiv sein kann. Das Modell konkretisiert die Elemente aus Bild 1-13 (in Bild 2-2 dunkelgrau eingefärbt) um weitere Elemente.

Für (Referenz)Modelle mit bankfachlichem Bezug sei nachfolgend der Begriff des „Bankmodells" verwendet. In Literatur und Praxis finden sich dazu Ansätze, die sich nicht zuletzt aufgrund ihrer Entstehungshistorie in ihren Komponenten und ihrem Referenzmodellcharakter unterscheiden:

- *Modelle mit Mechanismen der generierenden Adaption.* Diese Modelle liefern Regeln für die spätere Ausgestaltung im Anwendungsprozess bereits mit. Ein Beispiel für diese Kategorie ist die BIAN Service Landscape, die in ihrer vierten Version insgesamt 280 Service Domains (z. B. Customer Credit Rating) in acht Business Areas (z. B. Customer Management), die über 178 Business Scenarios (z. B. Agency Trade) miteinander interagieren, definiert. Insgesamt 14'960 Service Operations legen fest, wie die Servicelebenszyklusprozesse innerhalb jeder Service Domain ausgestaltet sind (s. Kap. 4.2.5).
- *Modelle mit Mechanismen der nicht generierenden Adaption.* Die meisten bestehenden Modelle sind dieser Kategorie zuzuordnen. Sie unterscheiden sich von der erstgenannten, dass sie im Konstruktionsprozess keine expliziten Regeln für den Anwendungsprozess berücksichtigen. Ein Beispiel ist das Modell von Süchting & Paul (1998), das generische Funktionen, wie Deponierung, Transport und Umtausch, mit den Einsatzfaktoren Arbeit, Geld und Betriebsmittel und den Merkmalen von Bankdienstleistungen aus Anbieter- und Nachfragersicht verbindet. Einen ähnlichen Ansatz verfolgt ein Modell, welches die generischen Prozesskategorien „Manufacturing", Distribution" und „Administration" definiert (Dang & Lau, 2006, 18).[30]

---

[30] Weitere Modelle dieser Kategorie stammen von (Wickel, 1995), (Büschgen, 1999), (Priewasser, 2001), (Leist & Winter, 2002), (Bartmann et al., 2005), (Lamberti, 2004), (Lammers et al., 2004), (Krotsch, 2006), (Riese, 2006), (Hoppermann, 2008) und (Fröschle et al., 2009).

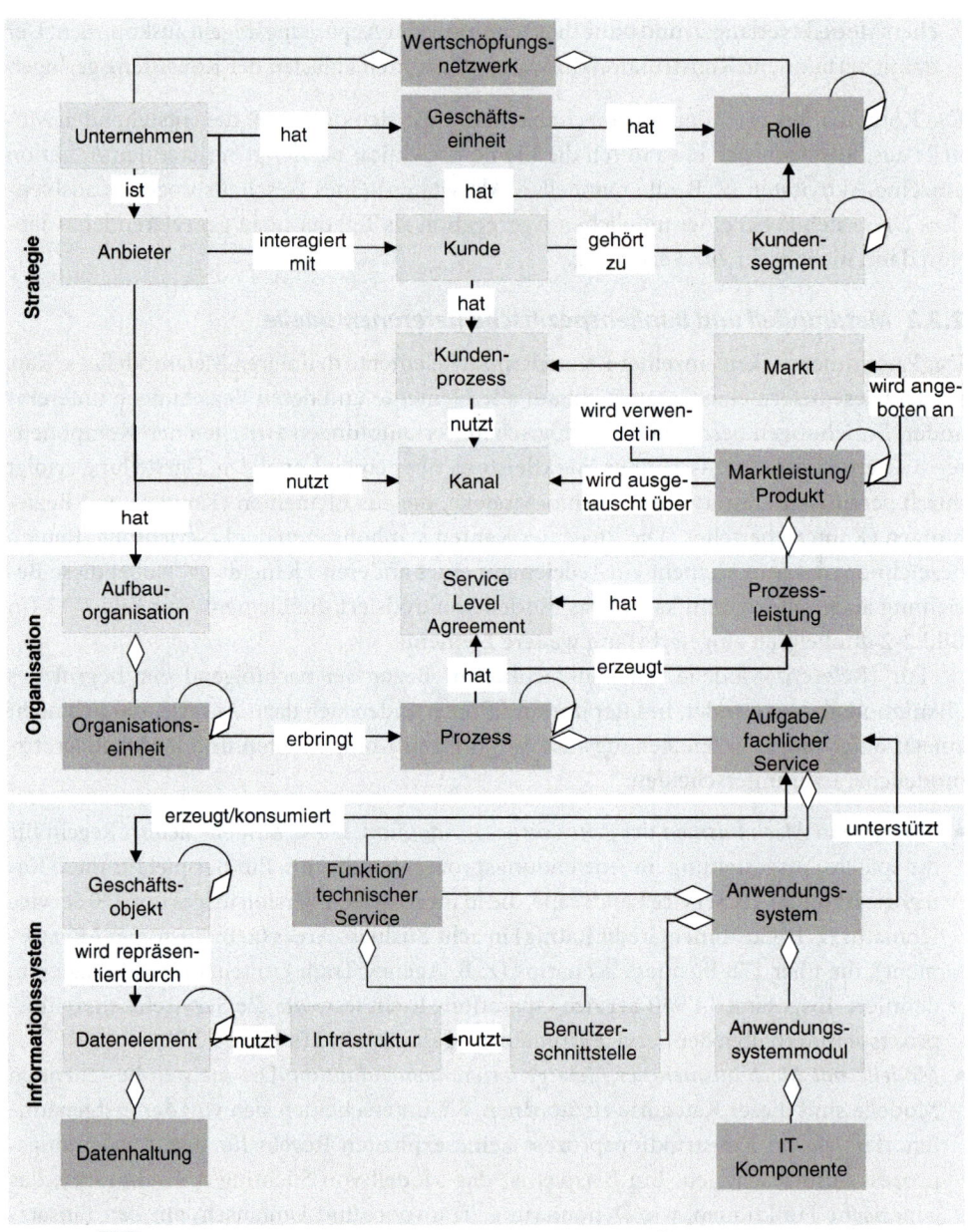

Bild 2-2: Metamodell der Digitalisierung bei Banken

2.2.3 Modellierungssprachen

Das BE bietet einen Rahmen zur Modellierung von Modellen im Bereich der WI im Allgemeinen und für die sektorenspezifische Ausgestaltung bei Banken im Speziellen. Die Komplexität von AS erfordert eine Zerlegung in Teilmodelle, wie z. B. in Ebenen und Sichten (s. Kap 1.4.1). Obwohl dies bereits zum besseren Verständnis und zur einfacheren Modellierung beitragen kann, ist vielfach selbst diese Form der Komplexitätsreduktion noch nicht ausreichend (Becker et al., 2000). Zur weiteren Vereinfachung haben sich deshalb „Grundsätze ordnungsmäßiger Modellierung" (GOM) herausgebildet (Becker et al., 2012, 31ff). Diese legen fest, wie ein (Referenz-)Modell zu beschreiben ist.

Tabelle 2-1: Grundsätze ordnungsmäßiger Modellierung und deren Anwendung (Becker et al., 2012, 31ff)

Grundsatz	Beschreibung	Anwendung im Lehrbuch
Richtigkeit	Ein Modell ist syntaktisch richtig, wenn alle Regeln einer Modellierungssprache eingehalten sind. Ein Modell ist semantisch richtig, wenn alle Nutzer die im Modell definierten Objekte gleichermaßen interpretieren.	Die Modellelemente nutzen eine syntaktisch einheitliche Sprache (BPMN) und definieren ein semantisches Modell, welches z. B. für jedes Bankprodukt eine Definition vorschlägt (s. Kap. 2.3.3 bis 2.3.5).
Relevanz	Alle für den Modellierungszweck relevanten Elemente sind zu modellieren (externe und interne Minimalität). Das Modell berücksichtigt Sachverhalte der Realwelt und blendet Aspekte ohne Pendant in der Realwelt aus.	Die Anwendung der Modellelemente (s. Kap. 3.2.3) zeigt exemplarisch auf, dass das Modell den Anforderungen der internen und externen Minimalität entspricht.
Wirtschaftlichkeit	Mit einem definierten Modellierungsaufwand ist ein Modell zu erstellen, welches dem Modellierungszweck am nächsten kommt. Das bedeutet, es ist so lange zu verfeinern, bis die zusätzlichen Kosten der Verfeinerung dem zusätzlichen Nutzen, der aus dieser Verfeinerung resultiert, entsprechen.	Die Bewertung der Anwendung des Modells in Kap. 5.3 zeigt die Verbindung zur Wirtschaftlichkeitsfragestellung auf. Damit lassen sich unterschiedliche Szenarios simulieren und dadurch Risikokosten reduzieren.
Klarheit	Die Klarheit zielt auf eine adressatenbezogene Lesbarkeit, Anschaulichkeit und Verständlichkeit. Instrumente der Klarheit sind Hierarchisierung (z. B. adressatenbezogene Inhalte), Darstellung (z. B. einfache Darstellungsformen) und Filterung (z. B. Vorselektion relevanter Inhalte je Adressat).	Die Hierarchisierung spiegelt sich im multidimensionalen Modell wieder, das die verwendeten Modellelemente in mehrere Hierarchiestufen gliedert (s. Kap. 1.5). Die Darstellung variiert je nach Ebene in der Granularität und den eingesetzten Komponenten.

Grundsatz	Beschreibung	Anwendung im Lehrbuch
Vergleich-barkeit	Die Vergleichbarkeit betrifft einerseits die Vergleichbarkeit von Real- und Modellwelt, für die eine Gleichheit beider Welten eine notwendige Voraussetzung darstellt. Andererseits erfordert sie auch die Gleichheit von in heterogenen Modellierungssprachen dokumentierten Modellen.	Die Anwendung des Modells anhand konkreter Beispiele (s. Kap. 3.2.4) zeigt die Vergleichbarkeit auf. Die Zusammenarbeit mit mehreren Unternehmensvertretern (s. Vorwort) stellt im Konstruktionsprozess eine weitgehende Gleichheit von Real- und Modellwelt her.
Systematischer Aufbau	Modellelemente der Real- und Modellwelt sind häufig aus mehreren Sichten beschrieben (z. B. Prozesse, Applikationen). Diese sollten auch die darin hinterlegten Elemente umfassen (z. B. in einem Prozessmodell die AS aus dem Applikationsmodell).	Das Bankmodell berücksichtigt die Anforderung nach einem systematischen Aufbau mittels eines durchgängigen Metamodells, welches alle Modellelemente und deren Beziehungen eindeutig spezifiziert (s. Kap. 2.2.2).

Zur Umsetzung dieser Grundsätze können (hierarchische) Architekturmodelle auf einer Ebene zur weiteren Vereinfachung beitragen. Hierfür haben sich je nach betrachteter Ebene im BE (s. Kap. 1.4.1) mehrere Modellierungsstandards herausgebildet, insbesondere für die aus Sicht der WI relevanten Ebenen Organisation und System. Für die Organisationsebene relevante Standards sind etwa die Business Process Model and Notation[31] (BPMN) oder die ereignisgesteuerte Prozesskette (EPK).[32] Ein Beispiel für die Systemebene ist die Unified Modeling Language (UML) aus dem Bereich der objektorientierten Softwareentwicklung.

Die Sprachen unterscheiden sich bezüglich formaler, anwenderbezogener und anwendungsbezogener Anforderungen (s. Tabelle 2-2). Die formalen GOM erfüllen die meisten Sprachen, da sich die Grundsätze primär auf die damit modellierten Modelle beziehen. Dabei unterstützen die verbreiteten Sprachen EPK und BPMN (s. Bild 2-3) sowie UML die Anforderungen mehrheitlich, bilden aber die für die Effizienz betrieblicher Abläufe wichtigen (zu vermeidenden) Medienbrüche nur mit Ergänzungen ab.

---

[31] Früher als "Business Process Modeling Notation" bezeichnet.
[32] Gegenüber der einfachen EPK mit Ereignissen, Funktionen, Ablaufkanten und Konnektoren enthält die erweiterte EPK (eEPK) auch Notationselemente („Shapes") zur Organisations-, Daten- und Leistungsmodellierung.

Tabelle 2-2: Vergleich von Modellierungssprachen (in Anlehnung an (Schafferer, 2005, 27ff) sowie die Beschreibungen der Sprachen bei (Becker et al., 2012, 4ff))

Sprache / Anforderungen	Petri-Netze	(e)EPK	UML	BPMN
Formale Anforderungen				
Korrektheit	●	●	●	●
Vollständigkeit	●	●	●	●
Einheitlichkeit	●	●	●	●
Redundanzfreiheit	●	●	●	●
Wiederverwendbarkeit	●	●	●	●
Wartbarkeit	◑	◑	◑	●
Anwenderbezogene Anforderungen				
Anwendbarkeit	◑	●	●	●
Verständlichkeit	◑	◑	●	●
Anschaulichkeit	◑	●	●	●
Einfachheit	◑	◑	●	●
Anwendungsbezogene Anforderungen				
Mächtigkeit	○	◑	●	●
Medienbrüche	○	◑	●	◗
Angemessenheit	○	●	●	●
Operationalisierbarkeit	●	●	●	●

Legende: ○ nicht erfüllt ◑ teilweise erfüllt ● vollständig erfüllt

Als Sprache zur Prozessmodellierung kommt nachfolgend BPMN (OMG, 2011) zum Einsatz, die sich zunehmend gegenüber EPK verbreitet hat. Ebenso wie EPK zerlegt BPMN Geschäftsprozesse hierarchisch in Teilprozesse und Aktivitäten. Während Prozesse weitere Teilprozesse und Aktivitäten umfassen, bilden Aktivitäten bzw. Aufgaben die kleinste von Personen oder AS ausführbare Einheit (s. Kap. 2.2.2). Jeder Prozess besitzt ein Start- sowie ein Ende-Ereignis („Event") und spezifiziert die Sequenz sowie die Verzweigungen (z. B. unter Verwendung exklusiver Gateways) der zeitlogisch verknüpften Aktivitäten. Aus Sicht der Effizienzpotenziale sind parallel und in Echtzeit durchgeführte Aktivitäten von besonderer Bedeutung, weshalb zur Modellierung von parallel bzw. gleichzeitig durchgeführter Aktivitäten Prozessverzweigungen mittels paralleler Gateways zum Einsatz kommen. Da die Prozessmodellierung bei BPMN nur einen groben Bezug zu AS herstellt ergänzt das Komponentendiagramm der UML die fehlenden Aspekte zur Darstellung der Applikationskomponenten und ihren Verbindungen. Für die weitere Detaillierung lassen sich

Interaktionen zwischen den Komponenten in Kommunikations-, Sequenz- oder Zeitverlaufsdiagrammen weiter spezifizieren und stellen damit eine konsistente Verbindung zum Software Engineering bzw. der Programmierung oder Anpassung von Software her. In den nachfolgenden Kapiteln kommen sowohl BPMN- als auch UML-Notationselemente zum Einsatz (s. Bild 2-3).

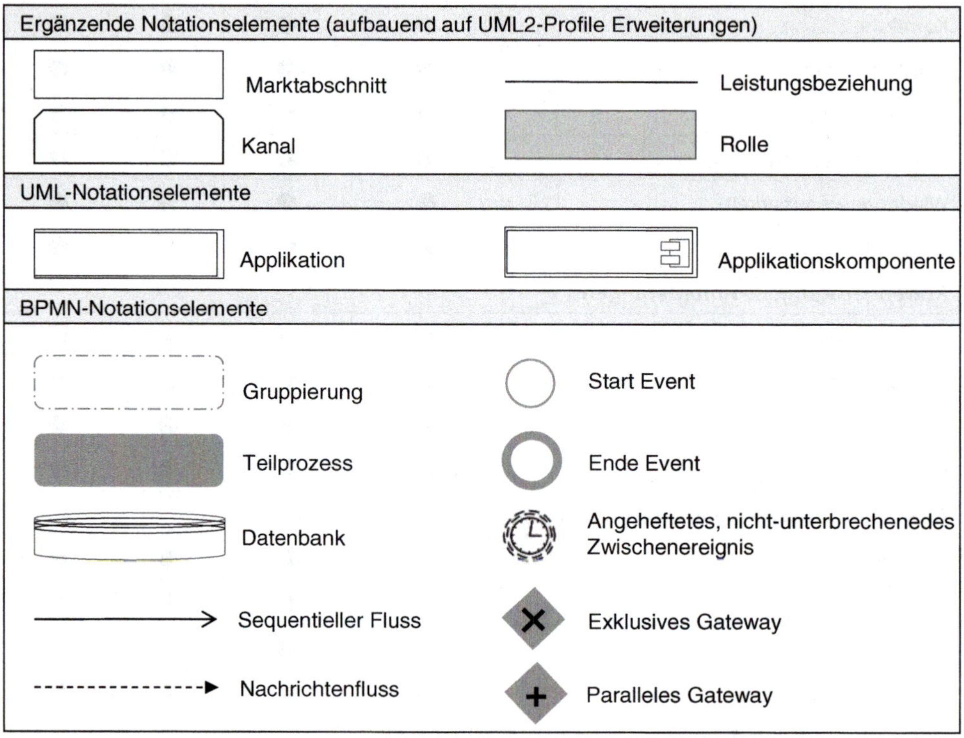

Bild 2-3: Verwendete Notationselemente von BPMN 2.0 und UML ((OMG, 2011), (OMG, 2015))

Einige Notationselemente sind im Folgenden zur Vereinfachung und zur Verbesserung der Übersichtlichkeit angepasst. So sind etwa in Banknetzwerken (s. Kap. 3.2.2) die Akteure bzw. Rollen nicht durch ein Strichmännchen, sondern durch ein graues Rechteck visualisiert. Darüber hinaus kommen Elemente wie „Marktabschnitt", „Kanal" und „Leistungsbeziehung" zum Einsatz, die bislang keine Verwendung in UML oder BPMN finden. UML stellt hierfür mit dem „Profile" eine Erweiterungsmöglichkeit zur Verfügung, mit dem sich ergänzende Notationselemente wie „Marktabschnitt" oder „Kanal" ergänzen lassen (s. Bild 2-3).

2.3 Serviceorientiertes Bankmodell

2.3.1 Servicetypologie und Prozessbereiche

Das Prozessmanagement begreift (Geschäfts-)Prozesse als „Abfolge IT-unterstützter Aufgaben, die über mehrere Geschäftseinheiten verteilt sind, Leistungen produzieren und konsumieren sowie in ihrem Ergebnis anhand von Zielgrößen gemessen werden können." (Österle, 1995, 19) (s. Kap. 2.1.1). Demzufolge erzeugen Prozesse Leistungen (Prozessleistung), die entweder Eingang in weitere Prozesse innerhalb der bankfachlichen Wertschöpfungskette (s. organisatorische Ebene in Bild 2-2 sowie Kap. 2.3.2 bis 2.3.7 zu den Prozessen den Bankmodells) finden oder absatzfähige (Markt-)Leistungen gegenüber Endkunden (Bankprodukte, s. strategische Ebene in Kap. 2.2.2 sowie Kap. 2.3.3 bis 2.3.6) darstellen. Prozesse sind wiederum das Ergebnis von Aufgaben, welche „(…) eine betriebliche Funktion mit einem bestimmten Ergebnis (…)" (Österle, 1995, 50) charakterisieren und je nach Ablauffolge beschreiben, ob eine Aufgabe nach einer anderen (Präzedenz), gleichzeitig (Parallelität) oder unabhängig von ihr (Nebenläufigkeit) sein soll. Diese lassen sich dann als fachlicher Service im Sinne der Definition aus Kap. 1.4.3 begreifen, *wenn sie den Eigenschaften der Serviceorientierung, d. h. der Modularisierung, der Interaktion, der Vertrags- sowie der Plattformorientierung genügen.* Der Prozessdefinition folgend, welche explizit die IT-Unterstützung fachlicher Aufgaben hervorhebt, sind diese durch technische Services bzw. AS-Funktionen unterlegt (s. IS-Ebene in Kap. 2.2.2 sowie Kap. 4.2.1). Demzufolge lassen sich Services als modulare, eigenständig nutzbare, umfassend spezifizierte und über eine Schnittstelle zugreifbare Funktionsbausteine definieren, die eine vertragliche definierte Leistung erbringen und sich über Plattformen entlang ihres Lebenszyklus verwalten lassen.

Nach der Leitlinie der Serviceorientierung (s. Kap. 1.4.3) bilden Services eine Brücke zwischen Strategie- und Systemebene. Zur strategischen Ebene erfolgt die Verbindung über fachliche Services hin zu Marktleistungen und zur Systemebene über technische Services hin zu Applikations- und Infrastrukturservices (s. Bild 2-4). Das zugrundeliegende Klassifikationsschema folgt der Trennung von fachlicher und technischer Sicht und unterscheidet drei Dimensionen (s. Bild 2-4):[33]

- *Klassifikation nach Granularität.* Entsprechend der Unterscheidung in fachliche und technische Services fassen Servicecluster (z. B. Vertrieb) und Geschäftsservices auf grobgranularer Ebene Leistungen einer Bank oder eines Dienstleisters durch die Bündelung von Aktivitäten einzelner Geschäftsprozesse zusammen (z. B. Limitenprüfung bei einer Überweisung). Dagegen zielt die technische Sicht mit ihren Applikations- und Infrastrukturservices auf feingranulare anwendungsbezogene (z. B. getKontoBedingung) oder –übergreifende IT-Infrastrukturservices (z. B. sendeAuftragsdatenAn) ab und verbindet dadurch die technische mit der fachlichen Dimension.
- *Klassifikation nach Zweck.* Die nach zweckorientierten Merkmalen gegliederte Sichtweise unterscheidet Services nach deren Verwendung. Auf Ebene der Geschäftsservices

---

[33] Zu weiteren Klassifikationsschemata vgl. (Rosen et al., 2008), (Krafzig et al., 2007) und (Wilson, 2006).

lassen sich z. B. Prozess-, Regel- und Datenservices unterscheiden. Während erstgenannte Kategorie umfangreiche, aus Prozessen abgeleitete Aktivitäten (z. B. Pooling von Anlageaufträgen) umfassen, zielen Regelservices auf die Berücksichtigung von Geschäftsregeln in Prozessen (z. B. ab einer Überweisungshöhe von >5'000 EUR ist eine zusätzliche Authentifizierung notwendig). Datenservices stellen darüber hinaus Verwaltungsfunktionen für Geschäftsobjekte bereit (z. B. Auftragsdatenservice).

- *Klassifikation nach Reichweite.* Eine weitere Klassifikationsdimension differenziert Services entlang der Reichweite ihrer Nutzung nach ihrer inner- und überbetrieblichen Verwendung. Der Leitlinie der Vernetzung folgend (s. Kap. 1.4.2) sind für die Zusammenarbeit in Banknetzwerken neben internen Services auch überbetriebliche Services zu definieren. Ein Beispiel sind die im Rahmen von BIAN (s. Kap. 4.2.5) definierten Services und Service Domains (z. B. Payment Execution), die auf eine Zusammenarbeit von Banken und Dienstleistern im Banknetzwerk abzielen.

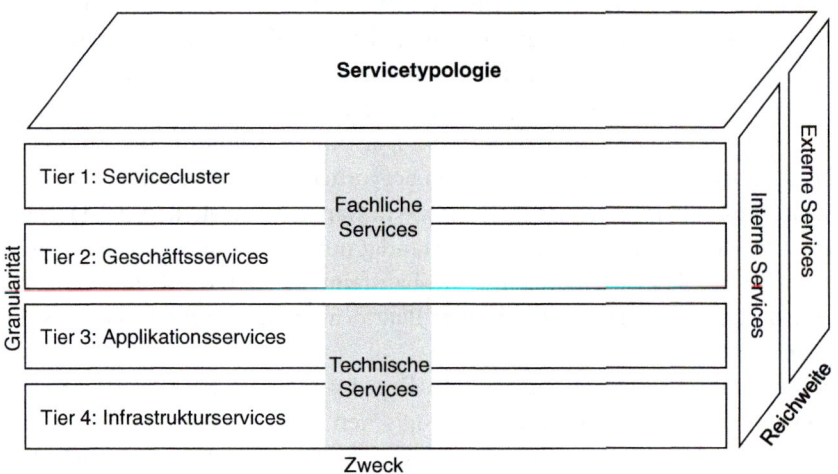

Bild 2-4: Servicetypologie (in Anlehnung an (Kohlmann, 2011, 75))

Die gegenüber Kunden erbrachten Services, die durch Bündelung sowohl fachliche wie auch technische Services aller zuvor genannten Ebenen umfassen können, lassen sich auch als Marktleistungen oder Produkte bezeichnen. Letztere sind in die Bereiche Zahlungsverkehr, Anlage und Finanzierung (vgl. (Gramlich et al., 2012, 164), (Tolkmitt, 2007, 96ff)) mit vier Prozesskategorien (s. Bild 2-5 und Kap. 2.1.1 nach (Alt & Zerndt, 2012a, 167ff)) eingeteilt:

- *Kundenprozesse* spiegeln in der Horizontalen die Kundenbedürfnisse in den Bereichen Zahlen, Anlegen und Finanzieren wider. In der Vertikalen dieser Bereiche finden sich als Verbindung zwischen den Vertriebs- und Transaktionsprozessen die typischen Bankprodukte und -leistungen.[34] Im Zahlungsbereich sind dies z. B. das Lastschriftver-

---

[34] Versicherungsprodukte (Bereich „Vorsorgen") sind im Bankmodell mit weiteren Beratungsleistungen (z. B. Finanzplanung) in den übergreifenden Prozessen enthalten.

fahren oder die (elektronische) Rechnung. Im Anlagebereich sind Fondsprodukte oder strukturierte Anlageprodukte und im Finanzierungsbereich etwa Konsumenten- oder Hypothekarkredite zu finden. Diese Produkte führen zu Prozessvarianten in den übrigen Prozesskategorien, insbesondere den Vertriebs- und Transaktionsprozessen.

- *Führungsprozesse* bilden mit Planung, Steuerung und Kontrolle der Unternehmensaktivitäten den Kern jedes Unternehmens. Ähnlich den Unterstützungsprozessen sind die darin enthaltenen Aufgabenkategorien nicht bankspezifisch. Aufgrund der zentralen Bedeutung für die Ausrichtung und Organisation der Leistungserstellung und aufgrund regulatorischer Vorgaben im Bankbereich sind Führungsprozesse i.d.R. nicht an Dritte auslagerbar.
- *Leistungsprozesse* beinhalten Vertriebs- und Transaktionsprozesse sowie transaktionsbezogene und -übergreifende Prozesse.[35] Vertriebsprozesse machen ein Produkt bzw. eine Dienstleistung für Kunden verfügbar und umfassen die Kundengewinnung und Kundenpflege sowie die Durchführung des Kundenkontaktes über verschiedene Kanäle. Transaktionen in den Bereichen Zahlen, Anlegen und Finanzieren bilden gewöhnlich den Schwerpunkt des operativen Bankgeschäfts. Sie reichen von der Initialisierung bis zur Verarbeitung eines Auftrags, erfordern aber weitere, auf eine Einzeltransaktion bezogene Aufgaben (transaktionsbezogene Prozesse), wie z. B. den Bestandsabgleich von Konten und Positionen mit getätigten Transaktionen. Darüber hinaus existieren transaktionsübergreifende Leistungsprozesse (z. B. Risiko-, Liquiditäts- und Portfolio-

Prozesse		Kundenprozesse		
		Zahlen	Anlegen	Finanzieren
Führungsprozesse		Beinhalten die Managementaufgaben in einer Bank mit Planung, Steuerung und Kontrolle der betrieblichen Aufgaben.		
Leistungsprozesse	Vertriebs-prozesse	Umfassen alle kundenseitigen Aufgaben für die Kundenprozesse (sog. Frontprozesse), wie etwa die Bereitstellung relevanter (Produkt-)Informationen oder die Angebotserstellung.		
	Transaktions-prozesse	Betreffen Aufgaben zur Ausführung und Abwicklung von Transaktionen, insb. die Initialisierung, Erfassung, Prüfung, Freigabe und Verarbeitung.		
	Transaktions-bezogene Prozesse	In Verbindung mit einer Transaktion erfolgende Aktivitäten, z. B. der Bestandsabgleich von Konten und Positionen mit getätigten Transaktionen im Zahlungsbereich.		
	Transaktions-übergreifende Prozesse	Aufgaben, die sich nicht einer konkreten Transaktion zuordnen lassen, sondern übergreifend relevante Aktivitäten, wie etwa die Kontoeröffnung oder die Erstellung von Kontoauszügen, bezeichnen.		
Unterstützungs-prozesse		Diese nicht direkt wertschöpfenden Prozesse bilden die Grundlage für die Leistungsprozesse und umfassen z. B. das Marketing, das Personalwesen oder die IT.		

Bild 2-5: Prozesskategorien des Bankmodells

---

[35] Vgl. (Mertens et al., 2012, 65ff) und (Bodendorf & Robra-Bissantz, 2003, 217ff).

management), die zwar einen Produkt- bzw. Transaktionsbezug aufweisen, nicht aber Bestandteil einzelner Transaktionen *Unterstützungsprozesse*, wie das Marketing, Rechnungswesen, Personalwesen oder die IT, benötigt jedes Unternehmen zur Ausführung seiner Leistungsprozesse. Der Betrieb der IT-Infrastruktur (Server, Netzwerke, Büroapplikationen) und der bankfachlichen AS, deren Entwicklung, Datenschutz und Datensicherheit, das Management von IT-Projekten und die strategische IT-Entwicklung unterliegen dabei dem IT-Bereich.

2.3.2 Vertriebsprozesse

Vertriebsprozesse betreffen die Schnittstelle der Bank zum Kunden. Sie umfassen alle Aktivitäten, um ein Produkt oder eine Dienstleistung dem Kunden bzw. Endverbraucher verfügbar zu machen und sind Teil des Customer Relationship Management (CRM). CRM ist ein kundenorientierter Managementansatz, bei dem AS die Informationen für operative, analytische und kooperative CRM-Prozesse integriert bereitstellen und damit zur Verbesserung der Kundengewinnung, -bindung und -profitabilität beitragen. Kernprozesse des CRM sind Marketing, Verkauf und Kundendienst (Alpar et al., 2014, 269). Ziel des CRM ist die Ermittlung der Kundenbedürfnisse (z. B. aktiv durch den Kunden kommuniziert oder durch den Berater identifiziert), welche die Bank anschließend mit den dazu passenden Produkten bzw. Dienstleistungen verknüpft. Der CRM-Prozess bei Banken umfasst Kontakt, Beratung, Angebot, Abschluss und Pflege (s. Bild 2-6).

Die Ausgestaltung der Vertriebsprozesse kann nach Produkten und Kundengruppen variieren. Offensichtlich besitzen die Vertriebsprozesse im stark formalisierten Zahlungsverkehr eine geringere Beratungsintensität als im wissensintensiven Anlage- und Finanzierungsbereich. Häufig kommt es dort im Prozessschritt „Beratung" zu einer Interaktion mit dem Kunden und der Konfiguration individualisierter Lösungen. Mit steigender Beratungsintensität nimmt die Wissensvermittlung durch einen Berater (z. B. Filial- oder Videoberatung) oder einen anderen Kunden (z. B. Peer-to-Peer-Beratung), der möglichst ein hohes Vertrauen genießt, zu. Üblicherweise verwenden die Prozessbereiche „Marketing", „Kontakt", „Beratung", „Angebot", „Abschluss" und „Pflege" nicht durchgängig den gleichen Interaktionskanal zum Kunden. So erhalten Kunden zu Marketingzwecken seit langem Material auf dem Postweg und informieren sich zunehmend selbst bevor sie einen Kundenberater in der Filiale aufsuchen (s. Kap. 1.3.1). Diese stark durch die Digitalisierung getriebene Entwicklung führt zu einem Ineinandergreifen der ehemals getrennten Vertriebs- bzw. Interaktionskanäle im Sinne der hybriden Kundeninteraktion (s. Kap. 2.5.2). Als weitere Veränderung geht darin die Initiative immer weniger von der Bank im Sinne eines klassisch von der Bank durch Marketingmaßnahmen getriebenen Vertriebsprozesses aus. Vielmehr besitzen Konsumenten bzw. Kunden durch innovative IT-basierte Lösungen (s. „Banking Innovations" in Kap. 2.5.1) ähnliche Werkzeuge zur (Selbst-)Beratung, Angebotseinholung und zum Angebotsvergleich wie sie ehemals dem Bankberater vorbehalten waren (s. Kap. 1.3.1).

Regulatorische Anforderungen, wie etwa das deutsche Wertpapierhandelsgesetz (WpHG), verlangen die Dokumentation des Beratungsgespräches in Form eines Bera-

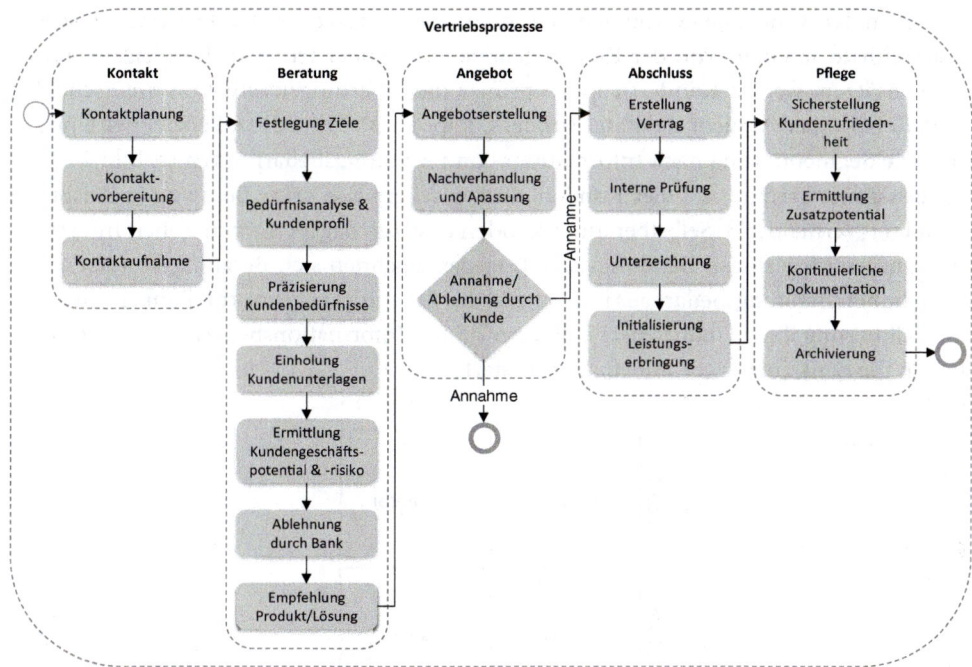

Bild 2-6: Bestandteile des Vertriebsprozesses

tungsprotokolls. Dieses enthält sämtliche Details der Kundenberatung (z. B. Anlass der Beratung, Dauer des Gespräches, Informationen zum Kunden, Anliegen des Kunden, im Gespräch erteilte Empfehlungen und der Begründung). Idealerweise endet der erste Teil des Vertriebsprozesses mit dem Abschluss bzw. Kauf und es folgt einerseits die Transaktionsabwicklung (je nach gekauftem Produkt, s. Kap. 2.3.3 bis 2.3.5) in den Bereichen Zahlen, Anlegen oder Finanzieren. In diesem Schritt kommt es auch zu einer Weiterleitung vom Front- an das Backoffice.[36] Andererseits erfolgen Aktivitäten der Pflege bzw. des Kundenservice, die auf Kundenzufriedenheit und -bindung ausgerichtet sind.

Einen wichtigen Teil des Vertriebsprozesses bildet die Kundenberatung. In der Vergangenheit erfolgte die Beratung meist im persönlichen Gespräch zwischen Kunde und Bankberater. Die zunehmende Dezentralisierung und Digitalisierung (s. Kap. 1.3.1) führen jedoch zu einer stärkeren Verlagerung von Beratungsprozessen in Richtung Kunden. In einer Befragung von 258 „Digital Natives" zum gewünschten Kanalangebot fällt auf, dass diese Bankdienstleistungen grundsätzlich über alle Kanäle beziehen möchten (Sachse et al., 2012). Allerdings zeigen sich Schwerpunkte, wonach Transaktionsprozesse primär Online und in Selbstbedienung stattfinden, bei Unterstützungs- und vor allem Beratungsprozessen aber nach wie vor die klassische Bankfiliale von Bedeutung ist.

---

[36] Im Kreditbereich („Finanzieren") erfordert etwa das BaFin (s. Kap. 1.1.2) die Trennung von Marktbereich (bzw. Beratung) und Marktfolge (bzw. Backoffice).

Neben der Abhängigkeit von den über die Kanäle durchgeführten Prozessen bestehen Unterschiede abhängig von der Kundengruppe. Gegenüber früheren Kundensegmentierungsansätzen, welche Kundengruppen primär nach Vermögenssituation unterscheiden (z. B. Retail- oder Affluent Banking-Kunde, s. Kap. 1.1.3), führt diese Perspektive eine zusätzliche Segmentierung nach Informations- und Beratungsbedarf durch (s. Bild 2-7). Ist letztgenannter gering, sind dies Kunden, die typischerweise keine Beratung in Anspruch nehmen („Vermeider"). Selbstberatungskunden besitzen dagegen einen hohen Informations- und einen geringen Beratungsdarf. Dagegen zeichnen sich Beratungskunden durch einen hohen Beratungsbedarf aus und nutzen das Beratungsangebot von Banken entweder zur Validierung ihrer Finanzentscheidungen (hoher Informationsbedarf) oder delegieren dies an die Bank (niedriger Informationsbedarf).

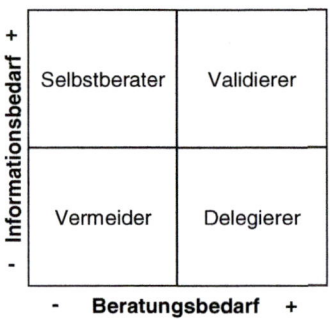

Bild 2-7: Kundensegmentierung nach Informations- und Beratungsbedarf (Niemeyer, 2008, 2)

Je nach Kundensegment variieren die Beratungsprozesse. So ist bei „Delegierern" und „Validierern" ein Kundenberater in den Prozess involviert, sodass sich ein Prozess mit den Schritten „Festlegung Ziele", „Bedürfnisanalyse & Kundenprofil" und „Präzisierung Kundenbedürfnisse" ergibt (s. Bild 2-8). Diese konkretisieren die ersten drei Prozessschritte im Vertriebsprozess im Bereich der Beratung (s. Bild 2-6) und detaillieren sich weiter nach Bankprodukt. So erfordert etwa die Beantragung einer Immobilienhypothek das Einholen von Sicherheiten, was weitere Prozessschritte zur Folge hat.

„Der Anleger muss verstehen, was ihm der Berater erzählt

Privatanleger halten sich bei der Geldanlage oft ans «Bewährte». Wollen sie sich über lukrativere Möglichkeiten informieren, sind sie schnell überfordert.

(…) empirische Analysen zeigen, wie «schizophren» Privatanleger in Finanzbelangen sind. Die meisten von ihnen bilden sich zwar ein, sich in Geldfragen gut auszukennen. Gleichzeitig aber parkieren sie ihre Ersparnisse in der Tendenz lieber auf dem Sparkonto, statt zum Beispiel in langfristig ertragreiche Aktien zu investieren. Viele sind nicht in der Lage, einfachste Fragen zu Zinseszins-Effekten, zur Wirkung der Inflationsrate auf die reale Entwicklung von Vermögenswerten oder zu ihrer Risikoneigung zu beantworten. Versuchen sie, sich kundig zu machen, nimmt ihre Konfusion meist eher zu als ab. Oft werden sie mit Informationen überschwemmt, die sich weder in der Menge leicht verdauen noch von der Terminologie her einfach verstehen lassen. Das verführt viele dazu, beim «Bewährten» zu bleiben. (…) Grundsätzlich sind die Anbieter von Finanzprodukten und von Beratungsdienstleistungen zum «Schutz der Kunden» regulatorisch verpflichtet. Sie müssen deren Bedürfnisse und deren Eignung für bestimmte Finanzprodukte prüfen; dazu kommen Informations- und Dokumentationspflichten. Allerdings ist oft fraglich, ob sie auch zielführend sind. Tatsächlich beweisen verschiedene empirische Untersuchungen, dass die Finanzbranche bei der Vermittlung ihrer Produkte erhebliche Kommunikationsprobleme hat. Wissenschafter der Universitäten in Mannheim und Zürich zum Beispiel argumentieren, bei der üblichen Instrumentalisierung des Zusammenhangs zwischen Risiko und Ertrag, wie er im Rahmen der Portfoliotheorie abgeleitet worden sei, richte sich der Blick meist auf ein einzelnes Produkt und nicht auf das gesamte Vermögen eines Investors. Es genüge zudem nicht, das Verhältnis zwischen Risiko und Ertrag eines Investments nur zu beschreiben, sondern der Privatanleger brauche Hilfe, um seine Risikoneigung zu erkennen. Er könne mit dem vielfach verwendeten Risikobegriff «Volatilität» oft nichts anfangen, sondern brauche Simulationsmöglichkeiten, um zu «erfahren», wie gross das Risiko wirklich ist.

(…) Faktisch bestätigt ein im Mai 2015 in Italien veröffentlichtes, auf Feldforschung zurückgehendes Arbeitspapier mit dem Titel «Financial disclosure, risk perception and investment choices» die im Rahmen der früheren Forschungsarbeiten aufgestellten Thesen. Das Papier zeigt, dass die Risikowahrnehmung der Privatanleger kontextabhängig ist. Sie wird massgeblich davon bestimmt, wie und in welcher Form Informationen über ein Finanzprodukt präsentiert werden. Die vereinfachende Beschreibung eines Investments sei nicht hinreichend, um die richtige Wahrnehmung des damit verbundenen Risikos und eine unvoreingenommene Wahl zwischen verschiedenen Anlagevarianten sicherzustellen. Die Heterogenität der privaten Investoren und ihre individuellen, persönlichen Vorlieben legten die Vermutung nahe, dass ein einheitlicher Standard für die Veröffentlichung von Finanzinformationen nicht ideal sei. Insgesamt haben Regulatoren und Finanzbranche ihren «Erziehungsauftrag » offenbar noch nicht voll erfüllt.“

(Quelle: Neue Zürcher Zeitung v. 30.11.2015, 24)

Eine Ausprägung für ein Kundensegment mit hohem Beratungsbedarf ist das sog. „Family Office“. Dieses bündelt Strategieberatung, strategisches und operatives Vermögensmanagement und Controlling für Eigentümer großer Familienvermögen (Gramlich et al., 2012, 523). Das Family Office agiert als neutraler Berater des Vermögenseigentümers. Anbieter von Family Offices können entweder Banken im Rahmen ihrer Dienstleistungsfunktion (s. Kap. 1.1.3) oder externe Vermögensverwalter (s. Kap. 3.2.2) sein.

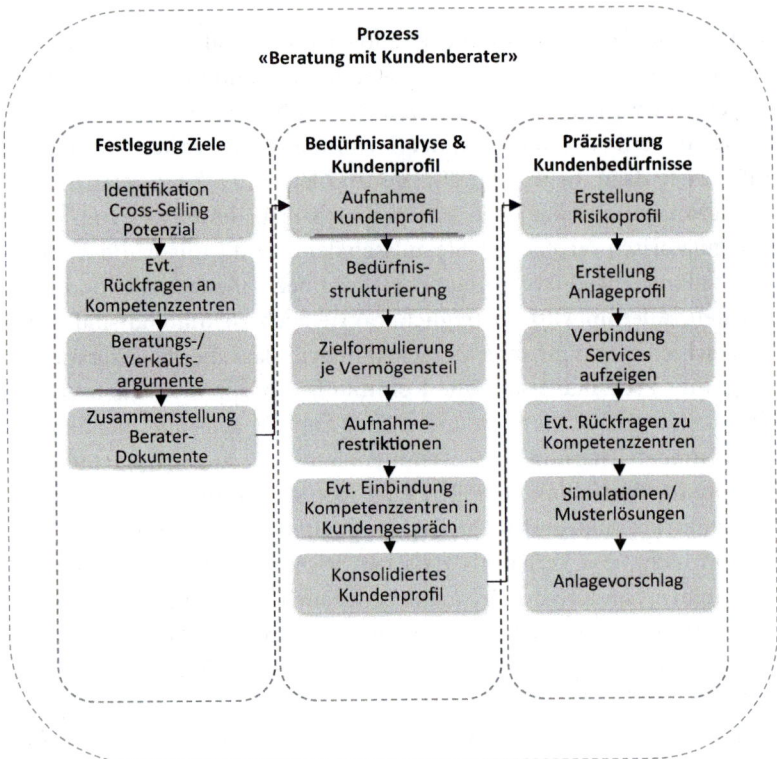

Bild 2-8: Prozess „Beratung mit Kundenberater" für den Anlagebereich

Typischerweise finanzieren sich die, insbesondere bei physischem Kundenkontakt, hohen Beratungskosten durch Provisionen (in der EU-Richtlinie MiFID auch Anreize, in Deutschland und Österreich auch als Kick-back oder im Schweizer Bankwesen als Retrozessionen genannt) aus den verkauften Finanzprodukten. Da derartige Zahlungsverpflichtungen trotz rechtlicher Verpflichtung dem Kunden bzw. dem Käufer häufig nicht transparent sind und damit möglicherweise der Berater keine neutrale Beratung aus Kundensicht, sondern vielmehr die eigene Gewinnmaximierung, verfolgt, ist die Suche nach alternativen Formen der Verrechnung von Beratungsleistungen entstanden. Ein Ansatz ist die sog. Honorarberatung, welche die Verrechnung der Beratung an den Kunden vorsieht und etwa von der deutschen Quirin-Bank angeboten wird. Ebenso haben in der Schweiz die UBS mit UBS Advice und die Credit Suisse mit CS Invest Produkte eingeführt, bei denen die Beratung enthalten ist und somit vom Kunden zu vergüten ist.

„Banken setzen auf neue Beratungsmodelle

Wegfall von Retrozessionen und neue Regulierungen als Treiber – Bezahlung nach Beratungsintensität

Banken bauen die Anlageberatung für vermögende Kunden um. Es geht darum, sich die Beratung direkt bezahlen zu lassen und den Ausfall von Retrozessionen wettzu-machen. Auch Elemente einer stärkeren Standardisierung sind zu beobachten.

Neue Regulierungen und der Wegfall von Retrozessionen zwingen Schweizer Banken dazu, im Geschäft mit wohlhabenden Kunden (Private Banking) zahlungspflichtige Beratungsmodelle einzuführen. (…). Die neuen Modelle haben oft Elemente einer stärkeren Standardisierung. Zudem ermöglichen sie es den Banken, sich ihre Bera-tungsdienstleistungen direkt bezahlen zu lassen und nicht mehr indirekt über Retro-zessionen. Solche Provisionen, die bei der Vermittlung von Finanzprodukten anfallen, sind ins Visier von Regulatoren und Gerichten geraten und gelten zunehmend als Aus-laufmodell. (…)

Im März 2013 ist die UBS mit ihrem Angebot «UBS Advice» gestartet. Die Bank überwacht hier gegen eine von den Kunden entrichtete Pauschalgebühr die Risiken in deren Depots und gibt Anlageempfehlungen, die auf der «Hausmeinung» der Bank beruhen. (…). Die zunehmende Regulierung des Wealth-Management-Geschäfts mache es nötig, zwischen Kunden, die ausschliesslich selbst handelten, und solchen, die aufgrund einer Beratung handelten, auch vertraglich klar zu unterscheiden (…). Dafür sind Regulierungen wie die EU-Richtlinie Mifid II oder das geplante Schwei-zer Finanzdienstleistungsgesetz verantwortlich. (…) Ausserdem gehe es darum, dem Kunden mehr über Online-Kanäle zur Verfügung zu stellen. (…) Bis im April will die Wettbewerberin Credit Suisse mit ihrer neuen Anlageberatung «Credit Suisse Invest» nachziehen. Die Kunden sollen dann aus vier Kategorien wählen, welches Mass an Betreuung und Austausch mit dem Kundenberater und wie viel Research und An-lagevorschläge sie wollen. Zudem legen sie fest, wie intensiv ihr Depot von der Bank überwacht werden soll. Daraus leitet sich ab, wie hoch die Gebühren ausfallen. Zudem sollen die Tarife für Wertpapiertransaktionen und die Depotgebühren sinken. Enga-gierte Anleger, die viel handeln und den Kundenberater oft beanspruchen, sollen eine Minimalgebühr von 8'000 Fr. zahlen. Kunden, die sich nur einmal pro Jahr beraten lassen, bezahlen keine Minimalgebühr. (…)

Als Hintergrund für die Strategie, sich die Beratung direkt bezahlen zu lassen, er-wähnen Bankvertreter immer wieder auch die Medienbranche, der es in den vergange-nen Jahren nicht mehr gelungen sei, sich von den Kunden für ihr Kernangebot direkt bezahlen zu lassen. Werde die Beratung zu einer austauschbaren Dienstleistung, drohe den Banken eine ähnliche Gefahr. Die Einführung solcher Modelle bedeutet aber auch oftmals, dass im Hintergrund stärker standardisiert wird. Die Kunden erhiel-ten verstärkt Paketlösungen, heisst es in Finanzkreisen. Diese Strategie habe sich im

«Affluent»-Bereich, der Bankkunden im mittleren Segment umfasst, bereits bewährt. Mit der neuen Organisation und dem stringenteren Anlageprozess würden die Kundenberater zudem in ihrer Freiheit, Anlageentscheidungen für die Kunden zu treffen, eingeschränkt."

(Quelle: Neue Zürcher Zeitung v. 13.01.2015, 24)

2.3.3 Transaktionsprozess „Zahlen"

Die Zahlungsverkehrsfunktion (s. Kap. 1.1.3) ist ein zentraler Leistungsbereich von Retailbanken. Der Zahlungsverkehr (ZV) bezeichnet dabei die Summe aller Operationen, die Zahlungsmittel[37] zwischen zwei oder mehreren Wirtschaftssubjekten (Gläubiger und Schuldner) transferieren (Gramlich et al., 2012, 1547). Ein ZV-System umfasst alle rechtlichen, institutionellen und technologischen Elemente, welche diese Transaktionen ermöglichen (Bernet, 2003, 192). Prinzipiell lässt sich eine Zahlungsabwicklung in die Abschnitte „Zahlungsausgang", „externe Abwicklung" und „Zahlungseingang" unterteilen (Gramlich et al., 2012, 1547). Sofern Zahlungsströme nur innerhalb einer Bank fließen, erübrigt sich die externe Abwicklung und ein interner Kontoübertrag stellt den Zahlungsfluss sicher. Im ZV finden sich neben beleggebundenen auch elektronische Zahlungsverfahren bzw. -produkte[38] (s. Tabelle 2-3), die jeweils spezifische Prozessvarianten beinhalten. Analog dem Vertriebsbereich finden sich zahlreiche IT-basierte innovative Zahlungsverfahren, die sich an existierenden Währungen orientieren oder sogar eigene Währungen schaffen (s. Kap. 2.5.3).

Die Spezifika der Zahlungsverfahren spiegeln sich bereits in der Beziehung von Bankmodell und den Prozessmodellen wider. So unterscheidet das Bankmodell für alle Produktbereiche (Zahlen, Anlegen, Finanzieren) einen generischen Transaktionsabwicklungsprozess mit den Teilprozessen „Initialisierung", „Erfassung", „Prüfung", „Freigabe" und „Verarbeitung". In Verbindung mit den zahlungsverkehrsspezifischen Teilprozessen „Zahlungsausgang", „externe Abwicklung" und „Zahlungseingang" führt dies zu fünf Teilprozessen (s. Bild 2-9, (Alt et al., 2009, 84ff)):

- Der Prozess beginnt mit dem *Auftragseingang* durch den Kunden, der abhängig vom gewählten Verfahren über verschiedene Kanäle erfolgen kann.
- Die *Auftragserfassung* übernimmt und führt eine erste Plausibilitätsprüfung der eingegebenen Daten (z. B. Vollständigkeit der Felder) durch.
- Die *Auftragsprüfung* umfasst eine erweiterte Prüfung bezüglich der Autorisierung, der Bonität und bezüglich regulatorischer Aspekte (z. B. Geldwäsche).
- Sofern der Zahlungsauftrag diesen Prüfmechanismus erfolgreich durchlaufen hat, beginnt die *Auftragsverarbeitung*. Hierbei sind die Spesen-/Gebührenermittlung, die

---

[37] Zahlungsmittel oder Zahlungsverfahren sind im Zahlungsverkehr verwendete Instrumente, wie Bargeld, Scheck (s. Tabelle 2-3, (Gramlich et al., 2012, 1546)).

[38] Vgl. (Wendt, 2004, 480), (Lamberti et al., 2004), (Gramlich et al., 2012, 1547).

Verbuchung der Valuta sowie die Aufbereitung der Kundendokumente (z. B. Überweisungsanzeigen, Kontoauszüge) entscheidend.

- Mit Beginn der *Zahlungseingangsverarbeitung* ist die Transaktion abgeschlossen und es erfolgt die Verbuchung des Zahlungseingangs, die Prüfung aus regulatorischen Gesichtspunkten und schließlich die Archivierung.

Tabelle 2-3: Produkte im Bereich „Zahlen" (Tolkmitt, 2007, 108ff)

Marktleistung/ Produkt	Beschreibung
Zahlungsauftrag	Einzelauftrag an eine Bank zur Durchführung eines Zahlungsauftrags (Überweisung, Barabhebung etc.).
Dauerauftrag	Umfasst das Einrichten eines periodisch auszulösenden Auftrags, bei dem Empfänger, Betrag und das Intervall der Ausführung über eine längere Zeitdauer vorhersehbar oder gar statisch sind (z. B. Miete).
Stammliste	Kennzeichnet Zahlungen an vorerfasste Begünstigte bei einem unregelmäßigem Ausführungsdatum und geringer Betragshöhe (z. B. Lohnzahlungen auf Stundenbasis).
Datenträgeraustausch (DTA)	Mittels DTA können Nutzer mehrere Zahlungen erfassen und über eine Datei zur Bearbeitung an eine Bank übermitteln.
Lastschriftverfahren (LSV)	Durch eine vorgängig erteilte Berechtigung kann der Gläubiger eine Zahlung initiieren und das Schuldner-Konto belasten.
Kreditkarte	Über den bargeldlosen ZV hinaus bieten Kreditkarten eine Kreditierungsfunktion, welche Nutzern eine spätere Rückzahlung oder Ratenzahlungen ermöglichen (s. Kap. 2.5.3). Neuere Produkte umfassen z. B. vor der Zahlungstransaktion aufladbare Pre-Paid-Kreditkarten.
Debit-/EC-Karte	Diese Karten ermöglichen die Geldbeschaffung an Automaten (europaweit über Maestro), dienen als elektronisches Portemonnaie für die Zahlung von Kleinbeträgen (z. B. mittels eines über ein Pre-Paid-Verfahren aufladbaren Chip) und als Zahlungsmittel am Point-of-Sale.
Elektronische Rechnung	Electronic Bill Presentment and Payment (EBPP) erlaubt den elektronischen Versand von Rechnungen direkt an das Online Banking-Portal des Kunden und eliminiert papiergebundene Rechnungen. Der Zahlende kann die übermittelte Rechnung dann akzeptieren, ändern oder ablehnen.
Scheck	Ein Scheck entspricht der Erlaubnis, sich einen bestimmten Betrag gegen Belastung des Kontos des Ausstellers auszahlen zu lassen. Die Bedeutung des Schecks hat in den letzten Jahren u. a. aufgrund der Gebührenpolitik der Banken sowie der Beliebtheit von Kreditkarten, vor allem im deutschsprachigen Raum abgenommen, ist jedoch in Ländern wie beispielsweise den USA immer noch verbreitet.
Wechsel	Wechsel enthalten eine unbedingte Zahlungsanweisung des Ausstellers an den Bezogenen, an diesen oder an einen Dritten zu einem bestimmten Zeitpunkt an einem bestimmten Ort eine Geldsumme zu zahlen.

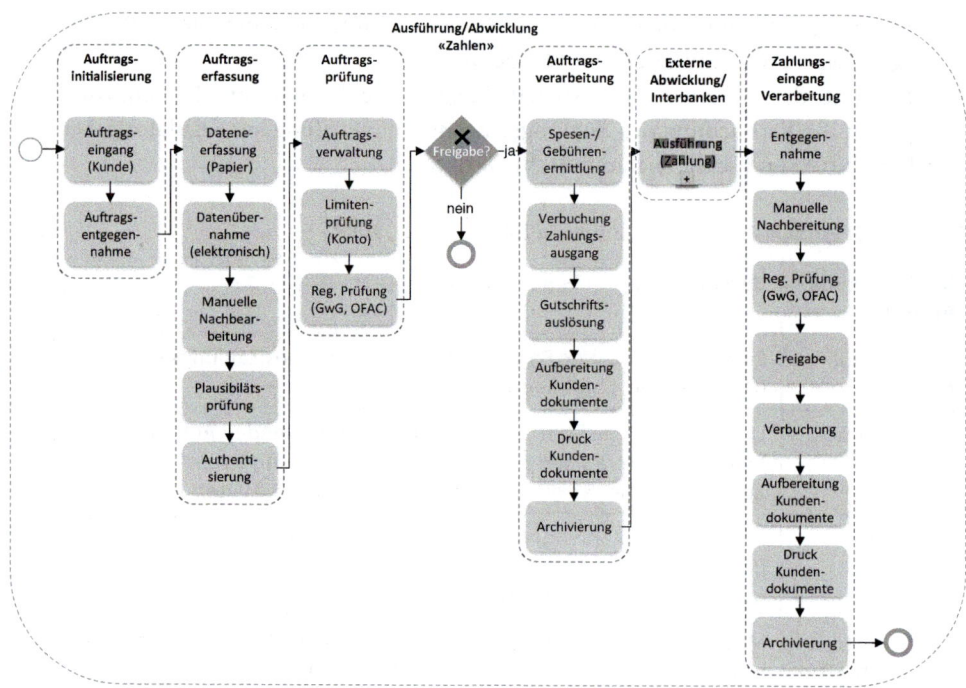

Bild 2-9: Transaktionsprozess für den Bereich „Zahlen"

2.3.4 Transaktionsprozess „Anlegen"

Der Anlagebereich umfasst Marktleistungen der Kategorie der Wertpapiere (WP), etwa Beteiligungspapiere (Aktien) oder Fonds (s. Tabelle 2-4). Diese Produkte besitzen häufig eine hohe Komplexität bezüglich ihrer Wirkmechanismen und variieren erheblich in der Sicherheit bzw. Wahrscheinlichkeit der erwarteten Rendite. Um Anlegern das Verständnis zu erleichtern haben Finanzdienstleister Erläuterungen zu den Produkten zu erstellen (sog. Fact-Sheets oder Key Investor Information Documents, KIID) aus welchen Angaben zu Anlagezielen, Risiken, Kosten und historischer Wertentwicklung hervorgehen.

Gegenüber vor- und nachgelagerten Prozessen (z. B. Beratung, Produktentwicklung, Depotführung) beinhaltet die WP-Abwicklung alle Teilprozesse zwischen der Auftragserteilung durch den Kunden und der abschließenden Kundenabrechnung (Schrauth, 2004, 65). Neben einem oder mehreren Käufern sowie Verkäufern sind typischerweise auch Finanzintermediäre, wie z. B. die Institutionen des Interbankenbereichs (z. B. Börsensysteme als Marktplatz, Wertpapierhändler (Vermittler, s. Kap. 1.1.2) etc.), an der Abwicklung beteiligt (Guadamillas & Keppler, 2001, 6). Wie in Kap. 1.3.3 beschrieben, hat die IT ebenso wie im ZV eine lange Tradition bei Wertpapierhandel und -abwicklung. Die Virtualisierung des Präsenzhandels durch elektronische Handelssysteme erlaubt die Abbildung von Wertpapiergeschäften in Echtzeit und hat durch den Einsatz von Handelsprogrammen zum Phänomen des „Algorithmic Trading" geführt, bei dem Algorithmen automatisch Auf-

Tabelle 2-4: Produkte im Bereich „Anlegen" (in Anlehnung an (Tolkmitt, 2007, 264ff))

Marktleistung/ Produkt	Beschreibung
Beteiligungs- papiere	Aktien verbriefen einen Anteil am Eigenkapital einer Aktiengesellschaft und verleihen dem Aktionär Mitgliedschafts- (u. a. Stimmrecht) sowie Vermögensrechte (u. a. Dividende). Weitere Produkte sind Partizipations- und Genussscheine, die lediglich Vermögensrechte verbriefen.
Schuldverschrei- bungen/ Obligationen/ Bonds	Lang- und mittelfristige Schuldverschreibungen von Unternehmen oder Institutionen dienen der Fremdfinanzierung. Während der Laufzeit erhält der Gläubiger einen meist jährlichen Zins, nach Ende der Laufzeit wird der Nennwert zurückbezahlt. Ebenfalls diesen Zinspapieren zuzurechnen sind u. a. Pfandbriefe sowie Wandel- und Optionsanleihen.
Fonds	Fonds basieren auf einem Kollektivanlagevertrag. Das gemeinsame Vermögen der Anleger verwaltet die Fondsleitung im Rahmen bestimmter Vorgaben. Dabei können die Vorgaben sowohl die Anlageform (Geldmarkt, Aktien, Obligationen) als auch strategische Ziele (z. B. Emerging Markets) betreffen. Die verbrieften Fondsanteile sind unabhängig von der zugrunde liegenden Form an der Börse handelbar.
Derivate & strukturierte Produkte	*Derivate* leiten ihren Wert von anderen WP oder Referenzwerten ab. Man unterscheidet unbedingte (Futures) und bedingte Termingeschäfte (Optionen). *Futures* sind ein Vertrag zwischen Käufer und Verkäufer, einen Basiswert zu einem vorab festgelegten Zeitpunkt und Preis zu handeln. *Optionen* sind Anrechte einen Basiswert zum vereinbarten Zeitpunkt und Preis zu kaufen (Call-Option) bzw. zu verkaufen (Put-Option). Käufer müssen das Angebot nicht annehmen, jedoch muss der Stillhalter im Fall der Ausübung liefern oder abnehmen. *Strukturierte Produkte* entstehen durch die Kombination von einem oder mehreren Derivaten und einem weiteren Produkt (z. B. Aktie). Sie können z. B. kapitalgeschützte oder auf eine maximale Rendite zielende Anlagestrategien abbilden und werden als Wertpapier verbrieft.
Edelmetalle	Edelmetalle, insbesondere Gold als Währungsreserve, sind für das weltweite Finanzsystem von elementarer Bedeutung. Aus Wertpapiersicht ist nur der nicht-physische Handel (Zertifikate) von Interesse.
Geldmarkt	Anlagen mit kurzer Laufzeit von max. 12 Monaten sind Call-, Treuhand-, Tages- und Festgelder. Je nach Laufzeit werden verschiedene Geldmarktzinssätze berechnet, z. B. der Dreimonatszinssatz. Als Referenzzinssätze dienen in Europa dafür meist der Libor (London Interbank Offered Rate) oder der Euribor (Euro Interbank Offered Rate).
Devisen	Devisen sind Forderungen, die in ausländischen Währungen im Ausland zahlbar sind. Dazu zählen Zahlungsaufträge und Schecks ebenso wie Banknoten und Münzen (sofern eine uneingeschränkte Gutschrift auf Bankkonten im Ausgabeland gegeben ist). Ein geringer Teil des Devisengeschäfts (Kassen-, Termin- und Swapgeschäfte) erfolgt über Devisenbörsen, da der Handel primär zwischen Finanzinstituten stattfindet (Lipfert 1992, 59).
Darüber hinaus existieren weitere Anlageprodukte im Bereich der synthetischen und strukturierten Produkte, die aus Kombinationen der zuvor beschriebenen Wertpapiere hervorgehen.	

tragsparameter (z. B. Kauf eines Wertpapiers bei unterschreiten eines bestimmten Werts) generieren.[39] Eine besondere Form des Algorithmic Trading ist der Hochfrequenzhandel bzw. das „High Frequency Trading" (HFT), bei dem Computeralgorithmen (Eigen-) Handels-Entscheidungen treffen und darüber hinaus auch automatisch darauf basierende Handelsaufträge initiieren. Er bedeutet eine kostensenkende Automatisierung im WP-Handel und zeichnet sich durch hohe Volumina, häufige Aktualisierungen und eine kurze Haltedauer von Positionen beim Handel unterschiedlicher Produkte, u. a. Aktien, Derivate etc., aus (Gramlich et al., 2012, 709).

„Die Bändigung der Maschinen

Neues Gesetz soll in Deutschland den schwer fassbaren Hochfrequenzhandel stärker überwachen

(...) Wenn Maschinen schneller Handelsentscheidungen treffen, als Menschen denken können, löst das bei vielen Unbehagen aus. Beim Hochfrequenzhandel (High Frequency Trading, HFT) ist das der Fall. Zudem ist der technologiebasierte, ultraschnelle Börsenhandel ziemlich intransparent und steht im Verruf, bei vielen kleineren oder grösseren Börsencrashs eine (unvorteilhafte) Rolle gespielt zu haben. (...) Dies fängt schon damit an, dass es keine allgemeingültige Definition von HFT gibt, wie verschiedene Experten an einer diese Woche vom deutschen Bundesverband Alternative Investment (BAI) organisierten Konferenz in Frankfurt zum Thema Hochfrequenzhandel berichtet haben. So ist insbesondere die Trennung zwischen den beiden Bereichen des elektronischen Handels HFT und algorithmischer Handel (Algo Trading, AT) nicht immer eindeutig, obwohl der deutsche Gesetzgeber zwischen den beiden Handelsarten strikt unterscheidet und lediglich den HFT, nicht aber den AT strenger regulieren will. Laut dem Regulator ist AT ein Computeralgorithmus, der lediglich automatisch Auftragsparameter generiert, während HFT computerbasiert (Eigen-)Handels-Entscheidungen trifft und darüber hinaus auch automatisch darauf basierende Handelsaufträge auslöst. (...).

Auffallend ist, dass der Hochfrequenzhandel wenig erforscht und die Diskussion um ihn ziemlich emotionsgeladen ist. Theoretische Forschung zum Thema gibt es kaum, die wenigen Arbeiten, die sich damit befassen, kommen zum Schluss, dass der elektronische Handel ganz allgemein ein kurzfristiges Phänomen ist, der längerfristige Phänomene wie spekulative Blasen nicht beeinflusst. Nicht eindeutige Studien empirische Studien kommen (...) mehrheitlich zum Ergebnis, dass HFT mehr Vorteile als Nachteile bringt. So erhöht HFT laut Studien zum US-Markt die Marktliquidität (zumindest bei grossen, liquiden Titeln) und beschleunigt die Informationsübermittlung, was auch den «normalen», klassischen Marktteilnehmern zugutekomme. Als Nach-

---

[39] In 2007 machte das „Algorithmic Trading" bereits ein Drittel des Wertpapierhandels in den USA aus. Es steigert die Volatilität und gilt als ein Faktor der Finanzkrise in 2008/09 (Anand et al., 2013).

teil wird erwähnt, dass HFT die Volatilität in Krisenzeiten erhöhen kann, dass HFT wegen der sehr hohen Fixkosten in diesem Geschäft grosse Akteure bevorteilt und dass die hohe Liquidität durch HFT womöglich eine Schönwetter-Liquidität ist, die in Krisenzeiten schnell austrocknet. Untersuchungen konkreter Stressmomente am Markt kommen zu unterschiedlichen Resultaten. So scheint HFT den «Flash Crash» am US-Markt vom 6.5.2010 nicht ausgelöst, aber die Volatilität an jenem Tag verstärkt zu haben. Die Deutsche Börse – bei der ein starkes Eigeninteresse am Hochfrequenz-handel besteht, da dessen Marktanteil in Deutschland auf rund 50% des gesamten Handelsvolumens geschätzt wird – hat Stressmomente wie den 25.8.2011 untersucht. HFT habe an jenem Tag eine überwiegend positive Rolle gespielt: Dank HFT und AT, die trotz Turbulenzen weiter operiert hätten, sei zumindest immer eine Liquidität am Markt gesichert gewesen. Die Regulatoren in Deutschland und anderswo stehen vor der schwierigen Frage, wie sie etwaige Nachteile des HFT ausmerzen können (…). Solange weder empirisch noch theoretisch abschliessend geklärt wird, ob beim HFT Nutzen oder Kosten überwiegen, und somit auch nicht klar ist, ob er volkswirtschaft-lich gesehen einen Mehrwert schafft, sollte «der grosse Unbekannte» nicht pauschal verteufelt werden."

(Quelle: Neue Zürcher Zeitung v. 01.02.2013, 26)

Typische Prozessmodelle für den Wertpapierbereich unterscheiden die Teilprozesse „Frontoffice", „Order-Routing & Ausführung", „Execution Support", „Settlement & Clea-ring", „Depotbuchhaltung & Verwahrung", „Kundeninformation" sowie „Sonderleistun-gen" (Lamberti & Poehler, 2004, 15) oder die Teilprozesse „Research", „Beratung", „Erfas-sung", „Orderrouting", „Ordernachbearbeitung", „Abwicklung & Lieferung", „Verwahrung und Depotservice" (Schrauth, 2004, 65). In Verbindung mit den Abwicklungsprozessen des Bankmodells führt dies zu sechs Teilprozessen (s. Bild 2-10). Gewöhnlich beginnt der Prozess mit der Auftragsinitialisierung, wonach der Kunde den Auftrag einleitet. Danach erfolgen die Erfassung und verschiedene (z. B. regulatorische) Prüfungen. Sofern der Auf-trag diese Prüfungen passiert hat, gibt ein Bankmitarbeiter den Auftrag frei und leitet die Handelsaktivität ein. Die eigentliche Ausführung (Trade) erfolgt im Interbankenbereich (externe Abwicklung Interbanken), d. h. zwischen Börse, sowie Bank des Verkäufers und des Käufers (s. Kap. 2.3.7). Nach Abwicklung des Wertpapiergeschäfts kann die Bank den Auftrag verarbeiten und archivieren. Analog zum ZV, kann die Ausgestaltung nach Pro-dukt und Kanal variieren. Während Kunden einfache Aufträge (Orders) in ihrem Online Banking- bzw. Online Brokerage-System initiieren, haben sich für komplexere Produkte spezifische Lösungen entwickelt, die sich infolge des notwendigen bankfachlichen Wissens an Berater oder Vermittler richten (s. Kap. 2.5.1).

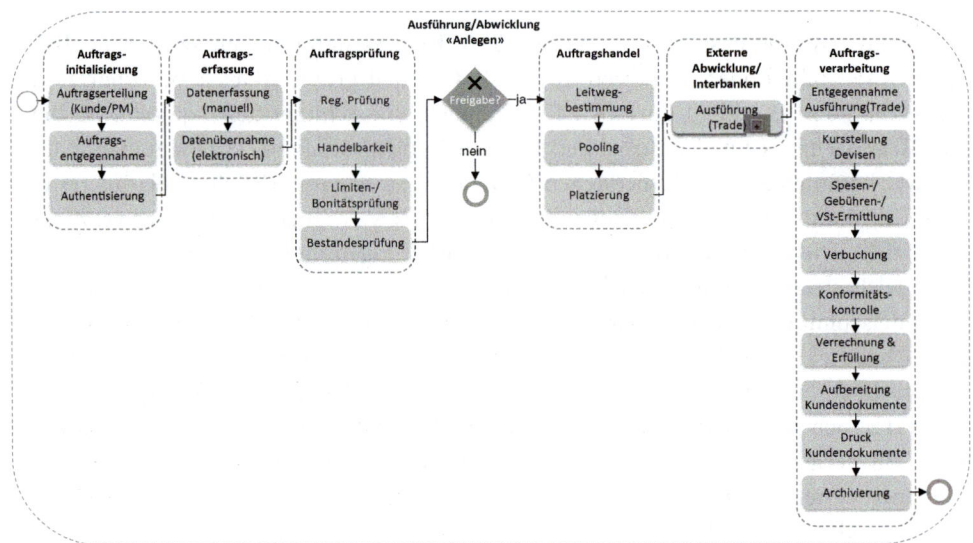

Bild 2-10: Transaktionsprozess für den Bereich „Anlegen"

2.3.5 Transaktionsprozess „Finanzieren"

Der Prozess „Finanzieren" zielt auf das Kreditgeschäft, d. h. die Finanzierung persönlicher Bedürfnisse von Privathaushalten bzw. von betrieblichen Investitionen von Unternehmen. Zentrale Marktleistung ist der klassische Kredit, der durch übereinstimmende Willenserklärungen zwischen Kreditgeber und -nehmer zustande kommt und der die Überlassung und Vermittlung von Geld- und Kapitalnutzungen gegen Entgelt vorsieht. Im weiteren Sinne umfasst der Kredit auch die Fähigkeit und Bereitschaft die aus einem Kredit entstehende Schuldverpflichtung zu erfüllen (Gramlich et al., 2012, 873). Für diese mikroökonomische Sicht haben sich verschiedene Kreditprodukte herausgebildet (s. Tabelle 2-5 sowie (Tolkmitt, 2007, 179ff)). In der Praxis variieren die Kreditformen nach Nutzungsgruppe (z. B. Unternehmen, Privatpersonen etc.), Fristigkeit (z. B. kurzfristiger Kontokorrentkredit etc.), Form (z. B. unverbriefte Kredite), Zweck (z. B. Baufinanzierungskredit) und Zahl der Kreditgeber (z. B. Konsortialkredit). Neben dieser mikroökonomischen Sicht erfüllen Kredite auch eine makroökonomische im Rahmen der Transformationsfunktion von Banken, indem diese Geldkapital zur Dienstleistungs- und Güterproduktion bereitstellen (s. Kap. 1.1.3).

Analog zu den Prozessbereichen des ZV- und des WP-Bereichs haben sich im Finanzierungsbereich spezifische Prozessmodelle herausgebildet. Enthalten sind die Teilprozesse „Kreditvertrag" (Angaben zur Person, Kreditbetrag, Kreditart etc.), „Kreditabschluss" (Kreditprüfung, Kreditentscheidung, Kreditannahme etc.) und „Kreditabwicklung" (Bereitstellung, Überwachung) (Tolkmitt, 2007, 178) oder die Teilprozesse „Beratung", „Antrag", „Scoring", „Entscheidung", „Formularwesen", „Abwicklung" und „Bestandsverwaltung" (Ostermaier, 2004, 510). In Verbindung mit dem Bankmodell ergeben sich daraus

Tabelle 2-5: Produkte im Bereich „Finanzieren"

Marktleistung/ Produkt	Beschreibung
Privatfinanzierungen und Leasing	Konsumenten-, Ratenkredite oder Anschaffungsdarlehen beinhalten ein Darlehen über einen Geldbetrag, den ein Kreditnehmer in gleichbleibenden monatlichen Beträgen (Raten) zu einem festgelegten Zinssatz an einen Kreditgeber zurückzubezahlen hat. Die Monatsraten enthalten die Kredittilgung, die Zinsen und die Gebühren des Kreditinstitutes. Der Kontokorrentkredit steht dem Kreditnehmer innerhalb der festgesetzten Laufzeit über sein Konto bis zur vereinbarten Kreditlinie zur Verfügung. Bei Unternehmenskunden entspricht diese Form dem Betriebskredit (s. unten). Eine besondere Form der Privatfinanzierung ist das Leasing, bei dem der Leasinggeber das Leasingobjekt beschafft, finanziert und dem Leasingnehmer gegen Zahlung eines Leasingentgelts zur Nutzung überlässt.
Baukredit	Private Immobilienfinanzierung, die der Finanzierung einer entweder vom Eigentümer oder Vermieter für Wohnzwecke genutzten Immobilie (Einfamilienhaus, Mietwohnung) dient.
Hypothek	Kredit zur Immobilienfinanzierung für einen Immobilienkäufer auf Basis einer Immobilie als Sicherungsmittel. Der Wert der Immobilie bestimmt die mögliche Höhe der Hypothek.
Lombardkredit	Kredit gegen Stellung von Sicherheiten (Verpfändung von Wertpapieren, Bankguthaben, beweglichen Sachen etc.).
Betriebs-/ Investitionskredit	Barkredite zur Finanzierung des Umlaufvermögens bei Unternehmen. Investitionskredite sind Darlehen zur Finanzierung von Gegenständen des Anlagevermögens.
Verpflichtungskredit/ Bürgschaft	Verpflichtungsgeschäft, bei dem sich die Bank gegenüber einem Gläubiger zu einer möglichen, aber späteren Leistung verpflichtet, indem sie zunächst ihren Namen als Bürgin zur Verfügung stellt.

fünf Schritte des Kreditabwicklungsprozesses (s. Bild 2-11). Danach beginnt der Prozess „Finanzieren" mit der Auftragserteilung durch den Kunden. Die Auftragserfassung dient der Dokumentation des dem Kunden angebotenen Kreditprodukts, wonach die Auftragsprüfung, die unter anderem die Ermittlung der Bonität des Kreditnehmers (Rating) beinhaltet, erfolgen kann. Ist die Finanzierung durch die beauftragte Bank bewilligt, kann die Bank den Auftrag freigeben und nötige Sicherheiten des Kreditnehmers bestellen. Die Auftragsverarbeitung schließt das Geschäft ab, was sowohl die Aufbereitung des Vertrags sowie dessen Archivierung umfasst.

Gegenüber dem ZV- und dem WP-Bereich unterscheidet sich der Kreditbereich vor allem im Transaktionsvolumen. Während Zahlungen und Wertpapiertransaktionen in großer Zahl regelmäßig anfallen, erfolgt die Kreditbeantragung in größeren zeitlichen

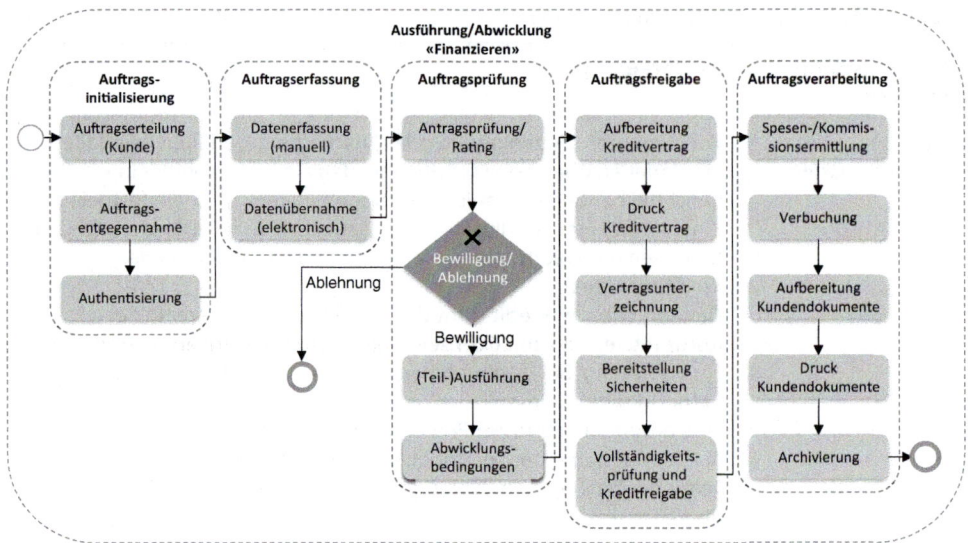

Bild 2-11: Transaktionsprozess für den Bereich „Finanzieren" (Fokus Baukredit/Hypothek)

Abständen. Sie ist daher eher mit dem Beantragen und Eröffnen eines Kontos bzw. eines Depots vergleichbar wie es Gegenstand des nachfolgend beschriebenen Konto- und Depotführungsprozesses ist. Eine Folge der geringen Transaktionsvolumina ist ein gegenüber dem Zahlungs- und dem Wertpapierbereich geringerer Automatisierungsgrad, der auch auf die häufig notwendige physische Unterschrift auf dem Kreditvertrag zurückgeht. Über die klassische Kreditvergabe durch eine Bank hat sich mit der Verfügbarkeit elektronischer Plattformen (Crowdfunding, -lending, s. Kap. 2.5.3) die Finanzierung durch den Einbezug von Endkunden verbreitet und zu neuen Prozessvarianten geführt.

2.3.6 Kunden-, Konto-, Depotführung

Die Prozesse Zahlen, Anlegen und Finanzieren setzen das Vorhandensein einer Kundenbeziehung sowie eines Konto bzw. eines Depots voraus. Die Kunden-, Konto- und Depotführung (KKD) lässt sich anhand der grundsätzlichen betriebswirtschaftlichen Datentypen erläutern: 1. Die *Stammdaten* enthalten die stabilen Daten zu einem Kunden (z. B. Name, Adresse, Geburtstag, Geburtsort, Staatsangehörigkeit, Unterschrift) und sind zur Durchführung von Transaktionen erforderlich. Einige Kundendaten können bereits aus dem Vertriebsprozess (z. B. aus Kampagnen, s. Kap. 2.3.2) bekannt sein, sind jedoch bei der Entscheidung für ein Produkt zu verifizieren bzw. zu prüfen. 2. Die Transaktionen bezeichnen als *Bewegungsdaten* das Handeln eines Kunden (z. B. eine Überweisung, eine WP-Order). 3. Die *Bestandsdaten* dokumentieren die Besitzwerte eines Kunden und setzen eine entsprechendes „Gefäß" voraus. Im Zahlungsbereich handelt es sich hier um das Konto, und im WP-Bereich um das Depot. Beide bilden eigene Produkte mit eigenen Leistungen (z. B. Dispositionskredit, Online Banking, Karten) und eigenem Preismodell (z. B. fixe und variable Gebühren) (s. Tabelle 2-6, (Gramlich et al., 2012, 355 sowie 854)).

Tabelle 2-6: Produkte im Bereich „Kunden-, Konto-, Depotführung"

Marktleistung/ Produkt	Beschreibung
Konto	Umfasst die Buchführung zur Erfassung von Geschäftsvorfällen (z. B. Ein-/Auszahlungen). Jedes Konto hat eine Soll- und eine Habenseite.
Depot	Bezeichnet den Ort der Verwahrung für Wertgegenstände, wie etwa Wertpapiere. Beim geschlossenen Depot vertraut der Kunde der Bank Gegenstände, wie z. B. Gold zur, Verwahrung in einem Schrankfach an, beim offenen Depot übergibt der Kunde dem Kreditinstitut Wertpapiere zur Verwahrung in einem zumeist elektronischen Depot.

Als transaktionsübergreifender Prozess besteht die KKD aus drei Schritten, die sich auf die Produkte Kundenkonto bzw. Kundendepot beziehen (s. Bild 2-12). Der Prozess beginnt mit der Eröffnung eines Kundenkontos bzw. -depots und umfasst drei Prüfungen: 1. Die *Legitimationsprüfung* verifiziert die Stammdaten des Kunden und findet typischerweise in physischen Kanälen, also der Filiale einer Bank oder eines Dienstleisters (z. B. Postfiliale) unter Vorlage eines Identitätsnachweises mit der Unterzeichnung physischer Dokumente statt. Sukzessive zeichnen sich elektronische Alternativen, wie etwa die Online-Identifizierung über Videotelefonie, ab. 2. Die *Bonitätsprüfung* ermittelt im Anschluss die Kreditwürdigkeit eines Kunden und findet z. B. durch eine elektronische Anfrage bei Bonitätsdatenbanken (z. B. Creditreform, Schufa) statt. 3. Die *Limitenprüfung* legt als Ergänzung der Stammdaten Eckpunkte für die Vergabe von Dispositionskrediten und Überweisungshöhen fest, auf welche die operativen Prüfungen in den Transaktionsprozessen (s. Kap. 2.3.3 bis 2.3.5) zurückgreifen.

Nach der Konto- bzw. Depoteröffnung setzt sich der Prozess mit der Bewirtschaftung bzw. dem Unterhalt des Kontos/Depots fort. Dies schließt seitens der Bank auch die Stammdatenbewirtschaftung zur Sicherstellung korrekter und aktueller Kundendaten sowie periodisch erfolgende Aktivitäten (z. B. Quartalsmitteilungen/-abschlüsse) ein. Der Prozess endet mit der Saldierung, z. B. wenn ein Kunde Zwischenberichte anfordert oder seine Bankbeziehung beendet. Offensichtlich lassen sich neben den Prüf- und Kalkulationsaktivitäten die Schritte „Aufbereitung Kundendokumente", „Druck Kundendokumente" sowie „Archivierung" in hohem Maße digitalisieren. So enthalten die Online Banking- und PFM-Lösungen die Möglichkeit zur Einsicht und Speicherung von Kundendokumenten. Die Anbieter haben jedoch sicherzustellen, dass Kunden lesepflichtige Dokumente nachweislich gelesen haben. Dazu kann ein zusätzlicher (ggf. kostenpflichtiger) Versand physischer Kundendokumente erfolgen.

Gerade die Konto- und Depotführung eines Kunden gilt für etablierte Banken als wichtiger Bestandteil der Kundenbindung. So sind mit einem Girokonto zahlreiche Beziehungen zu weiteren Transaktionspartnern (z. B. Gehalt seitens des Arbeitgebers, Lastschriften seitens Telefon-/Strom-/Versicherungsdienstleister oder Daueraufträge seitens Kreditgebern/Vermietern) verbunden, die Aufwände beim Wechsel der Kontobeziehung von einer

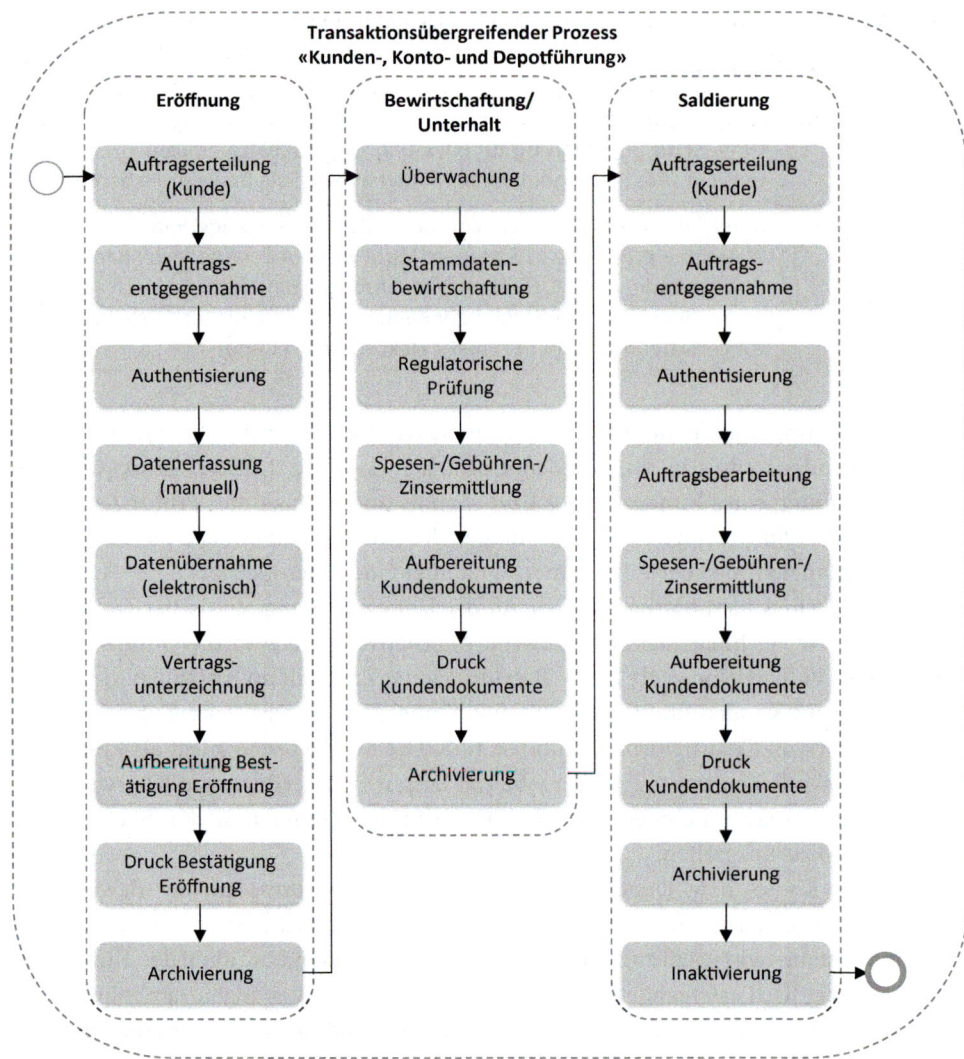

Bild 2-12: Prozess für den Bereich „Kunden-, Konto-, Depotführung"

Bank zu einer anderen verursachen. Einen Schritt zur Reduktion dieser Abhängigkeiten bilden sog. Personal Finance Management-Systeme (PFM) (s. Kap. 2.5.1) sowie Ansätze wie die kundenorientierte Finanzmarktinfrastruktur (KFMI) (s. Kap. 3.4.3).

2.3.7 Interbanken

Zur Abwicklung von Zahlungs- und Wertpapieraufträgen bestehen zwischen den Finanzakteuren weltweite elektronische Netzwerke (s. Kap. 1.4.2 und Kap. 3), die medienbruchfreie Transaktionen unter Banken, Börsenplätzen, Verrechnungsstellen etc. erlauben. Dazu zählt die weltweit agierende SWIFT-Organisation (s. Kap. 4.2.5), das europaweite Interbank-ZV-System TARGET2 ebenso wie elektronische Markt- bzw. Börsenplätze (s. Kap. 1.3.3) mit ihren Verrechnungs- bzw. Abwicklungsdienstleistern[40]. Der Interbankenbereich bildet damit das „Rückgrat" von ubiquitären Finanztransaktionen. Ein direkter Kontakt zum Endkunden existiert i.d.R. nicht, denn Endkunden nutzen die Leistung der Akteure im Interbankenbereich über eine Bank oder andere Finanzdienstleister und Banken führen darüber Geschäfte untereinander (sog. Eigenhandel) durch. Interbankgeschäfte dienen zur Ausführung von Kundenaufträgen (z. B. der Transaktionsabwicklung von Wertpapieraufträgen über Börsen oder beim ZV zwischen Banken), aber auch zur Durchführung eigener Geschäfte (z. B. dem Geldhandel zum Liquiditätsausgleich zwischen Banken oder dem Handel von Devisen für eigene Geschäfte) (Gramlich et al., 2012, 754). IT-basierte Innovationen (s. Kap. 2.5) verändern auch Interbankprozesse (s. Kap. 2.1.2), z. B. bieten Crowd-Währungsplattformen mit der direkten Konvertierung von Währungen sowie der Überweisung auf Konten eine bislang Banken vorbehaltene Dienstleistung an.

Die Prozessvarianten des Interbankenprozesses lassen sich nach den generischen Teilprozessen in Auftragsinitialisierung, -erfassung, -prüfung, -ausführung, -verrechnung (Clearing), -erfüllung (Settlement) und -nachverarbeitung einteilen (s. Bild 2-13).

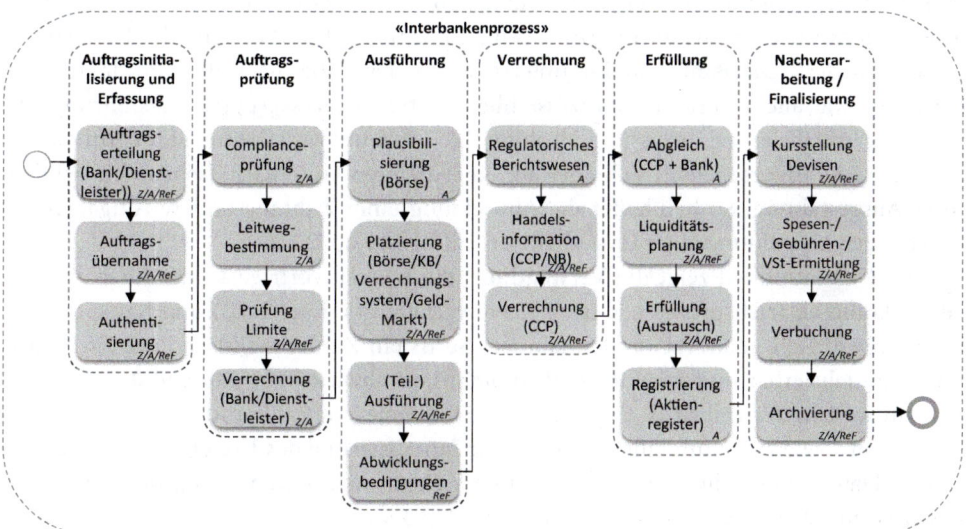

Bild 2-13: Prozess für den Interbankenbereich

Der Prozess beginnt mit der Auftragserteilung einer Bank bzw. eines Dienstleister. Die Prüfung des Auftrags durch die entgegennehmende Bank erfolgt u. a. aus regulatorischer Sicht (Compliance-Prüfung). Diese nimmt im Folgenden eine Limitenprüfung vor. So findet eine Prüfung der Limiten im Zahlungsverkehr (Z) vor allem bei Auslandszahlungen statt. Hier prüft die Bank, ob die Bestimmungen des jeweiligen Landes eine Zahlung in

---

[40] Ein früher Überblick über die elektronischen Netzwerke im Interbankenbereich findet sich bei (Alt & Cathomen, 1995, 295ff).

dieser Höhe zulassen und ob die Korrespondenzbankkonten zur Ausführung der Zahlung gedeckt sind. Im Anlagebereich (A) prüft die Bank die Handelslimiten der Wertpapiere und Auftraggeber, bei der Refinanzierung (ReF) sind dies die Kreditlinien und Limiten. Je nach Geldmarkttransaktion betrifft dies auch die als Sicherheiten hinterlegten Wertpapiere, Forderungen etc. Nach erfolgreichem Abschluss erfolgt die Ausführung des Auftrags und Verrechnung (Clearing). Nach Ausführung des Abgleichs von zentraler Gegenpartei (Central Counter Party, CCP) und Bank, kommt es zur Auslieferung der Finanzprodukte (Settlement) Bei Geldmarktgeschäften erfolgt zudem die Information der Nationalbank (NB). Den Abschluss bildet mit Gebührenermittlung und Auftragsarchivierung die Nachverarbeitung bzw. Finalisierung des Auftrags.

2.3.8 Gesamtmodell

Aus den Vertriebs- und Transaktionsprozessen der Kapitel 2.3.2 bis 2.3.7 lässt sich ein Gesamtmodell ableiten (s. Bild 2-14), das um die Prozesskategorien der Führungs- und Unterstützungsprozesse ergänzt ist und sich an die Struktur der Kundenprozesse Zahlen, Anlegen, Finanzieren anlehnt (s. Kap. 2.3.1). Nicht berücksichtigt sind die Prozesse von Spezialinstituten wie etwa Investmentbanken. Die Bankprodukte sind im Bereich der Transaktionsprozesse Ausführung/Abwicklung positioniert und entlang der Kundenprozesse gegliedert. Die Bankprodukte unterscheiden sich dabei nach dem Produkttyp. So verfügen zwar alle Transaktionsprozesse über die fünf Prozessgruppen Ausführung/Abwicklung Initialisierung, Erfassung, Prüfung, Freigabe und Verarbeitung (zur Annotation s. Kap. 2.2.3), unterscheiden sich aber auf einer tieferen Granularitätsebene hinsichtlich ihrer Ausgestaltung. So beinhaltet die Abwicklung einer Zahlung andere Aufgaben wie dies bei der Abwicklung einer Hypothek der Fall ist (s. Kap. 2.3.3).

Das Gesamtmodell zeigt die Verwendung alternativer Vertriebskanäle über die Prozesse, da die Vertriebsprozesse je nach Kanal variieren (s. Kap. 2.3.2) und Bankprodukte unterschiedliche Kanäle verwenden können. So ist ein Zahlungsauftrag über ein Smartphone initialisierbar und anschließend automatisiert abwickelbar, während dies bei einer Hypothek nicht der Fall ist (s. Kap. 2.3.3, 2.3.5). Bei diesem Bankprodukt sind nur Daten zur Person sowie zur Immobilie erfassbar. Zur Initialisierung des Kreditauftrags sind aber weitere Daten notwendig, die (noch) nicht über elektronische Kanäle abgebildet sind und etwa den Kundenberater erfordern (s. Kap. 2.3.2, 2.3.5.).

Das Bankmodell bietet Universal-, Retail und Privatbanken (s. Kap. 1.1.3) und deren Dienstleistern eine Grundlage zur Bestimmung und Entwicklung ihrer intern erbrachten Leistungen und Produkte sowie zur Kommunikation der externen Leistungen und Produkte mit Partnern. Aus diesem generischen Modell lassen sich wiederum individuelle Modelle im Rahmen des Anwendungsprozesses erzeugen (s. Kap. 2.2). Konkrete Anwendungsbeispiele für das Bankmodell sind:

- *Positionierung.* Das Bankmodell kann dazu dienen, die Positionierung einer Bank oder eines Dienstleisters am Markt zu bestimmen. Diese können dazu ihr eigenes Produkt- und Leistungsangebot mit denen des Bankmodells abgleichen, das eine vollständige Abdeckung der Bankprozesse beinhaltet.

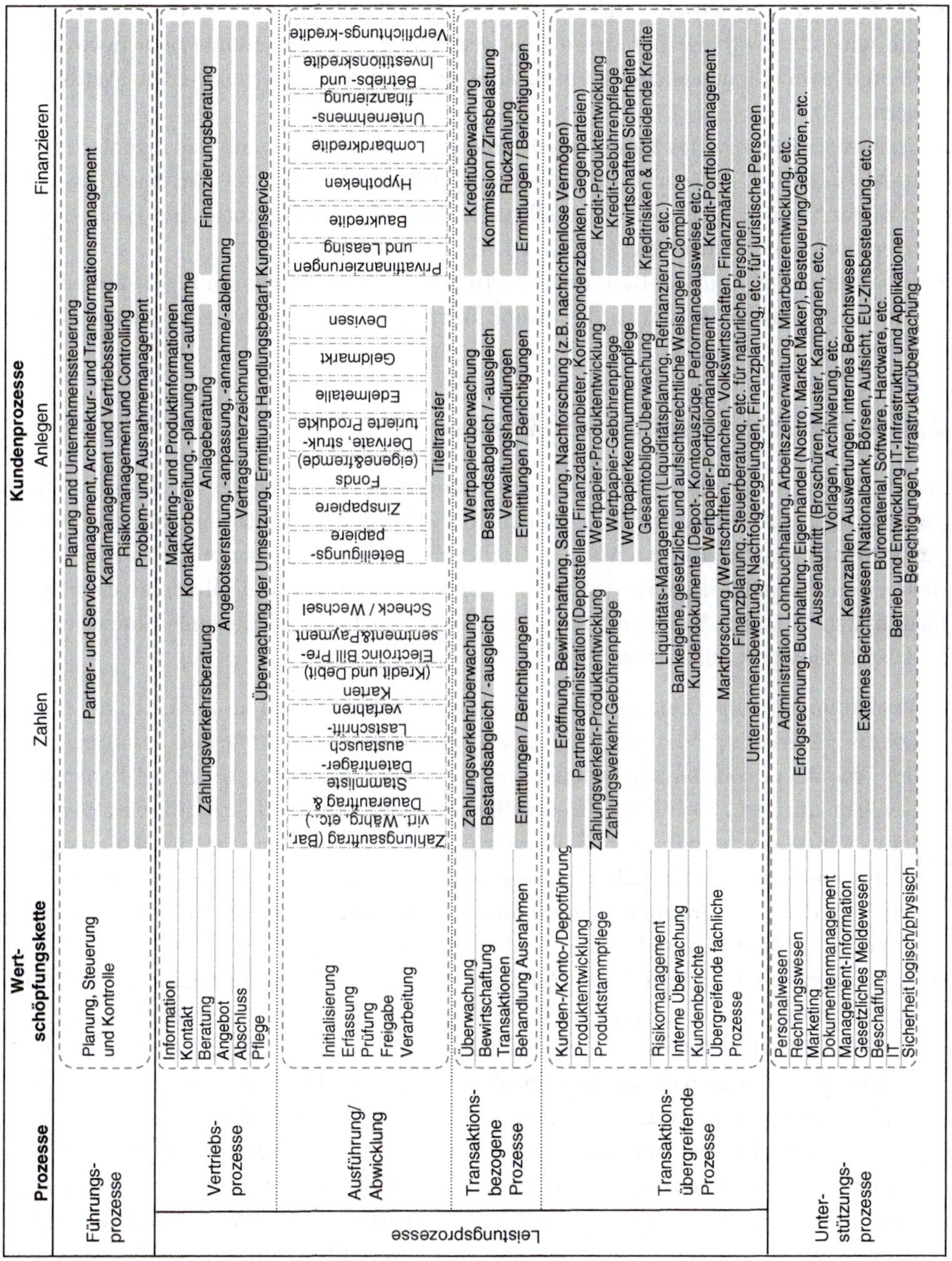

Prozesse	Wertschöpfungskette	Kundenprozesse		
		Zahlen	**Anlegen**	**Finanzieren**
Führungsprozesse	Planung, Steuerung und Kontrolle	Planung und Unternehmenssteuerung — Partner- und Servicemanagement, Architektur- und Transformationsmanagement — Kanalmanagement und Vertriebssteuerung — Risikomanagement und Controlling — Problem- und Ausnahmemanagement		
Vertriebsprozesse	Information; Kontakt; Beratung; Angebot; Abschluss; Pflege	Marketing- und Produktinformationen — Kontaktvorbereitung, -planung und -aufnahme — Angebotserstellung, -anpassung, -annahme/-ablehnung — Vertragsunterzeichnung — Überwachung der Umsetzung, Ermittlung Handlungsbedarf, Kundenservice		
		Zahlungsverkehrsberatung	Anlageberatung	Finanzierungsberatung
Ausführung/ Abwicklung	Initialisierung; Erfassung; Prüfung; Freigabe; Verarbeitung			
Transaktionsbezogene Prozesse	Überwachung; Bewirtschaftung; Transaktionen; Behandlung Ausnahmen	Zahlungsverkehrüberwachung; Bestandsabgleich / -ausgleich; Ermittlungen / Berichtigungen	Wertpapierüberwachung; Bestandsabgleich / -ausgleich; Verwaltungshandlungen; Ermittlungen / Berichtigungen	Kreditüberwachung; Kommission / Zinsbelastung; Rückzahlung; Ermittlungen / Berichtigungen
	Kunden-/Konto-/Depotführung; Produktentwicklung; Produktstammpflege	Eröffnung, Bewirtschaftung, Saldierung, Nachforschung (z.B. nachrichtenlose Vermögen); Partneradministration (Depotstellen, Finanzdatenanbieter, Korrespondenzbanken, Gegenparteien); Zahlungsverkehr-Produktentwicklung; Zahlungsverkehr-Gebührenpflege	Wertpapier-Produktentwicklung; Wertpapier-Gebührenpflege; Wertpapierkennnummernpflege; Gesamtobligo-Überwachung	Kredit-Produktentwicklung; Kredit-Gebührenpflege; Bewirtschaften Sicherheiten; Kreditrisiken & notleidende Kredite
Transaktionsübergreifende Prozesse	Risikomanagement; Interne Überwachung; Kundenberichte; Übergreifende fachliche Prozesse	Liquiditäts-Management (Liquiditätsplanung, Refinanzierung, etc.) — Bankeigene, gesetzliche und aufsichtsrechtliche Weisungen / Compliance — Kundendokumente (Depot-, Kontoauszüge, Performanceausweise, etc.)	Wertpapier-Portfoliomanagement	Kredit-Portfoliomanagement
		Marktforschung (Wertschriften, Branchen, Volkswirtschaften, Finanzmärkte) — Finanzplanung, Steuerberatung, etc. für natürliche Personen — Unternehmensbewertung, Nachfolgeregelungen, Finanzplanung, etc. für juristische Personen		

(Führungsprozesse und Leistungsprozesse)

Unterstützungsprozesse	
Personalwesen	Administration, Lohnbuchhaltung, Arbeitszeitverwaltung, Mitarbeiterentwicklung, etc.
Rechnungswesen	Erfolgsrechnung, Buchhaltung, Eigenhandel (Nostro, Market Maker), Besteuerung/Gebühren, etc.
Marketing	Aussenauftritt (Broschüren, Muster, Kampagnen, etc.)
Dokumentenmanagement	Vorlagen, Archivierung, etc.
Management-Information	Kennzahlen, Auswertungen, internes Berichtswesen
Gesetzliches Meldewesen	Externes Berichtswesen (Nationalbank, Börsen, Aufsicht, EU-Zinsbesteuerung, etc.)
Beschaffung	Büromaterial, Software, Hardware, etc.
IT	Betrieb und Entwicklung IT-Infrastruktur und Applikationen
Sicherheit logisch/physisch	Berechtigungen, Infrastrukturüberwachung

Zahlen-Teilprozesse: Zahlungsauftrag (Bar, virt. Währg, etc.); Dauerauftrag & Stammliste; Datenträgeraustausch; Lastschriftverfahren; Karten; Electronic Bill Presentment & Payment; Scheck / Wechsel

Anlegen (Titeltransfer): Beteiligungspapiere; Zinspapiere; Fonds; Derivate, strukturierte Produkte (eigene & fremde); Edelmetalle; Geldmarkt; Devisen

Finanzieren: Privatfinanzierungen und Leasing; Baukredite; Hypotheken; Lombardkredite; Unternehmens-Finanzierung; Betriebs- und Investitionskredite; Verpflichtungskredite

Bild 2-14: Bankmodell erweitert in Anlehnung an (Alt & Zerndt, 2012, 167ff)

- *Marktbeurteilung.* Durch Vergleich der eigenen Kompetenz- und Leistungsausrichtung mit jener der Mitbewerber lassen sich wettbewerbsdifferenzierende oder notwendige Weiterentwicklungen ebenso identifizieren wie Tätigkeitschwerpunkte von Wettbewerbern.
- *Serviceentwicklung.* Das Bankmodell ermöglicht die Bestimmung der Eigenfertigungstiefe (s. Kap. 1.3.2) sowie die Ermittlung potenzieller Services für das Insourcing. Darüber hinaus bietet es eine Grundlage für weitere Sourcing-Entscheide, wie z. B. Kooperationen im Vertrieb etc. (s. Kap. 3.1.3).
- *Standardisierung.* Auf der Basis der generischen Prozesse des Bankmodells können Banken und Dienstleister Standards sowohl für interne als auch überbetriebliche Abläufe definieren (s. Kap. 4.2.5).

2.4 Aufbauorganisation von Banken

Auf der Organisationsebene bildet die Aufbauorganisation neben der Ablauforganisation (s. Kap. 2.1.1) die zweite relevante Dimension. Während die Ablauforganisation primär das Prozessmanagement im Blick hat, ordnet die Aufbauorganisation den in Prozessen definierten Aufgaben konkrete Aufgabenträger, Abteilungen und Hierarchieebenen zu. Grundsätzlich lassen sich Aufbauorganisationen nach drei Prinzipien unterscheiden (Adrian & Heidorn, 2000, 686ff):

- *Verrichtungsprinzip.* Hier organisieren sich Unternehmen nach funktionalen Bereichen, wie etwa Marketing, Vertrieb, Produktion oder Beschaffung. Aufgrund des immateriellen Charakters von Bankdienstleistungen ist diese Organisationsform bei Banken nur wenig anzutreffen. Zwar bündeln auch Banken Marketing- und Beschaffungsaktivitäten (etwa für Büromaterial oder IT-Infrastruktur) in zusammenhängende Funktionsbereiche, eine reine funktionale Organisation wie in Industriebetrieben ist jedoch nicht möglich, denn die Produktion von Bankdienstleistungen entsteht unter Einbezug des Kunden und lässt sich weder auf Vorrat fertigen noch lagern.
- *Regionalprinzip.* Es unterteilt das Marktgebiet einer Bank in Gebiete, Länder und Regionen. Dort findet die Leistungserstellung dezentral statt, während einige Prozesse (z. B. Marketing, Vertriebssteuerung, Abwicklung) die Zentrale erbringt. Eine Regionalorganisation ist insbesondere bei einem großen und dichten Filialnetz anzutreffen, das viele Banken jedoch in den letzten Jahren verkleinert haben (s. Kap. 1.1).
- *Objektprinzip.* Hierbei untergliedern sich Banken nach Objekten oder Leistungselementen, die nach Kundengruppen (Privat- und Firmenkunden) oder Geschäftssparten zusammengefasst sind. Während die Geschäftsspartenorganisation eng verwandte Leistungen zusammenfasst (z. B. Aktiv- und Passivgeschäft, Auslandsgeschäfte), verbindet die Matrixorganisation beide Kriterien, wobei die Zentrale häufig produktorientiert und die Filialen kundengruppenorientiert organisiert sind.

Die drei idealtypischen Ausprägungen realisieren Banken häufig durch Kombinationen, um Vor- bzw. Nachteile (s. Tabelle 2-7) zu nutzen.

Tabelle 2-7: Ablauforganisatorische Gestaltungsoptionen

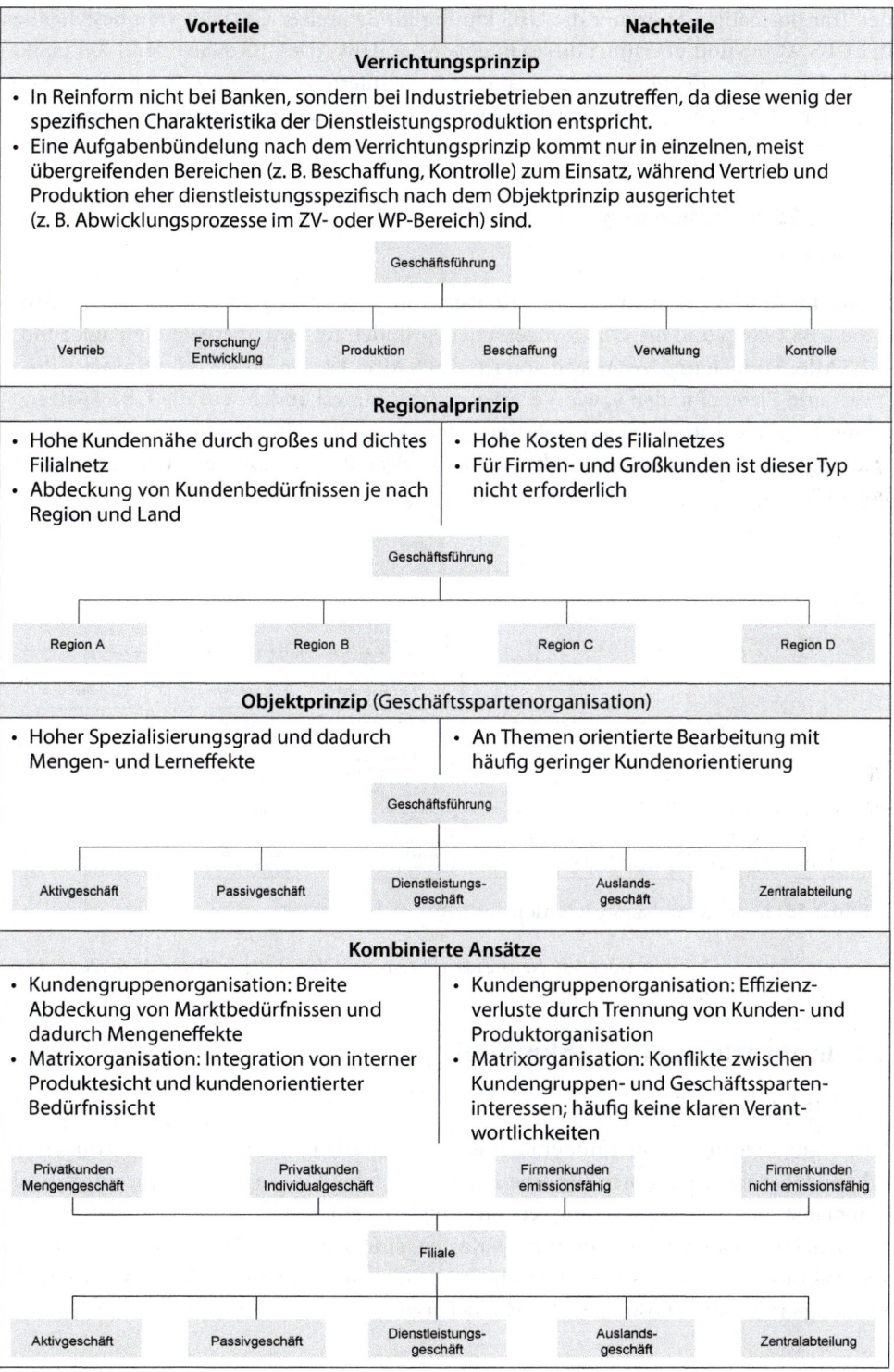

Vorteile	Nachteile
Verrichtungsprinzip	
• In Reinform nicht bei Banken, sondern bei Industriebetrieben anzutreffen, da diese wenig der spezifischen Charakteristika der Dienstleistungsproduktion entspricht. • Eine Aufgabenbündelung nach dem Verrichtungsprinzip kommt nur in einzelnen, meist übergreifenden Bereichen (z. B. Beschaffung, Kontrolle) zum Einsatz, während Vertrieb und Produktion eher dienstleistungsspezifisch nach dem Objektprinzip ausgerichtet (z. B. Abwicklungsprozesse im ZV- oder WP-Bereich) sind.	
Regionalprinzip	
• Hohe Kundennähe durch großes und dichtes Filialnetz • Abdeckung von Kundenbedürfnissen je nach Region und Land	• Hohe Kosten des Filialnetzes • Für Firmen- und Großkunden ist dieser Typ nicht erforderlich
Objektprinzip (Geschäftsspartenorganisation)	
• Hoher Spezialisierungsgrad und dadurch Mengen- und Lerneffekte	• An Themen orientierte Bearbeitung mit häufig geringer Kundenorientierung
Kombinierte Ansätze	
• Kundengruppenorganisation: Breite Abdeckung von Marktbedürfnissen und dadurch Mengeneffekte • Matrixorganisation: Integration von interner Produktesicht und kundenorientierter Bedürfnissicht	• Kundengruppenorganisation: Effizienzverluste durch Trennung von Kunden- und Produktorganisation • Matrixorganisation: Konflikte zwischen Kundengruppen- und Geschäftssparteninteressen; häufig keine klaren Verantwortlichkeiten

Das Beispiel der UBS aus Kap. 2.1.2 illustriert die Relevanz der Aufbauorganisation bei der Transformation. So trennt die UBS künftig ihr Schweizer Geschäft vom bestehenden der UBS AG ab und überführt dieses in eine neue Bank, die UBS Switzerland AG (s. Bild 2-15). Die neue Aufbauorganisation ist eine kombinierte (s. Tabelle 2-7): auf erster Stufe gegliedert nach Ländern (Regionalprinzip) und auf zweiter Stufe nach Kundengruppen (Objektprinzip).

„Die UBS auf gutem Weg (…)

Neue Struktur

Um die Abwicklungsfähigkeit des Konzerns in Krisenfällen zu verbessern, wurden die UBS Group und die UBS Switzerland gegründet. Im Juni übertrug die Bank rund 2,7 Mio. Kunden und Vermögen von rund 300 Mrd. Fr. (hauptsächlich Schweizer Privat- und Firmenkunden sowie Vermögensverwaltungskunden) auf die UBS Switzerland (…). Im dritten Quartal soll unter dem Dach der UBS Group eine Dienstleistungsgesellschaft gegründet werden, die Leistungen für die gesamte Gruppe erbringen wird.“

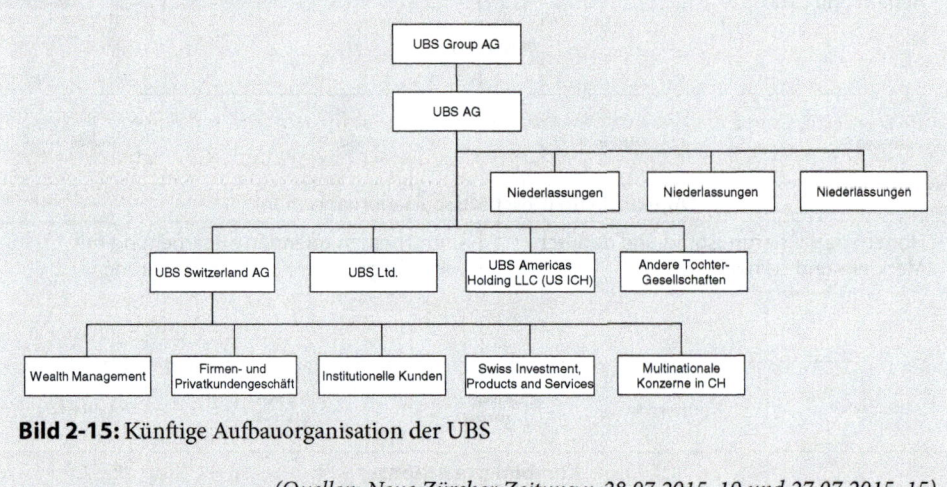

Bild 2-15: Künftige Aufbauorganisation der UBS

(Quellen: Neue Zürcher Zeitung v. 28.07.2015, 19 und 27.07.2015, 15)

2.5 Innovationen im Bankmodell

2.5.1 Banking Innovations

Die Digitalisierung in der Kundeninteraktion war bislang auf wenige Innovationen beschränkt, hat aber in jüngster Zeit eine Zunahme erfahren (s. Kap. 1.1.1). Nach dem Bankautomaten, dem Online Banking, ersten mobilen Zahlungsverfahren oder der bargeldlosen elektronischen Bezahlung mittels Karten, sind seit etwa 2010 zahlreiche „Banking Innovations" (s. Kap. 1.4.4) zu beobachten, die unter dem Begriff Fintech (s. Kap. 1.3.1), vielfältige innovative Lösungen am Markt hervorgebracht und sich mit einem Investitionsvolumen von 12,21 Mrd. $ in 2014 gegenüber einem Volumen von 4,05 Mrd. $ in 2013 fast vervierfacht haben (Skan et al., 2015, 2). Mittlerweile sind 25 dieser Innovationen, wie etwa Square oder Lending Club, mit 1 Mrd. $ oder mehr bewertet und fallen damit in die Kategorie der sog. Unicorns, also Start-up-Unternehmen, die der Markt mit mindestens einer Mrd. $ bewertet. Unabhängig davon lassen sich aus einer Analyse von mehr als 150 dieser Innovationen seit 2012 vier Trends ableiten:

Erstens betreffen Banking Innovations *spezifische Kundenbedürfnisse und -prozesse* (s. Kap. 1.2.2). Diese fokussieren i.d.R. jeweils eine Aufgabe aus den Bereichen Vertrieb und Beratung[41] (s. Kap. 2.3.2), Zahlen (s. Kap. 2.3.3), Anlegen (s. Kap. 2.3.4), Finanzieren (s. Kap. 2.3.5) bzw. übergreifend (s. Tabelle 2-8):

- Im Bereich *Vertrieb und Beratung* rücken die elektronische Selbstberatung (z. B. Anbieter- und Produktvergleiche über Check24, Verivox), digitale Beratungsassistenten (Robo-Advice), die Nutzung elektronischer Kanäle für die Expertenberatung (z. B. textbasierte Online-Chats von ABN Amro und Videoberatung von HVB) sowie die Beratung zwischen Kunden über soziale Netzwerke (z. B. Bank of America und Fidor Bank) in den Vordergrund.
- Dem *Zahlungsbereich* sind mobile Zahlungsverfahren sowie soziale Netzwerke als neuer Ort der Zahlungsdurchführung zuzuordnen. Diese umfassen z. B. das Fotografieren von Einzahlungsscheinen mit dem Smartphone (z. B. Bezahlcode.de) sowie das Anstoßen von Zahlungstransaktionen aus sozialen Netzwerken (Social Media Payment, z. B. Facebook App der Fidor Bank).
- Im *Anlagebereich* ermöglicht das Mobile Brokerage das Verwalten und Auslösen von Transaktionen auf einem Wertpapierdepot über das Mobiltelefon sowie die Schaffung von mehr Transparenz für den Kunden durch das sogenannte Covesting, bei dem Anleger ihre Portfolios für andere offen legen (z. B. Covestor in den USA).
- Den *Finanzierungsbereich* kennzeichnet eine Tendenz zur Disintermediation, also dem Umgehen bestehender Dienstleister im Bereich von Konsumenten- und Immobilienkrediten über Crowd-Plattformen (z. B. Smava).
- Dem *übergreifenden Bereich* sind multibankfähige Lösungen zuzuordnen, womit Kunden einen Überblick über ihre Finanzdienstleistungen (Zahlungen, Anlagen, Kredite und Versicherungen) erhalten. PFM-Lösungen, wie etwa Quicken, Starmoney oder Outbank, entwickeln sich durch das Cloud Computing zu geräteunabhängig nutzbaren Diensten. Neue Anwendungen entstehen auch im Bereich der Wissensvermittlung (Financial Education) sowie der Ermittlung von Trends zu Wertpapieren, Indizes und Währungen aus Kommentaren, Forenbeiträgen und Finanznachrichten aus sozialen Netzwerken.

---

[41] Die Beratung gilt zwar als Teil des Vertriebsprozesses bei Banken (s. Kap. 2.3.2), kann aber im Falle von Nicht-Banken im Rahmen der Banking Innovations auch isolierte Aktivitäten aus diesem nur die Beratung betreffenden Bereich umfassen. Beide Prozesse sind daher separat erwähnt.

Tabelle 2-8: Beschreibung von Banking Innovations

Banking Innovation	Beschreibung
Vertrieb und Beratung	
Live und mobile Messaging	Ermöglicht es Kunden, mit Bankmitarbeitern zu fachlichen und Produktthemen im Rahmen eines Online Chats Fragen zu stellen.
Video Conferencing	Adressiert die Video-Kommunikation zwischen dem Kunden zu Hause und dem Berater zu diversen Beratungsthemen. Zusätzlich kann dies ebenso den Einbezug von Experten in das Beratungsgespräch in einer Bankfiliale umfassen.
Tablet Advisory	Zielt auf die Unterstützung des physischen Beratungsgesprächs zwischen Kunde und Berater.
Personal Finance Management	Unterstützt den Kunden in allen Finanzplanungs-, Management- und Transaktionsprozessen und bieten damit eine aggregierte Sicht auf alle relevanten Finanzdaten. Teilweise bieten die Lösungen eine Multi-Bank-Integration. Eine Kernfunktionalität ist die automatische Kategorisierung von Ein- und Ausgaben.
Online-Termin-vereinbarung	Ermöglicht die Terminvereinbarung mit einem Kundenberater über elektronische Kanäle.
Online Payment	Unterstützt die Zahlungserfassung und -abwicklung über den Online-Kanal.
Social Media Payment	Adressiert die Zahlungserfassung und -abwicklung direkt aus Social Media-Kanälen, wie z. B. Facebook, heraus.
Mobile Payment	Umfasst die Zahlungserfassung und -abwicklung über mobile Endgeräte wie etwa Smartphones, Tablets oder Watches aber auch mobile Zahlungsverfahren, wie z. B. über etablierte Instrumente wie kartenbasierte Verfahren mit entsprechend ausgestatteten Kredit-/Debitkarten.
Überweisungsformularerfassung mittels Smartphone	Zielt auf die automatische Erfassung von Zahlungen von Überweisungsformularen (strukturierte Formate) oder Rechnungen (unstrukturierte Formate) mittels Smartphone-Kameras.
E-Wallet	Bündelt Zahlfunktionen mittels Smartphone und Services wie Gutscheine. Sie sind in verschiedenen Formen (Pre-Paid, Post-Paid) sowie Technologien (z. B. NFC, iBeacon etc.) umgesetzt.
P2P-Payment	Elektronischer Geldtransfer zwischen Individuen, häufig Endkunden, der sowohl in Apps, SIM-Kartenverfahren, E-Wallet etc. umgesetzt sein kann.
Ausgabentracker und Budgetierung	Ermöglichen eine automatische Kategorisierung von Ein- und Ausgaben sowie die Planung individueller Budgets und Finanzziele (s. auch Personal Finance Management).
Kontovergleich	Bietet einen Vergleich von Konten unterschiedlicher Banken.
Kreditkartenmix-optimierer	Bündelt Kreditkartenanbieter und gibt auf Basis individueller Kriterien, wie Geschäft, Ort, Bonusprogramme etc., eine Empfehlung für die Nutzung der passendsten Karte für eine konkrete Zahlungstransaktion ab.
Alternative Währungen	Währungen, die nicht durch Nationalbanken einzelner Länder gedeckt sind.

Anlegen	
Mobile Brokerage	Adressiert den Handel mit Wertpapieren über mobile Endgeräte.
Gutscheinbasiertes Sparen	Ermöglicht die Definition von Sparzielen, die auch mit Verwandten oder Freunden über soziale Netzwerke geteilt werden können, sodass diese ebenfalls zur Zielerreichung beitragen können. Bei Erreichen eines Sparziels erhält der Sparende zudem einen thematisch zum Sparziel passenden Gutschein, wie z. B. einen Reisegutschein.
Impulssparen	Unterstützt das Sparen basierend auf vorab definierten Regeln. So kann der Sparende z. B. Rundungsbeträge automatisch einem Sparkonto zuweisen (z. B. automatisches Aufrunden von 1,89 auf 2,00 EUR) oder aber individuell Sparbeträge definieren.
Automatisierte Portfoliooptimierung	Analyse und Optimierung von Wertpapierportfolios basierend auf semi- oder vollautomatisierten Methoden. Hierzu dienen vorab definierte Kriterien und Regeln, welche Kunden- und Risikoprofile berücksichtigen.
Aktiendiskussion	Bietet Informationen und Daten für Wertpapiere und Indizes basierend auf professionellen Quellen sowie von Nutzern generierten Inhalten.
Aktienanalyse/-vorhersage	Analysiert auf der Basis von Nachrichten oder Nutzerbeiträgen aus sozialen Netzwerken sowie Nachrichten Trends für Wertpapiere, Währungen und Indizes und prognostiziert deren zukünftigen Verlauf.
Community-basierter Zinssatz	Umfasst einen individuellen Zinssatz z. B. für Dispositionskredite in Abhängigkeit von der Anzahl der vernetzten Kunden auf sozialen Netzwerken.
Online Portfolio-Management	Zielt auf die Online-Verwaltung von Wertpapierdepots.
Online Portfolio-Analyse	Kunden- und Risikoprofilierung sowie die Ermittlung kundenindividueller Wertpapierportfolios über Online-Kanäle.
Multi-Bank-/Multi-Asset-Handel für Firmenkunden	Umfasst den bankübergreifenden Handel für Firmenkunden.
Aktienmarktspiele	Spiele bzw. Spielportfolios im Bereich des Wertpapierhandels.
Community-basierte Empfehlungen	Empfehlungen von Wertpapieren aus sozialen Netzwerken.
Covesting	Möglichkeit Portfolios professioneller Investoren einzusehen und darin zu investieren. Diese erhalten hierfür häufig als Anreiz einen prozentualen Anteil am Gewinn.
Crowdinvesting	Investitionen zur Beteiligung an Unternehmen (häufig Start-up-Unternehmen).
Private Lending	Investition in Privatkredite über elektronische Plattformen, die ohne Involvierung von Banken erfolgt, d. h. eine oder mehrere Privatperson vergeben einen Kredit an eine andere Privatperson.
Finanzieren	
Mobile Informationen	Bereitstellung von Finanzinformationen, wie z. B. Wertpapierkurse oder Indizes, für mobile Endgeräte wie Smartphones und Tablets.
Kunden Community	Online Community, für welche spezifische Services, wie die Beratung zwischen Kunden, sowie weitere Services zur Verfügung stehen.
Hypothekenvergleich	Vergleich von Hypothekarkrediten unterschiedlicher Banken.

Online-Kreditantrag Konsumentenkredite	Online-Erfassung und die nachfolgende Abwicklung von Kreditanträgen für Konsumentenkredite.
Online-Kreditantrag Hypothekenkredite	Online-Erfassung und nachfolgende Abwicklung von Kreditanträgen für Hypothekenkredite.
Zinsvergleich	Vergleich von Kreditzinssätzen unterschiedlicher Banken.
Firmenkunden-finanzierung	Vergleich von Kreditprodukten für Firmenkunden.
Kreditbonitäts-prüfung	Automatisierte Bonitätsprüfung für Privat- oder Firmenkunden. Die Analyse kann sowohl klassische Daten, wie etwa Gehalts- oder Umsatz-daten sowie Daten aus sozialen Netzwerken, umfassen.
Online-Finanz-beratung	Automatisierte Online-Beratung für Kredite, welche die Ermittlung von Kundenprofildaten sowie die Zuordnung von Kreditprodukten umfasst.
Crowdlending Konsumkredite	Beantragung und Vergabe von Privatkrediten für Konsumentenkrediten von einer oder mehreren anderen Privatpersonen (s. Private Lending) oder professionellen Investoren über elektronische Plattformen.
Crowdlending Hypotheken	Beantragung und Vergabe von Privatkrediten für Hypothekarkredite von einer oder mehreren anderen Privatpersonen (s. Private Lending) oder professionellen Investoren über elektronische Plattformen.
Crowdfunding	Gewinnen von privaten und/oder professionellen Investoren für Projekte und Produkte.
Übergreifend	
Online-Konto-/ Depoteröffnung	Eröffnung eines Kontos oder Depots (s. Kap. 2.3.6) über elektronische Kanäle. Dies kann entweder den vollständigen oder teilweisen Prozess umfassen (z. B. nur die Formularerfassung).
Multi-Bank-Integration	Integration unterschiedlicher Banken und Darstellung der Daten in einer aggregierten Sicht. Die Grundlage für die Multi-Bank-Integration bilden Standards wie etwa FinTS (s. Kap. 4.2.5).
Live & Mobile Chat	Interaktion mit Bankmitarbeitern über Online- und Mobilkanäle zu Sup-portthemen, wie etwa Fragen zum Online Banking etc.
Podcasts	Online-Beiträge zu Finanzthemen und -produkten.
RSS/Social Media	Aktuelle Nachrichten und Informationen.
Ideenmanagement	Basierend auf dem Open Innovation-Ansatz können Kunden bei der Ideen-findung für neue Finanzprodukte oder der Neugestaltung von Prozessen mitwirken.
Banking AppStore	Marktplätze für finanzbezogene Apps, die in einem bestimmten Ökosy-stem funktionsfähig sind und zu einem bestimmten Maße auf gemein-same Funktionalitäten (z. B. Authentisierung) zurückgreifen können.
Eintrittskarten	Umfasst Eintrittskarten zu Veranstaltungen, wie etwa Konzerten etc.
Foren	Online-Foren zu finanz- und produktspezifischen Themen.
Soziale Netzwerke	Soziale Netzwerke mit einem spezifischen Fokus auf Finanzthemen.
Finanzdatenanalyse	Analyse und Auswertung von Daten wie bei Kreditkartenzahlungen und der Abgabe von Empfehlungen (z. B. die von Kunden an einem bestimm-ten Ort am häufigsten genutzte Geschäfte).

Anlageservices	Vergleich des Leistungsangebots von Vermögensverwaltern und Banken.
Versicherungs-services	Bietet Versicherungen als Ergänzungsleistungen zu Bankprodukten an.
Gutscheine	Sammeln und einlösen von Gutscheinen.
Elektronischer Datensafe	Ablage sicherer Dokumente in einem spezifisch definierten Online-Bereich sowie die zugehörigen Schnittstellen für die Lieferanten dieser Dokumente.
Kundenberater-vergleich	Vergleichsplattform für die Suche nach Kundenberatern auf Basis vorab definierter Kriterien (z. B. Ort, Kompetenzen etc.).
Bonuspunkte-marktplatz	Einlösen und/oder Wechseln von Bonuspunkten unterschiedlicher Unternehmen.

Zweitens stammen Banking Innovations zumindest in der bis heute stattfindenden Entstehungsphase in höherem Maße von *Nicht-Banken* als von traditionellen Finanzdienstleistern. Dazu betonten in einer Umfrage unter 258 Digital Natives immerhin 53% eine Präferenz für Nicht-Banken, während 65% eine neutrale, unabhängige, aber zentrale Anlaufstelle für alle Finanzangelegenheiten wünschten (Sachse et al., 2012). Dadurch dringen neue Akteure in den Bankenbereich (z. B. Google Wallet) und es zeichnen sich digitalisierte bzw. IT-basierte Wertschöpfungsmodelle ohne Banken ab (z. B. Bitcoins, Lendico). Wie das Bitcoin-Beispiel (s. Kap. 4.4.3) oder andere eingestellte elektronische Bezahlsysteme (z. B. ClickandBuy) illustrieren, ergibt sich der Erfolg dieser Ökosystem-basierten Modelle nicht zwangsläufig, sondern hängt u. a. von Fragen der kritischen Masse, der Interoperabilität mit anderen Lösungen oder der technischen Sicherheit sowie Skalierbarkeit ab.

Drittens konzentrieren sich viele Banking Innovations neben der Unterstützung der Kunde-Bank- bzw. Kunde-Nicht-Bank-Interaktion (B2C) auf den Bereich der *Interaktion unter Kunden* (C2C). Unter den befragten Digital Natives nutzen bereits 76% soziale Netzwerke als passive Informationsquelle in Finanzfragen, 64% stellen selbst Fragen und immerhin 46% geben Ratschläge zu Finanzthemen. Banking Innovations, welche die Interaktion der Kunden untereinander unterstützen, finden sich in allen bankfachlichen Bereichen (Zahlen, Anlegen, Finanzieren und Beratung). So bieten Smava und Lendico die Vergabe von Krediten unter Privatpersonen an und Banken, wie Fidor oder Bank of America, nutzen soziale Netzwerke für den Austausch der Kunden untereinander.

Viertens weisen die Banking Innovations eine *geringe Interoperabilität*[42] auf (s. Kap. 4.2.5). Mit Ausnahme der PFM-Werkzeuge (s. Kap. 4.2.1) beruhen die meisten Lösungen auf einem isolierten Ansatz. Der aus Kundensicht logisch nächste Schritt zielt daher auf die Verbindung und Bündelung der Leistungen in Form übergreifender Lösungen, bei denen sich die Kunden ihre Leistungen aus einem Portfolio verfügbarer Finanzdienstleistungen auswählen und kombinieren können. So könnte ein Kunde die Depots in seinem PFM-System über einen neutralen Depotprüfungsanbieter automatisiert überprüfen lassen oder seine Bonuspunkte nach Einlösung sofort als Aktiva durch eine Lösung wie Loylogic di-

---

[42] Interoperabilität ist ein Qualitätsmerkmal von IS, wenn diese über Mechanismen zum Informationsaustausch mit anderen IS verfügen (Alpar et al., 2014, 436).

rekt in seinem PFM verwalten. Die dafür erforderliche Interoperabilität variiert je nach bankfachlichem Bereich in ihrem Reifegrad. Während einige Länder Standards im ZV-Bereich (z. B. HBCI in Deutschland) besitzen, beschränkt sich das Angebot im Anlage- und Finanzierungsbereich meist auf eine Einzelanbietersicht und erlaubt bestenfalls einen Produktvergleich (z. B. Check24).

Tabelle 2-9 fasst die Banking Innovations zusammen und zeigt die verfügbaren Lösungen in der Kundeninteraktion. Die Darstellung unterscheidet für die Kundenprozesse einerseits nach den Kundengruppen in B2C und C2C sowie andererseits nach den Anbietern in Banken und Nicht-Banken. Bei Letzteren kann es sich sowohl um Start-up-Unternehmen als auch um branchenfremde Anbieter handeln.

„Nichtbanken auf Kundensuche (...)

Der Übergang von «normalen» Online-Geschäften zum mobilen Banking gewinnt mit Neuerungen in der Informationstechnologie an Dynamik. Von der Konkurrenz ausserhalb der Bankenbranche ist einiges zu erwarten.

Wenige Tage ist es her, dass die PostFinance ihren Kunden einen kleinen Schubs gegeben hat, es doch einmal mit dem sogenannten Mobile Banking zu versuchen. Unter dem Titel «Jetzt in Ihrer Hosentasche: die kleinste Börse der Welt» wurde der Link bzw. Bild-Code zur neuesten Version der Mobile-Banking-App für Smartphones und Tablets zugeschickt – und zwar auf traditionellem Papier, schwarz auf weiss; die Ermunterung erreichte also vor allem auch die Altmodischeren im Publikum. (...). Dies ist nur ein kleiner Schritt eines kleinen Kunden in die Welt des Mobile Banking, aber die ganze Bankenbranche spürt Bewegungen in ähnlicher Richtung. Informatikfirmen, Telekom-Anbieter, Gerätehersteller, Detailhändler und Regulatoren tragen dazu bei, dass mobile Geschäfte mit mobilen, ja sogar in mehrfacher Hinsicht beweglichen Kunden zu einer starken Grundströmung werden – woraus sich auch eine Art Pflichtenheft für die Finanzbranche ableiten lässt. (...). Auch wenn Umfragen vorsichtig zu interpretieren sind, gibt es doch Anzeichen dafür, dass die Banken es mit einer zunehmend beweglicher werdenden Kundschaft zu tun haben und dass auch die von aussen kommende Konkurrenz, sogenannte Nichtbanken, sich eines Teils dieser Nachfrage annehmen könnte. Ein Beispiel ist etwa der 1998 gegründete und vor allem in den USA etablierte Bezahldienst PayPal, der im elektronischen Handel beliebt ist und über 100 Mio. Kundenkonten umfasst. Aber auch Google oder Telekom-Unternehmen wie Vodafone bieten für den Verkehr zwischen Verkäufern und Abnehmern Zahlungsmöglichkeiten an, die zudem geeignet sind für die Mobil-Kommunikation, also speziell für «moderne und schnelle» Kunden."

(Quelle: Neue Zürcher Zeitung v. 22.11.2012, 52)

Tabelle 2-9: Beispiele für Banking Innovations (Alt & Puschmann, 2012, 207f)

Kundenprozess / Dienstleister	Vertrieb und Beratung	Zahlen	Anlegen	Finanzieren	Übergreifend
Banken — B2C	**Live und mobile Messaging:** ABN Amro (NL) **Video Conferencing:** HBVA (DE) **Tablet Advisory (s. Kap. 2.5.2):** PostFinance (CH) **Personal Finance Management (PFM) (s. Kap. 2.5.3):** PostFinance (CH) **Online-Terminvereinbarung:** Bank of Montreal (CAN)	**Online Payment (s. Kap. 2.5.3):** Comdirect „Komfortüberweisung" (DE) **Social Media Payment:** Commonwealth Bank of Australia (AUS) **Mobile Payment (s. Kap. 2.5.3):** Zürcher Kantonalbank (CH) **Überweisungsformularerfassung mittels Smartphone (Remote Deposit Capture):** Credit Suisse (CH) **E-Wallet (s. Kap. 2.5.3):** PostFinance (CH)	**Mobile Brokerage:** Viele Banken bieten Smartphone und Tabletanwendungen für das Mobile Brokerage an. **Gutscheinbasiertes Sparen:** Migipig (CH) **Impulssparen:** Erste Bank (AT) **Automatisierte Portfoliooptimierung:** UBS (CH)	**Hypothekenvergleich:** Comdirect (DE) **Online-Kreditantrag Konsumentenkredite:** Targobank (DE) **Online-Kreditantrag Hypothekenkredite:** Glarner Kantonalbank (CH)	**Mobile Informationen:** Viele Banken bieten mobile AS mit Funktionalitäten wie etwa Finanzinformationen oder Filialfinder an. **Online-Konto-/Depoteröffnung:** Fidor (DE) **Multi-Bank Integration (s. Kap. 4.2.5):** Allianz Finanzen App (DE) **Live & Mobile Chat:** Citigroup (US) **Podcasts:** Credit Suisse (CH) **RSS/Social Media:** Deutsche Bank (DE) **Ideenmanagement:** Deutsche Bank (DE) **Banking AppStore (s. Kap. 3.4.2):** Crédit Agricole (FRA) **Eintrittskarten:** Royal Bank of Scotland (UK)
Banken — C2C	**Kunden Community:** Comdirect (DE)	**P2P-Payment (s. Kap. 2.5.3):** Paymit (CH)	**Aktiendiskussion:** Wikinvest (US) **Aktienanalyse/-vorhersage:** Stockpulse (DE) **Community-basierter Zinssatz:** Fidor (DE)	**Crowdlending (s. Kap. 2.3.5):** Fidor (DE)	**Foren:** Maxblue (DE) **Soziale Netzwerke:** Fidor (DE) **Finanzdatenanalyse:** Capital One (US)

Kunden-prozess / Dienstleister	Vertrieb und Beratung	Zahlen	Anlegen	Finanzieren	Übergreifend
Nicht-Banken — B2C	**Kundengewinnung:** LinkedIn (US) **Personal Finance Management (PFM) (s. Kap. 2.5.3):** Qontis (CH) **Online-Kundenprofilierung und Beratung:** MoneyPark (CH)	**Mobile Payment (s. Kap. 2.5.3):** Bezahlcode (DE) **Ausgabentracker und Budgetierung:** Fyber (DE) **Kontovergleich:** Check24 (DE) **Kreditkartenmixoptimierer:** Wallaby (US) **E-Wallet (s. Kap. 2.5.3):** Cashcloud (DE), Google Wallet (US)	**Online Portfolio-Management:** Yavalu (DE) **Online Portfolio-Analyse:** MyDepotCheck (CH) **Multi-Bank/Multi-Asset Handel für Firmenkunden:** 360t.com (DE) **Gutscheinbasiertes Sparen:** Payoff (US)	**Zinsvergleich:** zinshund (DE) **Hypothekenvergleich:** Check24 (DE) **Firmenkundenfinanzierung:** Finpoint (DE) **Kreditbonitätsprüfung:** Kreditech (DE)	**Financial Education:** Tykoon (US) **Anlageservices:** Assetinum (CH) **Versicherungsservices:** Postbank (DE) **Gutscheine:** PostFinance (CH) **Elektronischer Datensafe:** SecureSafe (CH)
Nicht-Banken — C2C	**Community-basierte Beratung:** Fidor (DE)	**Alternative Währungen (s. Kap. 3.4.1, 4.4.3):** Bitcoin (US) **Mobile Payment (s. Kap. 2.5.3):** iZettle (SE)	**Aktienmarktspiele:** Brokertainment (DE) **Community-basierte Empfehlungen:** StockTwits (US) **Covesting:** Investory (CH) **Crowdinvesting:** Bergfürst.com (DE) **Private Lending (s. Kap. 2.3.4):** auxmoney (DE)	**Online Finanzberatung (s. Kap. 2.5.2):** Studienkredite (DE) **Crowdlending Konsumkredite (s. Kap. 2.3.5):** Lendico (DE) **Crowdlending Hypotheken (s. Kap. 2.3.5):** Money360.com (US) **Crowdfunding (s. Kap. 2.3.5):** Seedmatch (DE)	**Community-basierte Aktienanalyse/-vorhersage:** Stockpulse (DE) **Kundenberatervergleich:** Whofinance (DE) **Bonuspunktemarktplatz:** PointsPay (CH)

2.5.2 *Innovationen in Vertrieb und Beratung*

Kundenzentrierte „Mass Customization"

Mass Customization (MC) ist ein Ansatz zur flexiblen Anpassung des Leistungsangebots an Kundenanforderungen.[43] Dieses Verfahren aus dem B2B-Bereich hat sich inzwischen auch im B2C-Bereich etabliert und ermöglicht Kunden die individuelle Konfiguration von Sach- und Dienstleistungen, wie etwa Kleider, Fahrzeuge und Reisen. Die Grundlage von MC ist die Standardisierung von Produkten und Leistungen. Standardisierung zielt auf die Vereinheitlichung von Maßen, Typen, Verfahrensweisen etc. und ist bei physischen Produkten weit fortgeschritten. Bei Dienstleistungen ist dies nicht der Fall, da die Identifikation und Benennung standardisierter Parameter bei immateriellen Dienstleistungen schwieriger ist (s. Bild 2-16). So sind Systemkomponenten von Fahrzeugen (Endprodukt) mit ihren Baugruppen und Einzelteilen bis auf die Ebene von Kleinstmaterialien, wie Schrauben, durch DIN-Standards unternehmensübergreifend vereinheitlicht.

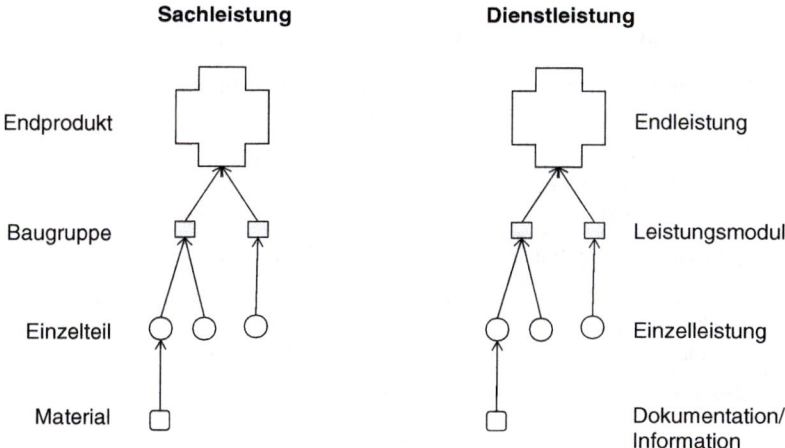

Bild 2-16: Modularisierung von Sach- und Dienstleistungen (Scheer et al., 2003, 29)

Für Dienstleistungen haben sich vergleichbare Standards erst in einzelnen Branchen etabliert. Eine Grundlage bildet der United Nations Standard Products and Services Code (UN/SPSC), der 3'346 Seiten mit über 21'000 Codes und Beschreibungen für Produkte und Dienstleistungen beinhaltet. Ebenso sorgen Intermediäre auf elektronischen Marktplätzen (s. Kap. 3.4.2) durch die Zusammenführung von Angeboten für eine anbieterübergreifende Standardisierung. Banken selbst haben zwar eigene Produktdefinitionen, die auf Webseiten und in den Konfigurationssystemen der Kundenberater verfügbar sind. Vergleichbare, auch Kunden zugänglichen Konfiguratoren, wie sie etwa im Automobilbereich existieren, finden sich im Bankenbereich jedoch noch nicht. Dort konzentrieren sich die Standardisierungen (s. Kap. 4.2.5) auf die Transaktionsabwicklung und liefern erste An-

---

[43] MC definiert als "the technologies and systems to deliver goods and services that meet individual customers' needs with near mass production efficiency." (Tseng & Jiao, 2001, 685).

satzpunkte für die Produktstandardisierung. So unterstützt der deutsche HBCI-Standard die Aggregation von Kontentransaktionen. Da jedoch ein „Konto" bei den einzelnen Banken aus heterogenen Leistungsmodulen und Einzelleistungen besteht, ist für den Kunden ein Vergleich – gegenüber dem Auto, das mit Werten, wie Kraftstoffverbrauch, Massen etc., klar spezifizierbar ist – kaum möglich.

Ein Grund für die mangelnde Standardisierung ist neben dem geringen Interesse der Anbieter vor allem die teils hohe Komplexität der betrachteten Services. Aus Bankensicht sind die Parameter einer Hypothek z. B. die Bonität und Tragfähigkeit des Kunden sowie das Risiko eines Kreditausfalls. Aus Kundensicht dagegen interessieren primär Bedürfnisse, wie die Laufzeit oder die Kosten über die Laufzeit. Zwar besitzen Banken seit Langem AS zur Unterstützung ihrer Kundenberater, jedoch steht die Evolution von einem produkt- zu einem kundenzentrierten Ansatz noch bevor. Dieser unterscheidet sich hinsichtlich der Konfigurationsperspektive, -produkttypen, -information, -prozesse, und -ergebnisse (s. Tabelle 2-10)

Tabelle 2-10: Produkt- und kundenzentrierte MC-Ansätze (Sachse et al., 2014, 1825)

	Produktzentrierter MC-Ansatz	Kundenzentrierter MC-Ansatz
Konfigurations-perspektive	Parametrisierung von Produkt-instanzen und Ableitung eines Gesamtprodukts	Ermittlung von Kundenbedürfnissen und Zuordnung zu Services
Konfigurations-produkttypen	Spezifische Produktinstanzen	Generische Produktklassen
Konfigurations-information	Beschreibung der Produktparameter	Beschreibung der Kundenbedürfnisse
Konfigurations-prozess	Strukturiert	Unstrukturiert
Konfigurations-ergebnis	Individuelles Produkt	Individuelle Lösung
Beispiel	Ein Kunde benötigt ein Auto. Er parametrisiert ein spezifisches Modell einer Marke hinsichtlich Farbe, Motor etc.	Ein Kunde benötigt eine Mobilitäts-lösung. Er betrachtet alternative Möglichkeiten, wie Zugtickets, Car-Sharing- und Taxi-Apps.

Hybride Kundeninteraktion

Die mit der Digitalisierung stattfindende Verschiebung von Bankprozessen in Richtung der Kunden (s. Kap. 1.3.3) verändert die gesamte Kundeninteraktion. So hat üblicherweise der Kundenberater den klassischen Kaufprozess des Bankkunden begleitet und die Informationssuche und die Evaluation von Lösungen unterstützt. Die Digitalisierung (s. Kap. 1.3.1) bewirkt, dass Kunden sich bereits in der Vorkaufphase über elektronische Kanäle und Medien informieren und dabei neben Webseiten der Banken auch Vergleichsportale und soziale Netzwerke nutzen (s. Bild 2-17). Dieser auch als Research Online, Purchase

Offline, kurz: ROPO, genannte Effekt, zeigt auf, dass der erst in einer späteren Phase involvierte Kundenberater über das gleiche Wissen verfügen muss wie der eigenständig informierte Kunde. Einer Studie zufolge recherchieren 49% aller Bankkunden zunächst online, um dann in einem physischen Kanal den Kauf abzuschließen, weitere 11% suchten Online und kauften auch über einen Online-Kanal (Google, 2014, 11).

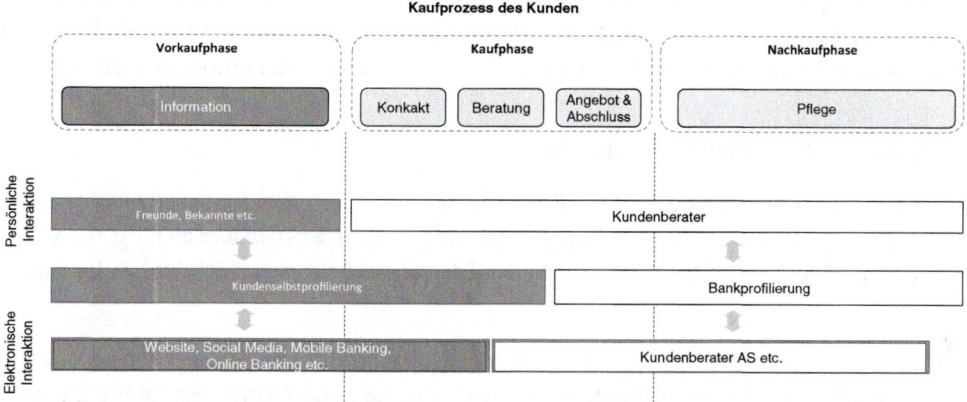

Bild 2-17: Kundeninteraktion und Profilierung im Kaufprozess (Sachse, 2016)

Diese Entwicklung führt zum Verschmelzen von digitaler und physischer Welt, was eine klare Trennung beider Bereiche zunehmend schwerer macht. So bewegt sich ein Konsument, der sich in einer Einkaufsstraße mit der Kamera seines Smartphones die ihn unmittelbar umgebenden Angebote der Geschäfte zu einem spezifischen Produkt anzeigen lässt, sowohl in der physischen Welt der Einkaufsstraße wie auch in der digitalen Welt des mobilen Internets. Die Konvergenz findet dabei in drei Bereichen statt (Nüesch et al., 2015, 73):

- *Kanalkonvergenz.* Banken betreiben häufig einzelne Kanäle, wie etwa das Internet oder Filialen, als separate, organisatorisch getrennte Einheiten, die in einigen Fällen sogar noch auf mehrere Unternehmen verteilt sind. Das Verschmelzen der elektronischen (mediengestützt, z. B. Internet), stationären (ortsgebunden, z. B. Filiale) und mobilen Kanäle (nicht ortsgebunden, z. B. Außendienst) (Süchting & Paul, 1998, 689ff) erfordert neue, aus Kundensicht konzipierte Kundeninteraktionsansätze, welche dieser Entwicklung entsprechen und deren Trennung aufheben.
- *Prozesskonvergenz.* Heutige Aufbau- und Ablauforganisationen von Banken richten sich häufig an Produkten und internen Organisationsstrukturen aus (s. Kap. 2.4). Das Verschmelzen der Kanäle aus strategischer Sicht impliziert zugleich auch die organisatorische und prozessuale Integration im Bereich der Leistungserstellung und -erbringung. Der Kunde wird Teil dieser Prozesse und hat die Möglichkeit, zeit- und ortsungebundene Leistungen (z. B. Mobile Payment, s. Kap. 2.5.3) zu beziehen. Dies hat zur Folge, dass Prozessschritte nicht mehr sequentiell, sondern parallel, nicht mehr kanalbezogen, sondern kanalunabhängig zu gestalten und so letztlich aus Kundensicht beliebig kombinierbar und konsumierbar sind.

- *Technologiekonvergenz.* Erneut ist die Digitalisierung Treiber dieser Entwicklung und Ergebnis des Konvergenzprozesses zugleich. Aus Bankensicht bedeutet dies die Integration von AS und Endgeräten entlang der Zugangskanäle und Prozesse, sodass aus Kundensicht durchgängige Szenarios bzw. „Customer Journeys" entstehen (z. B. die Kombination von Online Banking und Kundenberater bei der Finanzplanung). Zusätzlich sind neue Endgeräte, wie etwa Head-up-Displays oder Sprachschnittstellen, zu integrieren und mit den AS zu verbinden. Ebenso führen neue AS, wie aus dem Bereich des Social CRM, zu vollständig neuen Kundenprozesse (z. B. Kundeninteraktion über Twitter).

„Auf allen Kanälen in die Zukunft

Der Multikanalbank gehört die Zukunft. Sie spricht ihre Kunden sowohl online wie offline an und versucht, enge Beziehungen zu ihnen aufzubauen und zu pflegen. Diese Nähe macht es einfacher, die «richtigen» Dienstleistungen und Produkte bereitzuhalten.

(…) Die Vorreiter der Branche bieten mittlerweile umfassende digitale Dienstleistungen an, die weit über das E-Banking hinausgehen. Sie ermöglichen den Kunden, über ihr Smartphone auf ihr Portfolio zuzugreifen, Konten zu verwalten und Transaktionen auch ausserhalb der Geschäftszeiten zu tätigen. Ebenso erwarten Kunden, dass relevante Informationen, beispielsweise über getätigte Einkäufe oder Belastungen, aktiv und sofort über das Handy mitgeteilt werden. Sehr beliebt bei Kleinunternehmern sind auch mobile Kartenterminals, mit denen sie über Smartphone oder Tablet auch Kleinstbeträge jederzeit und überall mit Debit- oder Kreditkarte annehmen können. Für Banken sind digitale Dienste keine Kür, sondern Pflicht. Wird der Kundenberater künftig also überflüssig? Natürlich nicht, aber Kunden wollen heute selber entscheiden, wie sie mit ihrer Bank in Kontakt treten. Gerade bei komplexen Fragestellungen, wo es meist um wichtige Entscheide geht, möchten sie nach wie vor mit ihrem Kundenberater sprechen – vergleichbar mit der persönlichen Gesundheit, wo oft zuerst online recherchiert, für eine saubere Diagnose und Behandlung dann aber doch der Arzt des Vertrauens konsultiert wird. (…) Immer mehr Kunden suchen erst im Internet nach passenden Angeboten. Haben sie sich informiert, gehen die allermeisten immer noch zur Geschäftsstelle und lassen sich persönlich beraten. Die Kunden bewegen sich dabei intuitiv und fliessend zwischen online und offline. Die Multikanalbank ist die Bank der Zukunft. Das bedingt Investitionen sowohl in den Kundenberater als auch in die Online-Kanäle. Letztere müssen umfassend, überzeugend und sicher sein. Nur so bleibt der Austausch mit der Bank für den Kunden wahrnehmbar konsistent. Ziel ist, dass der Kunde ein viel engeres Verhältnis zu seiner Bank aufbauen kann. Das Vertriebsmodell wird sich dadurch nachhaltig verändern.

(…) Stammten die ersten digitalen Dienstleistungen noch aus dem Bereich Zahlungsverkehr, so gewinnt die Digitalisierung zunehmend auch in der Vermögensverwaltung an Bedeutung, wo Beratungsangebote mit digitalen Produkten ergänzt werden. (…) Es bedarf der genauen Kenntnis der Kundensituation, um die individuell beste Anlagelösung zu identifizieren. Mit diesem Wissen filtern Kundenberater die Datenflut, trennen Relevantes von Irrelevantem und unterbreiten letztlich sinnvolle Anlagevorschläge. Die nahtlose Integration von Online- und Offline-Angeboten, eben der intelligenten persönlichen Beratung, ist entscheidend. Aus diesem Grund lassen sich Banken zusehends ihre Beratungsleistung vergüten und nicht mehr über den Verkauf von Produkten abgelten. (…) Kunden mit Online-Zugang erwirtschaften höhere Erträge, und ihr Geschäftsvolumen wächst deutlich stärker als bei Kunden ohne Online-Verträge. Ausserdem ist die Saldierungsrate bei Kunden mit Online-Verträgen deutlich tiefer. Es liegt auf der Hand, dass Kunden dank den neuen digitalen Kanälen viel häufiger Kontakt mit ihrer Bank haben können. (…)."

(Quelle: Neue Zürcher Zeitung v. 22.04.2015, Sonderbeilage Digital Banking, 10)

Das kanalübergreifende Kundenverhalten in „Customer Journeys"[44] ist von sechs Dimensionen abhängig (s. Bild 2-18). Diese Dimensionen beeinflussen Banknetzwerk, -modell und -IS. So beeinflusst eine synchronen Interaktion über einen Online-Chat sowohl die Prozessgestaltung als auch die Vertriebskanäle:

- *Kontextbezug.* Kundenkontakte variieren kontextbezogen nach Zeit, Ort, Ereignissen (z. B. Geburt eines Kindes) oder Bedürfnissen (z. B. Pensionierung).
- *Endgerätebezug.* Der Zugriff auf Bankprodukte oder fachliche Services der Bank findet über Endgeräte (z. B. PC, Tablet, Telefon) statt.
- *Medienbezug.* Die eingesetzten Medien (z. B. Sprache, Text, Bild, Video) sind aufgrund der Kanaleigenschaften (z. B. Bandbreite) kanalspezifisch.
- *Richtungsbezug.* Abhängig von der Richtung sind entweder unidirektionale oder bi- und multidirektionale (z. B. Social Media) Kommunikationen möglich.
- *Reaktionsbezug.* Auf eine Aktivität erfolgt (z. B. eine Anfrage) erfolgt eine unmittelbare (synchrone) oder zeitversetzte (asynchrone) Reaktion.
- *Automationsbezug.* Es erfolgt eine vollautomatische Weiterverarbeitung (z. B. Machine-to-Machine bzw. STP, s. Kap. 1.3.2), eine Teilautomatisierung (z. B. Überweisung im Online Banking, Face-to-Machine) oder zwischenmenschliche Kommunikation (z. B. Beratungsgespräch, Face-to-Face).

In vielen Banken sind die Interaktionskanäle getrennt voneinander entstanden. Filial- oder Call-Center-Lösungen sind daher häufig weder organisatorisch noch systemtechnisch verbunden. Eine erste Verbindung schafften Ansätze des Multi-Channel-Management (Gronover, 2003, 48f), die zwar auf eine Abstimmung der Vertriebskanäle zielten, jedoch die Kanäle als „Silos" mit eigenen Prozessen und AS betrachteten (s. Tabelle 2-11).

---

[44] Eine „Customer Journey" bezeichnet den von der Inspiration und Bedürfnisweckung über die Informationsbeschaffung und Suche bis hin zur Zielhandlung reichenden Lebenszyklus für ein oder mehrere Produkten bzw. Dienstleistungen (potenzieller) Kunden. Diese „Reise" kann über eine kurze oder lange Zeitspanne und über mehrere Kontaktpunkte („Touchpoints") ablaufen (Holland & Flocke, 2014, 827).

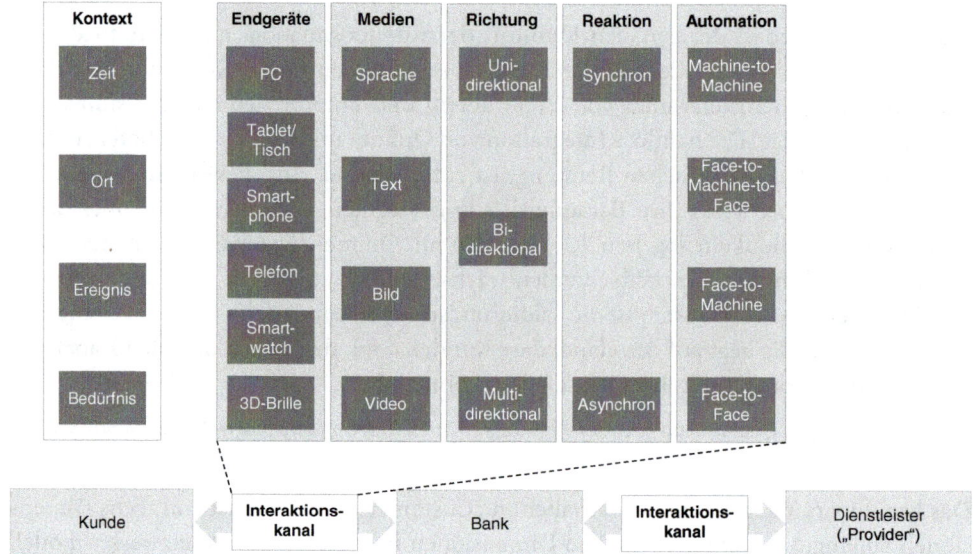

Bild 2-18: Dimensionen der Kunde-Bank-Interaktion

Darüber hinaus geht das Cross-Channel-Management als integriertes unternehmensbezogenes Konzept (Emrich, 2011, 77), das kanalübergreifende Angebote und damit abgestimmte Prozesse sowie AS vorsieht. Es ist die Vorstufe der simultanen Nutzung von Interaktionskanälen und einer kanalübergreifenden Gestaltung wie sie die hybride Kundeninteraktion (auch als Omni-Channel-Management anzutreffen) vorsieht. Hier sind die Gemeinsamkeiten der einzelnen Kanäle ebenso identifiziert wie ihre Besonderheiten. Je geringer Letztere ausfallen, desto höher entstehen Synergieeffekte zwischen den Kanälen. Die hybride Kundeninteraktion verbindet alle drei Konvergenzdimensionen und führt damit zu sog. No-Line-Systemen, die sich durch eine nahtlose Integration der relevanten Interaktionskanäle auszeichnen und die parallele Nutzung dieser Kanäle unabhängig von den zugrundeliegenden Leistungen ermöglichen ((Heinemann, 2013, 176), (Nüesch et al., 2015, 75)). Der Integrationsaspekt betrifft zwei Prozessbereiche:

- *Intra-Prozess.* Innerhalb eines Prozesses nutzen Kunden verschiedene Kanäle, von der Suche über den Abschluss bis hin zur Verwaltung eines Immobilienkredits. Dabei beginnt die Information über Immobilienangebote, Tragbarkeitsrechnungen und den Vergleich von Produkten und Konditionen heute zumeist über mobile Endgeräte (z. B. Suche nach Immobilienangeboten) und das Internet (z. B. Konditionenvergleich). Erst in der Beratungs- und Abschlussphase wählen die Kunden häufig eine persönliche Interaktion (z. B. in der Filiale).

- *Inter-Prozess.* Die hybride Kundeninteraktion erhöht die Notwendigkeit für die Koordination zwischen Prozessen, z. B. Anlegen und Zahlen. Während etwa Kunden im Bereich der Bezahlung häufig direkte Kanäle, wie das Online oder Mobile Banking, nutzen, schätzen sie im Anlagebereich die persönliche Beratung. Erst die Koordination beider

Kanäle erlaubt jedoch, dass das Ein-/Ausgabeverhalten aus dem Zahlungsbereich in den Anlageentscheid mit einfließt.

Tabelle 2-11: Formen des Kanalmanagements

Ebene	Gestaltungs-kriterien	Multi-Channel-Management	Cross-Channel-Management	Hybride Kunden-interaktion
Strategie	Kanalmanagement	Isolierte Kanäle	Innerbetrieblich	Überbetrieblich
Strategie	Kanalreichweite	Eigene	Eigene	Fremde
Prozess	Prozessgestaltung	Isoliert	Intern	Überbetrieblich
Prozess	Serviceangebot	Kanalspezifisch	Kanalübergreifend	Hybrid
IS	AS	Heterogen	Innerbetrieblich	Überbetrieblich
IS	Integration	Nicht integriert	Innerbetrieblich	Überbetrieblich

Tablets in der Kundenberatung

Im Vertriebsbereich haben viele Banken ihr Berater mit Multi-touch Beratertischen oder Tablets ausgestattet. Diese ergänzen die bestehenden AS des Bankberaters (z B. Desktop-basierte Beratungssysteme, CRM-Systeme s. Kap. 4.2.1) zur Unterstützung der Prozesse Beratung und Angebot, die gemeinsam mit dem Kunden stattfinden (s. dunkelgrau hinterlegte Prozessschritte in Bild 2-19).

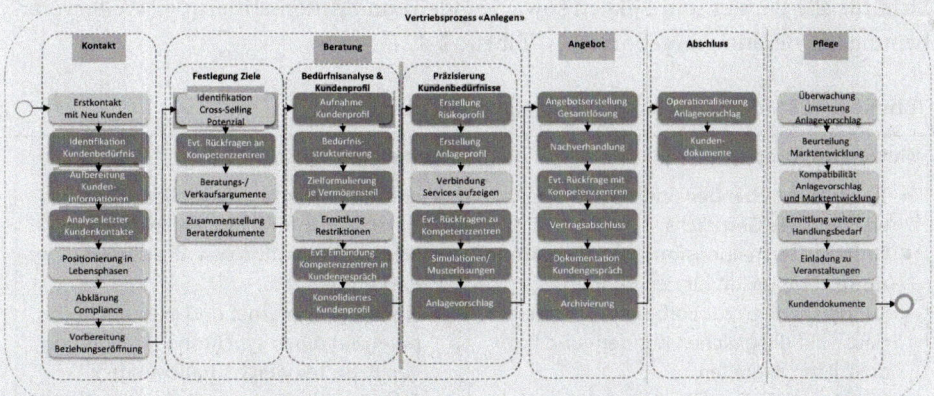

Bild 2-19: Tablet-basierter Vertriebs- und Beratungsprozess (Anlegen)

Bild 2-20 zeigt, wie das Tablet die Aktivität „Präzisierung Kundenbedürfnisse" durch die Visualisierung einzelner Wertpapierpositionen darstellt.

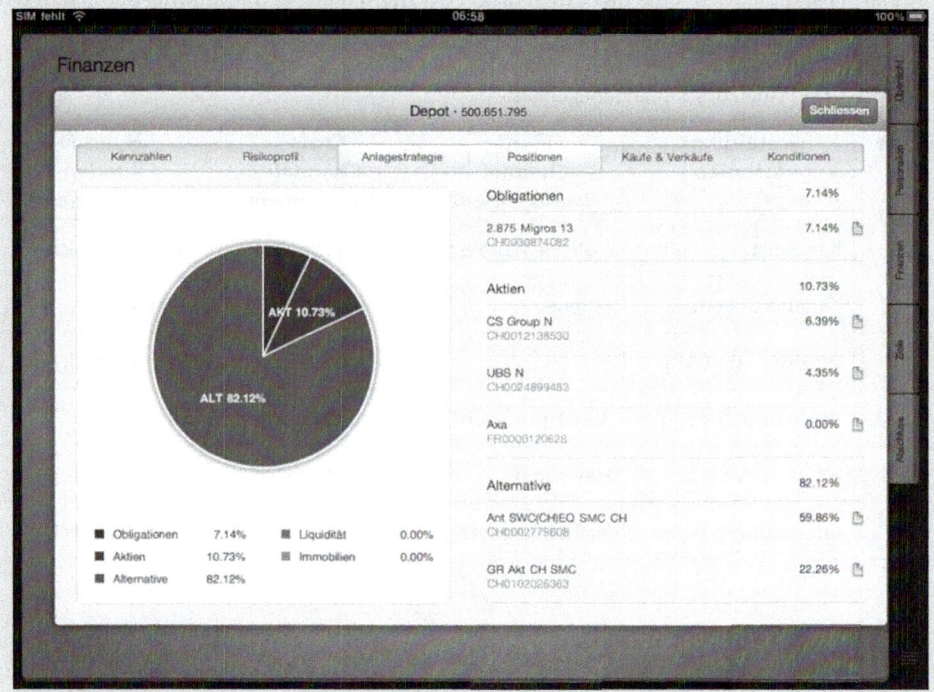

Bild 2-20: Beispiel für die Kundenberatung mit Tablets

Mit der Tablet-basierten Kundenberatung erschließen Banken weitere Industrialisierungspotenziale (s. Kap. 1.3.2) zur Integration und Standardisierung (konsolidierte
Sicht für alle Berater und Filialen sowie Kunden) und Automatisierung (Weiterverarbeitung der Beratungsergebnisse) (s. Tabelle 2-12).

Tabelle 2-12: Nutzen von Tablets in der Kundenberatung

Nutzen für Kunden	Nutzen für die Bank
• Transparenz über den Status Quo bereits während des Gesprächs • Einfache Darstellungsform und damit reduzierte Komplexität für den Kunden • Kunden können zur Vorbereitung bereits zu Hause auf die gleichen Kunden- und Produktdaten zugreifen • Direkte Interaktion bzw. Simulation auf dem Tablet, Änderungen werden sofort sichtbar • Ortsunabhängigkeit und dadurch Besuche auch zu Hause möglich	• Vollständige Integration aller relevanten Daten und Informationen an einem Ort • Echtzeitintegration von AS aus dem Backoffice • Einbindung interner und externer Kompetenzen durch synchrone Zuschaltung von Experten durch Chatlösungen • Elektronische Dokumentation des Gesprächs und Erstellung des Beratungsprotokolls einschließlich aller Mitschriften • Kundenberatung beim Kunden

2.5.3 Innovationen für Zahlen, Anlegen und Finanzieren

Elektronische Produktkataloge

Die Grundlage für den Konfigurationsprozess (s. Kap. 2.5.2) bilden elektronische Produktkataloge, die eine standardisierte Sicht auf die Einzelteile von Produkten und deren Varianten sowie die Zusammenhänge der Einzelleistungen bieten. Produktkataloge sind aus dem Online-Handel (E-Commerce) in verschiedenen Branchen bekannt und können bei Banken in drei Bereichen zum Einsatz kommen:

- *Organisationsintern.* Elektronische Produktkataloge bilden Bankprodukte aus Prozess- und AS-Sicht ab. Häufig bestehen in Organisationseinheiten unterschiedliche Sichten und Definitionen auf die Bankprodukte und die zugrundeliegenden Leistungsmodule bzw. Einzelleistungen. Ein Produktkatalog kann hier zur Vereinheitlichung interner Abläufe beitragen.
- *Kundenseitig.* Der elektronische Produktkatalog dient als Basis für einen Produktkonfigurator, den Kunden zur Individualisierung ihrer Produkte einsetzen können (s. Kap. 2.5.2). Mit einer organisationsinternen Vereinheitlichung lassen sich auch dem Kunden standardisierte Produktkataloge anbieten, mit denen dieser seine Bankdienstleistungen selbst zusammenstellen kann.
- *Dienstleisterseitig.* Hier dient der elektronische Produktkatalog zum Einkauf standardisierter Produkte von Produktentwicklern aus dem Banknetzwerk. In der Beschaffung finden sich solche Kataloge unter dem Begriff des E-Procurement, jedoch sind diese häufig auf indirekte, nicht unmittelbar in die Produktion der Kernleistungen einfließende Sach- und Dienstleistungen beschränkt.

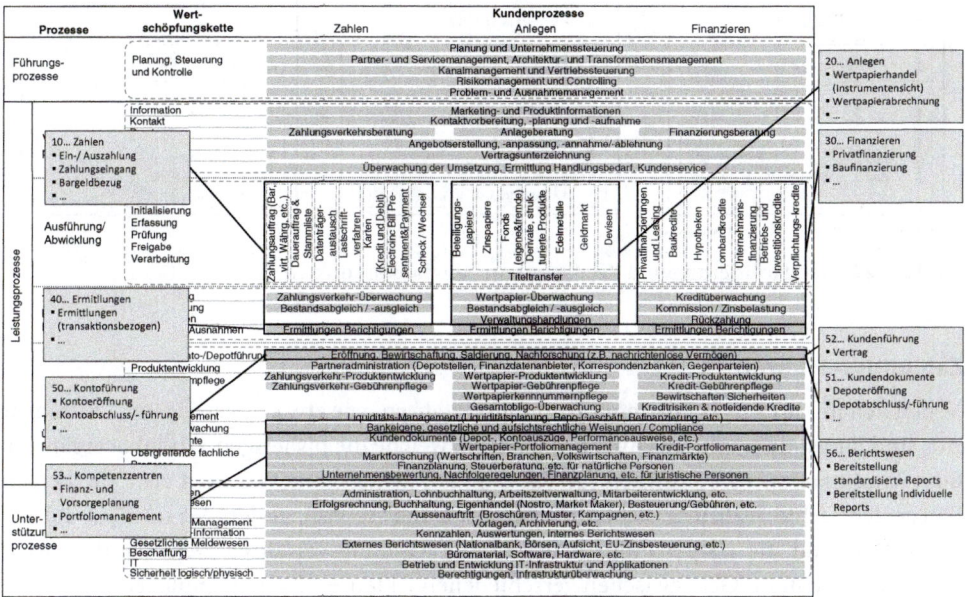

Bild 2-21: Elemente eines Produktkatalogs auf Basis des Bankmodells

Bild 2-21 zeigt anhand des Bankmodells, welche Produkte und fachlichen Services (s. Kap. 1.4.3 und 2.3.2 bis 2.3.7) Standardisierungspotenziale aufweisen und in einen elektronischen Produktkatalog einfließen können.

Ein Beispiel ist die Anwendung einer individuellen Konfiguration in der Interaktion mit Dienstleistern (s. Bild 2-22). Diese bieten Produktkonfiguratoren an, mit denen Banken Produkte in einem mehrstufigen Prozess auswählen können. Dabei legt *Schritt 1* für den Produktbereich „Anlegen" die Leistungsmodule (z. B. Kreditkarte: ja/nein) und die für diesen Bereich relevanten Parameter fest. Dies beinhaltet etwa Gebührenpauschalen oder Zinssätze. *Schritt 2* prägt dies für ein Produkt, wie etwa das Jugendsparkonto, aus. Dabei sind nur die für dieses Produkt relevanten Parameter zu berücksichtigen (z. B. ist die Maestro-Karte kein im Produkt Jugendsparkonto enthaltenes Leistungsmodul). *Schritt 3* instanziiert das Produkt für die bankindividuelle Nutzung durch Hinterlegen konkreter Paramater zu Gebühren, Zinssätze etc.

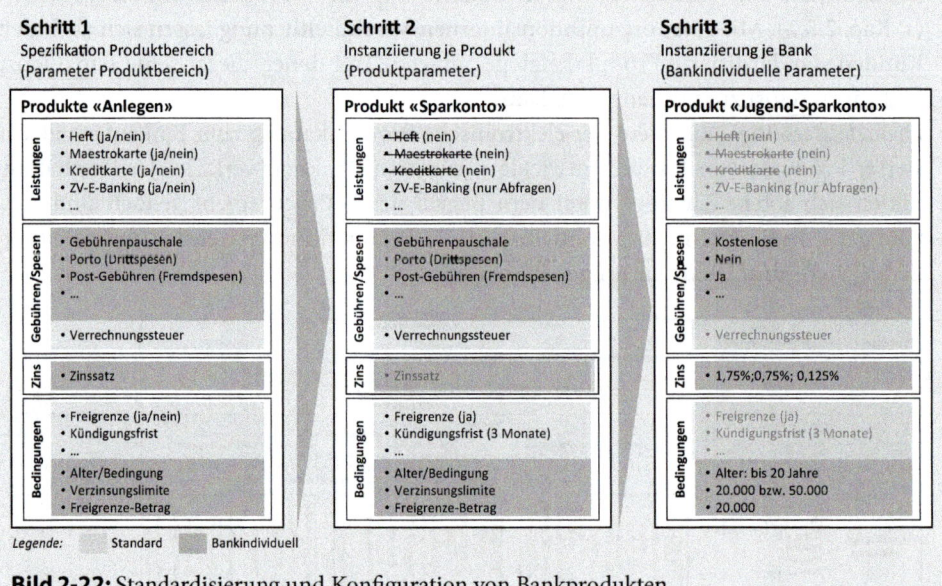

Bild 2-22: Standardisierung und Konfiguration von Bankprodukten

Zahlungsverfahren

Neben den in Kap. 2.3.3 genannten Zahlungsverfahren, wie etwa Überweisung, Lastschrift etc., sind jüngst neue Ansätze hinzugekommen, welche die bisherigen Produkte ergänzen. Eine Klassifikation von Ansätzen für das Online Payment unterscheidet etwa die beiden Kategorien „echte Währung" und „virtuelle Währung" sowie „Andere Services" (s. Tabelle 2-13). Während die erstgenannte Kategorie auf Zahlungsverfahren zielt, die dem Austausch von „echtem" Geld zwischen verschiedenen Akteuren dienen, impliziert der zweite Bereich die Bezahlung mittels nicht durch Notenbanken gedeckten Währungen, wie z. B.

Bitcoins (s. Kap. 1.1.1). Andere Verfahren sind weitergehende Ansätze, wie etwa Plattformen für das Wechseln von Währungen (Currency Exchange). Beispiele hierfür sind currencyfair.com oder The Currency Cloud.

Tabelle 2-13: Klassifikation von Online Payment-Verfahren (Bons & Alt, 2015, 6)

„Echte Währung"		„Virtuelle Währung"	
Prozess	**Beispiele**	**Prozess**	**Beispiele**
Cash on Delivery	Logistikservice-Dienstleister	Typ 1: Geschlossenes, virtuelles Schema	Virtuelle Communitys, Spieleplattformen etc.
Online-Überweisung	Banken, Käufer		
Direct Debit		Typ 2: Offenes, virtuelles Schema, unidirektional	Unternehmen, welche das Einlösen von erworbenen Bonuspunkten ermöglichen
Debitkarte	Banken, Käufer, Kartenschemata		
Kreditkarte		Typ 3: Offenes, virtuelles Schema, bidirektional	Virtuelle Währungsanbieter vom Typ 2, die einen Umtausch in „echte Währung" erlauben
E-Money	Zahlungsservice-Dienstleister		
Andere Services			
Prozess		**Beispiele**	
Innerbetriebliche Zahlungsverfahren		Online Payment Consolidators	
Wallet		Personal Finance Management-Systeme	
Invoice-to-Cash		Finanzinstitutionen	
Currency Exchange		Exchange Service Dienstleister	

Daneben unterscheidet eine weitere gängige Differenzierung, ob der Käufer eine Zahlung vor („Pay-Before"), während („Pay-Now") oder nach („Pay-After") dem Kauf eines Produktes tätigt. Beispiele für Pay-Before oder Pay-After sind die Überweisung bzw. das Lastschriftverfahren. Gerade im Online- und Mobile-Bereich sind Pay-Now-Verfahren relevant, da hier die unmittelbare Autorisierung und Bestätigung der Zahlungen möglich sind. Die bisherigen Verfahren, wie Bartransaktion, Debit- oder Kreditkarte (s. Kap. 2.3.3), haben deshalb Erweiterungen erfahren, die sich in Transaktionen auf der Grundlage „echter" und „virtueller" Währungen (s. Kap. 1.1.1) differenzieren lassen (s. Tabelle 2-14):

- *Cash on Delivery.* Hier sammelt der Verkäufer eines Produkts typischerweise über einen Logistik-Dienstleister den ausstehenden Betrag beim Käufer zu Hause oder an einem Point-of-Sale ein.
- *Online-Überweisung.* Die klassische Überweisung eignet sich für den Pay-Now-Bereich nur bedingt, da diese Laufzeiten von bis zu zwei Tagen zur Verbuchung aufweist. Neue Ansätze, wie Online Banking Electronic Payments (OBEP) oder das Electronic Direct Debit, beheben diese Limitation und ermöglichen eine Zahlung mit sofortiger Bestätigung an den Verkäufer.

- *Direct Debit.* Elektronische Debit-Verfahren, wie das sog. Electronic Bill Presentment and Payment (EBPP), ermöglichen den Einzug regelmäßiger Zahlungen im Lastschriftbereich. Hier erhält der Käufer eine Rechnung zur Ansicht und kann die Zahlung im Online Banking freigeben.
- *Debit- und Kreditkarte.* Gegenüber der Zahlung an einem Kartenterminal erfolgt der Einsatz von Debit- oder Kreditkarten im Online- und Mobile-Bereich virtuell, d. h. über die Eingabe der Kartennummer, des Ablaufdatums sowie einer dreistelligen Verifikationsnummer auf der Rückseite der Karte. Häufig muss der Kunde zudem eine zusätzliche PIN eingeben, wie sie etwa 3D Secure fordert. Während die Debitkarte den Betrag direkt dem Konto belastet, erfolgt dies bei der Kreditkarte erst zu einem späteren Zeitpunkt. Aus prozessualer Sicht ist die Debitkarte daher wie die Überweisung zu betrachten.
- *E-Money.* Den Begriff E-Money definiert die EU als „value as represented by a claim on the issuer which is: stored electronically; issued on receipt of funds of an amount not less in value than the monetary value issued; and accepted as a means of payment by undertakings other than the issuer" (Directive 2009/110/EC, 11). Käufer können mittels einer elektronischen Geldbörse (E-Wallet) Geld an einen Verkäufer über einen Zahlungsdienstleister transferieren, der den elektronischen Transfer sowie die Gutschrift in „echte Währung" übernimmt (s. Kap. 3.4.1). Eine E-Wallet, wie etwa Apple Pay oder Samsung Pay (s. Kap. 1.1.1), gilt als „digital service that enables the management of digital assets and the interaction with these assets in a secure environment in order to execute a transaction" (Berger, 2014, 17). Beispiele von „Digital Assets" sind Zahlungsinformationen oder Kreditkartendaten.
- *Virtuelle Währung Typ 1.* Diese virtuellen Währungen sind nur innerhalb eines geschlossenen Systems erlaubt. Ein Beispiel sind elektronische Spiele, bei denen Nutzer Punkte erspielen können, die sie gutgeschrieben erhalten.
- *Virtuelle Währung Typ 2.* Der zweite Typ bezieht sich auf virtuelle Währungen, die der Kunde sowohl durch den Einsatz von „echter Währung" kaufen kann als auch durch Aktivitäten in der realen Welt „verdienen" kann. Beispiele hierfür sind Bonuspunkte oder Pre-Paid-Karten bei Mobiltelefonen.
- *Virtuelle Währung Typ 3.* Dieser dritte Typ Währung bezeichnet Währungen, die sich sowohl durch den Einsatz von „echter Währung" erwerben als auch verkaufen lassen. Mit dieser virtuellen Währung ist zudem der Kauf und Verkauf von Produkten möglich, da sie als Zahlungsmittel akzeptiert ist. Ein Beispiel sind Bitcoins (s. Tabelle 2-14, Kap. 1.1.1 und 4.4.3).

Tabelle 2-14: Pay-Now-Zahlungsverfahren

„Echte Währung"
Electronic Direct Debit
• Electronic Direct Debit erweitert herkömmliche Debitkarten-Zahlungsverfahren um die Möglichkeit eines Pay-Now-Verfahrens (z. B. giropay).   • Bei der Online-Überweisung erhält der Verkäufer sofort eine Bestätigung und kann sicher sein, dass der Käufer die Zahlung getätigt hat.

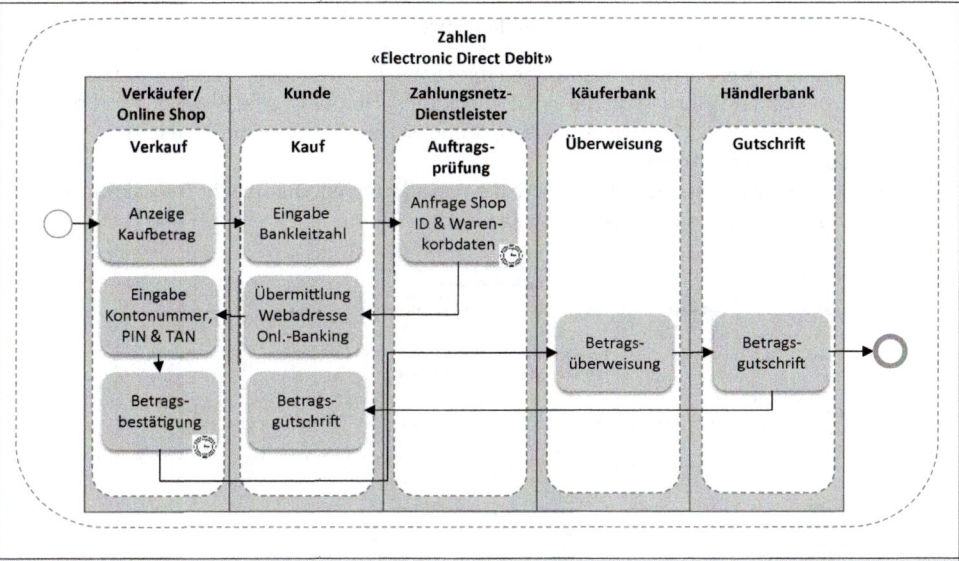

Mobile Payment

- Mobile Payment-Verfahren basieren meist auf Kredit- und Debitkarten. Kunden nutzen diese Verfahren mittels eines Kartenlesegeräts (z. B. iZettle oder SumUp) oder via NFC (z. B. MyWallet der Deutschen Telekom) über ein Smartphone.
- Die Eingabe der Zahlungsdaten erfolgt über eine App auf dem Smartphone, die Abwicklung im Hintergrund über den Kredit- und Debitkarten-Anbieter. Die in Echtzeit ausgeführten Prozesse sind mit einer Uhr gekennzeichnet (s. Kap. 2.2.3).

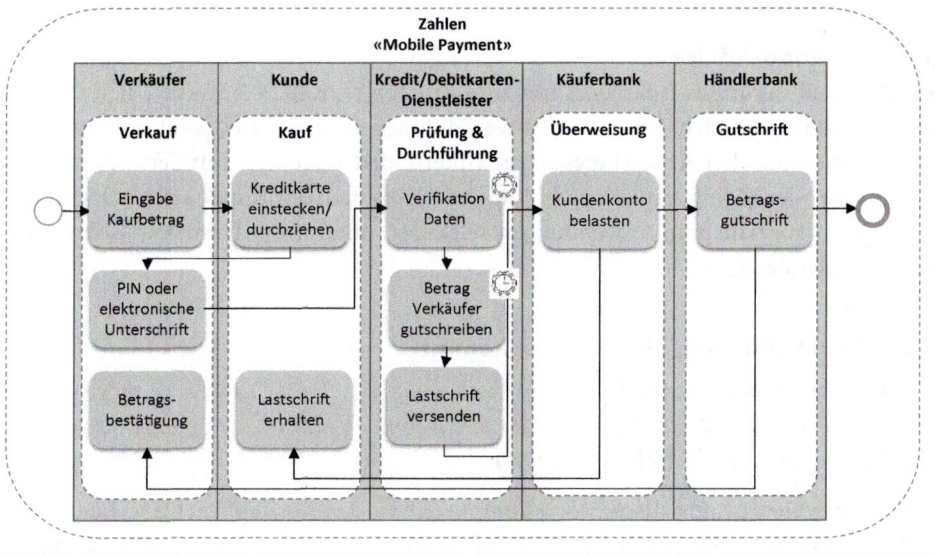

„Virtuelle Währung"

- Die Bezahlung mittels virtueller Währungen (hier am Beispiel Bitcoin), erfordert zunächst den Transfer von „echter Währung" in die virtuelle Währung. Hierfür ist eine E-Wallet erforderlich. Nach erfolgtem Umtausch in die virtuelle Währung ist keine Bank mehr für weitere Transaktionen mehr erforderlich.
- Die Blockchain bestätigt und protokolliert alle Veränderungen. Dies macht Transaktionen öffentlich zugänglich und transparent (s. Kap. 4.4.3).

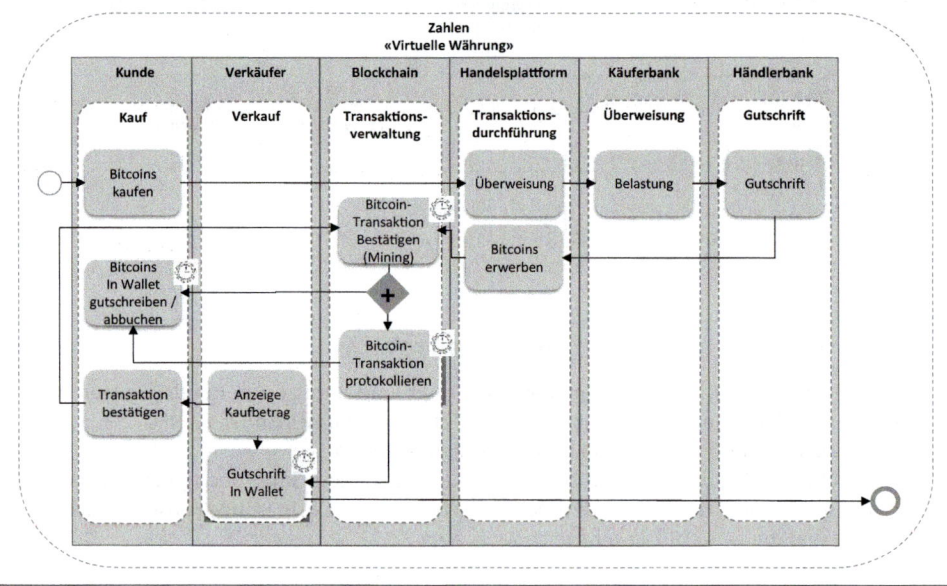

Anlegen – Robo-Advice

Die Dezentralisierung von Services hin zum Kunden (s. Kap. 1.3.3) wirkt sich nicht nur auf den Zahlungsbereich durch innovative Zahlungsverfahren aus, sondern besitzt auch Implikationen auf den Anlagebereich. Im Unterschied zu reinen Self-Services, wie etwa dem Online oder Mobile Brokerage (s. Kap. 2.5.1), bei dem der Kunde selbstständig Wertpapiere über spezialisierte Anwendungen selektiert, übernimmt beim sog. Robo-Advice ein AS die Beraterrolle.

„Das Private Banking ohne Berater kommt

Die Banken beschweren sich: Anlagekunden unter 500'000 Franken Vermögen sollen sich nicht mehr lohnen. Im Ausland weichen Kunden auf ein «automatisches» Private Banking oder auch «Robo-Advice» aus.

Der Name klingt futuristisch, doch kompliziert ist das Konzept nicht: Robo-Advice oder «automatisches» Private Banking. Der Anlagekunde betreibt das Private Banking mit dem Computer als Gegenüber. Auf dem Bildschirm klickt er sich durch die Fragen, die das persönliche Risikoprofil ermitteln. Je nachdem können auch ein paar grundsätzliche persönliche Anlagepräferenzen eingespeist werden. Es sind ähnliche Fragen, wie sie sonst der Bankberater im ersten Kundengespräch stellt. Mit diesen Mausklicks ist automatisch bereits den zukünftigen Kundenschutz-Vorschriften (Pflicht zur Protokollierung der Gespräche usw.) entsprochen.

Kein Platz für Sonderwünsche

Sodann erstellt der Computer eine persönliche Anlagestrategie, die mit Fonds – meist günstigen Indexanlagen wie Exchange-Traded Funds (ETF) – ausgeführt wird. Das Portfolio wird automatisch angepasst, wenn der Kunde Geld einzahlt oder abzieht oder wenn sich die Situation an den Märkten ändert. (…) Bezahlt wird eine relativ niedrige prozentuale Gebühr. Robo-Advice ist somit abzugrenzen von Online-Brokerage-Angeboten wie von der Migros-Bank, der Saxo Bank oder von Swissquote. Dort entscheiden die Kunden selber, in was sie investieren wollen, und führen es auch eigenhändig am Bildschirm aus. Beim Robo-Advice erhalten sie hingegen eine fertige, diversifizierte Anlagestrategie, die sie nachträglich nur noch in grundsätzlichen Zügen, aber nicht auf der Basis von Einzel-Investments anpassen können. Es ist also nicht möglich, beim Robo-Advisor zum automatisch generierten, breit diversifizierten Portfolio noch seine drei Lieblings-Einzelaktien dazuzukaufen. (…)

Die französische Beratungsfirma Chappuis Halder & Cie. bezeichnet das Volumen des globalen Private-Banking-Marktes im September 2014 mit 72 Bio. \$, wovon sich die Robo-Advisor einen Anteil von 0,02% ergattert hätten. Der Löwenanteil (87%) entfällt auf die USA. Führend sind die drei US-Firmen Wealthfront, Betterment und Personal Capital, die exponentiell wachsen (…)."

(Quelle: Neue Zürcher Zeitung v. 03.08.2015, 21)

3 Banknetzwerke

Die Vernetzung (s. Kap. 1.4.2) bildet eine der Leitlinien dieses Buches. Aufgrund des zwischen Markt und Hierarchie aufgespannten Spektrums existieren Unternehmensnetzwerke in vielen Ausprägungen, die nach dem zeitlichen Horizont der Zusammenarbeit, der Anzahl und rechtlichen Verflechtung der Partner, der Steuerungsform oder der Aufgabenzuweisung variieren (Alt, 2008, 92). Dazu zählen Joint Ventures, strategische Partnerschaften oder virtuelle Unternehmen. Sie entsprechen der Definition von Unternehmensnetzwerken (Sydow, 1992, 82) als „eine von einem oder mehreren Unternehmungen strategisch geführte Organisationsform, welche sich durch kooperative und relativ stabile Beziehungen zwischen den rechtlich selbstständigen Netzwerkakteuren auszeichnet, deren ökonomische Aktivitäten zwischen Markt und Hierarchie anzusiedeln sind". Banken entwickeln sich durch die aufgezeigten Entwicklungslinien (s. Kap. 1.3.1), insbesondere der Reduktion der Fertigungstiefe, zu Banknetzwerken (s. Kap. 1.3.2).

3.1 Vernetzungsmodelle

3.1.1 Potenziale der Vernetzung

Motive für die Zusammenarbeit in Unternehmensnetzwerken sind wirtschaftliche Potenziale, wie etwa Kostensenkungsmöglichkeiten aufgrund von Degressionseffekten, eine erhöhte Effizienz in Form geringerer Transaktionskosten sowie einer gestiegenen Effektivität durch erhöhten Kundennutzen (s. Tabelle 3-1).

Tabelle 3-1: Potenziale von Netzwerkstrukturen (Aulinger, 2008, 82)

Potenzialbereich	Beispiele
Qualitative Potenziale	• Umsetzung neuer Geschäftsmodelle (Economies of Scope) • Erhöhte strategische Flexibilität • Realisierung (vertikaler) Integrationsszenarios • Erleichterter Marktzugang • Abwehr eintretender Konkurrenten • Reduktion betrieblicher Risiken • Diversifikation betrieblicher Risiken • Umsetzung von Komplementaritätsvorteilen • Erlangung von Lerneffekten (Economies of Skill) • Förderung des interorganisationalen Lernens • Zugang zu neuen Technologien und Ressourcen • Umgehung regulatorischer bzw. juristischer Restriktionen • Senkung des Kapitalbedarfs
Quantitative Potenziale	• Erzielung von Mengeneffekten (Economies of Scale) und Zeitvorteilen • Senkung von Koordinations- und Produktionskosten

In der Praxis sind häufig mehrere Motive parallel anzutreffen und Unternehmen versuchen damit verschiedene Strategien umzusetzen (Alt, 2012b, 16ff):

- *Spezialisierung.* Während Vertriebsbanken die umfassende Abdeckung von Kundenbedürfnissen anstreben, streben die Produkt- und Servicebanken die schnelle Entwicklung Know-how-intensiver Angebote an (z. B. strukturierte Produkte) (s. Kap. 1.3.1, 3.2.1).
- *Angebotserweiterung.* Die Angebotserweiterung zielt im Gegensatz zur Spezialisierung auf eine Ergänzung des bestehenden Leistungsportfolios. Diese kann in den Bereichen Frontoffice (z. B. neue Vertriebskanäle), Backoffice sowie Interbankenbereich erfolgen (s. Kap. 1.3.2).
- *Risiko- und Kostenreduktion.* Kostenvorteile und die Verringerung von Risiken gelten als häufigste Beweggründe des Sourcing. Oft stehen hier Mengen-, Lern- und Verbundvorteile (Economies of Scale, Skill und Scope) im Vordergrund. Allerdings sind insbesondere die komparativen Lohnkostenvorteile häufig zeitlich begrenzt.
- Plattformerneuerung. Früher haben Banken primär eigene AS eingesetzt. Der Anpassungsaufwand für neue Produkte oder regulatorische Veränderungen führte dazu, dass Banken ihre Eigenentwicklungen heute zunehmend durch Standardlösungen (s. Kap. 4.2.2) ersetzen.

„Die Produktion kehrt in die Industrieländer zurück

(…). Global werden die Standortfragen neu gestellt. Der noch vor wenigen Jahren eindeutige Trend, personalintensive Produktion in Niedriglohnländer zu verlagern, vor allem in die Volksrepublik China, gilt nicht mehr (…). Künftig dürfte es zu noch mehr Produktionsverlagerungen auch wieder in hochindustrialisierte Länder kommen. Im Rahmen der Tendenz, die Produktion wieder näher an den Ort des Verbrauchs zu bringen, suchen Unternehmen den besten Standort in einer Region und nicht mehr den billigsten der Welt, beobachtet BCG. Zumal der Preisvorteil schnell weg sein kann, wie man an den steigenden Löhnen in China oder an den Veränderungen der Energiepreise sieht. In Brasilien ist die Produktion heute schon teurer als in vielen westeuropäischen Ländern."

(Quelle: Frankfurter Allgemeine Zeitung v. 10.01.2015, 19)

3.1.2 Typologien von Unternehmensnetzwerken

Nach der Anzahl der involvierten Akteure lassen sich Unternehmensnetzwerke in bilaterale Bindungen, trilaterale Bindungen, einfache Netzwerke und komplexe Netzwerke unterscheiden (Kutschker, 1994, 126). Mit der zunehmenden Anzahl an Netzwerkakteuren und der daraus resultierenden Zahl an Beziehungen innerhalb des Netzwerks wird dabei eine geringere Qualität der Beziehungen angenommen. Eine weitere Differenzierung ergibt sich durch die Reichweite und Stabilität von Netzwerken mit den Typen „Internes Netzwerk", „Kern-Unternehmen" und „Service-Broker" (Snow et al., 1992, 56). Interne

Netzwerke bestehen gewöhnlich in Großunternehmen, deren Organisationsstruktur häufig einem Netzwerk gleicht. Stabile Netzwerke weisen dahingegen langfristige Vertrags- bzw. Kooperationsbeziehungen zwischen überbetrieblichen Netzwerkakteuren auf, sodass dieser Netzwerktyp eine geringe Flexibilität in Bezug auf seine Zusammensetzung besitzt. Dynamische Netzwerke zeichnen sich darüber hinaus durch eine hohe Dynamik und Flexibilität aus. So sind die Vertrags- und Kooperationsbeziehungen innerhalb solcher Netzwerke kurzfristig, wobei die Auswahl eines Netzwerkpartners mit jedem Leistungsbezug flexibel austauschbar ist. Ein auf Basis dieser Ansätze ergänztes Klassifikationsschema charakterisiert Banknetzwerke (grau markierte Felder in Tabelle 3-2) *als zwischenbetriebliche Kooperationen, die auf die Erstellung bankfachlicher Marktleistungen für Endkunden fokussiert sind und sich über die gesamte Wertschöpfungskette der Bankenindustrie erstrecken können* (Eckert, 2011, 36).

Tabelle 3-2: Klassifizierung von Banknetzwerken (in Anlehnung an (Eckert, 2011, 37))

Klassifizierung von Banknetzwerken – Konstitutive Merkmale			
Kooperationsebene:	Innerbetrieblich	Überbetrieblich	Zwischenbetrieblich
Freiwilligkeit Formierung:	Verpflichtung		Eigener Wille
Standardisierungsgrad:	niedrig	mittel	hoch
Beziehungsstruktur:	Anzahl der Kanten < Anzahl der Knoten		Anzahl der Kanten ≥ Anzahl der Knoten
Klassifizierung von Banknetzwerken – Derivative Merkmale			
Sektorale Zugehörigkeit:	Primär	Sekundär	Tertiär
Führungsstruktur:	Symmetrisch/ polyzentrisch/heterarchisch		Asymmetrisch/ fokal/hierarchisch
Richtung Zusammenarbeit:	Horizontal	Vertikal	Lateral
Sichtbarkeit für Kunden:	sichtbar		nicht sichtbar
Fertigungstiefe:	einstufig		mehrstufig
Zeitliche Befristung:	unbefristet	langfristig, aber befristet	kurzfristig
Teilnehmerzahl:	≤ 2		> 2
Struktur:	Internes Netzwerk	Stabiles Netzwerk	Dynamisches Netzwerk
Rechtsform der Kooperationen:	formlos	vertraglich- kodifiziert	gesellschaftlich- vertraglich kodifiziert

3.1.3 Sourcing als Grundprinzip zur Netzwerkgestaltung

Der Begriff „Sourcing" thematisiert einerseits die Gestaltung der Leistungserstellung in der Wertschöpfungskette sowohl aus internen wie auch aus externen Quellen für eine oder mehrere Unternehmen und andererseits die Transformation von Unternehmen (s. Kap. 2.1.2) durch Spezialisierung und Vernetzung. Grundsätzlich ist Sourcing hinsichtlich der Art und des Umfangs der Eigenerstellung bzw. des Fremdbezugs der Leistungen (s. Kap. 1.3.2) unspezifisch. So versteht die Produktions- und Materialwirtschaft darunter Entscheidungen und Strategien zum Einkauf von Produkten, Rohstoffen oder Dienstleistungen sowie die Auslagerung von Fertigungsteilen und der damit verbundenen Prozesse. Eine Weiterentwicklung bildet das „Strategic Sourcing", das die Neuausrichtung der gesamten Wertschöpfungskette sowie die Fokussierung der einzelnen Unternehmen auf ihre Kernkompetenzen bezeichnet.

Nachfolgend bezieht sich Sourcing auf alle *Entscheidungen zur organisatorischen Verteilung betrieblicher (Teil-)Prozesse auf interne oder externe Leistungserbringer sowie das Management dieser Beziehungen* (Alt & Zerndt, 2009b, 11). Sourcing gestaltet demzufolge Leistungsflüsse sowie -prozesse und lässt sich anhand von fünf Dimensionen strukturieren (Alt, 2012, 1277f):

- *Richtung des Leistungsbezugs.* In der Praxis gilt Sourcing häufig als synonym zum Begriff des „Outsourcing".[45] Allerdings bezeichnet Outsourcing mit der Reduktion der Eigenfertigungstiefe um mehrere (Teil-)Prozesse eines Unternehmens nur eine Richtung des Leistungsbezugs (s. Kap. 1.3.2). Mit der Verlagerung kommt es zur Leistungserweiterung beim Dienstleister, die wiederum als Insourcing die Überführung von bislang unternehmensextern erbrachten Leistungen in ein Unternehmen zur Förderung der eigenen Kernkompetenzen bezeichnet. Das Geschäftsmodell des „insourcenden" Unternehmens fokussiert auf die Realisierung von Economies of Scale, Skill und Scope (s. Kap. 3.1.1) zur Spezialisierung und Vernetzung. Das „Co-Sourcing" sowie das „Backsourcing" bilden Sonderformen des Insourcing. Co-Sourcing meint die Gründung eines „Shared Service" " zwischen zwei oder mehreren Unternehmen (z. B. zur gemeinsamen Datenaufbereitung, s. unten), wohingegen das Backsourcing eine erneute Eigenerstellung von zuvor ausgelagerten Leistungen vorsieht.

„Wall Street is giving its data a deep clean

J.P. Morgan Chase & Co., Goldman Sachs Group and Morgan Stanley are working to create a company that will pull together and clean reams of reference data at a lower cost than what they would spend individually, according to people familiar with the matter. The new entity, which will create a stream of consistent data that banks use to help determine pricing and transaction costs, is the latest example of increasingly cost-conscious banks coming together to save on head count, expenses and time. Growing pressures on bank profits are prompting the firms to seek new ways to save money, including partnerships they may haven't considered a decade ago. The initiative is currently dubbed „SPReD", which stands for Securities Product Reference Data, and is likely to be launched as a new entity in the next six to 12 months, the people said. Each founding bank is investing „seven figures" for the entity, the people said. The company

---

[45] Outsourcing meint die Fremdvergabe einer Leistung, die bislang unternehmensintern erbracht wurde, an ein organisatorisch und finanziell unabhängiges Unternehmen (Alt & Brost, 2012).

will work specifically with reference data on financial instruments, including identifiers like names, codes and symbols that each institution already buys. It will start with listed derivatives and equity data, with fixed income-related data added later. The project would consolidate efforts to clean and store the vast amount of data, centralizing a function that many banks have previously done individually, with some housing data in a variety of units within their organization. Banks typically use market data from vendors and glean it from public sources, run it through their systems and „scrub" the data to get so-called „golden copies" that are consistent and ready for use across the business, one of these people said. That consistent data can help save on transaction costs across the organization. (…) Data management spending has usually been in the multiple tens of millions of dollars, sometimes up to hundreds of millions depending on the size of the large bank, said Omer Sohail, who leads the U.S. banking and securities analytics team at Deloitte Consulting LLP."

(Quelle: Wall Street Journal (Online) v. 19.08.2015)

- *Standort der Leistungserbringung.* Bei der Leistungsorganisation kann ein Standortwechsel der physischen Leistungserstellung stattfinden. So bezieht sich das „Offshoring" auf die Verlagerung von Leistungen, meist in Länder mit einem geringen Lohnniveau (z. B. Indien, China). Dagegen fokussiert das „Nearshoring" den Leistungsbezug von Standorten desselben Kontinents (z. B. von Polen oder Tschechien für Deutschland, oder Mexiko für die USA). Das „Captive Nearshoring" ist ein Beispiel bei dem ein Sourcing zwischen Teilen eines Unternehmens stattfindet. Demgegenüber definiert das „Local Sourcing" die Beschaffung von Leistungen im lokalen Umfeld des auslagernden Unternehmens und gilt daher als Onshoring (s. Kap. 1.3.2).

„Konkurrenz für Büroangestellte

Früher spürten vor allem Arbeiter, deren Stelle verlagert wurde, die Folgen des globalen Arbeitsmarkts. Nun erfasst diese Entwicklung auch die Angestellten. Firmen konzentrieren Büroarbeiten an günstigeren Standorten. Besonders aktiv sind die Banken.

Wroclaw ist zwar kein Finanzzentrum, und doch dürfte die Credit Suisse einer der grössten Arbeitgeber in der polnischen Stadt sein. 3'600 Personen beschäftigt die Bank dort in ihrem «Center of Excellence», mehr als viermal so viel wie vor drei Jahren. Die Angestellten erledigen für verschiedene Geschäftseinheiten unterschiedliche Büroarbeiten in den Bereichen Zahlungsverkehr, IT, Personalwesen, Buchhaltung und Publikationen. Es handelt sich also nicht um ein blosses Callcenter, wie man das auf den ersten Blick erwarten würde. 70% der Angestellten des Hubs, der betriebswirtschaftlich betrachtet ein sogenanntes Shared-Service-Center ist, besitzen einen Hochschulabschluss. (...).

Zuvor waren die nun in Wroclaw ausgeführten Tätigkeiten in regionalen Headquarters anderswo erledigt worden, beispielsweise in Zürich. Der Kostendruck, der von der immer teurer werdenden Regulierung und den niedrigen Zinsen ausgeht, hat das Institut aber veranlasst, sich nach günstigeren Standorten umzusehen. Für Büroangestellte in den westeuropäischen Wirtschaftsmetropolen sind solche Verlagerungen und der damit möglicherweise zusammenfallende Arbeitsplatzverlust eine neue Erfahrung. Den vielzitierten Strukturwandel bekamen jahrzehntelang nämlich vor allem Fabrikarbeiter zu spüren, deren Jobs, beispielsweise in der Textilindustrie, in die Türkei oder nach China verschoben wurden. Nun trifft es aber zunehmend sogenannte White-Collar-Workers, und der starke Franken dürfte diesen Trend noch verstärken. (...).

Shared-Service-Center werden innerhalb der Firmen weiter an Bedeutung gewinnen, obwohl sie in einem ersten Schritt sehr hohe Investitionen voraussetzen. UBS-Spezialisten beispielsweise sind derzeit damit beschäftigt, in Wroclaw und in der indischen Stadt Pune weitere Hubs aufzubauen. In Indien verlässt jedes Jahr eine riesige Anzahl IT-Spezialisten die Hochschulen, und aus diesem Pool will sich die Bank wie andere Grossfirmen bedienen. Dabei dürfte bei diesen in nächster Zeit nicht nur die Zahl der Shared-Service-Center wachsen, sondern es wird sich auch deren Funktion weiter ändern. Zum einen gewinnen die Angestellten der Hubs laufend an Erfahrung, und die Konzern-Manager wissen immer besser, wie mit dem Problem der Schnittstellen umgegangen werden muss. Firmen kommen so in die Lage, den Wertschöpfungsanteil eines Shared-Service-Centers im Konzernverbund schrittweise zu erhöhen. Zum anderen sind die Gehälter in Städten, die einst als Niedriglohn-Standorte galten, stark gestiegen. Das gilt etwa für den Finanzplatz Singapur. Dorthin haben Banken früher aus Kostengründen Arbeitsplätze verschoben. Auch diese werden teilweise verlagert, etwa nach Indien, der asiatischen Hochburg für Shared-Services-Dienstleistungen (...).

Shared-Service-Center von Konzernen

Credit Suisse: Wroclaw, Mumbai, Pune, Raleigh

UBS: Krakau, Nashville, Schanghai, Wroclaw, Pune"

(Quelle: Neue Zürcher Zeitung v. 10.08.2015, 17)

- *Grad externer Leistungserstellung.* Je nach Veränderungen in der Eigenfertigungstiefe kommt es zu einem minimalen, partiellen oder maximalen Outsourcing (s. Kap. 1.3.2). Minimales Outsourcing bezeichnet die Auslagerung von <20% der Eigenfertigungstiefe, während der Bereich zwischen 20 und 80% als partielles und jener über 80% als maximales bzw. Full Outsourcing gilt. Handelt es sich um einen geringen Aufgabenumfang (nicht bezogen auf Transaktionsvolumina), so bezeichnet man dieses Outsourcing auch als Outtasking.

- *Objekt des Leistungsbezugs.* Gegenstand des Sourcing können sowohl Geschäftsprozesse, AS sowie IT-Infrastrukturen sein (s. Bild 3-1; die Zuordnung der innerhalb der Schichten annotierten Ausprägungen entspricht nicht der tatsächlichen, sondern soll das Möglichkeitsspektrum aufzeigen). Das IT-Infrastruktur Outsourcing (ITO) bezieht sich auf die Fremdvergabe von Rechenzentrum- und/oder Netzleistungen. Während diese Leistungen branchenübergreifend verhältnismäßig gleichartig ausfallen, sind die Lösungen der Schichten IS und Organisation meist branchen- oder gar unternehmensbezogener. So verbleibt beim „Application Hosting" bzw. Anwendungsmanagement die Softwarelizenz für das AS beim outsourcenden Unternehmen, das lediglich den Betrieb, die Wartung und die Weiterentwicklung sowie den Benutzerservice an einen externen Dienstleister auslagert. Hingegen besitzt beim „Application Service Providing" (ASP) der Dienstleister die Lizenz für mehrere Kunden und ist für die Wartung und Aktualisierung dieser Anwendung verantwortlich. Weitere Formen stellen On Demand-Dienste des Cloud Computing (s. Kap. 4.4.1) dar, bei dem mehrere Unternehmen ein AS oder ganze Systemplattformen gemeinsam nutzen. Ausprägungen hierzu sind "Software-as-a-Service" (SaaS), "Platform-as-a-Service" (PaaS) und "Infrastructure-as-a-Service" (IaaS), die im Vergleich zu traditionellen "On-Premise-Lösungen" andere Preismodelle, wie z. B. pro Benutzer / Monat etc., umfassen. PaaS zielt dabei auf den Bereich der sog "Middleware", die Dienste zur Kommunikation zwischen heterogenen AS bereitstellt (s. Kap. 4.3.2). Beim „Business Process Outsourcing" (BPO) schließlich bezieht der Outsourcer das vom Dienstleister erbrachte Prozessergebnis, das die beiden übrigen Schichten (ASP und ITO) einschließt. Typische BPO-Leistungen sind der Fremdbezug von Lohn- und Gehaltsabrechnung oder das Scannen und Archivieren von Dokumenten.

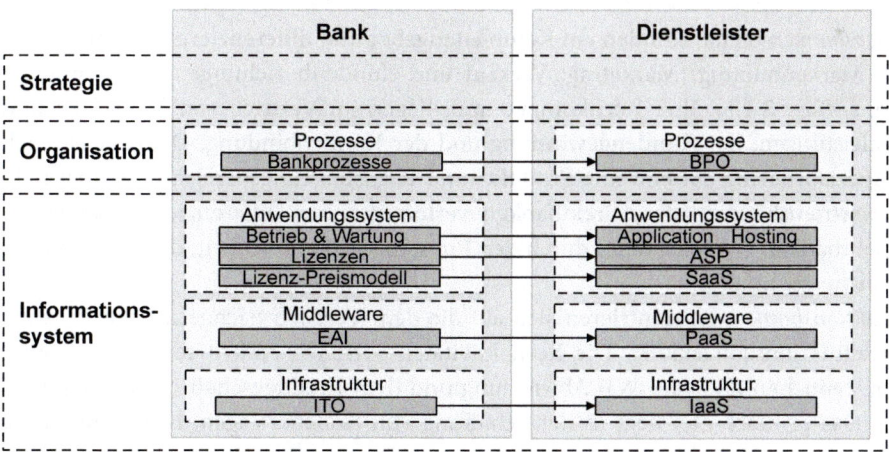

Bild 3-1: Einordnung unterschiedlicher Objekte des Leistungsbezugs

- *Anzahl der Leistungsersteller.* Die Begriffe des Single- und Multi-Sourcing legen fest, ob ein outsourcendes Unternehmen mit einem oder mehreren Dienstleistern kooperiert. Das „Single-Sourcing" bezeichnet eine – häufig enge – Kooperation mit einem einzigen

Dienstleister, das „Multi-Sourcing" hingegen die Kooperation mit mehreren Spezialisten im Rahmen eines „Best-of-Breed-Ansatzes" (s. Kap. 4.1.2).

Auf diesen Dimensionen lassen sich die Sourcing-Strategie sowie das Sourcing-Modell in einem konkreten Unternehmenskontext formulieren. *Die Sourcing-Strategie definiert abgeleitet aus der Gesamtbankstrategie die grundsätzliche Leistungserstellung einer Bank* (Alt, 2012b, 1279). Das Ziel besteht in der organisatorischen Verteilung von Bankprozessen auf interne oder externe Leistungserbringer sowie dem Management dieser Beziehungen. Die Sourcing-Strategie legt Entscheidungen nach den fünf Sourcing-Dimensionen fest und konkretisiert diese in einem Sourcing-Modell, das Entscheidungen der Sourcing-Strategie umsetzt.

3.2 Serviceorientierung in Banknetzwerken

3.2.1 Netzwerktypen

Das Grundkonzept von Banknetzwerken besteht im Zusammenwirken spezialisierter Serviceanbieter, die ihre Leistungen anderen Akteuren als Produkt bereitstellen (s. Kap. 1.4.3). Dieses dem Prinzip der Serviceorientierung folgende Paradigma adressiert den geschäftlichen bzw. fachlichen Aspekt von Services. Die Leistungen betreffen dabei sowohl die Bankprodukte in den Bereichen Zahlen, Anlegen und Finanzieren (s. Kap. 2.3.3 bis 2.3.5) gegenüber Endkunden (B2C, z. B. Konto) als auch die vor- und nachgelagerten fachlichen Services (B2B, z. B. ZV-Abwicklung). Entsprechend des Wertschöpfungsnetzwerks (s. Kap. 2.2.2) lassen sich abhängig von den zugrundeliegenden Kompetenzen drei generische Banktypen unterscheiden (s. Bild 3-2):

- *Vertriebsbanken* bieten Kunden ein Komplettangebot und differenzieren sich am Markt durch Markenbildung, Marketing, Verkauf und Kundenbeziehungen (Economies of Scope, s. Kap. 3.1.1). Ihre Kernkompetenzen liegen im Vertrieb von Produkten und Dienstleistungen, der Kundengewinnung und der Kundenbindung. Denkbar ist auch eine Spezialisierung auf einzelne Produkt- und Dienstleistungsbereiche, wie dies z. B. Fondsvertriebshäuser oder Direktbanken verfolgen. Eine Differenzierung erreichen Vertriebsbanken typischerweise durch den Preis, die Bequemlichkeit, die Qualität oder den Leistungsumfang.
- *Transaktionsbanken* konzentrieren sich auf die dem Vertrieb nachgelagerten Prozesse der Transaktionsabwicklung. Die Kernaktivitäten betreffen Aktivitäten im Backoffice in den Bereichen ZV- und WP-Abwicklung und dem Kreditgeschäft (s. Kap. 2.3.3 bis 2.3.5). Das primäre Ziel liegt in der Schaffung von Skalenerträgen, häufig durch die Bündelung von Abwicklungsaktivitäten mehrerer Banken (Economies of Scale, s. Kap. 3.1.1). Dies resultiert in der Verarbeitung hoher Volumina (Massentransaktionen), der Sicherstellung einer hohen Auslastung, der Vermeidung von Leerkapazitäten sowie standardisierter Transaktionen, welche tiefere Stückkosten zur Folge haben. Infolge der reinen Transaktionsorientierung benötigen Transaktionsbanken nicht zwingend eine Banklizenz, sodass sich auch IT-Dienstleister hier positionieren können.

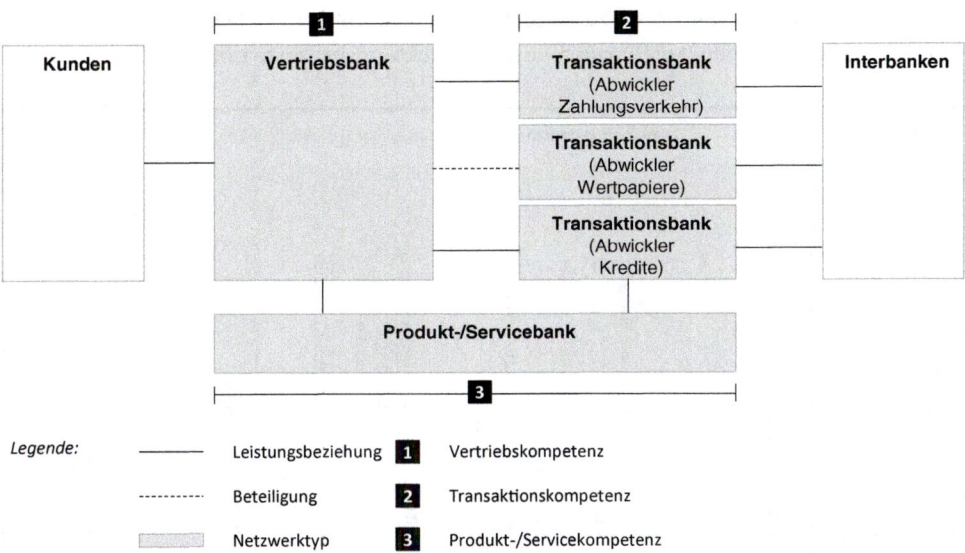

Bild 3-2: Generische Netzwerktypen von Banken

- *Produkt-/Servicebanken* fokussieren auf die (Weiter-)Entwicklung und die Bereitstellung von Finanzprodukten und -dienstleistungen (inkl. Infrastruktur). Sie erzielen ihre Wertschöpfung primär in der Produktentwicklung, die entgegen der Vertriebsorientierung ein mitarbeiter- und kein kundenzentriertes Geschäft darstellt (Economies of Skill, s. Kap. 3.1.1). Solche reinen Produktionsinstitute finden sich in der Bankenindustrie v. a. in der Produktentwicklung, z. B. bei der Entwicklung von Anlageprodukten oder der Bereitstellung von Infrastrukturservices aus dem Bereich der IT- und ASP-Modelle (s. Kap. 3.1.3).

Die drei Typen sind nicht unabhängig voneinander zu betrachten. So bezieht die Vertriebsbank aufgrund ihres Kundenkontakts Produkte von der auf die Produktentwicklung spezialisierten Produkt-/Servicebank und bietet diese den Kunden an. Weitere für den Betrieb erforderliche Leistungen, wie IT- oder Infrastrukturleistungen, kann die Vertriebsbank ebenfalls von der Produkt-/Servicebank beziehen. Verkauft die Vertriebsbank ein Produkt an Kunden, so wickelt die Transaktionsbank dieses über ihre Infrastruktur ab. Das Ergebnis ist die Dreiteilung der bankbetrieblichen Wertschöpfungskette nach drei Kompetenzbereichen (s. Kap. 1.3.2). Im Fall der Vertriebsbank ist dies die Vertriebskompetenz, bei der Produkt-/Servicebank die Produkt- und Servicekompetenz und bei der Transaktionsbank die Transaktionskompetenz. Je nach strategischer Kooperationsform (s. Kap. 3.3.2) kann das Zusammenwirken in Form von Leistungsbeziehungen (durchgehende Linie) oder Beteiligungen (gestrichelte Linie) erfolgen (s. Bild 3-2).

Zur weiteren Systematisierung dienen die drei generischen Netzwerktypen der Vertriebs-, Produkt-/Service- sowie Transaktionsbank. Bild 3-3 ordnet diese den Prozessen

des Bankmodells aus Kap. 2.3.8 zu, wobei vertriebsorientierte Netzwerke die Vertriebs-
sowie die vertriebsnahen Ausführungs- und Abwicklungsprozesse umfassen.

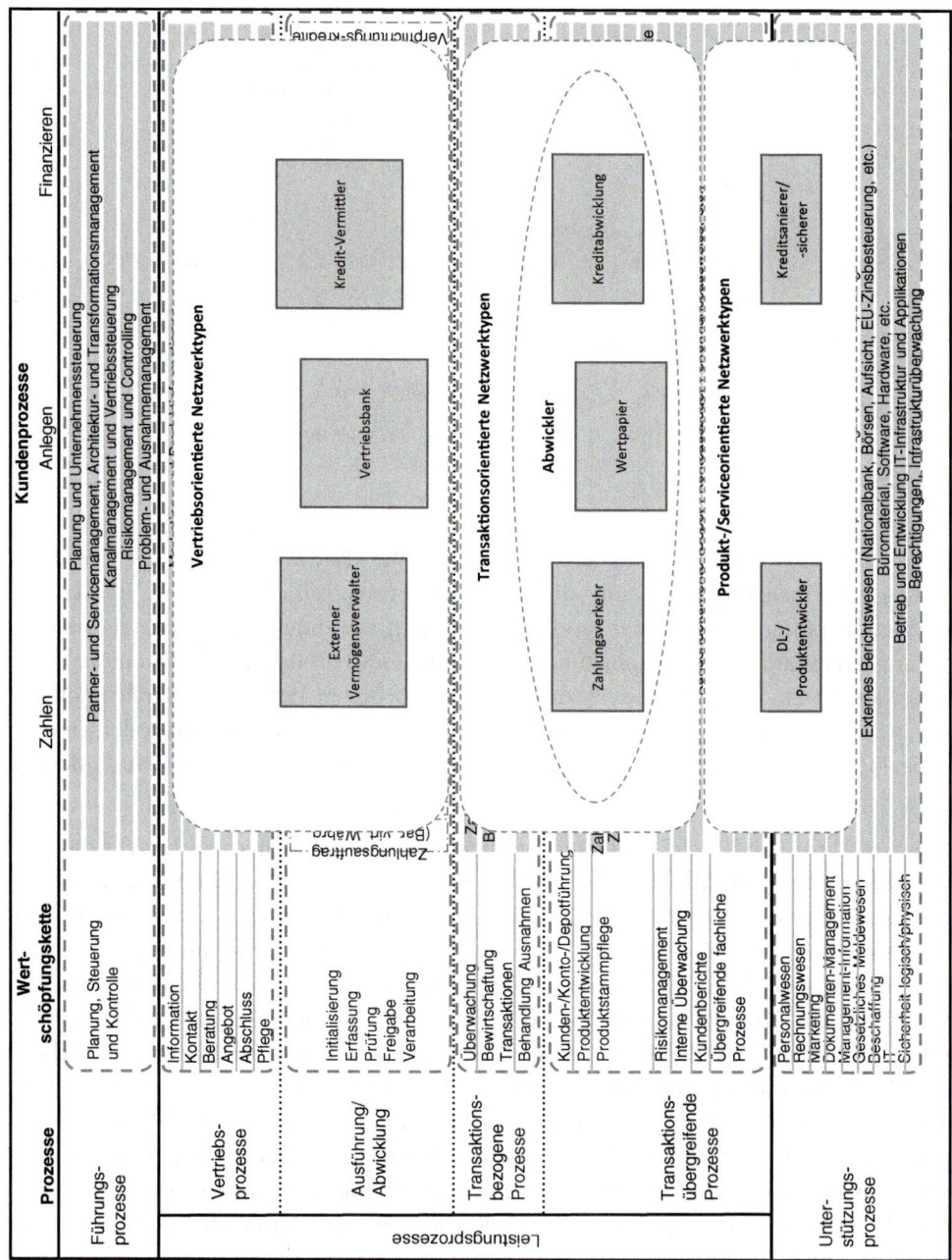

Bild 3-3: Bankmodell mit Banktypen und beispielhaften Netzwerkrollen (in Anlehnung an (Alt &
Zerndt, 2009a, 60))

Transaktionsorientierte Netzwerke fokussieren dagegen auf transaktionsbezogene und -übergreifende Prozesse, während Produkt-/Servicenetzwerke Teile des transaktionsüber- greifenden Bereichs sowie der Unterstützungsprozesse beinhalten. Gegenüber Vertrieb und Produkt-/Service als klassische Kernbereiche von Banken, gelten Abwicklungspro- zesse, wie etwa die ZV-Abwicklung, aufgrund ihrer hohen Strukturiertheit von Abläufen und Beschreibungsmerkmalen (z. B. Daten in einer Überweisung) als Prozesse mit einem hohem Potenzial zum Outsourcing an spezialisierte Abwickler (s. Kap. 1.3.2).

3.2.2 Netzwerkrollen

Wie in Bild 3-3 beispielhaft dargestellt, lassen sich die allgemeinen Netzwerktypen in Form sog. Netzwerkrollen detaillierter beschreiben. Die Unterscheidung derartiger Rollen lehnt sich an die Literatur zu Unternehmensnetzwerken an (s. Kap. 3.1.2), die z. B. nach dem Le- benszyklus eines Netzwerks die Rollen des „Architects" (der ein Unternehmensnetzwerk entwickelt), des „Lead Operators" (der ein Unternehmensnetzwerk führt) und des „Care- takers" (der ein Unternehmensnetzwerk weiterentwickelt) differenziert (Sydow & Mölle- ring, 2015, 240). Die Rolle bezeichnet die Position, die ein Individuum oder eine Organi- sationseinheit innerhalb der Netzwerkstruktur einnimmt und bestimmt in starkem Maße dessen Einflussmöglichkeiten und -wirkungen (Janneck & Staar, 2012, 217). Die Rollen- betrachtung abstrahiert dabei von konkreten Unternehmen und ordnet diesen stattdessen generisch formulierte Rollen zu. So finden sich bei vertriebsorientierten Netzwerktypen etwa der externe Vermögensverwalter, die Vertriebsbank und der Kredit-Vermittler. Bei den transaktionsorientierten Netzwerktypen sind Abwickler für den ZV-, den WP- so- wie den Kreditbereich anzutreffen und im Produkt-/Servicebereich der Produktentwickler und der Kreditsanierer/-sicherer.

Eine vollständigere Sicht zeigt Bild 3-4. Die Leistungsbeziehungen zwischen den Ak- teuren sind dabei in Form von Informations- und Finanzflüssen und teilweise (z. B. bei der Beschaffung von Hardware im Bereich „Plattform/Rechenzentrum (RZ)") auch als physi- sche Güterflüsse dargestellt. Mit diesem Austausch von Marktleistungen ergibt sich eine ablauforientierte Sicht (s. Kap. 2) gemäß dem Prinzip der Serviceorientierung auf strate- gischer Ebene (s. Kap. 1.4.3). Die detaillierte Zuordnung von Prozessen zu den einzelnen Rollen findet sich am Beispiel der Modellbank in Kap. 5.1.2 bzw. 5.2.2 wieder.

Zusätzlich zu diesen Netzwerktypen und -rollen entstehen mit der Digitalisierung wei- tere innovative Typen und Rollen in Banknetzwerken (s. Kap. 3.4.2 für den B2B-Bereich und Kap. 3.4.3 für den B2C-Bereich). Beispiele sind etwa elektronische B2C-Marktplätze im Vertrieb, wie Moneyland oder Check24.de, die sich als Intermediär zwischen Kunden und EVVs, Vertriebsbanken und Kredit-Vermittlern positionieren (s. Kap. 2.5.2) sowie B2B-Marktplätze, wie DNAappstore (s. Kap. 3.4.2), die auf neue produkt-/serviceorien- tierte Netzwerktypen abzielen. Entgegen traditionellen Ansätzen der Unternehmens- vernetzung sehen die neueren explizit die Einbindung des Kunden in das Netzwerk vor (s. „Open Innovation" und „Co-Creation" in Kap. 1.4.4).

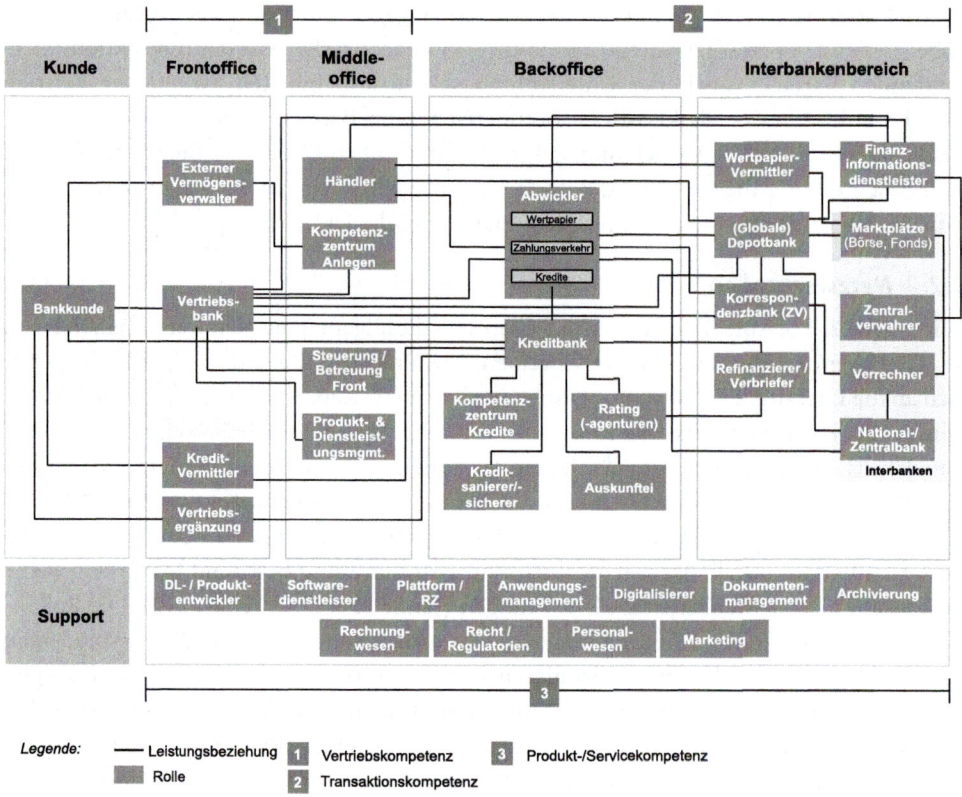

Bild 3-4: Rollen im Banknetzwerk (in Anlehnung an (Alt & Zerndt, 2012b, 549))

Tabelle 3-3 beschreibt die Rollen des Banknetzwerks entsprechend Bild 3-4 von links nach rechts und zeigt wie Banken damit individualisierte oder erweiterte Banknetzwerke aus standardisierten Einzelleistungen erstellen können.

Tabelle 3-3: Rollen im Banknetzwerk (in Anlehnung an (Alt & Zerndt, 2012b, 549), (Spremann & Gantenbein, 2014))

Akteure im Netzwerk
Externer Vermögensverwalter (EVV) Konzentriert sich auf die Kundenbeziehung und die Verwaltung deren Vermögens. Da EVV i.d.R. keine Banklizenz besitzen, benötigen die Kunden stets eine Bankbeziehung.
Vertriebsbank Konzentriert sich auf die Kundenbeziehung und Beratungsleistungen, wobei Produkte und Abwicklungsaktivitäten von Spezialisten bezogen werden. Auch Interbankbeziehungen (z. B. Handelsnetz, ZV) werden nicht eigenständig erbracht.
Kredit-Vermittler Besitzt keine Banklizenz und konzentriert sich auf die Beratung seiner Kunden. Der jeweilige Kreditvertrag entsteht zwischen der Kreditbank und dem Endkunden.

Vertriebsergänzung
Konzentriert sich ausschließlich auf den Vertrieb von Produkten, wie z. B. Konsumentenkredite.

Händler
Erhält Aufträge von der Vertriebsbank bzw. vom Abwickler, platziert diese und nimmt ausgeführte Trades entgegen. Der Börsenzugang erfolgt direkt oder via Vermittler. Zudem übernimmt der Händler für Banken den Kontenabgleich bei den Handelsplätzen.

Kompetenzzentren
Kompetenzzentren dienen der Bündelung spezifischer Expertise in Bereichen, wie etwa Finanz- und Vermögensplanung, Portfoliomanagement, Finanzierungen etc.

Steuerung/Betreuung (Front)
Dient der Koordination der Vertriebskanäle und -prozesse sowie der Unterstützung des Vertriebs (z. B. Terminvor- und -nachbereitung, Aufbereiten von Kundenunterlagen etc.).

Produkt- & Dienstleistungsmanagement
Verwaltet das Produkt- und Dienstleistungsportfolio und strebt so nach Differenzierungsfaktoren (z. B. Innovationsgrad, Performance) zur Erzielung von Wettbewerbsvorteilen.

Abwickler
Zahlen: Der Abwickler übernimmt von der Vertriebsbank die ZV-Daten, bearbeitet bzw. korrigiert diese und übergibt sie an die Korrespondenzbank (internationaler ZV) bzw. das nationale Verrechnungs-(Clearing-)Institut (nationaler ZV, Verrechner).
Anlegen: Der Abwickler übernimmt administrative Aufgaben, wie etwa Auftragsprüfung, Transaktionsabwicklung, Verwaltung von Kunden- und Bankdepots oder Nachforschungen (Ermittlungen).
Finanzieren: Der Abwickler übernimmt i.d.R. die Kreditbewirtschaftung, den Druck von Kundendokumenten (Dokumentenmanagement) und die Bestellung sowie Überwachung der Sicherheiten.

Kreditbank
Die Kreditbank übernimmt für andere Banken (z. B. Vertriebsbanken) das Kreditgeschäft, wobei die Kredite und auch die Risiken in den Büchern der Kreditbank geführt werden.

Kreditsanierer/-sicherer
Fokussiert auf die Sanierung und Sicherung notleidender Forderungen. Dabei werden Kredite mit einem Abschlag an spezialisierte Unternehmen verkauft, um die Eigenmittel zu befreien und den ressourcenlastigen Sanierungsvorgang überwälzen zu können.

Rating(-agentur)
Bonitätsprüfung (Individualkunden): Stuft den Schuldner gemäß einer Kreditlogik/eines Scorings zum Zweck der Kreditwürdigkeit/-fähigkeit in Bonitätsstufen ein.
Rating (Firmenkunden): Firmenkunden werden intern und/oder extern bewertet (geratet). Das externe Rating wird durch regulatorisch anerkannte Ratingagenturen vorgenommen und besitzt direkten Einfluss auf die dem Kredit zu unterlegenden Eigenmittel der Bank.

Auskunftei
Sicherheiten: Kredite sind oft durch Sicherheiten, z. B. Immobilien, unterlegt. Die Bewertung dieser Sicherheiten gibt Aufschluss über Belehnungswert oder Eigenmittelbedarf.
Bonität: Die Schuldnerauskunftei registriert relevante Daten für eine Kreditvergabe.

Wertpapier-Vermittler
Vermittelt den Zugang zu (nicht elektronischen) Börsen, besitzt Wissen über lokale Gegebenheiten sowie Handelsgepflogenheiten.

(Globale) Depotbank

Übernimmt den Bestandsabgleich für seine Kunden und wickelt Transkationen mit den Zentralverwahrern ab. Das Leistungsangebot reicht von der Verwahrung und Administration (z. B. Verwaltungshandlungen, Aufbereitung regulatorische Berichte) hin zu ergänzenden Leistungen (z. B. Devisenmarktplätze, FOREX).

Korrespondenzbank

Verfügt über ein internationales Netzwerk an Korrespondenzbanken zur Abwicklung landesübergreifender ZV-Aufträge.

Refinanzierer/Verbriefer

Refinanzierung: Der Refinanzierer unterstützt bei einer möglichst fristenkongruenten Beschaffung finanzieller Mittel zur Vergabe von Krediten bzw. Hypotheken.

Verbriefung: Die Verbriefung von Krediten erschließt einerseits neue Refinanzierungsmöglichkeiten und steuert andererseits die mit den Krediten verbundenen Risiken.

Finanzinformationsdienstleister

Übernehmen i.d.R. zwei Rollen. Einerseits die der Gattungs- bzw. Valoren- und andererseits die der Stammdatenzentrale[46]. Im erstgenannten Fall liefert der Dienstleister Daten zu unterschiedliche Arten von Wertpapieren (Gattungen, z. B. Nennbetrags- oder Stückaktien etc.), während er im zweiten Fall die Daten einzelner Wertpapiere zuliefert (z. B. Wertpapierkennnummer, Unternehmensname etc.).

Marktplätze

Börsen sind organisierte Märkte für fungible Güter, wie etwa Waren, Devisen oder Wertpapiere (s. Kap. 1.3.3).

Fondsmarktplätze: Marktplätze, die spezielle Wertpapieranlagen in Form von Fonds (Kollektivanlagen) anbieten.

Zentralverwahrer

Anlegen: Der Zentralverwahrer verwaltet Wertpapiere, die an (einer) bestimmten Börse(n) gehandelt werden. Die Verwaltung umfasst auch die Verbuchung und Abrechnung der Aufträge sowie deren Überwachung. Er unterhält keine Geschäftsbeziehungen zu Endkunden, sondern zu Instituten, die unter finanzmarktrechtlicher Aufsicht stehen.

Finanzieren: Schuldbriefverwahrer verwalten die Originalurkunden des Schuldbriefs. Auch sie besitzen keine Geschäftsbeziehung zu Endkunden, sondern lediglich zu Instituten, welche die Dienste der Schuldbriefverwahrer nutzen.

Verrechner

Umfasst die Abwicklung der mit einer Wertpapiertransaktion verbundenen Abrechnung.

National-/Zentralbank

Die National-/Zentralbank ist für die Geldpolitik und die Interbankenregulation zuständig.

---

[46] Gattungsdaten sind Wertpapierstammdaten, wie etwa die Wertpapierkennnummer (WKN) in Deutschland, die eine sechsstellige Ziffern- und Buchstabenkombination zur Identifizierung von Wertpapieren verwendet. Die Schweiz verwendet hierfür den Begriff der Valorendaten bzw. -nummer.

3.2.3 Sourcing-Modelle

Das Banknetzwerk zeigt generische Rollen, die partielle als auch umfassende Kooperationsmodelle ermöglichen. Unterschiede ergeben sich zudem bei der Partnerschaftsform und Position des leistungsbeziehenden Unternehmens im gesamten Netzwerk. Während ein Schichtenspezialist nur wenige Stufen der Wertschöpfungskette horizontal integriert und als Geschäftspartner einer vertikalen Partnerschaft agiert, spezialisiert sich ein Orchestrator auf seine Kernkompetenzen und die Koordination von Leistungsbezügen der übrigen Leistungen (Müller-Stewens & Lechner, 2011, 370f). Die folgenden Abschnitte beschreiben drei für Banken typische Gestaltungsoptionen von Banknetzwerken.

Orchestrierung des Wertschöpfungsnetzwerks

Die Orchestrierung zielt auf die Konzentration von Kernkompetenzen gepaart mit einem Leistungsbezug in allen übrigen Bereichen. Dies entspricht dem Netzwerktyp des Servicevermittlers (s. Kap. 3.1.2). Ein Beispiel ist ein EVV (s. Kap. 3.2.2), der sich ausschließlich auf die Beratung (Vertriebsprozesse, s. Kap. 2.3.2) konzentriert und alle übrigen Services, wie etwa die Depotführung (s. Kap. 2.3.6) u. a., aus dem Banknetzwerk bezieht. Bezogen auf das generische Banknetzwerk bedeutet das, dass er nur die Rolle des EVVs (s. Kap. 3.2.2) abdeckt und andere Akteure die übrigen Services. Neben dem Fokus auf Kernkompetenzen können auch mangelnde Ressourcen, Kostendruck oder regulatorische Auflagen Motive für die Orchestrierung der Wertschöpfungskette sein.

Bezug von Backoffice-Prozessen aus dem Wertschöpfungsnetzwerk

Infolge ihres traditionell hohen Fixkostenanteils (s. Kap. 1.3.4), zielt die Industrialisierung neben Economies of Scale, Scope bzw. Skills (s. Kap. 3.1.1) auch auf die Variabilisierung der Kosten (s. Kap. 1.3.2). Da es sich bei den Backoffice-Prozessen um transaktionsorientierte Tätigkeiten handelt, heißen Abwickler in diesem Bereich Transaktionsbanken oder Transaktionsinstitute (s. Kap. 3.2.1). Bietet eine Transaktionsbank Backoffice-Leistungen aller drei Bereiche (ZV, WP-Abwicklung, Kredite) in einem maximalen Sourcingangebot an, so spricht man auch von einem Full-Serviceanbieter bzw. -Dienstleister. Eine Vertriebsbank hat demgegenüber die Möglichkeit, entweder einzelne Backoffice-Prozesse in den genannten Bereichen von unterschiedlichen Unternehmen („Multi-Sourcing") oder diese von einem Full-Serviceanbieter („Single Sourcing") zu beziehen (s. Kap. 3.1.3). Die Ausgestaltung dieser Sourcing-Modelle beschreibt Kap. 3.2.5.

Organisation des Wertschöpfungsnetzwerks als Integrator

Die Leistung eines Integrators bildet die Organisation und Kontrolle eines Wertschöpfungsnetzwerk, um so Transaktionskosten zwischen den Wertschöpfungsstufen reduzieren zu können (Müller-Stewens & Lechner, 2011, 370). Sein Geschäftsmodell und seine Wertschöpfung bilden vor allem Integrationsleistungen (d. h. Integration von Produkten und Dienstleistungen verschiedener Anbieter von Information, Distributionskanälen und von Kommunikationsplattformen) (Bernet, 2003, 184). Für Banken entstehen daraus zwei Optionen: Erstens können integrierte Banken ihre Expertise in einzelnen Stufen des

Wertschöpfungsnetzwerks als Integrator anderen Finanzintermediären anbieten. Beispiele hierfür sind Aktivitäten der Credit Suisse („Financial Institutions") und UBS („The Bank for Banks") sowie der DZ Bank (s. Kap. 3.2.4). Zweitens können neue Unternehmen in den Markt eintreten (z. B. Nicht-Banken, s. Kap. 2.5.1).

3.2.4 Sourcing-Modell der DZ Bank

Die 1883 als landwirtschaftliche Genossenschaftsbank der hessischen Darlehnskassenvereine gegründete DZ Bank in Frankfurt am Main repräsentiert nach mehreren Fusionen und Übernahmen heute die viertgrößte Bank Deutschlands. Innerhalb des deutschen genossenschaftlichen Bankensektors, auch Finanzverbund genannt, fungiert die DZ Bank (s. Bild 3-5) als eines von zwei[47] Zentralinstituten für mehr als 1'000 Genossenschaftsbanken (sog. Kundenbanken) sowie als Geschäftsbank mit internationaler Ausrichtung. Zudem koordiniert sie als Holding die Aktivitäten der DZ Bank Gruppe, zu der neben der DZ Bank AG auch die Bausparkasse Schwäbisch Hall, die R+V Versicherung und die Union Investment gehören. Diese bilden die Eckpfeiler des Allfinanzangebots der genossenschaftlichen Bankengruppe, das Bank- und Versicherungsdienstleistungen sowie die Vermögensverwaltung umfasst.

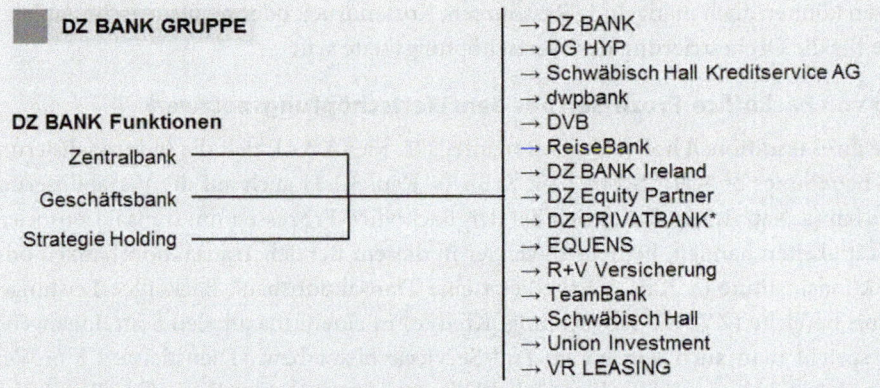

Bild 3-5: Unternehmen der DZ Bank Gruppe

Ergänzend zur den Genossenschaftsbanken bietet die DZ Bank Gruppe institutionellen und Firmenkunden Leistungen an. Für den Vertrieb der Produkte und Dienstleistungen nutzt diese ihre globale Marktpräsenz und ermöglicht angebundenen Volks- und Raiffeisenbanken den Zugang zu internationalen Finanzmärkten und Bankdienstleistungen. Das Leistungsspektrum umfasst Allfinanzprodukte (z. B. Vermögensanlagen, strukturierte Produkte, Private Banking, Immobilien, Konsumentenfinanzierung, Ver-

---

[47] Das zweite Zentralinstitut ist die WGZ Bank, die Dienstleistungen für ca. 240 genossenschaftliche Banken erbringt und primär in Nordrhein-Westfalen agiert. Kürzlich beschlossen die DZ und die WGZ Bank eine Fusion. Der fusionierte Konzern ergibt damit nach der Deutschen Bank und der Commerzbank die drittgrößte Bank in Deutschland.

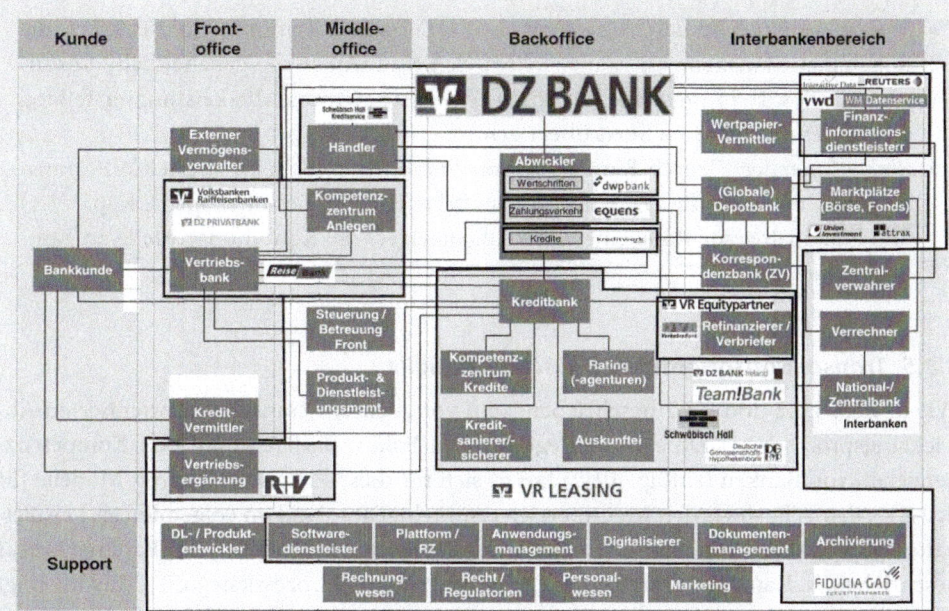

Bild 3-6: Banknetzwerk der DZ Bank Gruppe

sicherungen, Altersvorsorge, Mittelstandsgeschäft, Private Equity, Leasing & Factoring), das Geschäft mit institutionellen und Firmenkunden (z. B. Investmentgeschäft,
Risikomanagementprodukte, (Re-)Finanzierungen, Structured Finance, Corporate Finance, Flugzeug-, Schiffsfinanzierungen, Research) und Abwicklungsleistungen (z. B.
ZV, Kartengeschäft, Wertpapier-, Kreditabwicklung).

Im Banknetzwerk[48] übernimmt die DZ Bank die Rolle als Integrator (s. Kap. 3.2.3).
Sie bezieht Leistungen spezialisierter Anbieter und integriert die Einzelleistungen zu
einer Gesamtlösung für die Kundenbanken. Dazu agiert sie in einem mehrstufigen
Wertschöpfungsnetzwerk (s. Kap. 2.2.2) aus Spezialisten für Finanzinformationen
(vwd group), ZV-Leistungen (Equens) oder IT-Services (Fiducia & GAD IT). Als Integrator erfüllt sie vier Aufgaben:

- *Verantwortung für Gesamtlösung.* Sie bündelt alle Vertragsverhältnisse an einer
  Stelle. Über einen Partnervertrag und eine Eintrittsstelle erhalten die Kundenban-
  ken ein umfassendes Angebot spezialisierter Dienstleister.
- *Bankfachlicher Berater.* Die DZ Bank bietet ein breites Spektrum an bankfachlichen
  Produkten und Leistungen. Sie fungiert als ganzheitlicher bankfachlicher Berater,
  der sich gegenüber einer Zusammenarbeit mit vielen Spezialisten unterscheidet.

---

[48] Zum Netzwerk der DZ Bank, zu den einzelnen Spezialisten sowie den multilateralen Leistungserbrin-
gungs-Kooperationen siehe (Wolf & Kohlmann, 2009, 246ff).

- *Managementinstanz des Netzwerkes.* Die DZ Bank übernimmt im Netzwerk die Rolle einer Managementinstanz, welche den Kundenbanken ganzheitliche Lösungen bietet (z. B. IT, Verträge, Beratung, Produkte etc.) und die Leistungserstellung gemäß der vereinbarten SLAs überwacht.
- *Einkaufsmanager.* Durch Bündelung von Volumina, z. B. bei ZV- oder WP-Transaktionen, realisiert die DZ Bank Skaleneffekte (Economies of Scope, s. Kap. 3.1.1) und gibt analog zur Rolle eines Einkaufsmanagers die Konditionsvorteile an Kundenbanken weiter.

3.2.5 Transaktionsorientierte Sourcing-Modelle

Wie in Kap. 1.3.2 und 3.1.2 beschrieben, sind vor allem die transaktionsorientierten Abwicklungsprozesse bei Effizienzüberlegungen im Fokus. Basierend auf den Kompetenzbereichen von Banken (s. Kap. 3.1.2) lassen sich für diese Prozesse Sourcing-Modelle für den ZV-, den WP- sowie den Kreditbereich ermitteln. Diese sind im Folgenden als beispielhafte Ausprägungen von transaktionsorientierten Sourcing-Modellen des Banknetzwerks beschrieben (s. Kap. 3.2.3). Sie konzentrieren sich auf die Prozesskategorie „Ausführung/Abwicklung" (s. Kap. 2.3.8) und zeigen Umsetzungsvarianten für die einzelnen Prozesse auf. Darüber hinaus sind weitere Sourcing-Modelle für andere beschriebene Rollen (z. B. im Vertriebsbereich) denkbar (s. Kap. 3.4.3).

Sourcing-Modelle im Zahlungsverkehr

Der ZV umfasst die Prozessschritte „Auftragsinitialisierung", „Auftragserfassung", „Auftragsprüfung", „Auftragsfreigabe", „Auftragsverarbeitung", „Externe Abwicklung/Interbanken" sowie die „Zahlungseingangsverarbeitung" (s. Kap. 2.3.3). Es finden sich drei generische Sourcing-Modelle, die nach dem Grad der externen Leistungserstellung (s. Kap. 3.1.3) einen geringen bis maximalen Anteil an Dienstleister übertragen (s. Tabelle 3-4). Die hellgrauen Prozessteile verbleiben bei der Vertriebsbank, während die dunkelgrauen Dienstleister im Backoffice-Bereich und die weißen Akteure im Interbankenbereich übernehmen (s. Kap. 2.3.7):

- Bei der *Auftragserfassung* sind die Prozessschritte „Auftragsinitialisierung" sowie „Auftragserfassung" ausgelagert. Bei diesem Sourcing-Modell übernimmt der Dienstleister das Scanning (s. Digitalisierung im technischen Sinne, Kap. 1.2.3) der Zahlungsaufträge, die in Papierform eingehen und authentisiert den Auftraggeber. Der Vorteil ist, dass elektronisch- und papiergebundene Aufträge leicht voneinander trennbar sind. Nachteilig ist jedoch, dass selbst bei Scanning-Lösungen hohe Kosten für Nacharbeiten (z. B. Erkennen unleserlicher Angaben) entstehen.
- Bei der *Auftragsabwicklung* sind die Auftragsprüfung, -freigabe und -verarbeitung sowie die Verarbeitung des Zahlungseingangs ausgelagert. Damit umfasst die Auftragsabwicklung sämtliche Schritte von der Verwaltung bis zur Archivierung mit Ausnahme der Verbuchung und des Drucks. Ein Vorteil bei diesem Sourcing-Modell sind Synergien

bei der Prüfung regulatorischer Vorschriften. Nachteilig ist die mangelnde Berücksichtigung von Kanal- und Produktspezifika der auslagernden Partei.

- Beim *Full Outsourcing* sind alle Prozesse des ZV von der Auftragsentgegennahme bis zur Archivierung mit Ausnahme von der Verbuchung und des Drucks des Auftrags ausgelagert. Das Ziel besteht in einer umfassenden Kernkompetenzfokussierung der auslagernden Partei.

Tabelle 3-4: Sourcing-Modelle im Zahlungsverkehrsbereich

Sourcing-Modelle	Charakteristika	Potenziale und Herausforderungen
Auftragserfassung	Umfasst das Scanning papiergebundener Zahlungsaufträge, deren Prüfung und die Authentisierung der Auftraggeber im Sinne einer minimalen Auslagerung.	• Trennung elektronisch und papiergebunden leicht möglich • Erfassung mit hohen Kosten verbunden (Einsparungen bei Infrastruktur) • Erfassung leicht von weiterer Verarbeitung trennbar
Auftragsabwicklung	Umfasst sämtliche Schritte des ZV-Prozesses von der Auftragsverwaltung bis zur Archivierung mit Ausnahme der Verbuchung und des Drucks im Sinne einer partiellen Auslagerung.	• Keine bzw. bedingte Kanal- und Produktspezifika • Synergiepotential bei der Prüfung von regulatorischen Vorgaben
Full Outsourcing	Umfasst sämtliche Schritte des ZV-Prozesses von der Auftragsentgegennahme bis zur Archivierung mit Ausnahme der Verbuchung und des Drucks im Sinne einer maximalen Auslagerung.	• Möglichst umfangreiche Auslagerung zur Variabilisierung von Kosten • Entfall des AS-Moduls ZV

Legende: hellgrau: verbleibt bei der Vertriebsbank, dunkelgrau: Outsourcing, weiß: Interbankenbereich

Sourcing-Modelle im Wertpapierbereich

Der Prozess im Anlagebereich enthält die Prozessschritte „Auftragsinitialisierung", „Auftragserfassung", „Auftragsprüfung", „Auftragsfreigabe", „Auftragshandel" „externe Abwicklung/Interbanken" sowie die „Auftragsverarbeitung" (s. Kap. 2.3.4). Nach dem Umfang der ausgelagerten Prozessschritte (partiell, maximal, s. Kap. 3.1.3) ergeben sich drei Sourcing-Modelle (s. Tabelle 3-5): während das Modell des Auftragshandels eine Auslagerung des gesamten Handels und die Verarbeitung im Backoffice weiterhin intern vorsieht,

Tabelle 3-5: Sourcing-Modelle im Wertpapierbereich

Sourcing-Modelle	Charakteristika	Potenziale und Herausforderungen
Auftragshandel	Umfasst die Auslagerung des Handels (Leitwegbestimmung, Pooling und Platzierung) im Sinne einer partiellen Auslagerung.	• Sourcing der Organisationseinheit Handel • Nutzung von Synergien durch Zugang zu Partnernetzwerk • Einfache Umsetzung
Auftragsabwicklung	Umfasst die Auslagerung des Backoffice an einen Partner im Sinne einer partiellen Auslagerung.	• Sourcing der Organisationseinheit Backoffice • Auftragskanal unabhängig • Synergiepotential bei Stammdatenpflege und Verwaltungshandlungen
Full Outsourcing	Auslagerung sämtlicher Prozessschritte mit Ausnahme von Vertrieb/Beratung, Risikomanagement und Kundenberichte im Sinne einer maximalen Auslagerung.	• Möglichst umfangreiche Auslagerung zur Variabilisierung von Kosten • Sourcing der Organisationseinheit Middle-(Handel) und Backoffice
Legende: hellgrau: verbleibt bei der Vertriebsbank, dunkelgrau: Outsourcing, weiß: Interbankenbereich		

geht das Modell der Auftragsverarbeitung den umgekehrten Weg. Beim Full Outsourcing findet schließlich eine Auslagerung aller WP-Prozesse mit Ausnahme der kundenorientierten Aufgaben (Vertrieb/Beratung, Risikomanagement, Kundenberichte) statt.

Sourcing-Modelle im Kreditbereich

Der Prozess im Finanzierungsbereich umfasst die Prozessschritte „Auftragsinitialisierung", „Auftragserfassung", „Auftragsprüfung", „Auftragsfreigabe" sowie „Auftragsverarbeitung" (s. Kap. 2.3.5). Auch der Kreditbereich kennt drei Sourcing-Modelle (s. Tabelle 3-6):

Tabelle 3-6: Sourcing-Modelle im Kreditbereich

Sourcing-Modelle	Charakteristika	Potenziale und Herausforderungen
Rating Agency & Servicing Ausführung/Abwicklung: Auftragsinitialisierung, Auftragsfreigabe, Auftragserfassung, Auftragsprüfung, Auftragsverarbeitung	Umfasst im Sinne einer partiellen Auslagerung die Prüfung des Kreditantrags und die Erstellung des Ratings nach Standardregeln. Kontoführung und Ausnahmebehandlung verbleiben in der Bank, die auch das Kreditrisiko trägt.	• Bezug standardisierter Leistungen • Einfache Umsetzung
Auftragsabwicklung ohne Kreditrisiko Ausführung/Abwicklung: Auftragsinitialisierung, Auftragsfreigabe, Auftragserfassung, Auftragsprüfung, Auftragsverarbeitung	Umfasst im Sine einer partiellen bis maximalen Auslagerung die Fremdvergabe der Hypothekarabwicklung. Die Bank ist verantwortlich für die Kundenschnittstelle, die das Kreditrisiko und die Refinanzierung übernimmt. Der Dienstleister übernimmt die Kontoführung, die Kreditsanierung (CWO), und die Produktentwicklung.	• Das Kreditrisiko und das mit der Refinanzierung verbundene Zinsdifferenzgeschäft soll bei der Bank verbleiben • Mehrwert durch Nutzung der Produktpalette des Dienstleisters
Full Outsourcing mit Kreditrisiko Ausführung/Abwicklung: Auftragsinitialisierung, Auftragsfreigabe, Auftragserfassung, Auftragsprüfung, Auftragsverarbeitung	Der Dienstleister übernimmt im Sinne einer maximalen Auslagerung das Kreditrisiko und die Refinanzierung der Kreditprodukte. Die Bank vertreibt die Produkte des Dienstleisters.	• Kapitalbeschaffung durch Verkauf der Kredite • Fokussierung auf das Kommissionsgeschäft • Mehrwert durch Produktpalette des Dienstleisters

Legende: hellgrau: verbleibt bei der Vertriebsbank, dunkelgrau: Outsourcing

3.3 Steuerung von Banknetzwerken

3.3.1 Steuerungsbedarf

Die arbeitsteilige Wertschöpfung in Banknetzwerken (s. Kap. 3.1.2) erfordert übergreifende Steuerungsansätze, um die einzelnen Prozess- und Marktleistungen auf eine Gesamtleistung für Endkunden zu koordinieren. Keinesfalls dürfen sich Sourcing-Aktivitäten negativ auf die gegenüber dem Endkunden erbrachte Leistung auswirken. Grundsätzlich steigt mit jedem zusätzlichen Partner auch der Koordinationsaufwand, sodass neben den Mengen-, Verbund- und Lerneffekten (Economies of Scale, Scope und Skill, s. Kap. 3.1.1) auch Steuerungsaufwände zur Einbindung und Überwachung von Dienstleistern zu berücksichtigen sind. Folgendes Beispiel illustriert diese Steuerungskomplexität.

Im Jahre 1996 entschlossen sich die St. Galler, Appenzeller, Glarner, Luzerner, Nidwaldner, Obwaldner, Thurgauer und Freiburger Kantonalbank in der Schweiz, ihre IT-Entwicklung und den IT-Betrieb gemeinsam an das Unternehmen AGI Holding AG auszulagern. Als Potenziale hatten die Banken eine Reduktion der IT-Kosten durch Skaleneffekte zum Ziel. Zudem sollte eine gemeinsame Softwareentwicklung die damals benötigten Jahr-2000-Aktualisierungen der Kernbankensysteme kostengünstiger realisieren. Die Koordination der in der AGI erbrachten Dienstleistungen sollte eine Tochter namens AGI-Kooperation sicherstellen. Nach bereits wenigen Wochen erkannte die AGI-Kooperation, dass sie der großen Zahl an Anforderungen seitens der acht Banken mit ihren Ressourcen nicht entsprechen konnte. Alleine die Koordination der Aktivitäten im Bereich Entwicklung und Betrieb für alle acht Banken würde mehr als 220% der verfügbaren Ressourcen benötigen. Dabei waren die Probleme der Zusammenarbeit der Kantonalbanken noch unberücksichtigt: So hatte eine Kantonalbank den Eindruck, als „Versuchskaninchen" für neue Releases missbraucht zu werden, während sich die anderen Banken nachrangig behandelt fühlten. Zur Abstimmung der Anforderungen aller Banken und zur Koordination der Leistungserstellung im Netzwerk hatte die AGI-Kooperation schließlich Strukturen zur Netzwerksteuerung geschaffen.

(Quelle: Eckert, 2011, 1)

Grundsätzlich verbinden Banknetzwerke hierarchische und marktorientierte Steuerungselemente (s. Kap. 1.4.2). Gegenüber der unternehmensinternen Organisation mit ihren langfristig angestellten Mitarbeitern, zielen Banknetzwerke auf die mittel- bis längerfristige Zusammenarbeit (s. Kap. 3.3.2) von Mitarbeitern aus selbständigen Organisationen, die üblicherweise in Form von Kooperationsverträgen (SLA, s. Kap. 1.4.3) geregelt sind. Erfahrungsgemäß reicht es jedoch nicht aus, auf derartige SLA zu vertrauen, vielmehr sind – der ersten Leitlinie des Buches folgend (s. Kap. 1.4.2) – sowohl auf strategisch (s. Kap. 3.3.2) wie auf organisatorischer (s. Kap. 3.3.3) und technischer Ebene (s. Kap. 4.2.4) Strukturen für die Netzwerksteuerung zu schaffen.[49]

3.3.2 Strategische Kooperationsformen

Das Banknetzwerk (s. Kap. 3.2.2) zeigt aus strategischer Sicht die in die Leistungserstellung involvierten Rollen. Je nach Sourcing-Modell (s. Kap. 3.2.3) sind dabei neben der Anzahl der Netzwerkpartner vor allem die Strategie des gesamten Banknetzwerks und die darin gewählte Kooperationsform relevant. Letztere kann drei Ausprägungen besitzen (Morschett, 2003, 384ff):

- *Formlose Kooperation.* Hier beruht die Kooperation auf Willenserklärungen der involvierten Partner ohne schriftliche Fixierung. Diese Form beinhaltet aufgrund des formlosen Charakters nur wenige Steuerungsmechanismen. In der Bankenindustrie ist diese Form der Kooperation aufgrund der Sensitivität von Kundendaten und Transaktionsdaten selten anzutreffen.
- *Vertragliche Banknetzwerke.* Verbreitet sind in Banknetzwerken Vertragsbeziehungen, bei denen je nach Bindungsintensität Lieferantenverträge, strategische Allianzen oder Genossenschaften (z. B. DZ Bank, s. Kap. 3.2.4) anzutreffen sind. Bei dieser Form sind im Unterschied zur formlosen Kooperation steuernde Mechanismen, wie etwa SLAs die Regel (s. Kap. 1.4.3).
- *Banknetzwerke mit Kapitalbeteiligung.* Diese Form zeichnet sich durch Kreuzbeteiligungen oder das Einrichten eines gemeinsamen Unternehmens (Joint Venture) aus. Mit der Höhe der Beteiligung (Minder-/Mehrheitsbeteiligung) steigt die Möglichkeit Aktionärsstimmrechte wahrzunehmen. Kapitalbeteiligungen finden sich z. B. bei Backoffice-Dienstleistern, indem Banken Anteile an den ausgelagerten Organisationen halten. Ein Beispiel ist die Beteiligung der DZ Bank an der dwpbank (s. Kap. 3.2.4).

Als weiteres Steuerungsinstrument kann ein Network Governance Codex dienen, der in Analogie zur Corporate Governance freiwillige und bindende Verpflichtungen festlegt. Diese betreffen z. B. die rechtliche und organisatorische Ausgestaltung des Netzwerks und Kontrollinstanzen, welche die Strategie und den operativen Betrieb regelmäßig überprüfen. In Banknetzwerken mit gleichberechtigten Partnern sind Gremien für die partizipative Entscheidungsfindung von Bedeutung (Nohr et al., 2008, 157).

3.3.3 Steuerungsprozesse

Auf organisatorischer Ebene sind geeignete Steuerungsprozesse (Ablauforganisation) sowie die zur Ausführung verantwortlichen Rollen und Organisationseinheiten der beteiligten Unternehmen des Netzwerks (Aufbauorganisation) zu schaffen. Ergänzend legt die

---

[49] Ansätze zur Netzwerksteuerung finden sich bei (Riemer & Klein, 2006), (Möller, 2006), (Mani et al., 2006) und (Eckert, 2011).

Prozessführung Führungsgrößen fest und schafft dadurch eine netzwerkweite Transparenz bezüglich der Leistungserstellung.

Ablauforganisation

Die Ablauforganisation sieht entlang der sechs Transformationsprozesse „Initiierung", „Analyse", „Entwurf", „Umsetzung", „Betrieb" und „Weiterentwicklung" (s. Kap. 2.1.2) folgende Prozesse vor (Eckert, 2011, 113ff):

- *Servicemanagement.* Dieser Prozess umfasst Aktivitäten, welche der Identifikation und Spezifikation von Services im Netzwerk dienen, das Management von SLAs sowie die Überwachung der Serviceerbringung und -weiterentwicklung. Eine fachliche und technische Umsetzung findet sich in Kap. 4.2.4 in Form des Servicelebenszyklusmanagements.

- *Partnermanagement.* Analog dem Servicemanagement umfasst das Partnermanagement Prozesse zur Identifikation und Spezifikation, die jedoch auf die Selektion von Netzwerkpartnern und die Eckpunkte der Zusammenarbeit gerichtet sind. Ein geeigneter Prozess umfasst z. B. eine strukturierte Partnerwahl und -betreuung sowie ein organisiertes Konfliktmanagement.

- *Risikomanagement.* Das Ziel dieses Prozesses ist die Vermeidung von Risiken in der Transformations- bzw. Anfangsphase der Zusammenarbeit zwischen Partnern im Banknetzwerk (z. B. Haftungsrisiken) und der Betriebsphase (z. B. Technologierisiko).

- *Architekturmanagement.* Dieser Prozessbereich definiert Aufgaben für die Erstellung und die Pflege der betrieblichen Architektur, die sich aus der Zusammenarbeit der Partner ergeben (z. B. Festlegung der Anwendungen für einen Prozess etc.).

- *Problem- und Ausnahmemanagement.* Es fokussiert auf die Organisation von Fehlerereignissen bei der Leistungserstellung im Netzwerk. So muss im Falle eines Ausfalls eines AS klar geregelt sein, wie dieses möglichst schnell wieder zu aktivieren ist, welche Service Levels hierfür gelten und wer dafür verantwortlich ist bzw. welche weiteren relevanten Organisationseinheiten und Personen zu involvieren sind.

- *Transformationsmanagement.* Hier ist für alle involvierten Partner das Projektportfolio transparent zu halten und bei der Konzeption und Umsetzung von Projektvorhaben sind alle relevanten Partner einzubeziehen (s. Kap. 2.1.2 zu den Transformationsprozessen). Ein Beispiel ist die Abbildung neuer regulatorischer Richtlinien im Abwicklungsbereich, die sowohl die Vertriebsbank, den Abwickler als auch den Betreiber des Kernbankensystems betrifft.

- *Controlling.* Das Controlling hat die Versorgung der beteiligten Unternehmen mit entscheidungsrelevanten Daten sowie die Abstimmung der Führungsprozesse der einzelnen Unternehmen zum Ziel.

Alle sieben Prozesse weisen Schnittstellen zueinander auf. So hat das Controlling sicherzu-stellen, dass in einem Transformationsvorhaben alle Projektinformationen für alle Partner sichtbar sind. Um dies zu gewährleisten, sind Führungsgrößen notwendig, die auf Basis kritischer Erfolgsaktivitäten definiert sind. Das Servicemanagement etwa legt im Rahmen des Prozesses „Servicevereinbarung (Kauf/Verkauf)" Service Levels fest, die über defi-nierte Führungsgrößen (z. B. die Ausfallsicherheit) zu überwachen sind.

Aufbauorganisation

Die Aufbauorganisation definiert Verantwortlichkeiten für die Prozesse der Netzwerk-steuerung. Dabei bildet die Schnittstellenorganisation das organisatorische Bindeglied zwischen Servicenutzer und -anbieter. Prinzipiell unterscheidet man zwischen der sog. „Retained Organisation" (RO) und dem „Service Desk" (SD). Die RO bezeichnet die nach einem Outsourcing beim Servicenutzer verbleibende Organisationseinheit („Rumpforga-nisation"). Sie koordiniert die externe Leistungserstellung für den Servicenutzer und bildet das Gegenstück zum SD, der seitens des Dienstleisters für die bedarfskonforme Leistungs-bereitstellung zuständig ist. Der SD ist meist größer als die Rumpforganisation, da er i.d.R. Leistungen für mehrere Unternehmen erbringt (s. Bild 3-7).

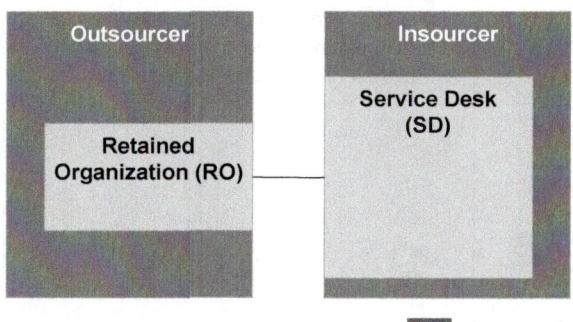

Bild 3-7: Retained Organisation und Service Desk (Eckert, 2011, 140)

3.4 Innovationen in Banknetzwerken

3.4.1 Elektronische Zahlungsnetzwerke

Zahlungsverfahren (s. Kap. 2.3.3) sind mit den Funktionen und der Evolution des Gel-des verbunden (s. Kap. 1.1.1) und zeigen das Zusammenspiel mehrerer Akteure im Bank-netzwerk. Ein Beispiel sind Kreditkartenzahlungen, bei denen die Zahlungsabwicklung zwischen Verkäufer, Käufer- und Verkäuferbank und einem Abwickler erfolgt (s. Tabelle 3-7). Mit elektronischen Zahlungsverfahren (s. Kap. 2.5.3) entstehen neue E-Wallet-Zah-lungsnetzwerke.

Tabelle 3-7: Vergleich von Zahlungsnetzwerktypen

Zahlungs-Netzwerktypen	Charakteristika
Zahlungsnetzwerk mit Kreditkarte 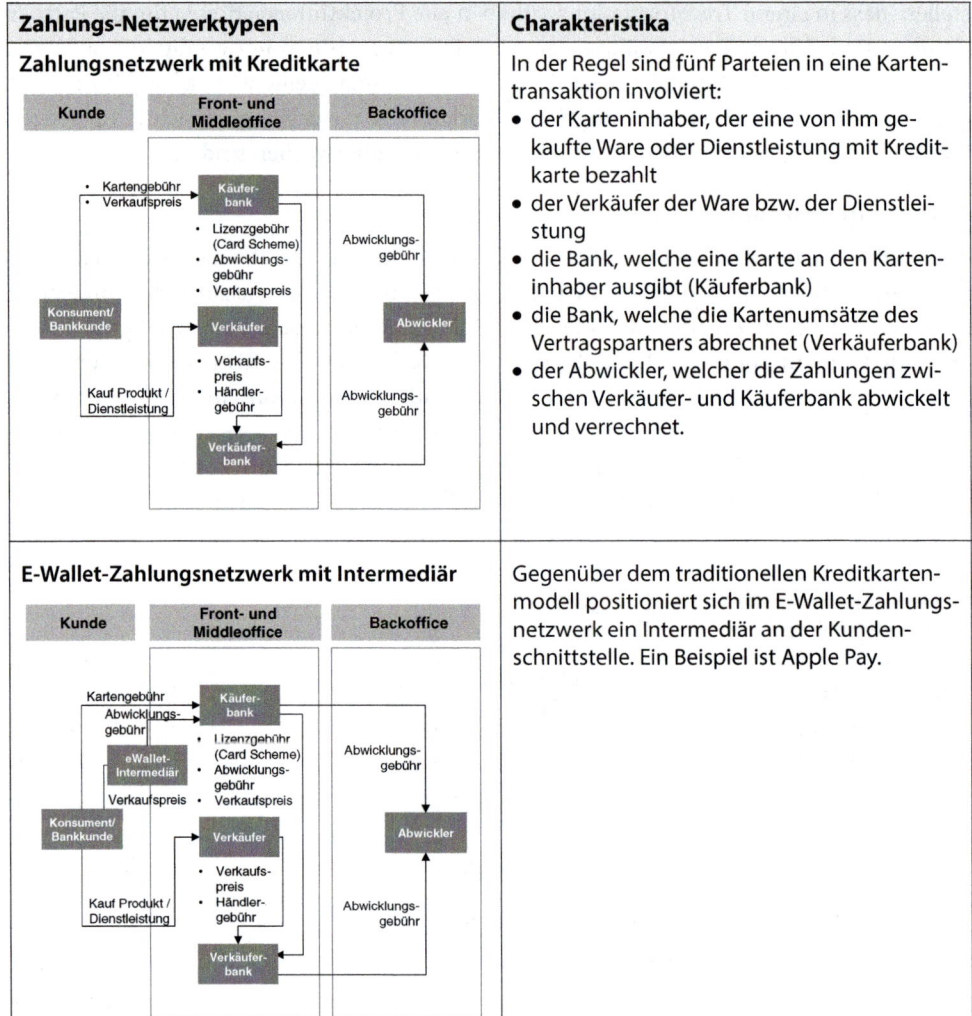	In der Regel sind fünf Parteien in eine Karten-transaktion involviert: • der Karteninhaber, der eine von ihm ge-kaufte Ware oder Dienstleistung mit Kredit-karte bezahlt • der Verkäufer der Ware bzw. der Dienstlei-stung • die Bank, welche eine Karte an den Karten-inhaber ausgibt (Käuferbank) • die Bank, welche die Kartenumsätze des Vertragspartners abrechnet (Verkäuferbank) • der Abwickler, welcher die Zahlungen zwi-schen Verkäufer- und Käuferbank abwickelt und verrechnet.
E-Wallet-Zahlungsnetzwerk mit Intermediär	Gegenüber dem traditionellen Kreditkarten-modell positioniert sich im E-Wallet-Zahlungs-netzwerk ein Intermediär an der Kunden-schnittstelle. Ein Beispiel ist Apple Pay.

E-Wallet-Zahlungsnetzwerk mit Plattformdienstleister	Das E-Wallet-Zahlungsnetzwerk mit Plattformdienstleister grenzt sich gegenüber dem Intermediärsmodell dadurch ab, dass ein Plattformanbieter die E-Wallet mit einem Mobiltelefonabonnement bündelt. Die Verrechnung erfolgt dann über die Telefonrechnung. Ein Beispiel ist MyWallet von Deutsche Telekom.
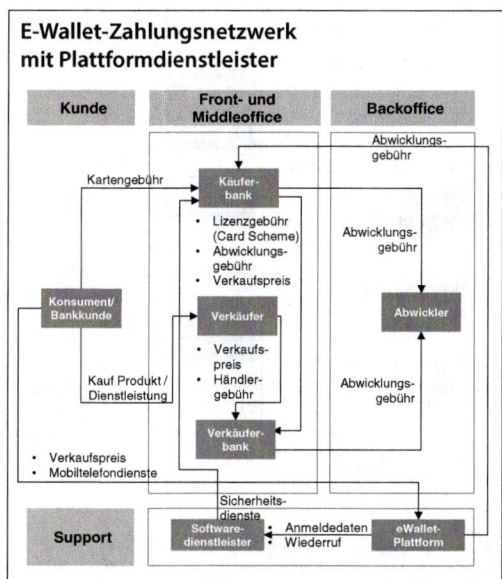	

3.4.2 Elektronische Märkte im B2B-Bereich

Im Bankbereich sind marktorientierte Koordinationsformen aufgrund des immateriellen Charakters der Produkte als elektronische Märkte seit langem relevant, z. B. bei Börsen im Interbankensektor (s. Kap. 1.3.3). Allerdings konzentrieren sich diese noch vorwiegend auf transaktionale Services, wie z. B. die ZV- oder WP-Abwicklung (s. Kap. 3.2.5), und weniger auf wissensintensivere Services wie beratungsnahe Dienstleistungen. Generell haben elektronische Märkte drei generische Funktionen (vgl. (Giaglis et al., 2002), (Alt & Klein, 2011)): das Herstellen von Transparenz über Angebote und Nachfragen, die Nutzung von Leistungen über eine gemeinsame Transaktionsinfrastruktur sowie die Regelung des Marktzugangs und der regulatorischen Rahmenbedingungen.

Beispiele für den Bezug von Services über elektronische Marktplätze sind sog. Banking App Stores. Darüber bieten Softwareanbieter Services an, die entweder mit bestimmten Kernbankenlösungen (s. Kap. 4.2.2, 4.2.3) oder mit anderen AS interoperabel sind (z. B. der DNAappstore des US-Unternehmens Open Solutions, s. Bild 3-8). Für Banken bietet sich der Vorteil, dass die Softwarebausteine nicht nur technisch kompatibel, sondern auch konsistent mit dem Prozessmodell sind, auf dem der DNAappstore aufbaut (PaaS, s. Kap. 3.1.3). Die feinere Granularität in Form von Apps ermöglicht zudem einen bedarfsbasierten Bezug, da die nutzende Bank anstatt eines monolithisch gekapselten Softwarepakets nun einzelne Services erwerben kann (SaaS). Im Idealfall lassen sich über diese Plattform sogar ganze Prozesse an externe Dienstleister auslagern, sodass die Apps direkt beim Dienstleister zum Einsatz kommen (BPO, s. Kap. 3.1.3).

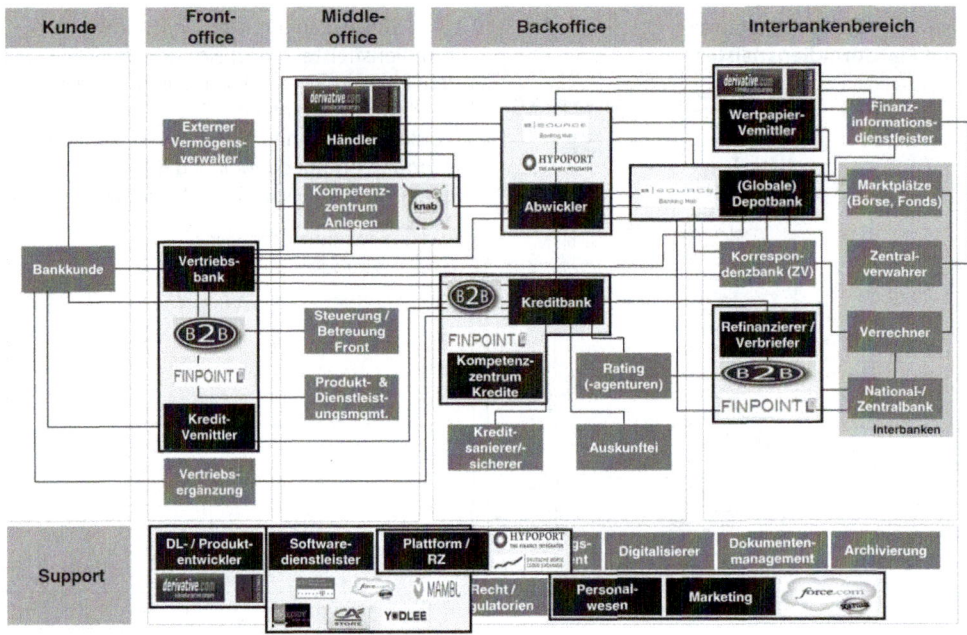

Bild 3-8: Beispiele elektronischer B2B-Marktplätze in Banknetzwerken

Weitere solcher B2B-Marktplätze positionieren sich entlang des Banknetzwerks und stammen von mehreren Anbietern (s. schwarz markierte Bereiche in Bild 3-8). So bietet Finpoint (s. Kap. 2.5.3) einen elektronischen Marktplatz für Firmenkunden an, über den diese Kredite an Banken ausschreiben, suchen und vergleichen können. Hypoport positioniert sich dagegen im Abwicklungsbereich. Weitere Lösungen sind in den Bereichen Händler, Kreditbank, Refinanzierung/Verbriefung, Wertschriftenvermittler, Globale Depotbank, Produkt-/DL-Entwicklung, Personalwirtschaft und Marketing zu finden.

3.4.3 Kundenorientierte Finanzmarktinfrastruktur im B2C-Bereich

Mit den Banking Innovations haben sich im Kundenkontakt neue elektronische Services herausgebildet, die bislang isoliert nebeneinander stehen. Der Kunde muss diese Services selbst in einen Gesamtzusammenhang bringen (s. Kap 2.5), da eine kundenorientierte Infrastruktur oder ein elektronischer Marktplatz, der diese Aufgabe für den Kunden übernimmt, bislang nicht existiert.

Im weiteren Sinne ist eine kundenorientierte Infrastruktur Teil sog. Finanzmarktinfrastrukturen, die als Interbank-Plattformen die kosteneffiziente Abwicklung von ZV- und WP-Transaktionen zwischen Banken und zwischen Banken und Börsen übernehmen (Gisiger & Weber, 2005). Mit dem Börsensystem, einem Verrechnungssystem (Clearing-Organisation) sowie einem Echtzeit-ZV-System (Zahlungsorganisation) beinhalten sie drei wesentliche Funktionen. Zu den Akteuren, die sich gezielt auf die Verrechnung (Clearing) und Erfüllung (Settlement) konzentrieren zählen sog. Clearingcenter wie Clearstream International S.A. (Gramlich et al., 2012, 309). Die Finanzmarktinfrastruktur in der Schweiz ist z. B. unter der Kontrolle der FINMA (s. Kap. 1.1.2) als Joint Venture mehrerer Banken organisiert. In Deutschland dagegen bietet die Bundesbank Abwicklungs- und Verrechnungsdienstleistungen an.

Gegenwärtig konzentrieren sich die Finanzmarktinfrastrukturen primär auf die Abwicklung von Zahlungen und Wertpapiertransaktionen im B2B-Bereich und bieten Endkunden keinen Zugriff. Mit Blick auf die künftigen Entwicklungen (s. Kap. 1.3.1) können Innovationen hier ansetzen und die Integration der Banking Innovations erleichtern (s. Kap. 2.5.1). Derartige kundenorientierten Finanzmarktinfrastruktur (KFMI) übernehmen die drei generischen Funktionen elektronischer Märkte dann für den B2C-Bereich (s. Bild 3-9). Als *erste Funktion* umfasst eine KFMI einen Servicemarktplatz mit formalisierten Abläufen für die Beschreibung, Auswahl und den Bezug von Leistungen von konkurrierenden Dienstleistern. Dieser besitzt wiederum drei Elemente:

- Eine *einheitliche Benutzeroberfläche,* wie sie die PFM-Systeme anbieten, um eine anbieterübergreifende Planung, Abwicklung und Verwaltung von Services zu ermöglichen. Hierin können Kunden durch Kombination von Services verschiedener Anbieter ihre eigenen Lösungen entwickeln. Sie können dazu ihre Finanzprofile (selektiv) freigeben, um so zusätzlich Vorschläge zu weiteren Leistungen oder Lösungsalternativen anderer Kunden zu erhalten.
- Einen *kanal- und anbieterübergreifenden Zugang.* Gängigen Kernbanken- und zugehörigen Online Banking-Systeme fehlt häufig eine integrierte bzw. multibankfähige Sicht auf ihre Finanzen. Jedoch zeigt das Kundenverhalten die Bedeutung eines einfachen Wechsels von Kanälen (hybride Kundeninteraktion) und der kanalübergreifenden Bereitstellung relevanter Daten (s. Kap. 2.5.2).
- Ein Verzeichnis für *interoperable Services*. Dieses Element gewährleistet die Kombination von Services zu komplexen Dienstleistungen. Dazu benötigen Kunden Werkzeuge zur Dienstleistungsauswahl und -bündelung. Insbesondere erfordert die anbieterübergreifende Bündelung eine Interoperabilität der zugrundeliegenden Module auf syntaktischer, semantischer und pragmatischer Ebene (s. Kap. 2.5.1, 4.2.5).

Als *zweite Funktion* ermöglicht eine KFMI die Nutzung von Services über eine *gemeinsame Transaktionsinfrastruktur*, welche die Abwicklung von Transaktionen zum Ziel hat. Dies beinhaltet Services für die Auftragsabwicklung, für die sichere Authentifizierung sowie die Administration von Benutzerdaten. Wie die aktuelle Entwicklung der Kernbankensysteme aufzeigt (s. Kap. 4.4.2), entstehen durch die Öffnung dieser Systeme in Form von App Stores elektronische Banknetzwerke, die Kunden und Anbieter zusammenbringen. Elektronische Märkte dienen aufgrund ihrer gemeinsamen Transaktionsinfrastruktur damit als Abwicklungsplattform (s. Kap. 1.4.3).

Die *regulatorischen Institutionen* regeln als *dritte Funktion* die Organisation der KFMI. Sie beinhalten Funktionen zur institutionellen Aufsicht, Regeln zur Entwicklung und Distribution von Services sowie zur rechtlich verbindlichen Zusammenarbeit (z. B. regulatorische Compliance oder Vorgaben zur Vertragsgestaltung). Diese Institutionen gewährleisten, dass eine KFMI die Rahmenbedingungen des Bankgeschäfts berücksichtigt, was den Einbezug (supra)nationaler Institutionen, wie etwa BaFin, FINMA oder FSA (s. Kap. 1.1.2), erfordert.

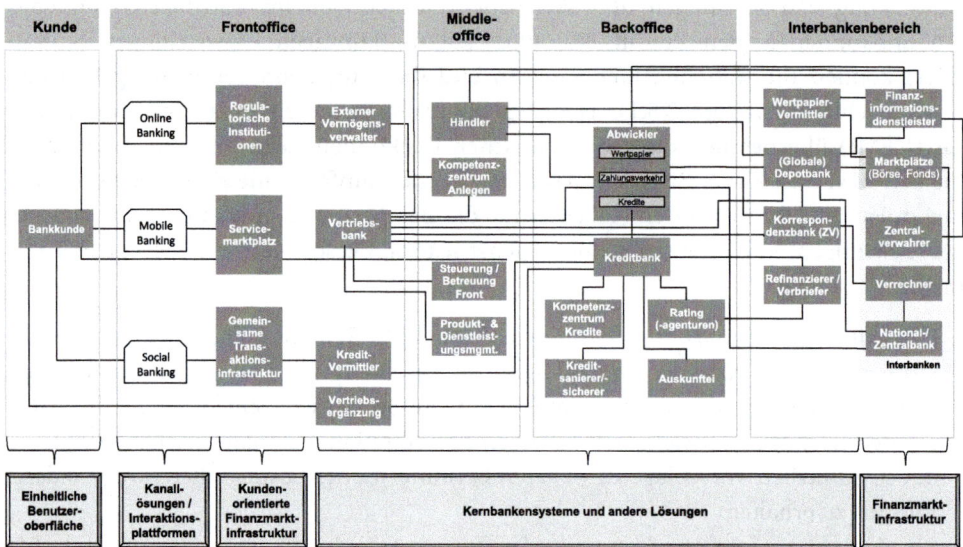

Bild 3-9: Szenario einer zukünftigen Struktur im Bankbereich (Alt & Puschmann, 2012, 10)

Als Anbieter einer KFMI kommen Akteure aus dem kunden- und dem bankenorientierten Bereich in Frage. Zu den erstgenannten zählen IT-Unternehmen, wie etwa Apple, Google oder Microsoft, und in bestimmten Teilbereichen auch die PFM-Lösungsanbieter und Telekommunikationsdienstleister. So hat Google bereits Banklizenzen in mehr als 100 Ländern und der Apple AppStore zählt inzwischen mehr als 16'000 Apps für den Finanzbereich. Allerdings fehlen bislang interoperable Lösungen (s. Kap. 2.5.1) ebenso wie eine unabhängige regulatorische Instanz. So treten die Anbieter selbst als „Regulator" auf, was mit dem Bankgeschäft nicht vereinbar ist. Die zweite Kategorie umfasst die Anbieter von bankorientierten AS (z. B. Kernbankensysteme, s. Kap. 4.2.2), die Anwendern ihres Systems interoperable Services bereitstellen können. Ebenso besitzen Anbieter aus dem Interbankenbereich (z. B. Börsenbetreiber, Clearingorganisationen) die Möglichkeit ihre Systeme auch Endkunden – insbesondere größeren Firmenkunden – zugänglich zu machen. Wahrscheinlich ist jedoch ein kooperatives Szenario aus Akteuren im kunden- und bankenorientierten Bereich, da gegenwärtig keine der genannten Anbieterkategorien über die Ressourcen zur Umsetzung einer KFMI verfügt. Dies könnte zu neuen Netzwerkkonstellationen in sog. Ökosystemen bzw. Ecosystems[50] führen (s. Kap. 6). Der folgende Beitrag fasst dies für dieses Kapitel zusammen.

„Konturen einer neuen Finanzmarkt-Infrastruktur

Offene Lösungen verdrängen zusehends bilateral geprägtes Verhältnis zwischen Bank und Kunde.

Nach dem Prinzip von Autobahn-, Eisenbahn- oder Telekommunikations-Infrastrukturen schaffen Finanzmarkt-Infrastrukturen eine zentral bereitgestellte Basis zur Abwicklung von Finanzgeschäften. (...) Bei klassischen Finanzmarkt-Infrastrukturen sind Banken die primären Nutzer und häufig – wie etwa bei der SIX Group in der Schweiz – auch Anteilseigner der Betreiber. Der Endkunde hingegen kommt nur indirekt über seine Bank mit der Finanzmarkt-Infrastruktur in Kontakt. Dies könnte die neue Generation des Electronic Business mit leistungsfähigen und intuitiven, teilweise mobilen Endgeräten, aktiven und informierten Anwendern und einem umfassenden Ecosystem von Finanzanwendungen ändern. Zusätzlich zur bankenorientierten ist eine kundenorientierte Finanzmarkt-Infrastruktur nötig, die drei Komponenten umfassen könnte. (...) Im Idealfall entwickelt sich die Kundenschnittstelle zur Schaltzentrale eines Kunden für seine Finanzdienstleistungen. Diese reichen mit übergreifenden Managementfunktionalitäten (zum Beispiel übergreifende Finanz-, Risiko- und Liquiditätsplanung) oder Simulationen anhand persönlicher Ziele (etwa Fahrzeug- oder Immobilienerwerb) über heutige Lösungen hinaus. (...) Ähnlich den Baukastensystemen im Automobilbereich beruhen individualisierte Gesamtlösungen auf der Konfiguration möglichst standardisierter Dienstleistungsmodule («Services» oder «Apps»). Die seit Jahrzehnten im Finanzbereich voranschreitende Industrialisierung ist eine ebenso wichtige Voraussetzung für das Entstehen bankfachlicher Module wie das Zerlegen monolithischer Kernbankensysteme in einzelne technische Bausteine im Rahmen serviceorientierter Architekturkonzepte. (...) Ein weiteres Kernelement zielt auf Qualität, Sicherheit und Interoperabilität der angebotenen Dienstleistungsmodule. Mittels einer Entwicklungsumgebung könnten Anbieter ihre Apps entlang vorgegebener fachlicher und technischer Standards entwickeln. Dabei ist über die heutigen «development kits» die Interoperabilität ein wichtiges Merkmal. Statt um eine isolierte Nutzung mehrerer Apps auf einem Endgerät geht es um die Kombinier- und Bündelbarkeit von Modulen hin zu einer kundenspezifischen Finanzdienstleistung. Neben

---

[50] Ein geschäftliches Ökosystem bzw. ein „Business Ecosystem" ist ein dynamisches Unternehmensnetzwerk (s. Kap. 3.1.2), das Moore (1996, 26) definiert als "economic community supported by a foundation of interacting organizations and individuals ... The economic community produces goods and services of value to customers, who are themselves members of the ecosystem. The member organisms also include suppliers, lead producers, competitors, and other stakeholders. Over time, they co-evolve their capabilities and roles, and tend to align themselves with the directions set by one or more central companies. Those companies holding leadership roles may change over time, but the function of the ecosystem leader is valued by the community as it enables members to move toward shared visions of aligning their investments, and finding mutually supportive roles."

standardisierten Schnittstellen zwischen den Apps erfordert dies im Prinzip auch die Antizipation der möglichen Herstellungs-, Distributions- und Verwendungszusammenhänge der entwickelten Module. (...)"

(Quelle: Neue Zürcher Zeitung v. 03.11.2011, 31)

4 Bank-IS

Bank-IS stellen den Bezug der organisatorischen Ebene zur Systemebene (s. Kap. 1.4.1) her, indem sie, in Anlehnung an die Definition von IS, sowohl menschliche wie auch maschinelle Komponenten beinhalten (s. Kap. 1.2.1). Anwendungssysteme (AS) oder „Applikationen", als Teilmenge von IS (s. Bild 4-1) bilden die ablauf- und aufbauorganisatorischen Strukturen eines Unternehmens ab (s. Kap. 2.2.2). Über das Prinzip der Serviceorientierung sind sie eng mit der fachlichen Sicht verbunden (s. Kap. 1.4.3). AS sind dabei definiert als „eine Menge von Programmen (und teilweise die dazugehörigen Daten) (...), die als Anwendungssoftware für ein konkretes Anwendungsgebiet entwickelt, eingeführt und eingesetzt werden." (Fink et al., 2005, 207). Verglichen mit anderen Branchen ist die Relevanz in der Bankenindustrie durch den informationsbasierten Charakter der Bankprodukte und -prozesse noch höher einzustufen (s. Kap 1.2.3), als dies etwa in der produzierenden Industrie der Fall ist.

4.1 Anwendungssysteme

4.1.1 Grundlagen zu Anwendungsarchitekturen

AS sind der Klasse der Anwendungssoftware zuzuordnen und umfassen neben den zugehörigen Daten auch die für die Nutzung erforderlichen Basissysteme, also Computerhardware, Systemsoftware und sonstige Hardware, wie z. B. Kommunikationseinrichtungen (Lassmann, 2006, 447) (s. Bild 4-1). Den Aufbau eines AS bestimmt die Anwendungs- oder AS-Architektur, die typischerweise aus drei Ebenen mit untereinander verbundenen Softwarebausteinen besteht, die innerhalb und zwischen den Ebenen abgestimmt bzw. integriert sind (Mertens et al., 2012, 28):

- *Präsentation.* Auf Präsentationsebene lassen sich Endgeräte, wie Smartphones oder Tablets, sowie Zugriffstechnologien, wie z. B. Browser, und Präsentationssprachen, wie etwa HTML 5, unterscheiden.
- *Funktionen.* Die (Anwendungs-)Funktionen definieren die Aktivitäten und Prozesse eines AS. Dabei unterstützen die AS-Funktionen die Geschäftsprozesse durch Zuordnung von Aktivitäten (fachlichen Services) aus Prozessen zu einzelnen AS-Funktionen (technische Services) (s. Kap. 2.2.2).
- *Daten.* Die Datenebene definiert alle relevanten Datentypen (z. B. Stamm-, Bewegungsdaten etc.) und legt die zur Bearbeitung relevanten Technologien fest. Hierzu gehören sowohl klassische Datenbanktechnologien aber auch Big Data-AS (s. Kap. 4.4.1).

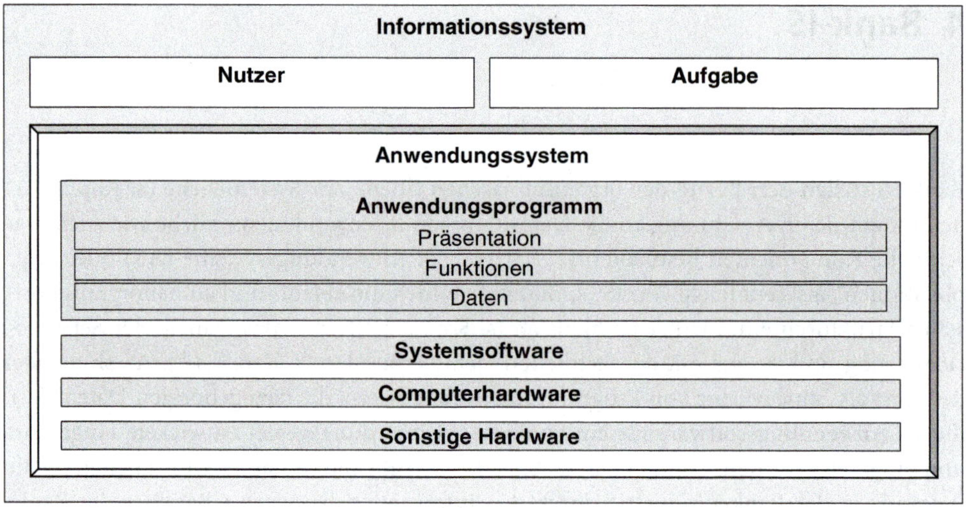

Bild 4-1: Elemente eines AS

AS können vier Architekturtypen folgen (s. Tabelle 4-1), wobei die Elemente mehreren Schichten (sog. „Tier") angehören können. Die Schichtenbildung definiert dabei nur logische Grenzen, da alle drei Schichten können physisch auf einem Computer ablaufen können. Jedoch ist die logische Trennung einzelner Schichten Voraussetzung einer Kommunikation über definierte Schnittstellen (s. Kap. 1.4.3). Der Vorteil mehrschichtiger Architekturen sind die Wiederverwendung von einmal entwickelten Komponenten, die bezüglich ihrer Funktionalität und ihrer Schnittstellen standardisiert sind (s. Kap. 4.2.5) und eine lokale Problembehandlung erlauben ohne notwendigerweise das Gesamtsystem verändern zu müssen (Noack et al., 2000, 8). Komponentenorientierung ist ein Vorläufer der Serviceorientierung auf technischer Ebene (s. Kap. 1.4.3), die eine vereinfachte (Re)Konfigurierbarkeit der AS und damit die Umsetzung von Sourcing-Modellen (s. Kap. 3.1.3) etwa auf Basis des Cloud Computing erlaubt.

Eine besondere Form der Instanziierung eines Sourcing-Modells von AS (s. Kap. 3.1.3) ist die sog. *Mandantenfähigkeit*. Bei dieser steht eine zentral implementierte Instanz des AS verschiedenen Banken (Mandanten) zur Verfügung, ohne dass diese die Funktionen und Daten der anderen Mandanten einsehen können. Umgekehrt heißt dies, dass jede Bank nur ihre eigenen Daten, Funktionen und Präsentationselemente sehen kann. Dabei ist in einem mandantenfähigen AS zwischen mandantenabhängigen und -übergreifenden Daten, Funktionen und Präsentationselementen zu unterscheiden. Während Erstere individuell auf einzelne Mandanten zugeschnitten sind (z. B. Format von Kundendaten), sind Zweite für alle gleich (z. B. WKN etc.). Neben den zuvor genannten Vorteilen mehrschichtiger Architekturen ergeben sich weitere Potenziale durch die zentrale Installation und Wartung sowie teilweise geringe Lizenzkosten.

Tabelle 4-1: Vergleich von Architekturtypen

	1-Tier	**2-Tier**	**3-Tier**	**n-Tier**
Anzahl Schichten	Eine	Zwei	Drei	> Drei
Beispiel	Mainframe, z. B. IBM CICS	2-Tier Client-/ Server (Fat Client), z. B. SAP R/2	3-Tier Client-/ Server, z. B. SAP R/3	4-Tier Portalarchitektur, z. B. SAP NetWeaver
AS-Programmelemente	Präsentation, Anwendungsfunktionalität, Daten sind in einem System integriert.	Anwendungsfunktionalität und Präsentation zusammengefasst auf Basis einer Datenschicht.	Anwendungsfunktionalität, Daten und Präsentation sind als eigene Schicht umgesetzt.	Anwendungsfunktionalität, Daten und Präsentation sind auf mehrere Schichten verteilt.

4.1.2 Anwendungsarchitekturen bei Banken

Banken stehen im Spannungsfeld zwischen den durch die Transformationstreiber induzierten Veränderungen (s. Kap. 1.3.1) und der Struktur ihrer bestehenden AS-Architekturen (Brockhoff, 2006, 383). Während die Transformationstreiber zu einer Veränderung der bestehenden Landschaften führen, sind die Veränderungsmöglichkeiten von Banken durch veraltete AS-Strukturen häufig eingeschränkt (Koch & Rill, 2005, 22). Vielfach sind die AS aus internen organisatorischen Strukturen heraus entlang von Vertriebskanälen und/oder einzelnen Produkten entstanden und folgen wenig den leistungsübergreifend ausgerichteten Kundenprozessen. So zeigt eine Studie bei Banken, dass die Komplexität der AS-Landschaft für 70% der Befragten einen signifikanten Einfluss auf die Reaktionsfähigkeit der Bank besitzt (Barnett, 2008, 3). Aufgrund der Relevanz der IT für den Finanzbereich (s. Kap 1.3.4.) kommt den zugrunde liegenden AS daher eine Schlüsselrolle zu.[51] Obgleich die Bankenindustrie gegenüber anderen Branchen über die höchsten IT-Investitionen verfügt (s. Kap. 1.3.4), entfällt paradoxerweise der größte Teil dieses Investitionsvolumens nicht auf die Entwicklung innovativer Anwendungen, sondern auf die Anpassung und Pflege bestehender Strukturen aufgrund sich ändernder Rahmenbedingungen.

Um den tendenziell gegenläufigen Anforderungen an Flexibilität gegenüber sich verändernden Rahmenbedingungen und der bestehenden Heterogenität der AS-Architektur zu entsprechen, haben sich Kernbankensysteme herausgebildet. Analog zu ERP-Systemen in der Industrie (s. Kap. 1.3.3) bewirken diese eine Standardisierung von Daten und Geschäftsprozessen. Es kann sich dabei um ein einziges umfassendes Gesamtsystem eines Anbieters („Single Source") oder die Kombination spezialisierter AS mehrerer Anbieter in einer Gesamtarchitektur („Best-of-Breed") handeln (s. Tabelle 4-2). Beide Konzepte schließen sich nicht gegenseitig aus, denn kaum ein Unternehmen verfügt über eine reine Single Source-

---

[51] Vgl. zur Relevanz der IT bei Banken auch (Berensmann, 2005, 90), (Wendt, 2004, 4) und (Lamberti & Büger, 2009, 31) sowie Kap. 1.2.3.

Architektur. Vielmehr sind gerade bei großen Banken neben den Kernbankenlösungen vielfältige spezialisierte Anwendungen (sog. Umsysteme), etwa für das Online Banking, das Portfoliomanagement oder die Finanzplanung, im Einsatz. Die zwischen den Anwendungen entstehenden Abhängigkeiten verursachen Wartungs- und Pflegeaufwände bei den Schnittstellen im Rahmen des Betriebs, die letztlich den für Innovationen zur Verfügung stehenden Anteil am gesamten IT-Budget eines Unternehmens verringern (s. Kap. 2.1.2).

Tabelle 4-2: Vergleich von Single Source und Best-of-Breed Architektur (in Anlehnung an (Strahringer & Gmeiner, 2004, 96f))

	Single Source		Best-of-Breed	
	Vorteile	Nachteile	Vorteile	Nachteile
Imple-mentie-rung	• Integrierte Lösung • Keine oder wenige Redundanzen • Gemeinsames Datenmodell • Zentralisierte Verantwortung	• Zusätzliche dedizierte Systeme können notwendig sein • Standards werden vorausgesetzt (z. B. Schnittstellen, Offenheit)	• Optimale Unterstützung einzelner Prozesse • Strategische Differenzierung • Geringere Abhängigkeit von einem Anbieter	• Aufwendige Integration • Redundanzen zwischen den AS • Mehrere Verhandlungspartner
Betrieb	• Reduktion Unterhaltskosten • Einheitliche Benutzerführung • Integrierte Transaktionsverarbeitung • Keine Datenredundanzen	• Abhängigkeit von einem Anbieter • Vorteile erst über längere Perioden realisierbar	• Einfachere Austauschbarkeit einzelner Komponenten • Geringere Abhängigkeit von einem Anbieter	• Unterhalt sehr aufwendig • Koordination von System-Release-Zyklen • Datenredundanzen

Aufgrund der technologischen Innovationen im kundenseitigen Bereich (s. Kap. 2.5.1), sind die Erneuerungszyklen im Frontoffice- deutlich höher als im Backoffice-Bereich. Nicht selten betreiben Banken im Backoffice Transaktionssysteme, die 30 Jahre oder älter sind. Dagegen betragen im Bereich der Kundeninteraktion die Veränderungszyklen häufig nicht mehr als fünf Jahre.

Gestaltung von Frontoffice AS-Architekturen

Ein Beispiel für Single Source- und Best-of-Breed-Architekturansätze ist der Aufbau von Frontoffice-AS-Architekturen bei Coutts/Union Bancaire Privée und PostFinance. Die Schweizer Retailbank PostFinance nutzt zur Verbindung von Kanälen und AS eine Best-of-Breed-Architektur (s. Bild 4-2), während die 2015 von der Union Bancaire Privée übernommene Privatbank Coutts einen Single Source-Ansatz verfolgt (s. Bild 4-3).

PostFinance – Best-of-Breed-Architektur

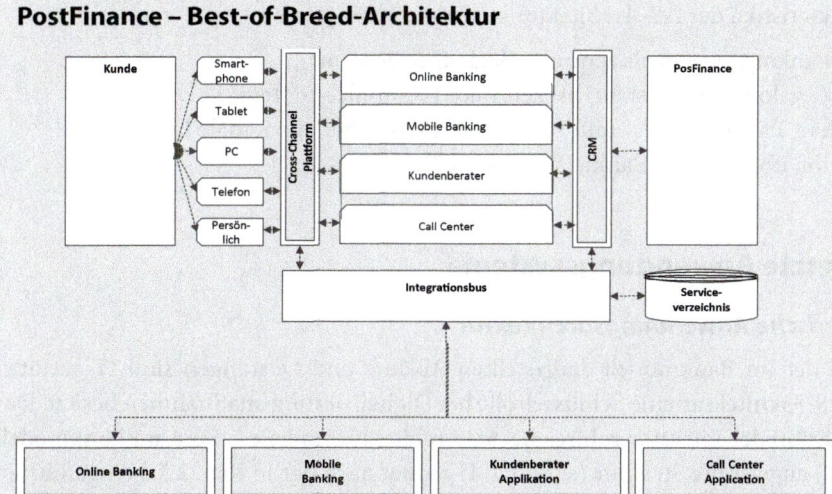

Bild 4-2: Best-of-Breed AS-Architektur bei PostFinance

Die Charakteristika der AS-Architektur sind zusammengefasst:

- Kanalindividuelle Systeme als Backoffice-Systeme
- Aufbau einer Kanalinterkations-Plattform als zentrales Frontsystem
- CRM dient als Steuerungs- und Analysewerkzeug über alle Kanäle hinweg
- Integration über einen Enterprise Service Bus

Coutts / Union Bancaire Privée – Single Source-Architektur

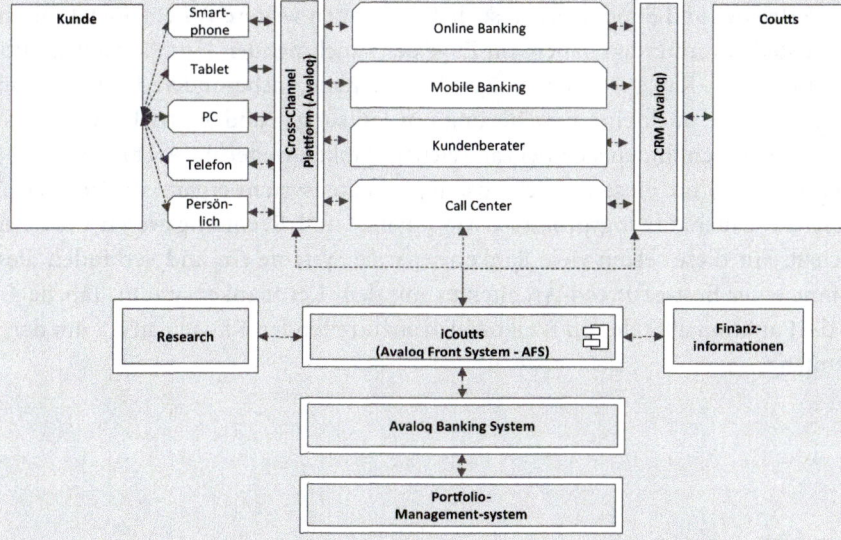

Bild 4-3: Single Source AS-Architektur bei Coutts/Union Bancaire Privée

Die Charakteristika der AS-Architektur sind zusammengefasst:

- Avaloq Banking System als zentrales Backoffice-System
- iCoutts (Avaloq Front System) als zentrales Frontoffice-System
- CRM dient als Steuerungs- und Analysewerkzeug über alle Kanäle hinweg
- Integration über Avaloq Banklets (s. Kap. 4.2.3)

4.2 Vernetzte Anwendungssysteme

4.2.1 Generische Anwendungsarchitektur

Die meisten der im Bankmodell dargestellten Abläufe und Leistungen sind IT-gestützt, sodass die AS-Architektur eine Schlüsselrolle bei Digitalisierungsmaßnahmen besitzt. Daher finden sich in der Literatur zahlreiche AS-Architekturmodelle.[52] Eine am Bankmodell (s. Kap. 2.3.8) angelehnte Struktur (s. Bild 4-4) ordnet nach der in Kap. 2.2.3 eingeführten Notation die für Banken relevanten AS auf der vertikalen Achse den Prozessen des Bankmodells „Führung", „Vertrieb", „transaktionsbezogen", „transaktionsübergreifend" und „Support" sowie auf der horizontalen Achse den Kundenprozessen zu.

Obgleich historisch bedingt bei jeder Bank eine spezifische AS-Architektur anzutreffen ist, so bildet das Kernbankensystem doch eine wichtige zentrale Komponente. Zwar existiert kein gesetzter Funktionsumfang für diese integrierten AS, jedoch lieferten sie analog dem Konzept integrierter betrieblicher AS (ERP, s. Kap. 1.3.3) zunächst vor allem eine integrierte Abbildung der Transaktionsbereiche im Backoffice. Enthalten sind darin die Bereiche der Ausführung/Abwicklung sowie transaktionsbezogene und -übergreifende Prozesse. Für die weiteren in Bild 4-4 dargestellten Funktionalitäten, wie etwa Führungs-, Vertriebs- und Supportprozesse, haben Banken weitere AS eingesetzt, die sie mittels Schnittstellen verbunden haben. Im Zuge der zunehmenden Funktionsintegration in der dritten Phase (s. Kap. 1.3.3) haben Kernbanksysteme, insbesondere jene von Standardsoftwareanbietern, auch eine Erweiterung um Führungs- und Vertriebsfunktionalitäten erfahren. Dennoch finden sich bei zahlreichen Banken weiterhin Architekturen, bei welchen dedizierte AS für diese Bereiche das Kernbankensystem ergänzen. Dies betrifft insbesondere die Unterstützungsprozesse, wie Finanz- und Rechnungswesen oder Personalwirtschaft. Für diese setzen viele Banken separate Systeme ein und verbinden diese dann im Sinne einer Best-of-Breed-Architektur mit dem Kernbankensystem. Tabelle 4-3 beschreibt die Funktionalität der im Bankbereich anzutreffenden Klassen an AS mit deren Leistungsumfang.

---

[52] Vgl. (Mehlau, 2003, 216ff), (Berensmann, 2004, 63ff), (Rabenstein, 2003, 192ff), (Müller & Pfromm, 2003, 357ff), (Dern, 2007, 32), (Moormann & Schmidt, 2007, 129) und (Lederer, 2004, 88).

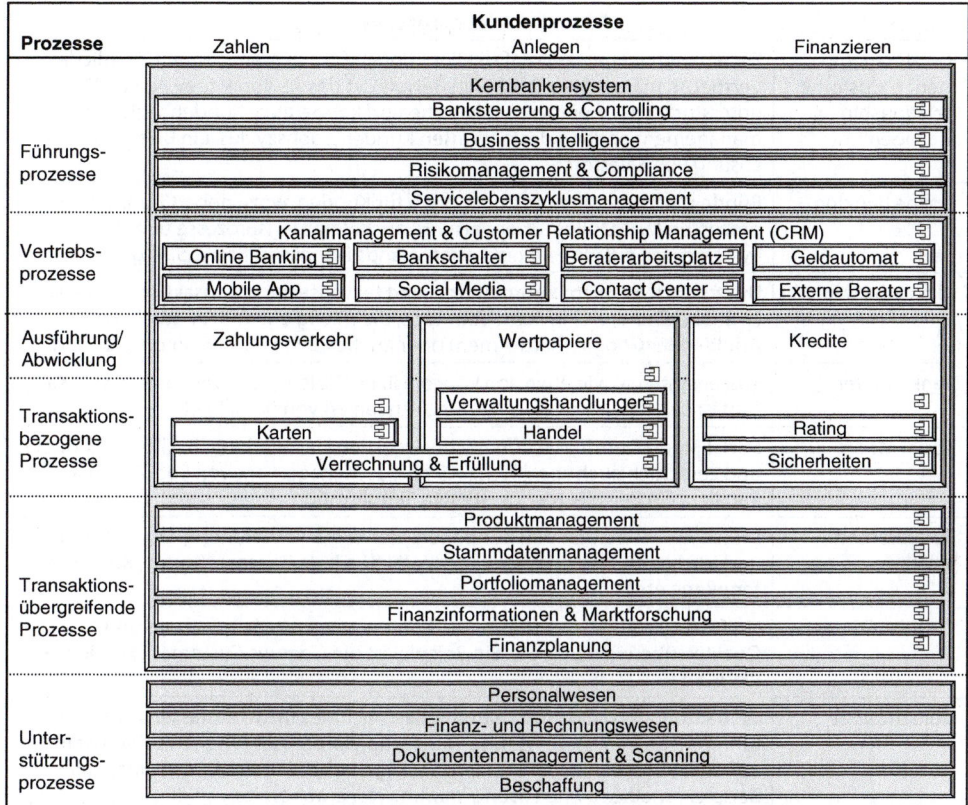

Bild 4-4: Generische Struktur einer AS-Architektur von Banken

Tabelle 4-3: AS bei Banken

AS für Führungsprozesse	
Banksteuerung und Controlling	Beinhaltet die Bewirtschaftung qualitativer und quantitativer Steuerungsinstrumente für die Banksteuerung und Entscheidungsunterstützung (Decision Support Systems, DSS bzw. Executive Support Systems, ESS) sowie das Controlling. Ein Beispiel für diese Kategorie ist okular von parcIT.
Business Intelligence	Umfassen Funktionen für die Beschaffung, Aufbereitung und Bereitstellung von Daten zur Unterstützung der Banksteuerung und des Controlling. Dies beinhaltet Daten(-banken), Data Warehouse-Systeme sowie Berichts- und Data Mining-Systeme (z. B. SAP BusinessObjects und SAP Crystal Reports).
Risikomanagement & Compliance	Hat die Verwaltung von Liquiditäts-, Kredit-, Markt-, strategischen und Rechts- sowie operationellen Risiken zum Ziel. Eine beispielhafte Anwendung stammt etwa von Fernbach Financial Software.
Servicelebenszyklusmanagement	Fokussiert auf das Management von fachlichen und technischen Services entlang des gesamten Servicelebenszyklus (s. Kap. 4.2.4).

AS für Vertriebsprozesse	
Kanalmanagement & Customer Relationship Management	Das *Kanalmanagement* umfasst Funktionen für das Management sämtlicher Vertriebskanäle (s. Kap. 2.3.2). Ein Beispiel ist das AS von Pitney Bowes. Das *CRM* unterstützt das operative, analytische und kooperative Kundenbeziehungsmanagement entlang des gesamten Kundenlebenszyklus. Ein Beispiel ist die Lösung von Salesforce.
Online Banking	Bündelt Selbstbedienungsfunktionen für Kunden, wozu neben Transaktionsprozessen (z. B. Online-Überweisung) auch Beratungsprozesse über PFM-Systeme, wie z. B. von Meniga oder Strands Finance (s. Kap. 2.5.3), gehören.
Mobile Banking	Unterstützt vor allem Informations- und teilweise auch Transaktionsprozesse (z. B. über Tablet PC) in Form von Apps, die häufig entweder nativ (z. B. für Apple- oder Google-Plattformen) oder auf Basis von HTML5 umgesetzt sind.
Bankschalter	Kassensysteme, wie etwa von Wincor Nixdorf, dienen zur Verwaltung von Kassentransaktionen wie etwa das Ein-/Auszahlen von Bargeld etc.
Social Media	Social Media betrifft die öffentlichen sozialen Netzwerke (z. B. XING, Facebook) und zusätzlich auch spezifische AS für das Management von Social Media-Kanälen. Ein Beispiel hierfür ist etwa Simplify360.
Beraterarbeitsplatz	Dieses AS unterstützt den Kundenberater in der Vorbereitung, Durchführung und Nachbereitung von Kundengesprächen (z. B. Kontoeröffnung, Kundendatenpflege etc.).
Contact Center	Umfasst alle Funktionen eines Call Centers, wie etwa Anrufverwaltung, Qualitätsüberwachung etc. Ein Beispiel ist die Genesys Customer Experience Platform.
Geldautomat	Geldautomaten bzw. Automated Teller Machines (ATM) umfassen AS zur Ausführung von Informations- und Transaktionsprozessen, wie etwa Kontostandabfragen, Bargeldbezug oder Einzahlungen über Automatenterminals. Ein Beispiel für eine solche Lösung stammt von ergonomics.
EVV	AS für EVVs beinhalten Funktionen für den Kauf und das Management von Anlageprodukten, das Berichtswesen und häufig auch für das Kundenmanagement. Ein Beispiel stammt etwa von CREALOGIX.
AS für Ausführungs-/Abwicklungsprozesse	
Zahlungsverkehr	Fokussiert auf Funktionen zur ZV-Abwicklung (s. Kap. 2.3.3), wie etwa VisionPLUS Flex von First Data. Ein Beispiel ist TARGET2, das ZV-System der EZB für grenzüberschreitende Euro-Zahlungen.
Wertpapiere	Unterstützen die WP-Abwicklung, wie etwa GEOS (Globales Effekten Online System) von Software Daten Service (SDS).
Kredite	Umfassen Funktionen zur Kreditabwicklung, z. B. WinCredit von Base-Net Informatik.
AS für transaktionsbezogene Prozesse	
Karten	Beinhaltet Funktionen für das Management von Kreditkarten, wie z. B. CardWizard Software von Datacard.
Verrechnung & Erfüllung	Verrechnung und Erfüllung (Clearing & Settlement) umfasst die Übermittlung, Abstimmung, Bestätigung und Abwicklung von Zahlungs- oder Wertpapieraufträgen. Ein Beispiel ist die Swiss Value Chain von der SIX Group, welche den Handel, die Abwicklung und den zugehörigen ZV vollständig integriert und automatisiert.

Verwaltungs-handlungen	Beinhaltet alle Funktionen zur Verwaltung von Verwaltungshandlungen (Corporate Actions) entlang ihres Lebenszyklus von der Anlage, über die Datenverwaltung bis zum Versenden von Benachrichtigungen an Kunden. Ein Beispiel ist Atlas Corporate Actions von Finnexus Solutions.
Handel	Deckt alle Funktionen für den professionellen Handel von Wertpapieren ab. Ein Beispiel ist die Handelssoftware GTS der OnVista Bank.
Rating	Beinhaltet Funktionen für die Bewertung der Bonität von Kunden, wie etwa von der Schufa in Deutschland.
Sicherheiten	As dieses Typs umfassen die Bewertung von Sicherheiten (z. B. Immobilienwerten etc.). Ein Beispiel ist der Calculator von Creditreform.
AS für transaktionsübergreifende Prozesse	
Produkt-management	Diese AS unterstützten Banken bei der Verwaltung von Produkten mittels Produktkatalogen (s. Kap. 2.5.2), dem Management von Preisen sowie ergänzenden Treueprogrammen. Ein Beispiel ist die Zafin miRevenue Software Suite.
Stammdaten-management	Das Stammdatenmanagement fokussiert auf die Erstellung und Verwaltung entlang deren Lebenszyklus von Daten jeglichen Typs (Kunden-, Produktdaten etc.). Ein Vertreter ist IBM InfoSphere Master Data Management.
Portfolio-management	Das Portfoliomanagement umfasst die Verwaltung aller Arten von Anlageprodukten entlang ihres Lebenszyklus entsprechend der Kundenziele. Ein Beispiel ist Insa PMS der Insa Investment Software.
Finanzinformationen & Marktforschung	Hierzu gehören alle Arten von Wertpapierdaten, wie etwa Kurse, Wertpapierkennnummern (WKN) etc. Ein Anbieter ist beispielweise SIX Financial Information.
Finanzplanung	Die Finanzplanung umfasst Funktionen zur kundenindividuellen Abbildung von Finanzzielen, wie etwa Pensionsplanung, Steueroptimierung etc. Ein Beispiel für diese Kategorie ist ALLFINA von Logismata.
AS für Unterstützungsprozesse	
Personalwesen	AS dieser Kategorie unterstützen Banken im Lebenszyklusmanagement von Mitarbeitern (z. B. SAP HRM).
Finanz- und Rechnungswesen	Das Finanz- und Rechnungswesen dient der Buchführung der Bank, wie etwa SAP FI/CO.
Dokumenten-management & Scanning	Unterstützung der Dokumentenverwaltung über den Lebenszyklus. Ein Anbieter dieser Kategorie ist LOG:IT mit DocuWare. Dies beinhaltet auch die Erstellung und Verwaltung gedruckter Dokumente gegenüber dem Kunden (z. B. Steuerbescheide etc.). Ein Beispiel ist DocFamily von Assentis. Teilweise integriert in das Dokumentenmanagement, jedoch auch als separates Modul einsetzbar, unterstützt das Scanning vor allem die Eingangsbearbeitung physischer Dokumente (z. B. die Lösung von MicroData).
Beschaffung	AS im Bereich der Beschaffung dienen dem Management der strategischen und operativen Beschaffungsprozesse. Ein Beispiel ist SAP Business Suite.

4.2.2 Kernbankensysteme

Als integriertes betriebswirtschaftliches AS bildet ein Kernbankensystem die bankfachlichen Prozesse mit den notwendigen Funktionalitäten für Stammdaten, Einlagekonten, Wertpapiere, Kredite und Hypotheken sowie Zahlungen (s. Bild 4-4 und Tabelle 4-4) ab. Heute umfassen diese AS Führungs-, Vertriebs-, Ausführungs-/Abwicklungs-, transaktionsbezogene und -übergreifende Prozesse ab. Analog dem Konzept integrierter betrieblicher AS (ERP, s. Kap. 1.3.3) stellen sie mit einer zentralen Datenbank und abteilungsübergreifenden Prozessen das „Herz" einer Bank bzw. von Finanzdienstleistern dar. Die darin enthaltenen Stammdaten (z. B. Kunden, Produkte, Ressourcen) sind längerfristig stabil und sorgen für Standardisierung und Konsistenz. So können auch in einer Best-of-Breed-Architektur andere AS die Stammdaten des Kernbankensystems verwenden. Gleiches gilt für die Bewegungs- (z. B. Aufträge, Überweisungen) und Bestandsdaten (z. B. Konto-/Depotbestände). Die funktionsübergreifenden Prozesse stellen sicher, dass alle Bereiche (z. B. Länderorganisationen) einer Bank die gleichen Abläufe einhalten und damit leichter regulatorischen Anforderungen genügen können.

Tabelle 4-4: Definitionen von Kernbankensystemen

Definitionen des Begriffs „Kernbankensystem" (KBS)	Quelle
"(…) the sum of all IT components that allow a banking institution to develop, process, and manage its basic financial products and services effectively."	(Balgheim & Ollagnier, 2005, 5)
„Bankensystem das prinzipiell alle Produkte, Vertriebskanäle sowie die Reporting- und Steuerungsmodule umfasst."	(Schmid et al., 2013, 7)
"(…) back-end system that processes daily banking transactions and posts updates to accounts and other financial records. Core banking systems typically include deposits, loan and credit-processing capabilities, with interfaces to general ledger systems and reporting tools."	(Wang & Free, 2013, 1)
"Softwarepaket (…) mit dessen Hilfe die kontenbasierten Geschäftsvorfälle einer Bank technisch bearbeitet werden. Ein KBS umfasst damit die Kontoführung und Umsatzverarbeitung einer Bank, insbesondere die Verarbeitung von Daten in den Produktsparten Kontokorrent, Fest- und Tagesgeldkonten, Spareinlagen (einschl. Sondersparformen, Sparbriefe und Sparpläne) und Kredite sowie die Verwaltung der Kundendaten."	(Moormann, 2015)

Gegenüber der produzierenden Industrie entstanden Standardlösungen für Kernbankensysteme erst verhältnismäßig spät (s. Bild 4-5). Erste Systeme gehen auf die 1980er Jahre mit Sungard Ambit (s. Kap. 4.2.3), FiS Profile oder Fiserv Signature zurück und zwischen 1985 bis 1999 sind insgesamt 11 Systeme auf den Markt gekommen. Weitere 12 Systeme lassen sich auf den kürzeren Zeitraum zwischen 2000 und 2012 datieren, was darauf hindeutet, dass die Relevanz von Standard-Kernbankensystemen erst in jüngerer Zeit zugenommen hat.

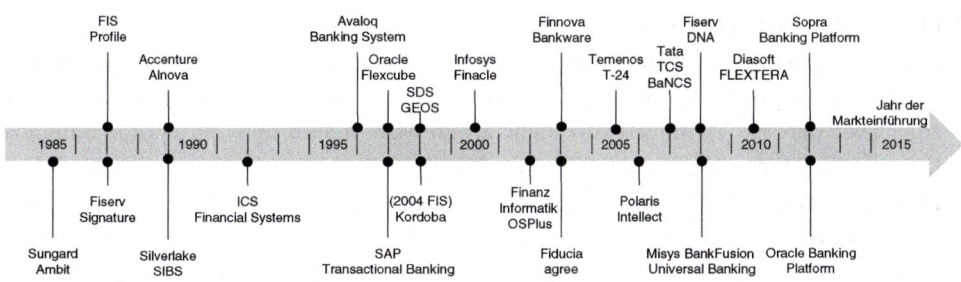

Bild 4-5: Markteinführung ausgewählter Kernbankensysteme

Jedoch dominieren bei europäischen sowie nord- und südamerikanischen Banken noch eigenentwickelte Systeme, während Australien, Südostasien, der mittlere Osten sowie China bereits vielfach Standardsysteme eingeführt haben. Der höchste Reifegrad ist in Ländern wie Indien, Japan und Südkorea zu finden (Hunt, 2013). Gleiches gilt für den deutschsprachigen Raum: während die deutschen öffentlich-rechtlichen Banken mehrheitlich OSPlus der Finanz Informatik verwenden, ist dies das Bank21-System der GAD oder das agree-System der Fiducia (s. Kap. 4.2.3) bei den genossenschaftlichen Banken[53]. Bei den großen deutschen Privatbanken (z. B. Deutsche Bank, Commerzbank) sind gegenwärtig Migrationsprojekte zu Standard-Kernbankensystemen (z. B. SAP Banking) anzutreffen. Insgesamt umfasst der weltweite Markt für Kernbankensysteme ca. 8,6 Mrd. $ (Lodge et al., 2013). Die Anbieter in diesem Segment haben sich ausdifferenziert und bedienen unterschiedliche Märkte, Geschäftsmodelle, Bankgrößen und Funktionalitäten:

- *Differenzierung nach Märkten.* Die in Westeuropa beheimateten Anbieter von Kernbankensystemen, wie z. B. SAP (s. Kap. 4.2.3) oder Temenos, sind häufig internationaler ausgerichtet als die in Nordamerika ansässigen (z. B. Oracle). Wenngleich die meisten Anbieter europäischer Herkunft sind (Greer & Narter, 2012), ist es auch einzelnen nicht-europäischen Anbietern gelungen, in den westeuropäischen Markt der Kernbankensysteme einzudringen (z. B. die TCS BaNCS-Plattform vom indischen Unternehmen Tata bei der Deutschen Bank).
- *Differenzierung nach Geschäftsmodellen.* Viele Kernbankensystemanbieter haben sich auf unterschiedliche Geschäftsmodelle der Banken spezialisiert. So decken etwa TCS mit FNS und Polaris mit Intellect als eine der wenigen Anbieter mit Retail-, Privat-, Universal- und Investmentbanken alle Modelle ab, während Temenos sich mit T24 vor allem auf die drei erstgenannten konzentriert. Oracle und Misys sind eher auf Retail- und Universalbanken konzentriert, SAP, Fidelity und Systematics primär auf Retailbanken.
- *Differenzierung nach Bankgröße.* Institutionen mit einem verwalteten Vermögen von bis zu 1 Mrd. $ setzen größtenteils auf Temenos (Marktanteil von 43%), Sopra (16%) sowie

---

[53] Fiducia und GAD firmieren nach der Fusion unter dem neuen Namen Fiducia & GAD IT. Die beiden bislang getrennten Systeme werden in eines (Agree) überführt.

FIS (12%), Oracle (11%) und TCS, Misys sowie SAP (je 4%) (Greer & Narter, 2012). Bei mittelgroßen Banken mit einem verwalteten Vermögen zwischen 1 und 20 Mrd. $ dominieren Sopra (33%), Misys (20%) und Temenos (16%). Bei den Großbanken mit einem verwalteten Vermögen von mehr als 20 Mrd. $ sind dies FIS (33%), Temenos (24%) sowie Misys (13%) und SAP (6%).

- *Differenzierung nach Funktionalität.* Die Differenzierung nach Funktionalität folgt der Abdeckung der generischen AS-Architektur (s. Tabelle 4-5). Während etwa FIS Kordoba ein optionales Angebot an Steuerungsapplikationen bietet, deckt GEOS diesen Bereich nicht ab. Dies betrifft auch Vertriebsmodule, wie etwa das Online Banking. Die funktionale Differenzierung gilt analog für die Abwicklung im Bereich WP, ZV und Kredite. Während Temenos alle drei genannten Bereiche unterstützt, trifft dies auf FIS Kordoba oder SAP für den Bereich der Anlageprozesse nicht zu.

Tabelle 4-5: Vergleich ausgewählter Kernbankensysteme (Wang & Free, 2013, 4)

Einen Überblick über den Markt an Kernbankensystemen im Retail Banking bietet der „Magic Quadrant" von Gartner, der die Anbieter und Systeme entlang der Achsen „Completeness of Vision" und „Ability to Execute" positioniert (Wang & Free, 2013, 4). Während Erstere auf die Produktstrategie, die Adaption von Brancheninitiativen und -standards sowie Marktabdeckung abzielt, umfasst der zweite Bereich Aspekte wie Anbieterstabilität und Betriebssicherheit. Gartner positioniert insgesamt 11 Anbieter im Quadranten der „Leaders", fünf Systeme als „Visionaries" und vier als „Niche Players". Die „Leaders" zeichnen sich gegenüber den „Visionaries" dadurch aus, dass sie neben visionären Produktstrategien auch bezüglich Umsetzung und Betrieb vollständige Architekturen und Modelle anbieten. „Niche Players" konzentrieren sich dagegen auf einzelne Marktregionen. So weist die Lösung von BML Istisharat, die primär im Nahen Osten und Afrika zum Einsatz kommt, in anderen Regionen nahezu keine Anwender auf.

Bezüglich ihres Funktionsumfanges variieren die Kernbankensysteme deutlich.[54] So ermittelte eine Analyse von 10 Kernbankenanbietern Abweichungen von 38% bis 94% je nach Modulen (Schmid et al., 2013). Der Studie liegt eine Analyse nach Kernfunktionen (z. B. Kontenverwaltung etc.), Banksteuerung (z. B. Controlling etc.), Filiale/Frontoffice (z. B. Kassenabwicklung etc.), Vertriebsunterstützung (z. B. CRM etc.) und Unternehmensführung (z. B. Datawarehouse etc.) zugrunde. Ein weiterer Vergleich analysierte die 11 Kernbankenanbieter bezüglich Funktionsumfang und Architektur (s. Tabelle 4-6). Während etwa FIS eCas2 Lücken im Bereich der Kanäle aufweist, erfüllt Accenture Alnova diese fast vollständig. Ähnliche Unterschiede zeigen sich in den übrigen Prozessbereichen.

Für die Auswertung der Studien ist festzustellen, dass die Module von Kernbankensystemen häufig die in der generischen AS-Architektur grau unterlegten Bereiche abdecken (s. Bild 4-4). Dies trifft auf die nachfolgend beschriebenen Kernbankensysteme Avaloq, Finnova, Fiducia, SAP und Sungard mit den Modulen in den Bereichen CRM, den Funktionalitäten für Banksteuerung & Controlling sowie den Erweiterungen im Bereich Online und Mobile Banking zu.

---

[54] Vgl. (Schmid et al., 2013), (Greer & Narter, 2012) und (Wang & Free, 2013).

Tabelle 4-6: Vergleich von Kernbankensystemen (Auszug aus (Greer & Narter, 2012, 12ff))

	Accenture Alnova	CSC Celereti	FIS Corebank	FIS eCas2	FIS Profile	FIS Systematics	Infosys Finacle	Misys Universal Banking	SAP Transaction Banking	TCS BaNCS	Temenos T24
Führungsprozesse											
Business Intelligence	◐	●	◐	○	◐	◐	◐	◐	●	○	◐
Risikomanagement	●	◐	◐	◐	○	◐	◐	●	◐	◐	◐
Vertriebsprozesse											
CRM (analytisch)	◐	●	●	○	◐	◐	◐	◐	◐	●	◐
CRM (operativ)	●	◐	◐	○	●	◐	◐	◐	◐	●	◐
Bankschalter	●	◐	●	●	●	◐	●	●	◐	●	◐
Beraterarbeitsplatz	●	◐	◐	◐	◐	◐	◐	◐	◐	●	●
Online Banking	●	◐	◐	◐	◐	◐	◐	◐	◐	◐	●
Mobile Banking	◐	◐	◐	○	◐	◐	◐	◐	◐	◐	◐
Contact Center	●	◐	◐	○	◐	◐	◐	◐	◐	◐	●
Geldautomat	●	◐	◐	○	◐	◐	●	◐	◐	◐	◐
Ausführung/Abwicklung & transaktionsbezogene Prozesse											
Zahlungsverkehr	●	◐	◐	◐	●	◐	◐	◐	◐	◐	◐
Karten	●	●	◐	●	◐	◐	●	●	●	◐	◐
Wertpapiere	◐	○	◐	●	◐	○	◐	◐	○	●	◐
Konsumentenkredite	●	◐	○	◐	◐	◐	◐	◐	◐	◐	◐
Hypothekenkredite	●	●	●	●	●	●	●	◐	●	◐	◐
Transaktionsübergreifende Prozesse											
Produktmanagement	◐	●	◐	●	○	◐	◐	◐	◐	●	◐
ALM	◐	○	◐	●	○	◐	◐	◐	◐	◐	◐
Compliance	●	◐	◐	○	◐	◐	◐	◐	◐	◐	◐
Dokumentenmanagement	◐	○	◐	◐	◐	◐	◐	◐	○	●	●

Legende: ○ nicht erfüllt ◐ teilweise erfüllt ● vollständig erfüllt

4.2.3 Beispiele ausgewählter Kernbankensysteme

Avaloq Banking Suite

Avaloq, mit Hauptsitz in Zürich, Schweiz, bietet seit 1996 mit der Avaloq Banking Suite eine Kernbankenlösung für Retail- und Universalbanken sowie Privatbanken (Wealth Management bzw. Vermögensverwaltung) an. Die Lösung nutzen mehr als 120 Finanzinstitute in über 20 Ländern. 2014 erwirtschaftete das Unternehmen mit 1'400 Mitarbeitern einen Umsatz von rund 500 Mio. CHF.

Die Avaloq Banking Suite umfasst Anwendungsmodule in sieben integrierten Funktionsblöcken (s. Bild 4-6). Der Bereich „Fundamentals" beinhaltet Funktionen aus dem Bereich der Systemsoftware, während das „Client Data Management" AS zur Verwaltung von Kundendaten beschreibt. Der Block „Core Operations" beinhaltet wie auch der Block „Tools" Werkzeuge zum Betrieb entlang des Applikationslebenszyklus, d.h. für die Verwaltung der AS bei der Einführung, des Betriebs und der Weitentwicklung. Die darüber liegenden Bereiche „Executions & Operations", „Enterprise Management" und „Omni-Channel-Experience" umfassen schließlich die bankfachliche Funktionalität. Der erste Bereich stellt die Funktionalität für die Bereiche Zahlen („Payment Processing"), Anlegen („Investment & Trading") sowie Finanzieren („Lending & Credit") bereit, während der zweite „Enterprise Management" alle Managementaktivitäten, wie etwa das Risikomanagement oder die Banksteuerung und das Controlling, unterstützt. Schließlich sind im Bereich „Omni-Channel-Experience" alle kanalbezogenen Leistungen enthalten, von Self-Services über das Online Banking bis hin zu Tablet-Lösungen für Kundenberater. Aus Sicht der Leitlinien der Vernetzung, Serviceorientierung und Innovation lässt sich die Avaloq Banking Suite wie folgt charakterisieren:

- *Vernetzung.* Die Avaloq Banking Suite kann sowohl als Inhouse-Lösung als auch über einen externen Dienstleister betrieben werden. Darüber hinaus haben sich mit B-Source und Swisscom zwei Anbieter am Schweizer Markt etabliert, welche das Kernbankensystem auch als BPO-Lösung anbieten. Ab 2015 ist zudem ein Avaloq Market Place vorgesehen, der Drittanbietern die Entwicklung zusätzlicher Leistungen auf Basis der Avaloq Banking Suite insbesondere im Bereich der hybriden Kundeninteraktion (s. Kap. 2.5.1) erlaubt. Durch diese Öffnung soll ein Netzwerk an Anbietern entstehen, die neue, zur Avaloq Banking Suite komplementäre Lösungen anbieten und einer Bank weitere Funktionalitäten zur Differenzierung im Kundenkontakt bieten.
- *Serviceorientierung.* Avaloq kapselt Services, wodurch Bankmitarbeiter und Kunden über mehrere Kanäle auf die Avaloq Front Platform zugreifen können. Hierfür nutzt die Suite eine auf Java implementierte SOA und eine auf dem Liferay Portal basierende integrierte Arbeitsumgebung, welche die Einbindung von Services, u. a. auch von durch Drittanbieter über den Market Place entwickelte Services, ermöglicht.
- *Innovation.* Avaloq reinvestiert nach eigenen Angaben > 50% des jährlichen Produktumsatzes in Forschung & Entwicklung. In den letzten Jahren lag der Schwerpunkt im Frontbereich mit Funktionalitäten für Tablets in der Kundenberatung, Mobile Banking und Self-Services für das Online Banking. In den kommenden Jahren sind weitere

Lösungen in den Bereichen Online, Mobile und Social Banking sowie ein Ausbau des Market Place Ökosystems geplant.

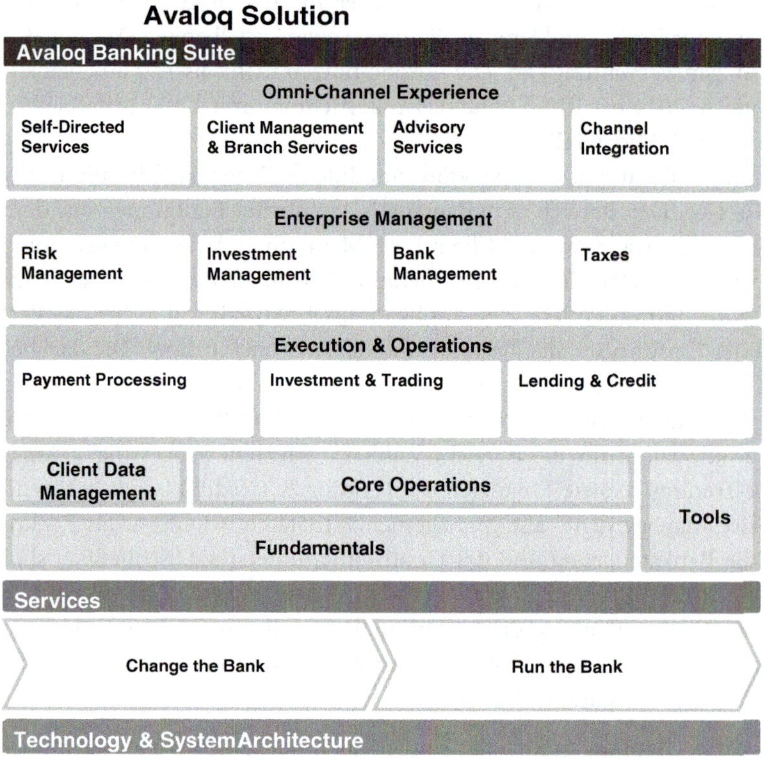

Bild 4-6: Avaloq Banking Suite AS-Architektur

Fiducia agree

Die Fiducia ist der größte IT-Dienstleister im Genossenschaftlichen Verbund der Volks- und Raiffeisenbanken (s. auch Kap. 3.2.4) mit Hauptsitz in Karlsruhe in Deutschland. Für ca. 750 Banken (inkl. 50 Privatbanken) stellt die Fiducia das Kernbankensystem agree zur Verfügung und betreibt dieses in eigenen Rechenzentren. Die Fiducia liefert alle IT-bezogenen Leistungen einer Bank aus einer Hand: vom Betrieb, der Entwicklung, Anwendung, Beratung und Schulung über den Support dezentraler IT-Infrastruktur und der Netze sowie Druck, Kuvertierung und Versand bis hin zur Auslagerung gesamter Geschäftsprozesse.

Das Kernbankensystem agree ist eine Eigenentwicklung der Fiducia, wofür Partnerbanken ein Nutzungsrecht, aber keine Lizenzrechte, erwerben. Alle Banken der Fiducia nutzen agree in der gleichen Release-Version. Das System gliedert sich in vier Funktionsblöcke (s. Bild 4-7). Der Bereich „Basis" stellt Funktionen für das Datenmanagement, die Mandanten- und Zugriffsverwaltung und für das Kanal-, Dokumenten- und Prozessmanage-

ment zur Verfügung. Im Funktionsbereich: „Vertriebsmanagement" sind alle vertriebs-
bzw. beratungsbezogenen Leistungen eingeordnet, während der Bereich „Produktionsbank" die notwendigen Abwicklungsleistungen für Kredite, Konto, ZV, Karte, Wertpapier
und Vermittlung umfasst. Schließlich beinhaltet der Bereich „Steuerungsbank" alle für das
Finanz-, Meldewesen und Controlling relevanten Funktionalitäten. Obwohl die genannten
Leistungen grundsätzlich im Standard angeboten werden, können Banken ihre Lösung
durch Parametrisierung individualisieren. Dies umfasst etwa die Einrichtung bankindi-
vidueller Arbeitsabläufe (Prozessmanagement mit Vorgangsbearbeitung, Aktivitätenma-
nagement und Geschäftsvorfallbearbeitung). Dazu gehört auch eine von der Bank verwaltete Finanzprodukt-Datenbank.

Bild 4-7: Fiducia agree AS-Architektur

Für die drei Leitlinien lässt sich agree wie folgt charakterisieren:

- *Vernetzung.* agree bietet die Möglichkeit, einzelne Prozesse und Dienstleistungen auszulagern. Zu den Outsourcing-Leistungen der Fiducia gehört die Geschäftsprozess-
  Ausgliederung (BPO, s. Kap. 3.1.3). Dabei übernimmt Fiducia für ihre Kunden den
  vollständigen Geschäftsprozess. Beispiele hierfür sind etwa das Outsourcing der Perso-
  nalverwaltung über das Fiducia Tochterunternehmen Peras GmbH oder das Auslagern
  von Druck- und Kuvertierleistungen.
- *Serviceorientierung.* Fiducia verfolgt ein betriebswirtschaftliches und ein technisches
  Serviceverständnis (s. Kap. 1.4.3). Ersteres zielt auf die Bereitstellung eines Service-

katalogs und das Erbringen von Leistungen im Rahmen vereinbarter SLAs. Um diese betriebswirtschaftlichen Ziele zu erreichen, erfolgt aus technischer Sicht derzeit die Migration auf eine SOA. Hierfür baut Fiducia die Architektur in den drei Bereichen IaaS, PaaS und SaaS (s. Kap. 3.1.3) um.

- *Innovation.* Im Innovationsbereich ist vor allem die Kunde-Bank-Interaktion im Fokus. So bietet agree den Banken über das integrierte Content Management-System die Möglichkeit, ihren Kunden mittels eines digitalen Prospektständers sämtliche Dokumente, wie etwa Produktbeschriebe und Broschüren, über einen QR-Code direkt auf ihr Endgerät zu laden. In einem nächsten Schritt sollen multimediale Inhalte, wie z. B. Videos zu ausgewählten Themen, folgen. Eine weitere Innovation betrifft die hybride Kundenberatung zur Immobilienfinanzierung. Hierbei erfasst der Kunde zunächst sämtliche Angaben zum Objekt im eBanking Finanzmanager, in dem er auch die Ziele und Wünsche des letzten Beratungsgesprächs vorfindet. Auf Basis eines zunächst durch den Kunden vollständig selbst erstellten Bildes findet das Gespräch mit dem Bankberater statt, wobei der Kunde das Angebot des Beraters nach dem Termin in seinem eBanking wiederfindet. Schließlich erweitert mit WhatsCash eine innovative App für Smartphone-basierte Zahlungen das eBanking.

Finnova Banking Software

Die Finnova Banking Software ist seit 2003 als Standardsoftware für Retail-, Universal- und Privatbanken verfügbar, nachdem die Finnova AG mit Sitz in Lenzburg (Schweiz) zuvor bereits über dreißig Jahre AS für die Finanzindustrie entwickelt hatte. Die Geschichte von Finnova geht auf das Jahr 1974 mit der Entwicklung der Software FIS zurück. Anfang der 1980er Jahre schließen sich mehrere Institute im FIS Benutzerbanken-Pool zusammen. Aus dieser Organisation entsteht 1999 die finis AG für Bankensoftware, die für sechs Aktionärsbanken eine modulare Gesamtlösung für Universal- und Privatbanken entwickelt. Im Herbst 2003 entsteht aus der finis die Finnova AG, die sich auf die Weiterentwicklung und Vermarktung ihrer Standardlösung konzentriert. Seither setzen ca. 100 Universal- und Privatbanken das Produkt ein und ca. 400 Mitarbeiter entwickeln die Lösung derzeit weiter.

Die Module der Finnova Banking Software lassen sich entweder der „Channel Suite", der „Front Suite", der „Management Suite", der „Expert Suite" oder der „Solution Suite" zuordnen (s. Bild 4-8). Diese bündeln Services jeweils für unterschiedliche Nutzergruppen. So fasst die Channel Suite alle Self Services etwa im Bereich des Online oder Mobile Banking für Bankkunden zusammen, während die Front Suite Funktionalitäten für Kundenberater bündelt. Mit dem modularen, rollenbasierten und prozessgesteuerten „Client Advisor Workplace" steuert beispielsweise der Kundenberater über die Front Suite Kundendialoge und führt Beratungen durch. Während die Front Suite alle kundenorientierten Prozesse in den Bereichen Beratung, Zahlen, Anlegen und Finanzieren zusammenfasst, ist die Expert Suite der Arbeitsplatz für das Middle- und Backoffice sowie für mögliche BPO-Partner. Die Solution Suite dient schliesslich der funktionalen Weiterentwicklung der Finnova Banking Software durch Banken, Betreiber, Produkt- und Lösungspartner, Entwicklungsfirmen sowie Fintech-Start-up-Unternehmen. Schliesslich dient die

Management Suite dem Bank- und Risikomanagement in den Bereichen Vertrieb, Finanzen, Compliance sowie Top-Management.

Nach den drei Leitlinien lässt sich Finnova Banking Software wie folgt charakterisieren:

- *Vernetzung.* Die Finnova Banking Software ist sowohl als eigenständige Lösung im Eigenbetrieb als auch als externe Lösung vom Markt als ITO- und BPO-Lösung nutzbar. Hierfür können Banken z. B. über die in der Schweiz ansässige Swisscom sowohl ITO- als auch BPO-Services beziehen.
- *Serviceorientierung.* Die Finnova Banking Software lässt sich als Gesamtpaket einsetzen oder in einzelnen Modulen in bestehende Systemlandschaften integrieren. Finnova OPAL ist die zugrundeliegende SOA-Technologie zur Integration von Dritt- und Fremdapplikationen über standardisierte Schnittstellen.
- *Innovation.* In die funktionale Weiterentwicklung von Finnova Banking Software sind die Banken in Form von „Systems of Community & Delivery" einbezogen. Darüber hinaus können über das „Development Framework" zertifizierte Banken oder Dienstleister zusätzliche Erweiterungen entwickeln. Über Standardschnittstellen ist weiterhin der Datenaustausch mit SIC, SWIFT, Clearinghäusern und Börsen etc. möglich (s. Kap. 4.2.5).

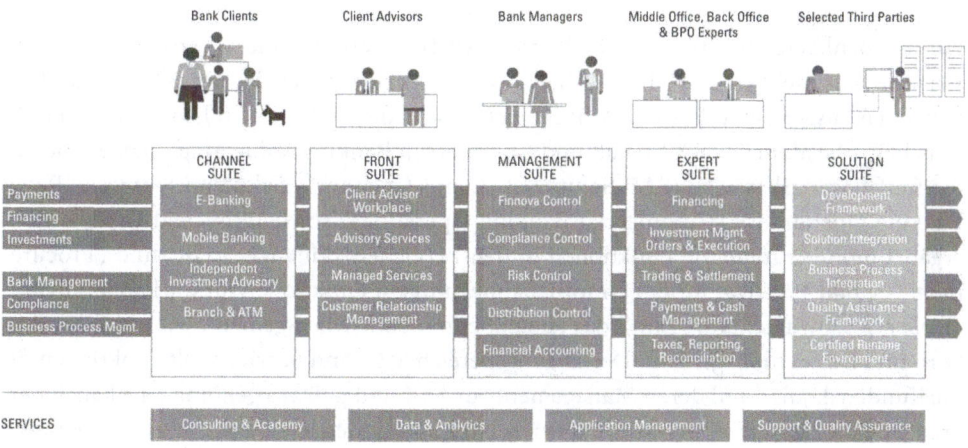

Bild 4-8: Finnova Banking Software

SAP Retail und Commercial Banking

SAP mit Sitz in Walldorf, Deutschland, bietet Unternehmenssoftware für mehr als 250'000 Kunden in über 180 Ländern an, beschäftigt mehr als 74'000 Mitarbeiter und erzielte 2014 einen Jahresumsatz von 17,56 Mrd. EUR. 97% aller Forbes Global 2000-Unternehmen nutzen das SAP ERP-System und die darin eingebetteten Geschäftsanwendungen in den Bereichen Beschaffung, Personalwesen sowie Finanz- und Rechnungswesen. Zudem bietet SAP Dienstleistungen, kundenspezifische Entwicklung, Managed Services und Beratungsdienstleistungen an.

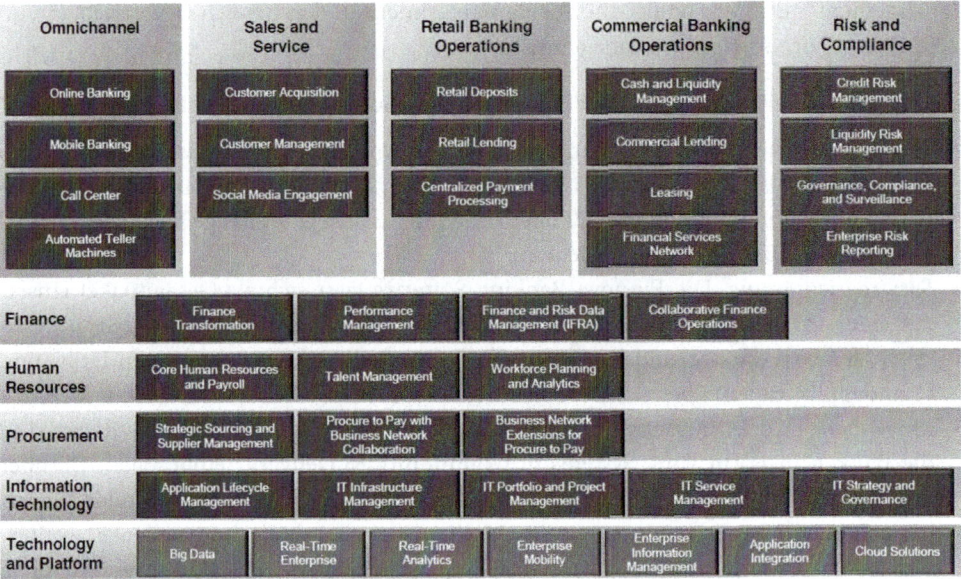

Bild 4-9: SAP Retail und Commercial Banking Value Map

Für den Bankbereich entwickelte SAP mit „SAP Transaction Banking" erstmalig 1997 ein Kernbankensystem (s. Kap. 4.1.2). Dieses ist seit Anbeginn auf die Bereiche ZV und Finanzieren ausgerichtet. Für den WP-Bereich besitzt das SAP-System keine eigene Funktionalität. Die aktuelle „SAP Retail und Commercial Banking Value Map" gliedert sich in die fünf Lösungsbereiche (SAP Solutions) „Omni-Channel", „Sales and Service", „Retail Banking Operations", „Commercial Banking Operations" sowie „Risk and Compliance", ergänzt um übergreifende Funktionen in den Bereichen „Finance", „HR" und „Procurement" (s. Bild 4-9). Das Modul Omni-Channel umfasst Funktionen für die kanalindividuelle Servicebewirtschaftung und das kanalübergreifende Management, wie etwa das Prozess- und Devicemanagement. Der Lösungsbereich Sales and Service stellt Funktionen für die Kundenakquise und deren Management zur Verfügung. Dazu gehören eine kanalübergreifende Prozessinteraktion sowie spezifisch für Social Media die Analyse und Integration von Daten in ein 360°-Kundenprofil. Die Gestaltung und Verwaltung von Bankprodukten und Preisen sowie die Abwicklung von Geschäftsprozessen in den Bereichen Zahlen, Anlegen und Finanzieren sind Teil des Moduls Retail Banking Operations und Commercial Banking Operations, im erstgenannten Fall für den Privatkundenbereich und im zweiten Fall für den Unternehmenskundenbereich, der weitere Funktionalitäten etwa für das Liquiditätsmanagement und die Integration in unternehmensbezogene Finanzprozesse umfasst. Das fünfte Modul (Risk & Compliance) beinhaltet schließlich Funktionen für das Management und die Einhaltung regulatorischer Richtlinien. Für die drei Leitlinien lässt sich das SAP-System wie folgt charakterisieren:

- *Vernetzung.* SAP bietet das SAP Retail und Commercial Banking als Cloud-basierte Lösung an, d. h. Banken können Funktionen wie Kundeneröffnung und Transaktionsabwicklung als Cloud-basierte Lösungen von SAP beziehen.
- *Serviceorientierung.* SAP war ursprünglich Initiator des Banking Industry Architecture Network (BIAN, s. Kap. 4.2.5) und ist weiterhin Teil dieses Gremiums. SAP Retail und Commercial Banking ist serviceorientiert aufgebaut und lässt sich dadurch mit anderen AS verbinden, z. B. Banknetzwerken mit Kernbankensystemen mehrerer Anbieter.
- *Innovation.* Mit den Anwendungen „SAP HANA" und „SAP Mobile" bietet SAP innovative Lösungen sowohl für den internen Bereich mit der Echtzeitanalyse und -auswertungsplattform als auch für den kundenbezogenen Bereich mit einer Mobilkanallösung.

SunGard Ambit

SunGard mit Sitz in Wayne (PA), USA, bietet Software und Abwicklungsdienstleistungen für ca. 16'000 Kunden in mehr als 70 Ländern für die Bereiche Finanzdienstleistungen, (Weiter-)Bildung und den öffentlicher Sektor an und erwirtschaftete in 2014 mit mehr als 13'000 Mitarbeitern einen Jahresumsatz von ca. 2,8 Mrd. $. Im Bereich Finanzdienstleistungen liefert SunGard Lösungen für Versicherungen sowie Banken und war im zweitgenannten Bereich mit dem Kernbankensystem APSYS 1986 einer der ersten Standardsoftware-Anbieter. Heute setzen zahlreiche Privatbanken (ca. 70 Kunden in acht Ländern) die Private Banking-Lösung Ambit ein. Darüber hinaus bietet SunGard für die Bankenindustrie kundenspezifische Entwicklungen, Managed Services und Beratungsdienstleistungen in den Bereichen Business Consulting, Technologie und Compliance an.

Ambit Core Banking gliedert sich in die Bereiche „Opportunity Management", „Investment Management", „Operations Management" und „Client Management" (s. Bild 4-10). Das Modul „Opportunity Management" bietet Funktionalitäten für die Vertriebsprozesse, wie etwa die Kundenprofilierung oder das Kampagnenmanagement. Das Modul „Client Management" ermöglicht das Kundenbeziehungsmanagement u. a. bezüglich der Konsolidierung von Kundeninformationen aus mehreren Systemen, der Vermeidung redundanter Datenhaltung sowie der Einhaltung regulatorischer Anforderungen im Kundenkontakt. Dagegen adressieren die Module „Investment Management" und „Operations Management" den Backoffice-Bereich. Während Ersteres Funktionen für das Portfoliomanagement umfasst, fokussiert das zweitgenannte auf den operativen Betrieb, wie etwa den Betrieb von Geldautomaten, Verwaltungshandlungen oder das Risikomanagement.

Bezüglich der Leitlinien weist SunGard folgende Charakteristika auf:

- *Vernetzung.* SunGard bietet Ambit neben der lokal implementierten Variante auch als SaaS-Lösung an. Dieses Architekturparadigma bildet zugleich die Basis, damit Banken in Zusammenarbeit mit Partnern auch BPO- und ITO-Dienstleistungen auf Basis von Ambit beziehen können.

- *Serviceorientierung.* Ambit basiert auf einer SOA und kann daher mit AS von Drittanbietern integriert werden. SunGard ist zudem Teil der BIAN-Community und unterstützt den BIAN-Standard.
- *Innovation.* Der Ambit Workspace Manager erlaubt über eine Multi-Channel-Architektur ein kundenspezifisches Design und eine flexible Anpassung von kundenseitigen Prozessen. Diese stellt zugleich die Grundlage für die Implementierung kanalübergreifender Vertriebsprozesse dar.

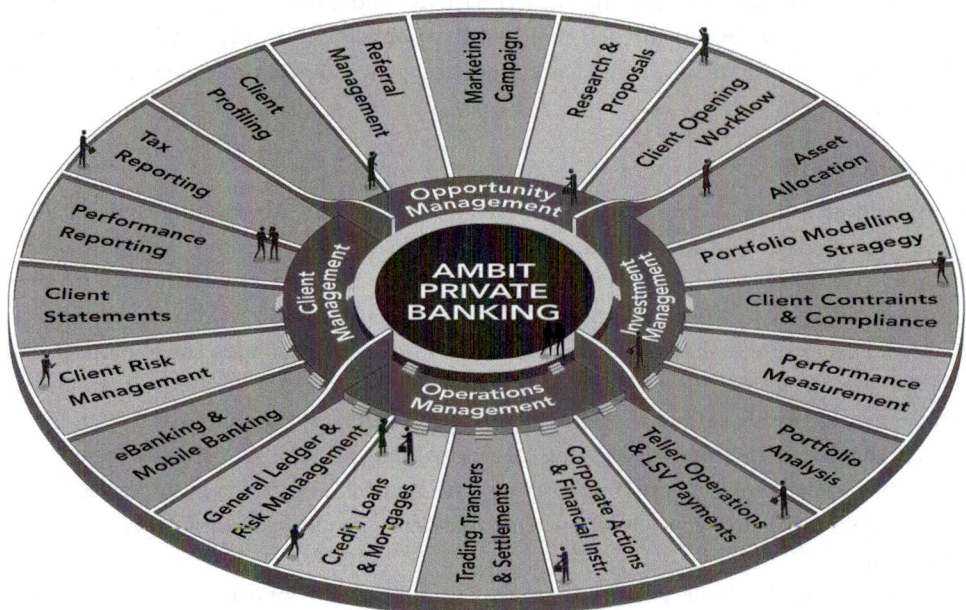

Bild 4-10: Funktionenübersicht von Ambit Core Banking

4.2.4 Anwendungssysteme für das Servicelebenszyklusmanagement

Den Leitlinien der Serviceorientierung und der Vernetzung folgend (s. Kap. 1.4.2, 1.4.3), erfordert die Steuerung von Banknetzwerken das Management von fachlichen und technischen Services entlang des gesamten Lebenszyklus (Servicelebenszyklusmanagement, SLM), denn häufig sind in Prozesse verschiedenste Services von unterschiedlichen Rollen involviert, so dass bei der Einführung eines neuen Services die bereits im Betrieb genutzten Services aufeinander abzustimmen sind.. Grundsätzlich führt die Umsetzung des serviceorientierten Architekturparadigmas im Banknetzwerk jedoch zu einer steigenden Anzahl an fachlichen und technischen Services, sodass sich Herausforderungen für das SLM ergeben (Kohnke et al., 2008). Dies illustriert die nachfolgende Beispielrechnung.

Potenziale des SLM

Ein fiktives Beispiel verdeutlicht die möglichen quantitativen Potenziale des SLM (s. Tabelle 4-7). So umfasst ein End-to-End-Prozess für die WP-Abwicklung 50 Applikationsservices, die in drei AS (Kernbanken-, Dokumentenmanagement-, CRM-System) enthalten sind. Würde nun der WP-Abwicklungsprozess verändert, so würde dies auch einen Anpassungsbedarf bei diesen Services nach sich ziehen. Wenn diese Services auf unterschiedlichen AS aufsetzen, so ändern sich gleichzeitig auch die Schnittstellen dieser Services. Unter der Annahme, dass je 10 Services pro Jahr aus jedem AS einer Änderung unterliegen, ergibt sich ein Anpassungsaufwand für insgesamt 30 Services. Nimmt man für die Implementierung, Abnahme und Einführung eines Service einen Aufwand von maximal 10% eines vollzeitbeschäftigten Softwareingenieurs an (ca. zwei Tagen pro Monat bei durchschnittlich 20 Arbeitstagen pro Monat), so ergäbe dies bei einem Jahresgehalt von 60'000 EUR einen Anpassungsaufwand von 180'000 EUR (= 60'000 × 10% × 30). Ohne ein dediziertes SLM würden diese drei AS mit den Services auf mehreren Releaseständen basieren und Zusatzaufwände in den Prozessen Anforderungsanalyse, Konzeption und Entwicklung zur Folge haben, um ein Zusammenspiel in dem geänderten Prozesskontext zu ermöglichen. Schätzt man hierfür zusätzlich ca. 30% an Aufwänden seitens des Softwareingenieurs und weitere ca. 20% auf der Fachseite mit demselben Jahresgehalt von 60'000 EUR, so ergibt sich daraus ein Aufwand von 1'080'000 EUR. Rechnet man bei der Variante mit SLM nun zusätzliche Koordinationskosten von 10% seitens des Softwareingenieurs und der Fachseite hinzu, ergeben sich daraus Einsparungen in Höhe von 540'000 EUR.

Die Aufwände ohne SLM sind weitaus höher, wenn man die Betrachtung auf den überbetrieblichen Bereich ausdehnt. Da drei Rollen (Vertriebsbank, WP-Abwickler und Börse) in der Wertschöpfungskette involviert sind, kann jede dieser Rollen in einem unternehmensspezifischen bzw. instanziierten Prozess abgedeckt sein. So könnten etwa fünf Unternehmen die Rolle des Abwicklers übernehmen, diejenige der Vertriebsbank 10 Unternehmen etc. Damit stiege zugleich die Anzahl an Services in dem fiktiven Beispiel auf 50 statt 10 für den Abwickler und von 10 auf 100 für die Vertriebsbank.

Tabelle 4-7: Beispielhafte Rechnung für Einsparungspotenziale mit SLM (Puschmann & Alt, 2011, 60)

Ansatz	Aufwände für die Anpassung von Services pro Jahr
Ohne SLM	(60'000 x 3) + (60'000 x 9) + (60'000 x 6) = 1'080'000 EUR
Mit SLM	(60'000 x 3) + (60'000 x 3) + (60'000 x 3) = 540'000 EUR
Einsparungen	**540`000 EUR**

Die Beispielrechnung zeigt, dass mit der Anzahl an Services in einem Banknetzwerk der Koordinationsaufwand die Potenziale der Serviceorientierung übersteigen kann. Zur Unterstützung des SLM lassen sich einzelne AS einsetzen, die sich jedoch in Funktionalität und Ausrichtung unterscheiden (s. Tabelle 4-8). Grundsätzlich existieren für das SLM fünf AS-Kategorien (Fischbach, 2014, 127):

- *Servicebeschreibung.* Zur Beschreibung von Services sind funktionale, nicht-funktionale und operationale (z. B. Abhängigkeiten) Aspekte fachlicher und technischer Services zu berücksichtigen (s. Kap 1.4.3). Hierzu existiert bereits eine große Menge an Ansätzen, angefangen von rein geschäftsbezogenen Ansätzen (z. B. Serviguration) bis hin zu technisch hochstandardisierten Ansätzen wie WSDL. Diese Funktionengruppe enthält daher Funktionen zur Pflege, Analyse und Darstellung von Servicebeschreibungen und bildet damit eine Grundlage für das SLM.
- *Servicebewertung.* Diese Gruppe umfasst AS für die Bewertung von Services. Die Bewertung beinhaltet sowohl die Preisfindung als auch die Kostenermittlung sowie eine integrierte Betrachtung beider Aspekte, z. B. in Form von Rentabilitätsberechnungen. So könnte eine Simulationsfunktionalität den Nutzer bei der Bewertung alternativer Preisgestaltungsszenarios unterstützen.
- *Prozessmanagement.* Diese AS-Gruppe unterstützt bei der Modellierung von Prozessen, der Verwaltung von Prozessvarianten und der Generierung von ausführbarem Prozesscode, etwa in BPEL. Weitere Funktionen, wie etwa zur Regelverwaltung und -ausführung, greifen während der automatischen Prozessausführung vormals modellierter Prozesse bzw. ermöglichen diese.
- *Serviceverwaltung.* Diese Gruppe umfasst AS, zur Verwaltung von Services. Hierzu zählen etwa AS für das Sicherheitsmanagement, zur Visualisierung komplexer Servicestrukturen, das Verwalten von Service Levels im Rahmen des Service Level Managements oder zur Erstellung und Verwaltung von Ontologien für Services.
- *Lebenszyklusbezogen.* Ein Großteil der Eigenschaften eines Services wird bereits in den frühen Lebenszyklusphasen bestimmt, insbesondere während der Konzeption und Entwicklung. IT liefert hier Unterstützung, etwa im Bereich des Anforderungsmanagements und des Testens. Aber auch für die weiteren Phasen der Implementierung, des Betriebs sowie der Weiterentwicklung haben sich AS bzw. AS-Funktionen herausgebildet, die einzelne Phasen unterstützen.

Die Funktionengruppen abstrahieren von konkreten AS. Das bedeutet, dass ein am Markt verfügbares Standard-AS eine Menge dieser Funktionen beschreibt. So deckt z. B. IBM Websphere Service Repository & Registry Funktionen wie die Serviceverwaltung und -beschreibung ab (s. Tabelle 4-8).

Tabelle 4-8: AS für das SLM (in Anlehnung an (Fischbach, 2014, 127))

AS-Kategorie	Beispielhafte Standard-AS für das SLM
Servicebe-schreibung	Predic8 Membrane SOA Registry, IBM Websphere Service Repository & Registry
Service-bewertung	Zafin Labs mispricing, Camilion Product Authority
Prozess-management	WSO2 Business Process Server, IBM Business Process Manager, IBM Websphere Operational Decision Mgmt., OpenRules Rules Repository, TIBCO Business Events
Service-verwaltung	Protégé, jCatalog Product and Service Configurator, SmartBear ALM Complete, Compuware Gomez, IBM Websphere Service Repository & Registry, Information Builders WebFOCUS, WSO2 Business Activity Monitor, Predic8 Membrane SOAP Monitor, WSO2 Governance Registry, Software AG ARIS SOA Architect
Lebenszyklus-prozess-bezogen	WSO2 DataServices Server ,WSO2 Mashup Server, WSO2 Message Broker, Oracle Service Bus for Financial Services, Clark & Parsia Pellet, BMC Software Remedy IT Service Mgmt. Suite, Nagios XI

4.2.5 Standards als Grundlage der Vernetzung

Standards bezeichnen „Objekte" (z. B. DIN- oder ISO-Standards für Produkte wie etwa Schrauben), die innerhalb eines Anwenderkreises akzeptiert und gemeinsam genutzt werden. Sie sind damit als „dokumentierte Regeln, Leitlinien oder Merkmale für Tätigkeiten oder deren Ergebnisse" (Mertens et al., 2012, 180) zu verstehen. Zusätzlich zu dieser objektorientierten Definition ist noch eine prozessorientierte Sichtweise zu unterscheiden, welche den Standardisierungsprozess als „(...) Vereinheitlichung von Gütern von Produktionsmethoden" (Wiese, 1989, 4) definiert. Danach dient die Standardisierung der Qualitätssicherung und -verbesserung und ist Grundlage für die horizontale und vertikale Integration von Daten, Funktionen und Prozessen im inner- wie überbetrieblichen Bereich. Standards haben aus dieser Perspektive drei Dimensionen (Huber et al., 2002, 253):

- *Anwenderkreis.* Standards richten sich an einen bestimmten Nutzer- bzw. Anwenderkreis für den sie Gültigkeit besitzen sollen. Zu unterscheiden sich dabei eine organisatorische und eine geographische Sicht. Während erstere die Gültigkeit eines Standards für eine oder mehrere Organisationen festlegt, betrachtet die zweitgenannte nationale und internationale Standards.
- *Standardisierungsgremien.* Die Verabschiedung von Standards erfolgt entweder von anerkannten Standardisierungsinstitutionen in einem definierten Standardisierungsprozess (sog. Normen) oder die Standards entstehen in einem nicht definierten Prozess durch eine hohe Verbreitung (sog. De-facto-Standards). Ein Beispiel für die erstgenannte Kategorie sind Industrieorganisationen (z. B. OASIS) sowie nationale (z. B. DIN) und internationale Gremien (z. B. United Nations). Zu den erstgenannten zählt etwa Microsoft Office, das sich aufgrund seiner Verbreitung als De-facto-Standard etabliert hat.

- *Objekte.* Standards beziehen sich grundsätzlich auf Objekte aller Gestaltungsebenen. Dazu zählen standardisierte Kooperationsvereinbarungen (z. B. SLAs beim Outsourcing) auf strategischer Ebene, standardisierte fachliche Abläufe (s. Kap. 2.3), Nachrichten (z. B. Zahlungsauftrag) oder Nachrichtenelemente (z. B. IBAN) auf Prozessebene ebenso wie technische Standards für Hard- und Softwareschnittstellen (z. B. USB, Sicherheitsprotokolle) (Pfau, 1997, 6).

Für die Integration zwischen AS ist zusätzlich die Unterscheidung nach den Ebenen der Zeichentheorie (Semiotik) von Bedeutung. Danach benötigt jede Sprache – sowohl zwischen Menschen als auch zwischen Maschinen – eine gegenseitig möglichst übereinstimmende Klärung von drei Aspekten zwischen den Kommunikationspartnern. Dabei definiert die Syntax den verwendeten Zeichenvorrat und Regeln für die Verbindung von Zeichen. Beispielsweise enthält eine SEPA-Bankverbindung Daten zum Kontoinhaber und zum Kreditinstitut. Während für die Beschreibung des Namens Text zum Einsatz kommt, erfolgt die Spezifikation der Bankverbindung eineindeutig alphanumerisch durch die IBAN und die BIC (s. Bild 4-11). Um die Datenfelder und Nachrichten (Gruppe von Datenfeldern) wiederum eindeutig interpretieren zu können, ist die Semantik zu klären. Diese gewährleistet, dass mit einem bestimmten Datenfeld, also etwa einer BIC, IBAN oder WKN, immer ein bestimmtes Institut, ein bestimmtes Konto oder ein bestimmtes Wertpapier gemeint ist.[55] Die Ebene der Pragmatik regelt den Verwendungskontext und bildet mit einheitlichen Ablaufprozeduren die Grundlage für automatisierte bzw. medienbruchfreie Prozesse zwischen AS. So ist etwa gewährleistet, dass jeder WP-Abwicklungsprozess (s. Kap. 2.3.4) dem gleichen Schema folgt und jedes involvierte Unternehmen diesen Prozess transparent nachvollziehen sowie seine Dienstleistungen darin klar einordnen kann.

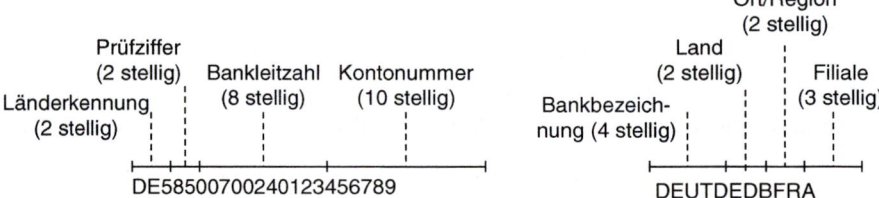

Bild 4-11: Aufbau von IBAN (links) und BIC (rechts) am Beispiel der Deutschen Bank Frankfurt

Neben der konkreten Umsetzung betrachtet die ökonomische Bedeutung von Standards den Nutzen im Zusammenhang mit sog. Netzwerkeffekten, die ein konstituierendes Merkmal von Standards darstellen (Wiese, 1989, 3). Mit der Standardisierung entsteht eine Kompatibilität zwischen den Standardisierungsobjekten, wodurch der Aufwand der Anpassung an individuelle Rahmenbedingungen sinkt. Es entstehen Netzwerkeffekte für alle

---

[55] Die International Bank Account Number (IBAN) ist ab Februar 2016 für Überweisungen in den 33 SEPA-Ländern vorgeschrieben und beinhaltet mit der Bankleitzahl den von SWIFT (s. FN 24) verwalteten Business Identifier Code (BIC)), der für Überweisungen außerhalb der SEPA-Länder notwendig ist. Zur Wertpapierkennnummer (WKN) s. FN 45.

standardisierten Objekte, die mit der Anzahl an Anwendern ab einem bestimmten Punkt – meist der sog. kritischen Masse – überproportional zunehmen. Grundsätzlich lassen sich zwei Netzwerkeeffekte unterscheiden (Katz & Shapiro, 1989, 424): Bei direkten Effekten steht der Nutzen in direktem Zusammenhang mit der Nutzerzahl, d.h. je mehr Nutzer ein Standard hat, umso höher ist der Nutzen für jeden einzelnen Nutzer (sog. positive Netzwerkeffekte). Indirekte Effekte beziehen sich dagegen auf komplementäre Objekte. Dies trifft z. B. auf ein AS zu, das zu einem anderen AS kompatibel ist.

Gerade aufgrund des hohen Informationsanteils in Prozessen und Produkten (s. Kap. 1.2.3) besitzen Standards in der Bankenindustrie eine hohe Bedeutung. Tabelle 4-9 zeigt ausgewählte Standards aus der Bankenindustrie nach den Bereichen Zahlen, Anlegen sowie Finanzieren (s. Kap. 2.3.1) und ordnet diese den Kriterien Standardisierungsobjekt und –anwenderkreis zu. Die jeweiligen Standardisierungsgremien sind zusätzlich bei der Beschreibung im Text aufgeführt. Aus Sicht des Standardisierungsobjekts adressieren die verfügbaren Standards folgende Bereiche in der Bankenindustrie:

- Im *Zahlungsbereich* ergänzen seit 2002 die „Financial Transaction Services" (FinTS) den 1983 eingeführten Homebanking Computer Interface (HBCI) Standard. FinTS ist ein deutscher Standard für das multibankfähige Online Banking. Hierzu spezifiziert FinTS Nachrichten- und Kommunikationsprotokolle, die ca. 2'000 Banken aller Bankentypen (s. Kap. 1.1.3) in Deutschland unterstützen. In der Interaktion zwischen Banken sowie Banken und Unternehmen existieren überdies Standards im Bereich des Electronic Data Interchange (EDI), die etwa die automatische Übertragung von Gehaltszahlungen von Unternehmensmitarbeitern auf deren Konten oder die automatisierte Bezahlung von Unternehmenssteuern, adressieren. Ein erster Standard aus diesem Bereich ist SWIFT (s. Kap. 1.2.3) für den länderübergreifenden ZV, der täglich bis zu 20 Mio. Transaktionen zwischen mehr als 10'000 Finanzinstitutionen in 210 Ländern zwischen Banken, Börsen und anderen Finanzinstituten und einem Volumen von ca. 6 Bio. $ abwickelt.
- Im *Anlagebereich* hat sich das 1992 entstandene FIX-Protokoll seit etwa 1998 bei Banken, Vermittler, Börsen und Dienstleistern durchgesetzt. In der Non-Profit-Organisation (FIX Protocol Limited) sind heute mehr als 170 Unternehmen weltweit zusammengeschlossen. Das FIX-Protokoll (Financial Information eXchange) gilt heute als De-facto-Messaging Standard für alle Pre-Trade- (Vorhandelsphase) und Trade- (Handelsphase) Prozesse im globalen WP-Handel. Ein über reine technische Kommunikationsprotokolle hinausgehender Standard ist die Financial Products Markup Language (FpML), die JP Morgan und PricewaterhouseCoopers erstmals 1999 präsentierten. Die Initiative, der heute alle großen internationalen Banken zugehören (www.fpml.org), hat die Standardisierung von Finanzprodukten und Prozessen im Bereich von OTC-Derivaten[56] zum Ziel. Hierzu definierte das Gremium Produkt- und Prozessstandards für die Bereiche des Handels, der Bewertung, des Berichtswesens. Ein weiterer Standard ist ISO 10962, der Produktelemente von Finanzinstrumenten im Anlagebereich festlegt.

---

[56] OTC steht für „Over-the-counter" und bezeichnet in der Bankenindustrie den außerbörslichen Handel zwischen Finanzmarktteilnehmern (Gramlich et al., 2012, 1063).

- Im Finanzierungsbereich hat sich mit dem länder- und objektübergreifender Standard ISO 20022, auch als UNIFI-Standard (Universal Financial Industry Message Scheme) bezeichnet, ein weiterer wichtiger Standard etabliert. Dieser deckt über den Finanzierungsbereich hinaus zusätzlich auch die Bereiche des ZV und des WP-Geschäfts ab. ISO 20022 strebt eine globale Zusammenführung von Nachrichtenstandards an. Zur Entwicklung neuer Nachrichten existiert eine Plattform, die einen einheitlichen Entwicklungs-und Modellierungsprozess von Nachrichten vorgibt. So entstehen Nachrichten in Standardisierungsorganisationen wie etwa SWIFT und die ISO verabschiedet diese dann als weltweit gültigen Standard (z. B. www.iso20022.org).

Tabelle 4-9: Überblick zu ausgewählten Standards

Standardisierungs-objekt Anwenderkreis	Zahlen	Anlegen	Finanzieren
National	EBICS (DE), FinTS (DE), HBCI (DE), NACHA (USA)	FinTS (DE)	eGRIS (CH)
International	BIAN, IFX, ISO 20022, ISO 10962, SWIFT	BIAN, FIBO, FIX, ISO 15022, 10962 & 20022, FpML, SWIFT	BIAN, FIBO, ISO 20022

Eine Standardisierungsinitiative für die Bereiche Anlegen und Finanzieren ist die „Financial Industry Business Ontology" (FIBO) vom Enterprise Data Management Council (EDM Council) und der Object Management Group (OMG). FIBO ist eine Antwort auf regulatorische Anforderungen, insbesondere den Dodd Frank Act in den USA (s. Kap. 1.3.1). Danach müssen Banken zukünftig semantische Standards u. a. für Bankprodukte, Geschäftseinheiten und Prozesse (s. Metamodell in Kap. 2.2.2) entwickeln, welche die regulatorische Überwachung vereinfachen bzw. ermöglichen. FIBO adressiert Standardisierungsobjekte, wie die Entwicklung von Ontologien für das Zusammenwirken von Geschäftseinheiten (bei FIBO als sog. „Legal Entities, Partnerships" bezeichnet), Preisen, Prozessen (z. B. Verwaltungshandlungen etc.) in Banknetzwerken (s. Bild 4-12).

Ein international anerkannter Standard für alle drei bankfachlichen Bereiche ist BIAN. Im Jahre 2008 als Non-Profit-Organisation gegründet, zählt BIAN heute 47 Mitglieder, davon 20 Banken und 24 Softwareanbieter sowie wissenschaftliche Institutionen. Das Ziel von BIAN besteht darin, durch die anbieterübergreifende Definition von fachlichen und technischen Services eine Reduktion der Wartungskosten, eine flexiblere Anpassung an Änderungen sowie die Auslagerung von Prozessen zu erreichen. BIAN definiert in seiner „Service Landscape" in der Version 4.0 insgesamt 280 Service Domains, die 36 Business Domains in 7 Business Areas zugeordnet sind (s. Bild 4-13).[57] Eine Business Area fasst zusammenhängende Bereiche wie „Reference Data" oder „Sales & Service" zusammen,

---

[57] Die Servicedefinitionen sind in einem UML-Repository auf www.bian.org verfügbar.

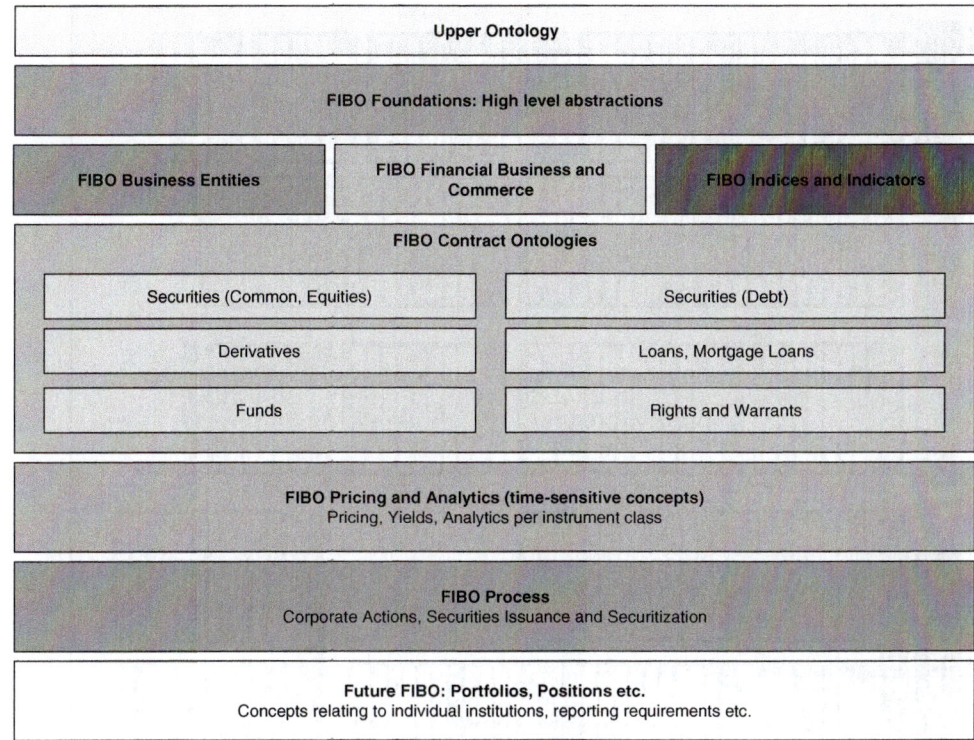

Bild 4-12: Standardisierungsobjekte von FIBO (OMGFinanceDomainTaskForce, 2015, 21)

während die Business Domains entsprechend des Domänenansatzes von SOA verschiedene Service Domains bündeln. Beispiele für Business Domains sind „Consumer Loans & Deposits" oder „Cards" und für Service Domains „Secured Loans" in der Business Domain „Consumer Loans & Deposits". Die Struktur lehnt sich an die sog. „Servicelandkarte" an, die als "(…) logical functional landscape, consisting of coherent sets of logical capabilities/ functionalities" (BIAN, 2012, 15) definiert ist. Sie eignet sich aufgrund der grafischen Darstellung vor allem als Visualisierungs- und Kommunikationsinstrument.

In sog. „Business Scenarios" spezifiziert BIAN die Interaktion einzelner Services, um eine semantische Interoperabilität in Prozessen zu erreichen. Hierzu sind die einzelnen Service Domains sowie die Beziehungen zwischen ihnen über Aufgaben als Teil der Business Scenarios miteinander verknüpft (s. Bild 4-14). Die hierfür zur Verfügung gestellten semantischen Servicedefinitionen beinhalten alle relevanten Aspekte und basieren auf sog. „Business Capabilities" , um sicherzustellen, dass alle an BIAN beteiligten 24 Software-anbieter ihre AS auf dieses Modell hin ausrichten und Banken somit einzelne Module variabel kombinieren können. Die AS setzen auf den BIAN Business Scenarios auf, indem sie Prozesse des Bankmodells auf organisatorischer Ebene umsetzen. Konkret bedeutet das, dass Banken und Dienstleister im Banknetzwerk über die Prozesse im Bankmodell vernetzt sind. Die einzelnen Akteure arbeiten dabei über Aufgaben (fachliche Services)

BIAN Service Landscape V 4.0

Reference Data

Party
- Party Data Management
- Customer Profile

External Agency
- Information Provider Admin
- Syndicate Management
- Interbank Relationship Mgmt
- Correspondent Bank Rel Mgmt
- Sub-Custodian Agreement
- Product Service Agency
- Product Broker Agreement
- Contractor/Supplier Agreement

Market Data
- Information Provider Operation
- Market Information Mgmt
- Financial Market Analysis
- Financial Market Research
- Quant Model
- Market Data Switch Admin
- Market Data Switch Ops
- Financial Inst Ref Data Mgmt
- Counterparty Administration
- Public Reference Data Mgmt
- Location Data Management

Product Management
- Product Design
- Product Combination
- Product Deployment
- Product Training
- Product Quality Assurance
- Discount Pricing

Sales & Service

Channel Specific
- Branch Location Management
- Contact Center Management
- Branch Network Mgmt
- E-Branch Management
- Advanced Voice Services Mgmt
- ATM Network Management
- Contact Center Operations
- Branch Location Operations
- E-Branch Operations
- Advanced Voice Services Ops
- ATM Network Operations
- Branch Currency Management
- Branch Currency Distribution
- Product Inventory Item Mgmt
- Product Inventory Distribution

Cross Channel
- Party Authentication
- Transaction Authorization
- Point of Service
- Servicing Event History
- Servicing Activity Analysis
- Contact Routing
- Contact Dialogue
- Interactive Help
- Contact Handler
- Customer Workbench

Marketing
- Business Development
- Brand Management
- Advertising
- Promotional Events
- Prospect Campaign Mgmt
- Prospect Campaign Design
- Customer Campaign Mgmt
- Customer Campaign Design
- Customer Surveys

Sales
- Prospect Campaign Execution
- Prospect Management
- Lead/Opportunity Management
- Customer Campaign Execution
- Customer Offer
- Sales Planning
- Underwriting
- Commission Agreement
- Commissions
- Product Matching
- Product Expert Sales Support
- Product Sales Support
- Sales Product

Customer Mgmt
- Customer Relationship Mgmt
- Customer Prod+Service Eligibility
- Customer Agreement
- Sales Product Agreement
- Customer Access Entitlement
- Customer Behavioral Insights
- Customer Credit Rating
- Account Recovery
- Customer Event History

Servicing
- Servicing Issue
- Customer Case Management
- Case Root Cause Analysis
- Customer Case
- Card Case
- Customer Order
- Payment Order

Operations & Execution

Product Specific Fulfillment

Trade Banking
- Letter of Credit
- Bank Guarantee
- Trade Finance
- Credit Management
- Credit Facility
- Project Finance
- Limit & Exposure Management
- Syndicated Loan
- Cash Mgmt & Account Svs
- Direct Debit Mandate
- Cheque Lock Box
- Direct Debit
- Factoring

Investment Management
- Investment Portfolio Planning
- Investment Portfolio Analysis
- Investment Portfolio Mgmt
- e-Trading Workbench

Wholesale Trading
- Trading Book Oversight
- Trading Model
- Dealer Workbench
- Quote Management
- Suitability Checking
- Credit Risk Operations
- Market Making
- ECM/DCM
- Program Trading
- Traded Position Management
- Market Order
- Market Order Execution

Corporate Financing & Advisory Services
- Corporate Finance
- M&A Advisory
- Corporate Tax Advisory
- Public Offering
- Private Placement

Market Operations
- Order Allocation
- Settlement Obligation Mgmt
- Mutual Fund Administration
- Hedge Fund Administration
- Securities Diary & Receipt Mgmt
- Unit Trust Administration
- Securities Fails Processing
- Trade Confirmation Matching
- Trade/Price Reporting
- Corporate Events
- Custody Administration
- Financial Instrument Valuation

Loans & Deposits
- Loan
- Leasing
- Current Account
- Deposit Account
- Corporate Current Account

Cards
- Credit/Charge Card
- Card Authorization
- Card Capture
- Card Billing & Payments
- Merchant Relations

Consumer Services
- Corporate Trust Services
- Remittances
- Currency Exchange
- Bank Drafts & Travelers Checks
- Brokered Product
- Consumer Investments
- Customer Tax Handling

Cross Product Operations

Operational Services
- Issued Device Admin
- Issued Device Tracking
- Disbursement
- Open Item Administration
- Leasing Item Administration
- Dunning
- Customer Billing
- Reward Points Awards & Red
- Channel Activity Analysis
- Channel Activity History

Account Management
- Position Keeping
- Reward Points Account
- Accounts Receivable
- Account Reconciliation
- Counterparty Risk
- Position Management
- Fraud Detection
- Transaction Engine

Payments
- Payment Execution
- Financial Message Analysis
- Financial Gateway
- Correspondent Bank
- Cheque Processing
- Central Cash Handling

Collateral Administration
- Collateral Allocation Mgmt
- Collateral Asset Administration
- Collections

Risk & Compliance

Bank Portfolio & Treasury
- Corporate Treasury Analysis
- Corporate Treasury
- Asset Securitization
- Asset & Liability Management
- Bank Portfolio Analysis
- Bank Portfolio Administration
- Stock Lending/Repos

Models
- Market Risk Models
- Financial Inst Valuation Models
- Gap Analysis
- Credit Risk Models
- Liquidity Risk Models
- Economic Capital
- Business Risk Models
- Customer Behavior Models
- Fraud Models
- Credit/Margin Management
- Production Risk Models
- Operational Risk Models
- Contribution Models

Business Analysis
- Segment Direction
- Product Portfolio
- Customer Portfolio
- Branch Portfolio
- Channel Portfolio
- Competitor Analysis
- Market Research
- Market Analysis
- Contribution Analysis

Regulations & Compliance
- Guideline Compliance
- Regulatory Compliance
- Compliance Reporting
- Regulatory Reporting
- Fraud/AML Resolution
- Financial Accounting

Business Support

Finance
- Financial Statements
- Financial Control
- Financial Compliance
- Enterprise Tax Administration

IT Management
- IT Systems Direction
- IT Standards & Guidelines
- Systems Administration
- Development Environment
- System Development
- Production Release
- System Deployment
- Systems Operations
- Platform Operations
- Systems Help Desk
- Systems Assurance
- Internal Network Operation

Human Resource Management
- Human Resources Direction
- Employee Assignment
- Employee Data Management
- Employer/Contractor Contract
- Employee Certification
- Employee Evaluation
- Employee Payroll & Incentives
- Travel & Expenses
- Employee Access
- Employee Benefits
- Workforce Training
- Recruitment

Non IT and HR Enterprise Services
- Legal Compliance
- Internal Audit
- Security Advisory
- Security Assurance
- Approved Supplier Directory
- Procurement
- Company Billing & Payments
- Fixed Asset Register

Buildings, Equipment and Facilities
- Property Portfolio
- Site Operations
- Site Administration
- Equipment Administration
- Equipment Maintenance
- Utilities Administration
- Building Maintenance

Knowledge & IP Management
- Management Manual
- Intellectual Property Portfolio
- Knowledge Exchange

Corporate Relations
- Corporate Communications
- Corporate Alliance/Stakeholder
- Corporate Relationship
- Regulatory & Legal Authority
- Investor Relations

Business Command & Control
- Organization Direction
- Business Unit Financial Analysis
- Business Unit Financial Ops
- Business Unit Accounting
- Business Unit Direction
- Business Unit Management

Business Direction
- Corporate Strategy
- Corporate Policies
- Products & Services Direction
- Business Architecture
- Continuity Planning

Document Mgmt & Archive
- Document Services
- Archive Services
- Correspondence

Bild 4-13: BIAN Service Landscape V 4.0 (www.bian.org)

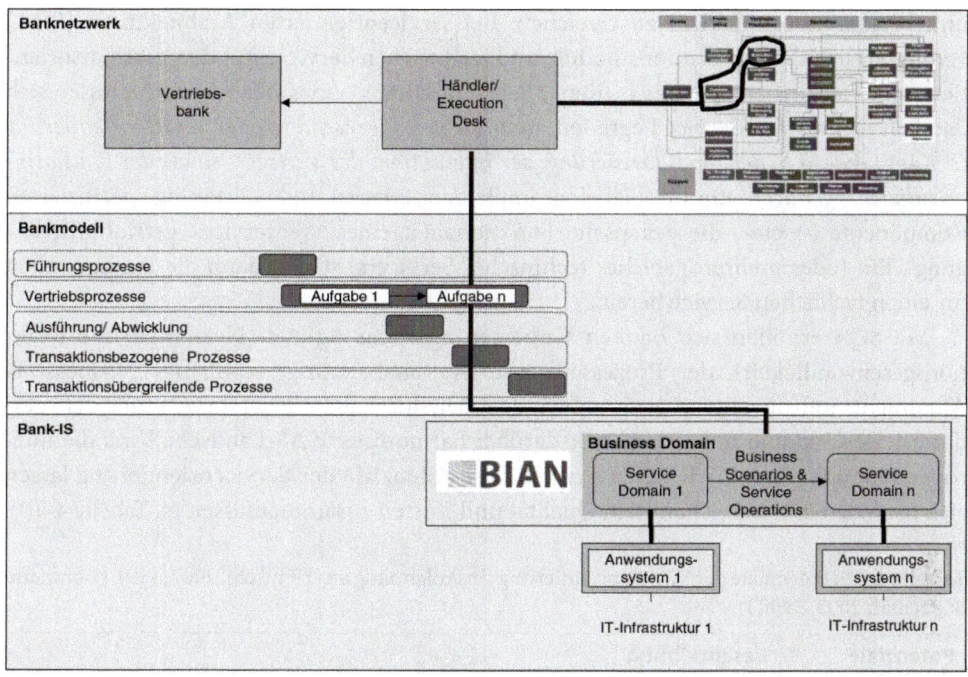

Bild 4-14: Zusammenhang zwischen BIAN und Bankmodell und -netzwerk

innerhalb der Prozesse zusammen, die sich in den 178 BIAN Business Scenarios auf technischer Ebene (technische Services) verbinden lassen. Für die Services sind insgesamt 1'960 Service Operations definiert, welche die Prozesse des Servicelebenszyklus abdecken (s. Kap. 4.2.4). Mit der Verbindung beider Modelle entsteht ein Standard, der die drei Integrationsebenen (Syntax, Semantik, Pragmatik) umfasst. Obwohl BIAN seit seiner Gründung viele Service Domains spezifiziert hat und diese kontinuierlich auch um Business Scenarios erweitert, ist die Nutzung in der Praxis bislang auf wenige Anwendungsfelder beschränkt. Eine konkrete Implementierung stammt etwa vom IFX Standard. Darüber hinaus war BIAN bislang auf den bankinternen Bereich beschränkt, so dass eine Anwendung in der Dienstleisterinteraktion nicht berücksichtigt war, obwohl gerade hier große Potenziale für ein Sourcing bestehen.

4.3 Serviceorientierte Architekturen

4.3.1 Potenziale bei Banken

Grundlage der Digitalisierung sind AS-Architekturen, die Banken neben einer hohen Effizienz auch eine hohe Flexibilität bezüglich der Anpassung an regulatorische und fachliche Anforderungen bieten (s. Kap. 1.1). Den Grundsätzen der Serviceorientierung folgend (s. Kap. 1.4.3) zielt die serviceorientierte Konstruktion von AS auf die Entkopplung ein- und zweistufiger Architekturmodelle (s. Tabelle 4-1), um über Modularität die Flexibilität und Wiederverwendbarkeit zu erreichen. Bei serviceorientierten Architekturen (SOA) verbinden sich die Applikationsmodule und technischen Services mit den geschäftsorientierten der fachlichen Services (s. Kap. 2.3.1). Funktionen eines (Standard-)AS lassen sich dann als technischer Service begreifen, *wenn sie den Eigenschaften der Serviceorientierung (s. Kap. 1.4.3), d.h. der Modularisierung, der Interaktion, der Vertrags- sowie der Plattformorientierung genügen.* Ein Beispiel einer implementierbaren und vollständig spezifizierten Komponente ist etwa die gekapselte Funktionalität eines Webservice „getKontoBedingung". Ein (oder mehrere) solcher technischer Service(s) stellen dann die Funktionalität für einen fachlichen Service bereit.

Mit SOA erhoffen sich Banken Verbesserungen der Agilität (Flexibilität und Reaktionsgeschwindigkeit), der Prozesseffizienz (Automatisierung) sowie des Business/IT-Alignment. Softwareentwicklungsaufwände sollen durch die Wiederverwendung der standardisierten Module sinken und eine darüber harmonisierte AS-Landschaft soll die Interoperabilität (s. Kap. 2.5.1, 4.2.5) steigern. Die Potenziale der Serviceorientierung lassen sich nach den drei Bereichen Zeit, Qualität und Kosten zusammenfassen (s. Tabelle 4-10).

Tabelle 4-10: Potenziale der Serviceorientierung (in Anlehnung an (Heutschi, 2007, 119), (Böhmann & Krcmar, 2003, 399ff))

Potenziale	Beschreibung
Verbesserung Time-to-Market (Zeit)	• Verkürzung von Projektlaufzeiten durch Rückgriff auf bereits vorhandene, standardisierte Services • Bildung von „Shared Services" (Zentralisierung von Ressourcen innerhalb des Unternehmens und Netzwerks) • Schnellere Entwicklung rollen- und zugangskanalspezifischer Benutzerschnittstellen • Verkürzte Umsetzung fachlicher Anforderungen • Überwindung starrer Plattform-Communitys durch verkürzte Integration von Plattformen und Prozessen
Reduktion von Abhängigkeiten (Qualität)	• Verbesserte Transparenz über Abhängigkeiten bzw. Schnittstellen in der AS-Architektur • Integrierte Prozesse und Investitionsschutz für bestehende Systeme durch plattformübergreifende Nutzung von Funktionen • Verbesserte Kommunikation zwischen IT- und Fachbereichen durch ein einheitliches Begriffsverständnis • Verbesserte Vergleichbarkeit und Markttransparenz von Dienstleistern durch standardisiert beschriebene Services • Verbessertes Redundanzmanagement durch transparente Darstellung von angebotenen und verwendeten Funktionalitäten
Aufwandsreduktion (Kosten)	• Reduzierung technischer Abhängigkeiten durch Harmonisierung von Plattformen, Technologien und proprietären Formaten • Senkung von Betriebskosten durch Verbesserung der Kommunikationsfähigkeit von Altanwendungen • Senkung der Kosten für die Systemintegration durch technische und fachliche Schnittstellenstandardisierung • Senkung von Entwicklungs- und Betriebskosten durch Wiederverwendung und Redundanzreduktion

4.3.2 Elemente serviceorientierter Architekturen

Dem integrierenden Ansatz von SOA folgend (s. Kap. 1.4.3), besteht eine SOA aus drei Elementen (Krafzig et al., 2007, 78f), (s. Bild 4-15):

- *Services* kapseln einerseits die (technischen) Funktionalitäten von AS und stellen diese über eine standardisierte Funktions- und Daten-Schnittstelle zur Verfügung. Andererseits bieten sie den Servicebenutzern klar definierte (geschäftliche) Leistungen an, welche die Bedingungen der Servicenutzung, wie etwa den Preis und die Qualität (z. B. Antwortzeit, Verfügbarkeit), in Service-Level-Agreements (SLA) festlegen.
- Ein *Serviceverzeichnis* (auch Service Repository oder Service Directory) verwaltet technische und geschäftliche Beschreibungen von Services, wie etwa das Preismodell oder die Schnittstellen zum Aufruf der Services zur Unterstützung eines strukturierten Such- und Interpretationsprozesses. Es spezifiziert diese auf Basis einer einheitlichen Struktur, vergleichbar mit einem Produktkatalog, jedoch unabhängig von der konkreten technischen Ausprägung. Hierfür kommen Standards, wie z. B. Universal Description, Discovery and Integration (UDDI), zum Einsatz. Die Art der Beschreibung kann dabei von natürlich-sprachlichen bis zu formalen Notationen variieren. Je technischer die Sicht, desto standardisierter ist häufig die Beschreibung. Umgekehrt sind fachliche Beschreibungen häufig eher unstrukturiert.
- Der *Servicebus* ist das Verbindungselement zwischen den verteilten Services und den Serviceverzeichnissen. Er bildet die Integrationsplattform für die Nutzung des Serviceverzeichnisses und koordiniert die operative Servicenutzung zwischen Serviceanbieter und -nutzer. Für die Implementierung können Unternehmen beispielsweise auf Standardsoftware von Anbietern wie Oracle, IBM, SAP oder Tibco zurückgreifen (s. Kap. 4.2.4), welche als Middleware die syntaktische, semantische und pragmatische Integration (s. Kap. 4.2.5) heterogener und verteilter Services unterschiedlicher AS ermöglicht (s. Kap. 3.1.3).

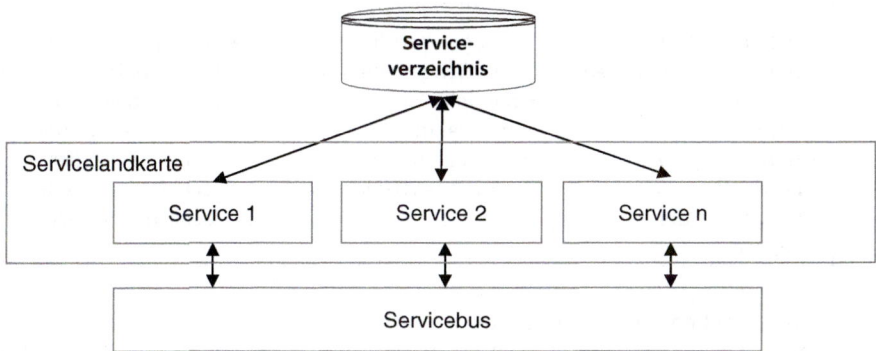

Bild 4-15: Elemente einer SOA

4.3.3 Konzeption serviceorientierter Architekturen

Zentrales Element der Funktionalität eines serviceorientiert gestalteten AS sind die Services. Diese können aufgrund der Komplexität des Bankgeschäftes und der damit verbundenen Komplexität von Kernbankensystemen, schnell eine hohe Anzahl erreichen. Aus diesem Grund hat sich eine Hierarchisierung von Services etabliert, die auf hochaggregierter Ebene gesamte Funktionsbereiche (z. B. sämtliche Funktionen des ZV) und auf feingranularer Ebene modulare Einzelfunktionen (z. B. Datenbankabfrage) umfassen (s. Kap. 2.3.1). Banken müssen daher ebenso wie Anbieter von Kernbankensystemen überlegen, wie sie bei der Erarbeitung der Services sowie der Servicehierarchie vorgehen. Grundsätzlich sind drei Ansätze zu unterscheiden (s. Tabelle 4-11).

Tabelle 4-11: Gegenüberstellung von Gestaltungsansätzen für SOA

	Top-down	Hybrid	Bottom-up
Grund-prinzipien	• Ausgangspunkt bilden Geschäftsprozesse • Ableitung der Services nach den Prinzipien der fachlichen Kohäsion	• Ausgangspunkt bilden entweder Geschäftsprozesse oder AS • Ableitung der Services zunächst durch fachliche Bündelung von Services und dem nachfolgenden Abgleich mit den Applikationsservices	• Ausgangspunkt bilden die AS • Ableitung der Services durch Bündelung und Kapselung von AS-Funktionen
Vorteile	• Ausgeprägte Abdeckung fachlicher Anforderungen • Hohe fachliche Servicekohäsion (Clusterbildung)	• Abdeckung fachlicher Anforderungen und effiziente Nutzung bestehender AS-Funktionalität • Verbesserung des Business/IT-Alignment	• Effiziente Nutzung der AS • Hohe Kohäsion der AS-Funktionalität
Nachteile	• Heterogen bzgl. Umfang, Schnittstellen und technischen Anforderungen • Hohe Aufwände bei der technischen Integration der Services	• Heterogen bzgl. überbetrieblicher Semantik • Hoher initialer und laufender Koordinationsaufwand für das Business/IT-Alignment	• Geringer Geschäfts-/Prozessbezug • Hohe initiale und laufende Aufwände zum Abgleich der technischen mit den fachlichen Services

- *Top-down Ansätze* gehen von den Leistungen und den Geschäftsprozessen einer Bank oder eines Dienstleisters aus. Die Grundlage hierfür bilden das Bankmodell und das Banknetzwerk. Beispiele für ein solches Vorgehen ermitteln Services ausgehend von Prozessen und leiten daraus fachliche Services ab (s. (Klose & Knackstedt, 2007), (Winkler, 2007)).

- *Bottom-up Ansätze* betrachten gegenüber den Top-Down Ansätzen die Applikations-
  architektur als primäres Gestaltungsobjekt. Das Ziel besteht in der Integration, Rationalisierung und Konsolidierung heterogener Applikationslandschaften durch die AS-
  bezogene und -übergreifende Ermittlung wiederverwendbarer Services.[58] Daraus leitet
  sich dann die fachliche Sicht ab.
- *Hybride Ansätze* bzw. „Meet-in-the-Middle"-Ansätze versuchen die Vorteile der zuvor
  genannten Vorgehensweisen zu verbinden. Dabei gehen sie von den Geschäftsprozessen
  oder den Applikationen aus, um anschließend die technische Realisierbarkeit bzw. die
  fachliche Umsetzung zu validieren.[59]

Ein Beispiel zeigt anhand der Leitwegbestimmung das hybride Vorgehen und wie Services
aus fachlicher und technischer Sicht zu beschreiben sind.

Geschäftsservices am Beispiel der Leitwegbestimmung

Die Zahlungsabwicklung zwischen zwei Banken im Interbankenbereich (s. Kap. 2.3.7)
ist direkt möglich, wenn die Bank des Zahlungsempfängers auch gleichzeitig Korrespondenzbank der Bank des Zahlungspflichtigen ist. Die Bank des Zahlungspflichtigen
muss hierfür ein Konto bei der Bank des Zahlungsempfängers unterhalten (s. Fall 1 in
Bild 4-16). Die Vielzahl an Banken erschwert jedoch bilaterale Beziehungen zwischen
allen Banken. Besteht keine direkte Verbindung, schaltet die Bank des Zahlungspflichtigen eine oder mehrere Korrespondenzbanken dazwischen (vgl. Fall 2 in Bild 4-16),
über welche die Weiterleitung und Verrechnung der Zahlung erfolgen. Ein Service
bestimmt dabei automatisiert den Verrechnungsweg zwischen der Auftraggeberbank
und der Empfängerbank sowie den Weg der zu versendenden Nachrichten. Die re-
gelbasierte Bestimmung dieses „Leitweges" erfolgt nach definierten Kriterien, kann
jedoch (bei institutionellen oder Firmenkunden) auch Kundenspezifika berücksichtigen. Die Regeln zur Leitwegbestimmung kapselt ein separater Regelservice „Leitwegregeln". Der Prozessservice „Leitwegbestimmung" ordnet dem Standardleitwegvor-

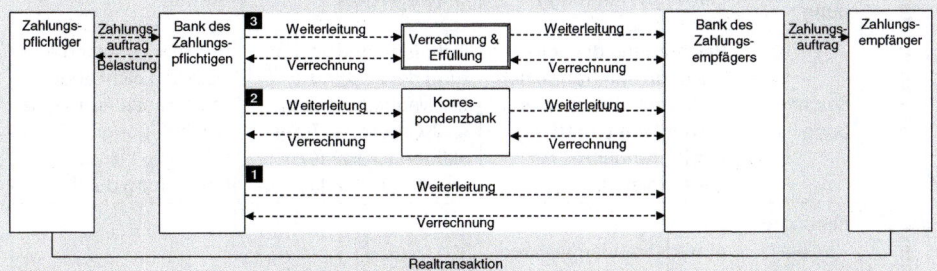

Bild 4-16: Zahlungsabwicklung zwischen zwei Banken (in Anlehnung an (Bernet, 2003, 194),
(Grill & Perczynski, 1997, 536))

---

[58] Vgl. (Baskerville et al., 2005), (Nadhan, 2004) und (Zhang et al., 2005).
[59] Vgl. (Marks & Bell, 2006) und (Erl, 2007).

schlag Präferenzwerte zu, die sich zu einem Scoring aggregieren lassen, um so einen den Kriterien entsprechenden individuellen Leitweg zu ermitteln. Dieser Leitweg ergänzt das Geschäftsobjekt „Auftrag", welches der Datenservice „Auftrag" verwaltet. Zunehmend kommen neben der Verwendung von Korrespondenzbanken Verrechnungssysteme (Clearing) zum Einsatz (vgl. Fall 3, s. Kap. 4.2.1), die Zahlungen einer Bank entgegennehmen und an die Bank des Zahlungsempfängers weiterleiten.

Für das Beispiel ergeben sich drei Geschäftsservices (s. Tabelle 4-12): Der Prozessservice „Leitwegbestimmung", der Regelservice „Leitwegregeln" und der Datenservice „Auftrag". Die Beschreibung dieser drei Services orientiert sich an den Beschreibungselementen des Serviceverzeichnisses (s. Kap. 4.3.2):

- Die *Funktionalität* umfasst die Bezeichnung und textuelle Beschreibung des Service, sowie ggf. zugehöriger Regelservices.
- Der *Kontext* beschreibt die Abhängigkeiten zu Services höherer oder tieferer Schichten.
- Das *Verhalten* zielt auf die fachlichen Vor- und Nachbedingungen sowie die Beziehungen zu anderen Services gleichen Typs ab.
- Die *Schnittstelle* beschreibt den In- und Output eines Services.
- Die *Qualität* definiert die Qualitätsmerkmale anhand erwarteter Antwortzeit, dem Automatisierungsgrad und der Wiederherstellungszeit.
- Die Zeile *nutzende Services* zeigt die fachliche Wiederverwendbarkeit, die Nutzung in Serviceclustern sowie die fachlichen Aktivitäten und Abläufe.

Tabelle 4.12: Geschäftsservices am Beispiel der Leitwegbestimmung (in Anlehnung an (Kohlmann, 2011, 100))

	Attribut	Beispiel Prozessservice	Beispiel Regelservice	Beispiel Datenservice
Funktionalität	ID	2.1.044	2.2.006	2.3.001
	Bezeichnung	Leitwegbestimmung	Leitwegregeln	Auftrag
	Beschreibung	Bestimmung des Leitwegs für eine Transaktion (Zahlungs-, Wertpapierauftrag) mit Ermittlung des Börsenplatzes bei Wertpapieren.	Definition und Verwaltung der Regeln zur Leitwegbestimmung (z. B. Geschäfte/ Transaktionen > 100 TCHF an Händler/Markt XY).	Der Service stellt die Daten zu nicht abgeschlossenen Aufträgen zur Verfügung und führt eine Plausibilitätsprüfung durch.
Kontext	Benötigte Applikationsservices	ermittleStandardLeitweg, ermittleIndividualLeitweg	-	-
Verhalten	Vorbedingung	Auftrag erfasst, Leitwegregeln definiert	Regeln definiert, gültig und aktuell	Keine

	Attribut	Beispiel Prozessservice	Beispiel Regelservice	Beispiel Datenservice
Schnitt-stelle	Fachlicher Input	Auftragsinformationen	Auftragsart, Partnerart	Auftragsdaten, ID
	Fachlicher Output	Definierter Leitweg	Relevante Regeln	Auftragsdaten, Bestätigung
Qualität	Verfüg-barkeit	99%-99,9%	99%-99,9%	≥99,9%
	Automati-sierungs-grad	Vollautomatisiert	Teilautomatisiert	Vollautomatisiert
	Wiederher-stellung	<1h	<1h	<1h
Nutzende Services	Nutzende Geschäfts-prozesse	Anlegen, Zahlen, Inter-banken	Anlegen, Zahlen, Inter-banken	Anlegen, Zahlen, Finanzieren, Inter-banken, Vertrieb

Applikationsservices am Beispiel Leitwegbestimmung

Die Spezifikation des dargestellten Prozessservice „Leitwegbestimmung" in Verbindung mit einem Regelservice „Leitwegregeln" beinhaltet i.d.R. mehrere Applikationsservices, welche die bankfachlichen Basisfunktionalitäten kapseln. Der Prozessservice „Leitwegbestimmung" enthält zwei Applikationsservices: einerseits den Applikationsservice „ermittleStandardLeitweg", der einen Vorschlag für ein Standardrouting bestimmt und andererseits den Applikationsservice „ermittleIndividualLeitweg" zur Berechnung eines auf dem Standardroutingvorschlag basierenden und auch kundenspezifische Kriterien berücksichtigenden Routings (s. Tabelle 4-13, (Riedl, 2002, 431ff)).

Tabelle 4.13: Applikationsservices am Beispiel der Leitwegbestimmung (in Anlehnung an (Kohlmann, 2011, 120))

	Attribut	Beispiel 1	Beispiel 2
Funktionalität	ID	3.0.040	3.0.041
	Bezeichnung	ermittleStandardLeitweg	ermittleIndividualLeitweg
	Beschreibung	Der Service ermittelt den Standardleitweg für einen WP-Auftrag.	Der Service ermittelt Leitwegalternativen zum Standardleitweg für einen WP-Auftrag unter Berücksichtigung auftrags-, kunden-, protokoll- und marktplatzspezifischer Vereinbarungen. Der Service bestimmt ebenfalls die Präferenzrelation auf Basis definierter Zielsetzungen und berechnet ein Scoring zur Ableitung des bestmöglichen Leitwegs entsprechend der Zielsetzungen.
	Produkt	Aktie	Aktie
Kontext	Realisierendes AS	Kernbankensystem	Kernbankensystem
Verhalten	Vorbedingung	Keine	Standardleitweg definiert
	Nachbedingung	Keine	Keine
	Abhängigkeiten zu Services gleichen Typs	Keine	3.0.040
Schnittstelle	Verfügbare Operationen	erhalteStandardLieferweg, prüfeRoutingGuidelines	erhalteIndividualLieferweg, prüfeSondervereinbarung, ermittlePräferenzrelation
Qualität	Verfügbarkeit	≥99,9%	≥99,9%
	Wiederherstellung	<1h	<1h
Nutzende Services	Nutzende(r) Geschäftsservice(s)	2.1.044	2.1.044

4.4 Innovationen in Bank-IS

4.4.1 Überblick zu IT-Innovationen

IT-basierte Innovationen bzw. Fintech-Lösungen waren bereits Gegenstand vorheriger Kapitel (z. B. Kap. 1.2.3, 1.3.3, 2.5 und 3.4). Vor dem Hintergrund der weiteren technologischen Innovationsdynamik seien sechs Entwicklungen genannt.

Erstens verändern *interaktive Endgeräte* in Verbindung mit nutzerzentrierten Benutzeroberflächen die Benutzerinteraktion. Dies beinhaltet Smartphones, Tablets oder Uhren (Smartwatches) mit berührungsempfindlichen Benutzeroberflächen in Kombination mit intuitivem Design dieser Oberflächen (z. B. mittels aus dem Spieledesign übertragener Ansätze (Gamification, Sprach- und Gestensteuerung). Noch weiter geht der Ansatz der Augmented Reality, wobei sich Nutzer mittels 3D-Brillen o. ä. Informationen zu ihrer Umgebung anzeigen lassen können.

Zweitens ermöglicht das *Internet of Things* durch die Verknüpfung eindeutig identifizierbarer physischer Dinge bzw. Objekte („Things") mit einer virtuellen Repräsentation in einer internetähnlichen Struktur eine engere Verzahnung der realen mit der virtuellen Welt. Die Grundlage bilden kleine Chips, die in allen Arten von Gegenständen verbaut sind und eine automatische Identifikation von Objekten erlauben. Sensoren und Aktuatoren erweitern die Funktionalität bestehender Verfahren, wie Barcode und RFID, um die Erfassung von Zuständen bzw. die Ausführung von Aktionen. Ein Anwendungsbereich dieser Technologie im Bankbereich stellt die in Smartphones verbaute Near Field Communication (NFC)-Technologie dar, die ein berührungsloses Bezahlen zwischen Smartphone und Zahlungsterminal ermöglicht. Hierzu überträgt ein NFC-Chip die relevanten Daten zwischen dem Smartphone des Bezahlers und dem Terminal des Zahlungsempfängers. Eine ähnliche Funktionalität erlaubt die jüngere iBeacon-Technologie (s. Kap. 1.1.1).

Drittens führt das *Social Computing* zu einer Vernetzung von Kunden, Dienstleistern oder Mitarbeitern. Der Erfolg von sozialen Netzwerken, wie Facebook oder LinkedIn, hat dazu geführt, dass Menschen immer mehr Daten ihres privaten und beruflichen Lebens online ablegen. Im Bankbereich kommen Crowdsourcing-Plattformen (z. B. „Social Trading", „Crowdfunding", „Crowdlending") und Finanz-Communities hinzu (s. Kap. 2.5.1). Durch die (automatisierte) Analyse der diskutierten Themen und Teilnehmeraktivitäten auf diesen Plattformen lassen sich Markt- und Kundenkenntnisse ermitteln. Die Erschließung und Verbindung dieser Daten mit dem CRM bezeichnet der Begriff des Social CRM (Alt & Reinhold, 2012). Spezifische AS zielen hier auf die automatisierte Extraktion von Daten aus Social Media-Plattformen. Derartige Analyse-Werkzeuge (z. B. „Social Media Monitoring", „Social Network Analysis") sind als eigenständige AS (z. B. Falcon Social) und als Erweiterungen von Social Media-Plattformen (z. B. Facebook, Twitter) oder von CRM-AS (z. B. Salesforce, SAP, Microsoft) anzutreffen.

Viertens schafft das *Cloud Computing* die Voraussetzung zur Nutzung elektronischer Dienste, ohne diese lokal vorhalten zu müssen. Cloud Computing setzt am Problem vieler Unternehmen an, die steigenden Kosten im Bereich des IT-Betriebs und der Wartung gegenüberstehen und als Folge nur ein geringes Budget zur Entwicklung innovativer Anwendungen besitzen. Indem Cloud Computing die Betriebs- und Wartungskosten reduziert schafft es Freiräume für neue Anwendungen. Grundsätzlich besteht durch die Ausprägungen SaaS, PaaS und IaaS (s. Kap. 3.1.3) sowie der Unterscheidung von öffentlichen („Public Clouds") und geschlossenen Netze („Private Clouds") eine großer Gestaltungsspielraum. Auch für Banken ergibt sich dadurch ein Potenzial für neue Geschäftsprozesse und Sourcing-Modelle. Ein Beispiel ist der von Crédit Agricole für den Endkundenbereich angebotene App Store CAStore, (s. Kap. 4.4.2).

Fünftens entsteht mit *Big Data* die Grundlage zur Erfassung, Verteilung, Speicherung, Analyse und Visualisierung großer Datenmengen aus vielfältigen öffentlichen und geschlossenen Quellen (Buhl et al., 2013). Obgleich Banken bereits seit langem Daten analysieren (z. B. im Bereich Business Intelligence und zur Transaktionsüberwachung), erlauben neue Technologien, wie das In-Memory-Datenbanksystem HANA von SAP Daten, schneller und in größeren Mengen und damit wirtschaftlicher als bisher zu verwalten. Darüber hinaus ermöglichen Werkzeuge für die Text- oder semantische Analyse eine automatisierte Untersuchung und Auswertung nicht nur von strukturierten Transaktionsdaten, sondern auch von unstrukturierten Daten, wie etwa Dokumenten oder Meinungen. Eine Verbindung der häufig weitentwickelten Analyse-AS für strukturierte Daten und der in einem frühen Stadium befindlichen Big Data-AS für unstrukturierte Daten steht bei vielen Banken und Kernbankensystemanbietern noch aus.

4.4.2 Innovationen bei Kernbankensystemen

Um ihre Marktdurchdringung auszubauen und den generellen Anteil an Standardlösungen zu erhöhen, verfolgen Anbieter von Kernbank-AS unterschiedliche, teilweise kombinierte Strategien:

- *Funktionserweiterung.* Ein erster Entwicklungspfad betrifft den Ausbau der Kernbankensysteme um ergänzende AS-Module, die meist von Komplementäranbietern stammen (z. B. CRM- oder Portfoliomanagementsysteme). Das Ziel ist die Erweiterung der Gesamtfunktionsabdeckung innerhalb eines abgestimmten Architekturkonzepts. Damit verbunden sind Preisstrategien der Anbieter, die teilweise eine modulabhängige Gestaltung ermöglichen, sodass Banken nicht alle (Zusatz-)AS einer Kernbankenplattform lizenzieren müssen, sondern einzelne Module als Service (SaaS, s. Kap. 3.1.3) beziehen können.

- *Plattformöffnung.* Eine weitere Strategie bildet die Publikation der Programmschnittstellen bzw. Application Programming Interfaces (APIs) der Kernbankenplattform oder die Öffnung der Plattform gegenüber Dritten. Im ersten Fall können Dienstleister weitere, das Kernbankensystem ergänzende AS-Module über eine Entwicklerplattform schaffen (s. Kap. 4.2.3). Im zweiten Fall erweitern die Kernbankensystemanbieter ihre Plattform um einen App Store-basierten Servicemarktplatz, worüber Drittanbieter weitere AS entwickeln und diese den Kunden des Kernbankenanbieters direkt anbieten können. Beispiele hierfür sind DNAappstore, bancbox oder der CAStore der Crédit Agricole. Gegenüber den bekannten Plattformen wie Google oder Apple könnten sich jene von Banken z. B. durch höhere Sicherheitsstandards im Sinne von „Walled Gardens" als geschützte Umgebungen für Finanzdienstleistungen etablieren.

- *Standardisierung.* Ein drittes Vorgehen bezweckt die bank- und teilweise auch herstellerübergreifende Standardisierung der Kernbankenlösung. Das Ziel sind nicht nur multi-bankenfähige Lösungen, sondern auch die Unterstützung von Sourcing-Modellen (s. Kap. 3.2.3), die teilweise nur durch solche kernbankenübergreifenden Standardisierungen möglich sind. Beispiele für einen solchen Standardisierungsansatz sind BIAN (s. Kap. 4.2.5) und das „Open Bank Project" (openbankproject.com).

Kernbankensysteme erfahren derzeit Erweiterungen in mehrere Richtungen (s. Bild 4-17). Ein erster Bereich aus der Kategorie der Funktionserweiterung umfasst die individuelle Konfiguration von Produktbündeln verbunden mit modularen Preismodellen. Hiermit können Produktmanager und Vertriebsmitarbeiter neue, komplexe Produkte und Produktbündel konfigurieren und verwalten. Ebenfalls dieser Kategorie zuzurechnen sind vom Benutzer individuell konfigurierbare Benutzerschnittstellen, die auf verschiedenen Endgeräten lauffähig sind, sowie mobile Benutzerschnittstellen. Schließlich berücksichtigt ein vierter Bereich alternative Bonusprogramme von Nicht-Banken, wie etwa aus dem Handel, oder auch virtuelle Währungen (s. Kap. 2.5.3). Die zweite Kategorie betrifft den Bereich der Standardisierung mit AS für das Business Process Management, welche die Definition und das Management von prozess- und kanalübergreifenden Workflows ermöglichen. Darüber hinaus fallen in diese Kategorie AS zur Analyse der Kundentreue sowie der Vergabe von Treue- und Bonuspunkten. Schließlich bietet das Cloud Computing als Element im Bereich der Plattformöffnung die Möglichkeit, einzelne Module von Kernbankensystemen als Service (SaaS) zu beziehen.

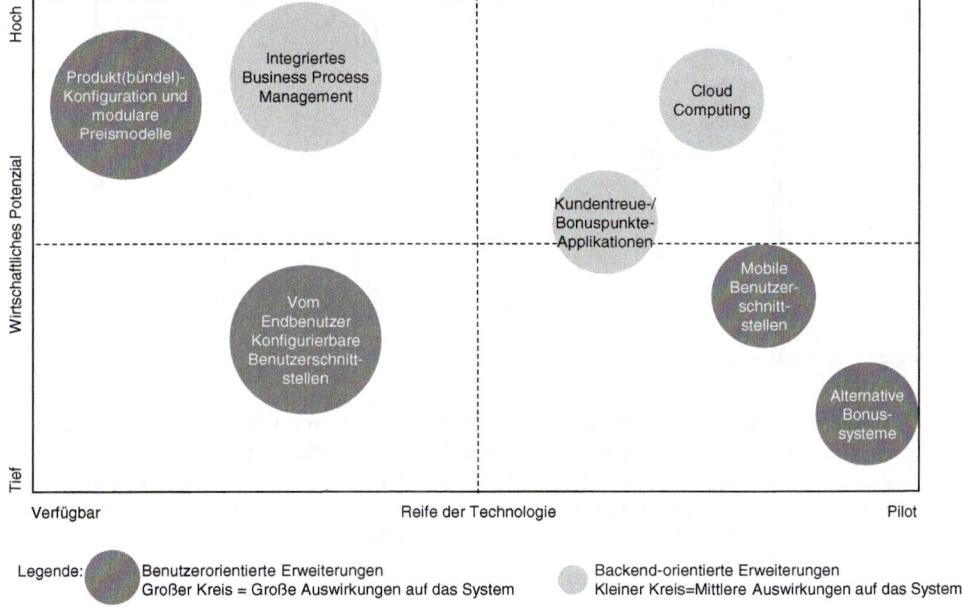

Bild 4-17: Potenzielle Erweiterungen von Kernbankensystemen (Hunt, 2013, 11)

4.4.3 Innovationen bei Zahlungssystemen

Die in Kap. 2.5.3 und 3.4.1 erläuterten Zahlungsverfahren erfordern Applikationen zur Ausführung der Prozesse im Finanznetzwerk. Dies zeigt Tabelle 4-5 am Beispiel der Kreditkartenzahlung sowie der virtuellen Währung Bitcoin. Bei Bitcoins (s. Kap. 4.4.3) ist die Währung selbst sowie die zugrundeliegende Technologie zu unterscheiden. Während die Währung analog zu anderen Währungen (z. B. EUR, $) unter die ökonomische Tauschfunktion des Geldes fällt (s. Kap. 1.1.1), bezeichnet die Technologie die Umsetzung dieser Tauschfunktion. Bislang ist diese über existierenden Finanzmarktinfrastrukturen realisiert (s. Kap. 3.4.3). Diese beruhen jedoch häufig auf dem Korrespondenzbankensystem.

Tabelle 4-14: Beteiligte Anwendungen in ausgewählten Zahlungsverfahren

- Die Parteien in einer Kreditkartentransaktion (s. Kap. 3.4.1) nutzen zur Abwicklung des Prozesses mehrere AS (im Bild vertikal dargestellt, z. B. Verrechnung & Erfüllung etc.).
- Initial gibt ein Kunde z. B. in einem Online Shop eine Bestellung ein. Das Kreditkartengateway überträgt und autorisiert im Hintergrund die Zahlungsanfrage in Echtzeit. Die Umsatzbelastung bzw. -gutschrift erfolgt in den ZV-AS der involvierten Banken.

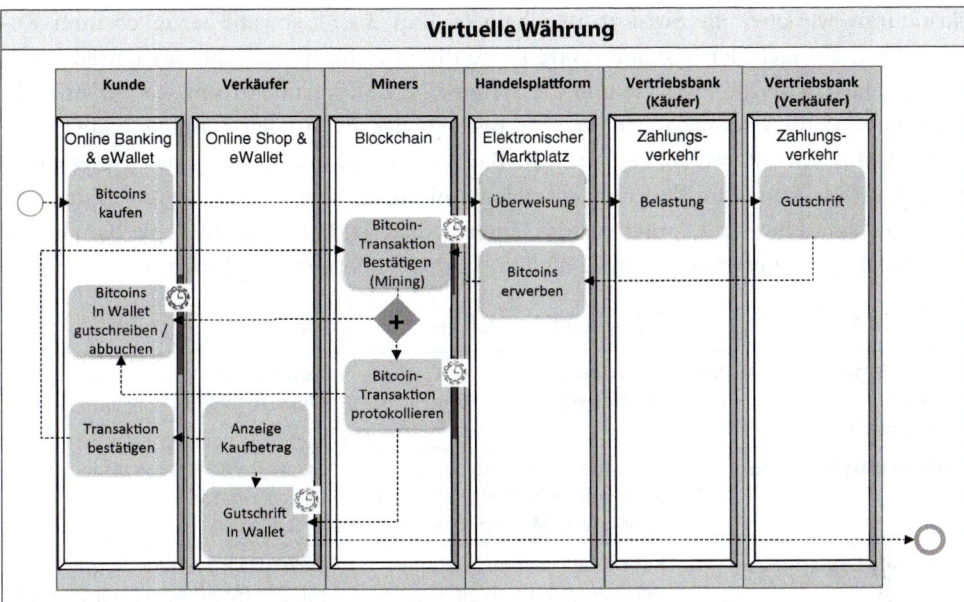

- Die Bezahlung mittels virtueller Währungen zeigt das Beispiel der Bitcoins (s. Kap. 2.5.3).
- Zunächst kauft ein Kunde Bitcoins über einen elektronischen Marktplatz (z. B. Huobicoin oder Holytransaction), welche durch Überweisung im Online Banking des entsprechenden Betrags über das ZV-System der Bank erfolgt.
- Die in der E-Wallet gutgeschriebenen Bitcoins kann der Kunde nun für eine Kauftransaktion im Onlineshop des Verkäufers einsetzen.

Möchte beispielsweise eine Person einer in einem anderen Land lebenden Person auf deren Konto einen Geldbetrag überweisen, so benötigt die überweisende Bank eine direkte Verbindung zu dieser Bank. Falls die Bank nicht als internationale Korrespondenzbank agiert, überweist sie zunächst den Betrag an eine andere Bank, die eine Verbindung zu dieser Korrespondenzbank unterhält. Besitzt auch die empfangende Bank keine Direktverbindung zur Korrespondenzbank im anderen Land, so hat auch diese zunächst den Umweg über eine solche zu wählen. Die Bank übernimmt bei diesem Prozess neben der Zahlungsverkehrs- auch die Dienstleistungsfunktion (s. Kap. 1.1.3), welche die Authentifizierung des Zahlungspflichtigen und des Zahlungsempfängers umfasst. Zudem stellt sie die Verbuchung auf den Konten der beteiligten Parteien sicher und sorgt damit für eine sichere und transparente Abwicklung. Allerdings benötigt dieser Prozess oft mehrere Tage und verursacht für den Abgleich der einzelnen Konten hohe, auch manuelle, Aufwände. Aufgrund der Vielzahl der Verzweigungen kann es dadurch zu langwierigen, komplexen und fehleranfälligen Prozessen kommen.

Gegenüber der heutigen zentralisierten Finanzmarktinfrastruktur ist die Bitcoin-Infrastruktur dezentral organisiert. Grundsätzlich bestehen bei Finanzmarktinfrastrukturen analog zu IT-Infrastrukturen abhängig von der Zentralität ihrer organisatorischen und technischen Ausgestaltung vier Ansätze (s. Tabelle 4-15). So sind Finanzmarktinfrastrukturen, wie etwa die Swiss Value Chain (s. Kap. 3.4.3), sowohl bezüglich ihrer Koordination als auch der Systeme zentralisiert: die SIX Group verwaltet als Betreiber der Swiss Value Chain die Prozesse und die Systeme (z. B. Börsenplattform, AS zur Abwicklung von Zahlungstransaktionen) zentral. Bislang wickeln Kunden Zahlungen über diese Zahlungsinfrastrukturen ab, an denen die Banken angeschlossen sind. Das Grundprinzip beruht auf der Annahme, dass nur zentral legitimierte und bestimmten Gesetzen sowie einer Finanzmarktaufsicht „unterworfene" Intermediäre (z. B. Banken über die Banklizenz, s. Kap. 1.1.2) die Verwaltung von Konten und Depots übernehmen dürfen.

Tabelle 4-15: Organisations- und Systemfokus von IT-Infrastrukturen

Organisationsfokus Systemfokus	Koordination zentralisiert	Koordination Dezentralisiert
Dezentrale Systeme	Dezentrale Nutzung der Systeme und zentralisierte Koordination (z. B. Microsoft Excel)	Dezentrale Systeme ohne übergreifende Koordination (z. B. E-Mail)
Zentrale Systeme	Koordination einer zentralen Infrastruktur durch ein Unternehmen (z. B. Swiss Value Chain der SIX Group)	Dezentrale Systemnutzung mit übergreifender Koordination (z. B. Blockchain)

Im Falle dezentraler P2P-Zahlungen (z. B. auf Bitcoin-Basis) erfolgt eine Zahlungstransaktion in Echtzeit (als einzige Verzögerung verbleibt das Fortschreiben der Daten in den Blöcken im Netzwerk, s. unten). Die Grundlage hierfür bildet die der virtuellen Währung Bitcoin zugrundeliegende Technologie „Blockchain", die eine dezentral organisierte Zahlungsinfrastruktur für P2P-Zahlungen ermöglicht. Diese Technologie schreibt sämtliche Transaktionen aller Zahlungspflichtigen und -empfänger fort und publiziert diese öffentlich. Bei jedem teilnehmenden Zahlungspflichtigen und -empfänger erstellt sie eine Kopie der Blockchain, d. h. sobald zwischen zwei Personen eine neue Zahlungstransaktion stattfindet, aktualisiert sich die Datenbank bei allen anderen Teilnehmern um diese neuen Transaktionen, auch wenn diese Teilnehmer nicht direkt in diese Transaktion involviert waren. So sind Transaktionen im gesamten Zahlungsnetzwerk aller involvierten Akteure zu jedem Zeitpunkt transparent.

Dieses dezentral organisierte System benötigt prinzipiell keine weiteren Intermediäre zur Transaktionsabwicklung (z. B. Bitcoin s. Tabelle 4-14, s. Bild 4-18 rechts), da die Authentifizierung sowie die Transaktionsabwicklung über die Blockchain stattfinden. In der Folge reduziert sich das Banknetzwerk auf Zahlungspflichtigen und -empfänger – alle übrigen Rollen, wie etwa die Vertriebsbank, der Abwickler ZV oder die Korrespondenzbanken (s. Kap. 3.4.3) sind nicht mehr erforderlich.

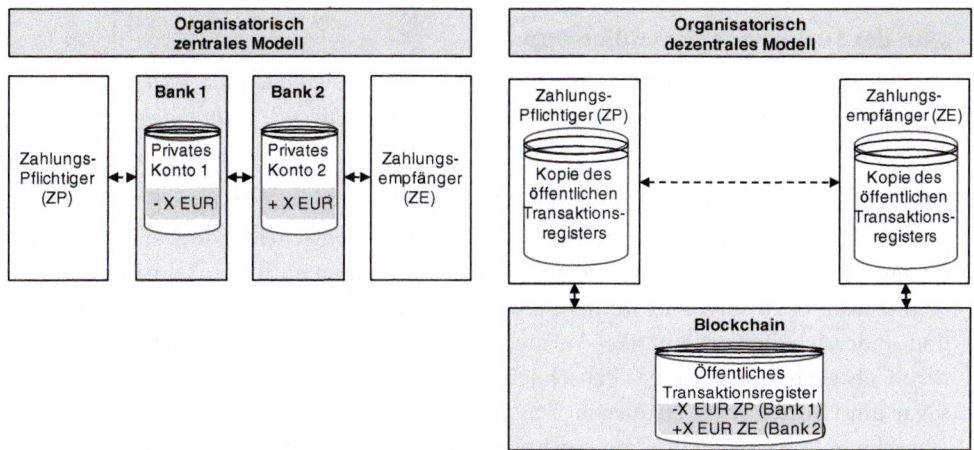

Bild 4-18: Unterscheidung zentraler und dezentraler Modellansätze

Die Blockchain dokumentiert unter www.blockchain.info alle Transaktionen in „Echtzeit". Folgende Schritte sind dabei relevant:

• Ein neuer Block (s. Bild 4-19) beinhaltet alle neuen Transaktionen (Zahlungen) sowie die der vorhergehenden Blöcke.
• Sog. „Miners" (Computer von an der Blockchain teilnehmenden Personen) verifizieren die Echtheit der Transaktionen und erstellen neue Blöcke.
• Nach Hinzufügen neuer Blöcke bzw. neuer Transaktionen ist keine Änderung der bestehenden mehr möglich, da dies eine Änderung aller anderen Blöcke nach sich ziehen würde. Dadurch verhindert die Blockchain die Manipulation einer Transaktion.
• Durch die Aneinanderreihung aller Blöcke ist es möglich, jede vergangene Transaktion bis hin zum ersten Block (sog. „Genesis Block") zurückzuverfolgen und zu verifizieren.

Block #391539

Zusammenfassung	
Anzahl der Transaktionen	1023
Ausgang insgesamt	4,807.93285249 BTC
Geschätztes Transaktionsvolumen	918.58864072 BTC
Transaktionsgebühren	0.17526386 BTC
Height	391539 (Hauptchain)
Timestamp	2016-01-03 12:28:02
Empfangszeit	2016-01-03 12:28:02
Weitergeleitet von	AntPool
Schwierigkeit	103,880,340,815.46
Bits	403346833
Größe	528.70703125 KB
Version	4
Nonce	1161343615

Hashes	
Hash	00000000000000000049f2d0769f55b35f94b7742aace0c8ce16e20896564df66
Vorheriger Block	00000000000000000813aebcd0c3e28f83f14e3bc007302334e1484fbab45dd4
Nächster Block	00000000000000003f49ee7f31281921766c671637f0b1b8003480c74ddc238
Merkle Root	606cf66bc8b19f5ed468f580b054ccdc493d59e1a80de48fb9f08598613e11a9

Netzwerk Ausbreitung Zeigt die Ausbreitung einer Transaktion über Blocken über das Netzwerk

Inventar Hash: 00000000000000000049f2d0769f55b35f94b7742aace0c8ce16e20896564df66

Bild 4-19: Beispiel eines Blocks aus der Blockchain (www.blockchain.info)

„Auf der Suche nach der «Killer-App»

Bitcoin-Enthusiasten wollen mit technologischen Innovationen die Welt von Wirtschaft und Finanzen erobern. Die Realität ist ernüchternd, während attraktivere Konzepte aufkommen.

Die stille Revolution im Zahlungsverkehr ist jedoch nur der Anfang dessen, was kryptografische Verfahren in Zukunft möglich machen. Das entscheidende Zauberwort in diesem Zusammenhang heisst «Smart Contracts». So können Blockchain-Mechanismen sowohl dazu verwandt werden, um den Handel mit Währungen, Wertpapieren und anderen «digitalisierbaren» Vermögenswerten abzuwickeln und zu dokumentieren, als auch, um Verträge abzuschliessen, um Eigentumsrechte zu verwalten oder sogar um Grundbücher anzulegen. Das Interessante ist, dass die jeweiligen Einträge «maschinenlesbar» sind und mit einer eigenen Logik versehen werden können.

Was das bedeutet, zeigt der Blick in die fernere Zukunft. Frau Züger hat Herrn Xavier ihr Auto verkauft und Ratenzahlung vereinbart. Weil Xavier jedoch über seine Verhältnisse gelebt und sein Konto gewaltig überzogen hat, bleibt eine Ratenzahlung aus. Das führt dazu, dass sich der Motor des Fahrzeugs nicht mehr starten lässt, sobald er es das nächste Mal nutzen möchte; stattdessen fordert ihn das Display des Automobils auf, erst die überfällige Rate zu zahlen.

Dieses Prozedere war so in der Kaufvereinbarung festgelegt worden, und die digitale Version des Vertragswerkes war darauf programmiert, die einzelnen Aktionen automatisch auszuführen – von der Abbuchung der vereinbarten Rate bis hin zur Sperrung der Motor-Elektronik des Fahrzeugs bei Verzug. […]"

(Quelle: Neue Zürcher Zeitung v. 06.07.2015, 23)

Fast die gesamte Rechenleistung des Blockchain-Netzwerks entfällt auf das Lösen einer kryptographischen Aufgabe, dem sog. „Proof-of-Work." Dies soll sicherstellen, dass das Erzeugen gültiger Blöcke aufwendig ist und eine nachträgliche Modifikation der Blockchain verhindert. Die Aufgabe löst das Netzwerk dynamisch, indem es durchschnittlich alle zehn Minuten einen neuen Block erzeugt. Mit steigender Rechenleistung des Netzwerks erhöht sich somit auch der Aufwand zum Lösen der Aufgabe. Das Bitcoin-Netzwerk würde heute etwa die sechs- bis siebenfache Rechnerleistung der heute verfügbaren 500 Supercomputer erfordern, um gefälschte Änderungen an der gesamten Blockchain herbeizuführen, was zur Sicherheit des Systems beiträgt. Jedoch wird die Technologie auch kritisch beurteilt: so gilt die mit der anwachsenden Kapazitätsauslastung[60] der Bitcoin-Infrastruktur steigende Abwicklungsgeschwindigkeit (ca. zehn Minuten) für Einsatzgebiete mit hohen „Echtzeit"-Anforderungen und für die bei einer weiteren Verbreitung zunehmenden Transaktions-

---

[60] Seit 2012 ist die durchschnittliche Blockgröße von wenigen Kilobytes (KB) auf gegenwärtig über 700 KB gestiegen und die Übertragungsgeschwindigkeit von mehreren Millionen auf gegenwärtig drei Transaktionen/Sekunde gesunken (Leisinger, 2016).

volumina als nicht ausreichend. Außerdem sind Möglichkeiten zur Authentifizierung oder für eine regulatorische Koordination derzeit nicht Teil der Technologie.

„Bitcoin ist als Währung Unsinn

Bitcoin hat in den vergangenen Monaten für viele Schlagzeilen gesorgt. Das Interesse an der Thematik scheint so gross zu sein, dass Medien Nachrichten, die in diesem Zusammenhang entstehen, vielfach ungefiltert weiterverbreiten – unabhängig von der tatsächlichen Relevanz. Meist wird dabei nicht unterschieden zwischen den beiden wesentlichen Aspekten, unter welchen «das Bitcoin-Phänomen» betrachtet werden muss.

Der erste ist die Tatsache, dass Bitcoin eine Parallelwährung zu anderen Devisen wie etwa dem Euro, dem Dollar oder auch dem Franken ist. Dieser Part zieht die Aufmerksamkeit libertärer Kreise auf sich, welche sich nach einer Alternative zum bestehenden Finanzsystem sehnen. Sie fühlen sich von der extremen Geldpolitik der Zentralbanken verraten und sorgen sich um den Wert etablierter Währungen. Bitcoins gelten als virtueller Ersatz, der unabhängig von einer Notenbank auf Basis kryptografischer Verfahren in begrenzter Menge geschaffen, dezentral verwaltet und deswegen wertstabil bleiben solle. Allerdings ist der Kurs in den vergangenen Monaten nach anfänglicher Euphorie gesunken, weil sich die spekulativen Hoffnungen auf Wertsteigerungen verflüchtigten – von grossem Vertrauen in Bitcoins konnte bisher ohnehin kaum die Rede sein. Grundsätzlich dürfte sich eine Währung mit begrenztem Angebot kaum mit einer Wirtschaft vereinbaren lassen, welche sich dynamisch entwickelt.

Der zweite Aspekt ist die Technologie, welche Zahlungen zu günstigen Konditionen und so einfach möglich machen kann wie das Verschicken von E-Mails. Ein offenes Rechnungslegungssystem, in welchem Computer global zusammenarbeiten, um die Rahmenbedingungen für Transaktionen von digitalen Einheiten zu dokumentieren, hat Zukunft. Allerdings wäre ein Zahlungssystem dieser Art im Idealfall für alle Devisen offen und nicht auf Bitcoin als Währung beschränkt. Es sollte also beispielsweise möglich sein, Franken zu vernünftigen Konditionen in Rand zu tauschen, um diese dann ebenso günstig und zügig direkt an einen Empfänger in Südafrika senden. Bis anhin ist die Übermittlung oft teuer, langsam und umständlich, da die einbezogenen Netzwerke nicht richtig verknüpft sind. Insgesamt mag Bitcoin als «Protokoll-Idee» für die globale Übermittlung von Werten der Anfang einer grossen Entwicklung sein – das ist aber nicht mit dem Währungsaspekt zu verquicken.“

(Quelle: Neue Zürcher Zeitung v. 29.12.2014, 21)

Blockchain ist nicht die einzige Technologie, welche das Prinzip von öffentlichen und sicheren Transaktionsdatenbanken umsetzt. Ein weiteres Beispiel stammt etwa von Ripple Labs, einem Echtzeit-Abwicklungssystem für elektronische Zahlungen sowie Ethereum zur Vertragsverwaltung. Zudem sind auf Basis öffentlicher, transparenter Transaktionsbücher weitere Anwendungen denkbar (s. Tabelle 4-16). Allerdings sind die notwendigen Voraussetzungen dafür noch im Entstehen. So benötigt die Blockchain etwa auf technischer Seite zur Aktualisierung derzeit noch bis zu einer Stunde. Gerade im Vergleich zu allen weltweiten Finanztransaktionen ist dies angesichts des Transaktionsvolumens ein hoher Wert. Außerdem sind neue regulatorische Rahmenbedingungen zu gestalten. So ist etwa zu klären, wie Gerichte in Streitfällen mit entsprechenden Verträgen umgehen.

Tabelle 4-16: Anwendungsbereiche öffentlicher Transaktionsdatenbanken

Anwendungsbereich	Beispielhafte Anwendungen
Professioneller Bereich (B2B, B2C)	Bankinstrumente (Währungen, WP etc.), Versicherungspolicen, Kreditdaten
Öffentlicher Bereich	Grundbuch, KFZ-Register, Schiffsregister, Gesundheitsakte, Steuern, Wahlen
Privater Bereich (C2C)	Alle Vertragsarten, Schlüssel

5 Modellbank

Zusätzlich zu den punktuellen Beispielen im Buch soll nun ein durchgängiges Beispiel die Prinzipien und die Mechanik des Zusammenspiels der Modelle und Leitlinien illustrieren. Dazu dient das fiktive Modell der „NettestBank". Diese hat den in Kap. 2.1.2 skizzierten Transformationsprozess hin zu stärkerer Digitalisierung sowie die „Bedrohung" von Fintech-Unternehmen erkannt und möchte sich zur „SmartestBank" weiterentwickeln.

5.1 Ausgangssituation

Die NettestBank ist eine mittelgroße Universalbank und besitzt über 600'000 Kunden in den Segmenten Retail- (71%), Privat- (11%) und Geschäftskunden (15%) sowie einem kleinen Segment an institutionellen und öffentlichen Kunden (3%). In Anlehnung an die vier Grundfunktionen von Universalbanken in den Bereichen ZV, Anlagen, Kredite und Dienstleistungen (s. Kap. 1.1.3) umfasst das Leistungsangebot die klassischen Produkte für das Zahlen, Anlegen und Finanzieren sowie der Beratung (s. Tabelle 5-1). Der Kundenkontakt erfolgt über das Filialnetz (Beratung) sowie auf elektronischem (Online Banking für Transaktionsprozesse in den Bereiche Zahlen und Anlegen) und auf schriftlichem Wege (z. B. für die Zustellung von Kundendokumenten etc).

Tabelle 5-1: Eckdaten der Modellbank „NettestBank"

Relevante Eckpunkte	Ausgestaltung der Modellbank „NettestBank"
Rechtsform	Aktiengesellschaft
Gründung	1918 mit Sitz in Frankfurt am Main
Filialen	70
Bruttogewinn	520,6 Mio. EUR
Bilanzsumme	36'500 Mio. EUR
Eigenmittel	2'820 Mio. EUR
Eigenkapitalrendite	9%
Anzahl Mitarbeiter	1'869
Verwaltete Kundenvermögen	62'300 Mio. EUR
Anzahl Kunden	610'800
Anzahl Kundenkonten	1,17 Mio.
Anzahl Depots	268'300
Cost-Income-Ratio (CIR)	61%
Anzahl Hypotheken - variabel - fix	 15'000 66'000
Anzahl Börsenaufträge p.a.	790'000
Anzahl ZV-Transaktionen p.a. - Inland - Ausland	 12,3 Mio. 0,48 Mio.

5.1.1 Banknetzwerk

Die NettestBank hat als „netteste" Bank ihre Kernkompetenz in der Beratung und setzt dabei auf die klassische Beratung in der Filiale sowie den Online-Kanal zur Transaktions- abwicklung in den Bereichen Zahlen und Anlegen (s. Kap. 2.3.3, 2.3.4). Bei der Organi- sation ihres Banknetzwerks entlang von Front-, Middle- und Backoffice sowie Support (s. Kap. 3.2.2) weist die NettestBank bislang eine hohe Wertschöpfungstiefe auf und nutzt kaum Industrialisierungspotenziale (s. Kap. 1.3.2, Bild 5-1):

- Im Bereich des *Frontoffice* setzt die NettestBank vier Kanäle zur Kundeninteraktion ein. Dies sind einerseits die in den 70 Bankfilialen angesiedelten Kundenberater und Bank- schalter sowie Geldautomaten für den Bargeldbezug und das Online Banking für Zah- lungs- und Wertpapiertransaktionen.
- In der *Middleoffice* erstellt die NettestBank durch ein eigenes Team die für den Be- ratungs- und den Anlageprozess (s. Kap. 2.3.2, 2.3.4) benötigten Marktanalysen und überträgt diese in Anlagestrategien für Kunden. Die für die Anlagestrategien benötigten Produkte selektieren und verwalten eigene Mitarbeiter. Gleiches gilt für die durch Dritt- produkte ergänzten Fonds.
- Im *Backoffice* konzentriert sich die NettestBank auf den Eigenhandel und hat ihr Back- office durch die Kooperation mit einer globalen Depotbank im Interbankenbereich auf sechs Mitarbeiter reduziert. Die Depotbank ist Teil einer internationalen Bank und bietet mehreren mittelgroßen Banken die bankseitige Führung der Depots sowie die Auftragsprüfung und -ausführung (s. Kap. 3.2.5) über eine mandantenfähige Plattform

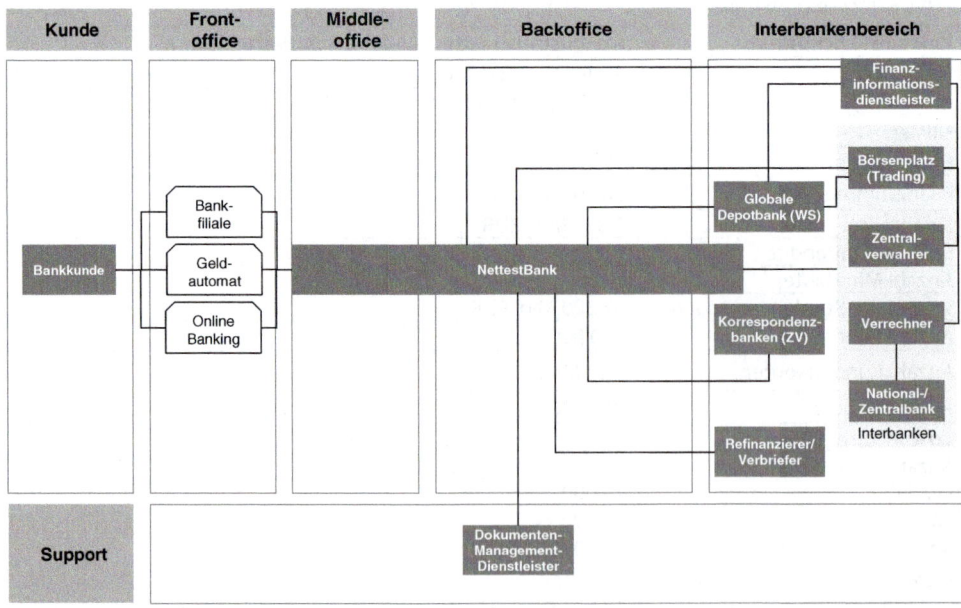

Bild 5-1: Banknetzwerk der NettestBank

(s. Kap. 4.1.1) an. Für spezielle Wertpapiere besitzt die NettestBank direkte Verbindungen zu (Neben-)Börsen.

- Das Dokumentenmanagement im *Support*, welches den Druck und den Versand von Kundendokumenten, wie z. B. Kontoauszügen und Verträgen übernimmt, bezieht die NettestBank bereits von einem externen Anbieter. Ebenso bestehen die Verbindungen zum *Finanzinformationsdienstleister*, zum *Refinanzierer* oder zu den *Korrespondenzbanken* bereits seit vielen Jahren.

5.1.2 Ablauf- und Aufbauorganisation

Das Bankmodell der NettestBank weist die typischen bankfachlichen Prozesse (s. Kap. 2.3) auf und stellt die relevanten Prozesse im Kunden- und Dienstleisterkontakt entlang der Rollen des Banknetzwerks (s. Bild 5-2) dar.

Zur *Kundeninteraktion* besitzt die NettestBank derzeit vier Interaktionskanäle: Während der Geldautomat dem Bargeldbezug dient, umfasst der Bankschalter Prozesse zur Kundeninformation und der Kontaktaufnahme mit dem Kunden sowie teilweise Abwicklungsprozesse im ZV-Bereich (Abgabe von Einzahlungsscheinen, Bezug von Bargeld, Devisen etc.). Beratung und Vertragsabschlüsse finden derzeit nur über den Berater statt, während das Online Banking die Transaktionsabwicklung sowie die Konto- und Depotverwaltung unterstützt.

Bei der *Dienstleisterinteraktion* weist die NettestBank heute eine hohe Eigenfertigungstiefe auf und erbringt sämtliche Prozesse selbst. Zu den wenigen externen Anbietern zäh-

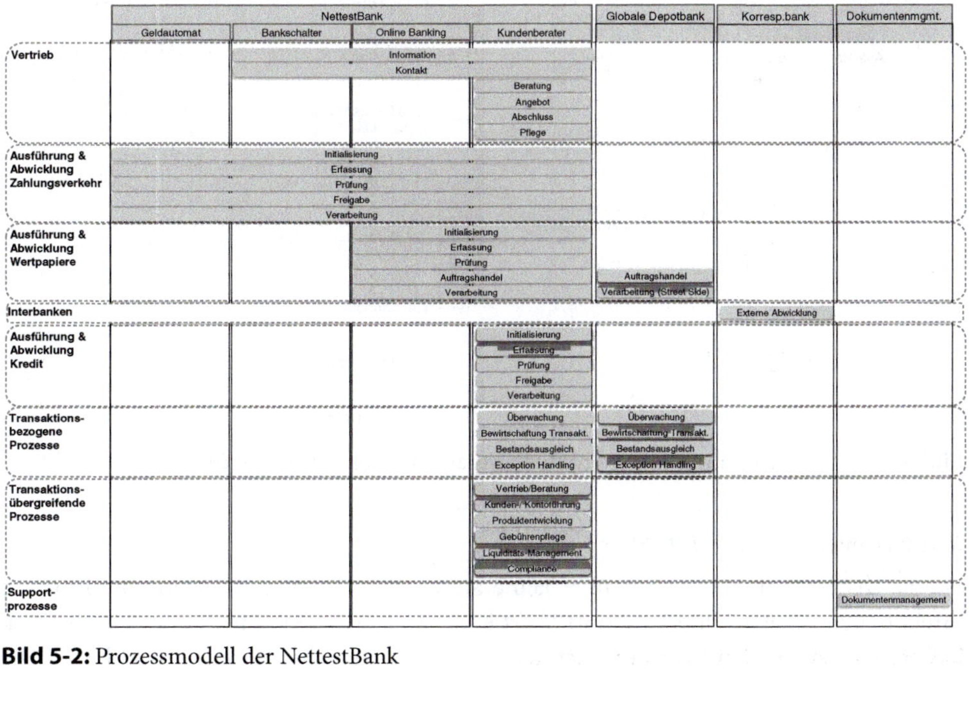

Bild 5-2: Prozessmodell der NettestBank

len die globale Depotbank im Bereich der WP-Ausführung und -Abwicklung sowie der zugehörigen transaktionsbezogenen Prozesse sowie die Korrespondenzbanken und das Dokumentenmanagement (s. Bild 5-2). Der Finanzinformationsdienstleister beschränkt sich auf das Bereitstellen von WP-Daten und ist aus Platzgründen im Prozess nicht berücksichtigt.

Die NettestBank ist mit ihren 1'869 Mitarbeitern als Aktiengesellschaft organisiert. Die Aufbauorganisation folgt dem Verrichtungsprinzip (s. Kap. 2.4) und umfasst das Management, einen großen Vertriebsbereich, den Bereich Operations, das Corporate Center und die Informatik (IT) als Organisationseinheiten (s. Bild 5-3). Die einzelnen Bereiche sind über Budgets, Aktivitätenpläne sowie Projekte geführt und agieren dabei unabhängig voneinander. Die Kontrolle und Koordination der einzelnen Organisationseinheiten bezüglich übergreifender Dienste, wie Personalwirtschaft, Risikomanagement etc., sind im Corporate Center angesiedelt.

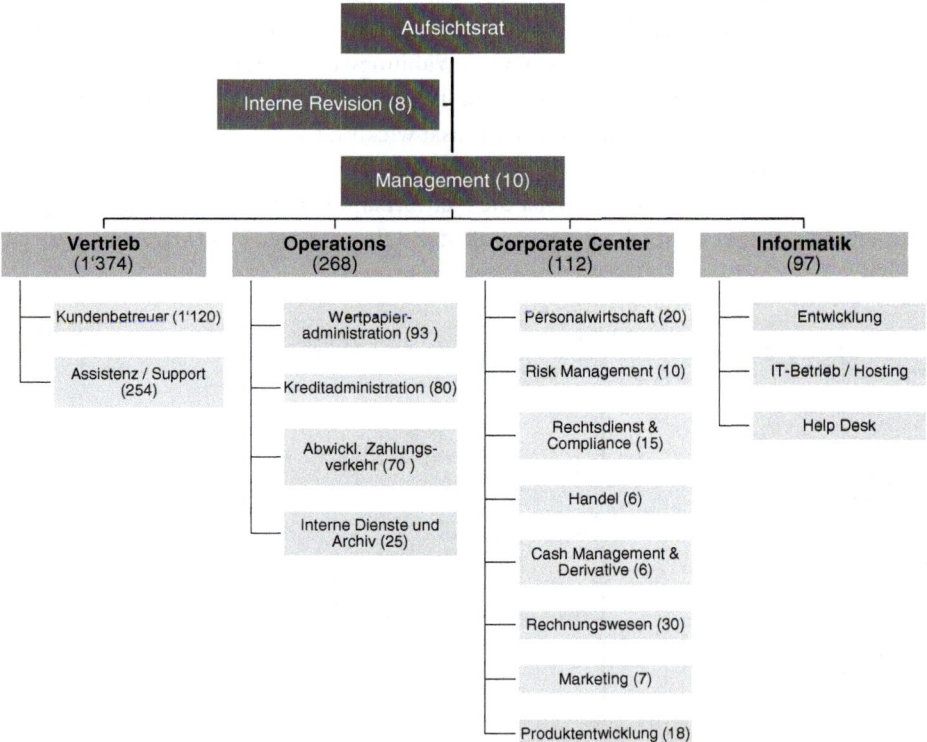

Bild 5-3: Aufbauorganisation der NettestBank (Mitarbeiterzahl in Klammern)

5.1.3 Anwendungsarchitektur

Da die NettestBank heute noch über keine SOA verfügt (s. Kap. 4.3), sind die Prozesse direkt in den AS abgebildet und dort „hart kodiert". Die AS-Architektur der NettestBank basiert auf einem alten Kernbankensystem (s. grau hinterlegter Bereich in Bild 5-4). Die

Umsysteme, wie das Portfoliomanagementsystem oder das CRM-System, folgen einem Best-of-Breed-Ansatz (s. Kap. 4.1.1), sodass Daten an mehrfach redundant geführt sind und ein hoher Aufwand für den Betrieb und die Weiterentwicklung der Systeme anfällt. Eine eigene IT-Organisation betreibt und wartet die Systeme primär in Eigenregie. Externe Verbindungen bestehen nur zur globalen Depotbank und zum Dienstleister für das Dokumentenmanagement. Hierfür sind mit der globalen Depotbank individuelle Schnittstellen mit dem Kernbankensystem im Anlagebereich sowie mit der Handelsapplikation implementiert. Zudem ist das Kernbankensystem mit dem Dokumentenmanagementsystem der Dienstleister sowie zahlreichen Korrespondenzbanken verbunden.

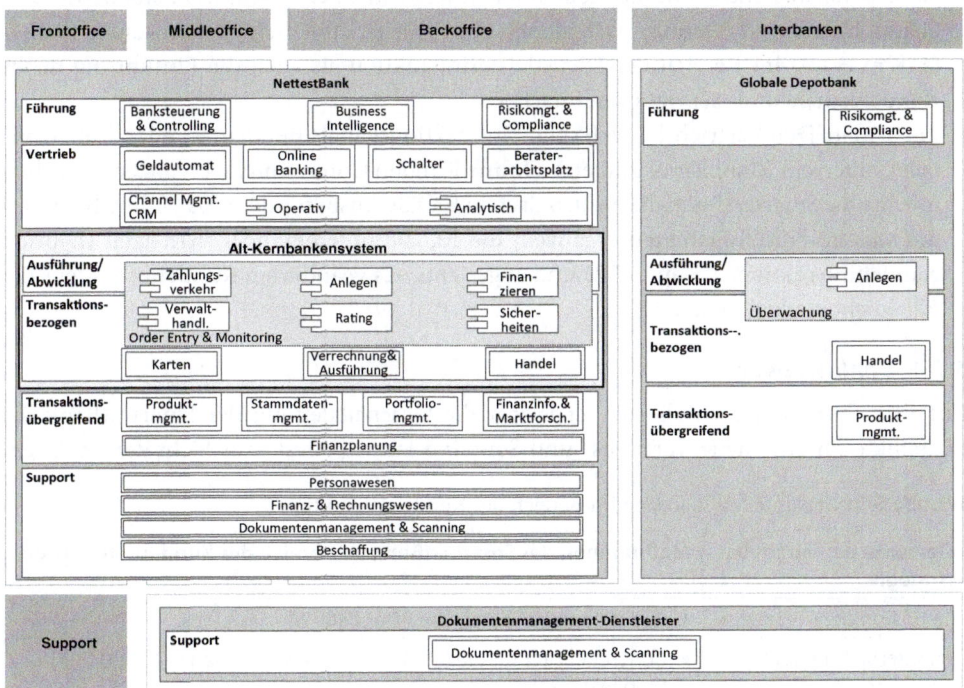

Bild 5-4: AS-Architektur der NettestBank

5.2 Zielsituation

Die Geschäftsleitung der NettestBank hat zwar eine konservative Grundhaltung, steht aber Innovationen grundsätzlich offen gegenüber. So erkennt die Bank die in Kap. 1.3.1 genannten Treiber und möchte mit dem neuen Namen „SmartestBank" künftig Innovationen im Frontoffice und eine Industrialisierung im Backoffice umsetzen. Die NettestBank initialisiert deshalb ein Transformationsprojekt („Change the Bank", s. Kap. 2.1.2). Zur Verbesserung der Kundeninteraktion und der operativen Effizienz verfolgt die künftige SmartestBank eine Vertriebs- (Frontoffice) und Sourcing-Strategie (Backoffice) mit drei Zielen, welche die Leitlinien des Buches widerspiegeln (s. Kap. 1.4.2 bis 1.4.4):

- *Vernetzung.* Die SmartestBank strebt eine Verbesserung der Ertragssituation durch eine verstärkte Konzentration auf ihre Kernkompetenzen und die Verbreiterung des Kundenzugangs sowie des Leistungsangebots an. Gerade in den nicht differenzierenden Bereichen möchte sie Fixkosten vermeiden und eine möglichst weitgehende Variabilisierung erreichen.
- *Serviceorientierung.* Die Gestaltung der SmartestBank orientiert sich an den Prinzipien der Serviceorientierung, um dadurch Flexibilisierungs- und Spezialisierungseffekte zu erzielen. So soll die Einführung neuer Dienstleister und Services ebenso effizient (bezüglich Zeit und Kosten) möglich sein wie die Erweiterung der Leistungen des Kernbankensystems. Dazu soll das neue Standard-Kernbankensystem z. B. standardisierte Schnittstellen und Module nach dem SOA-Prinzip aufweisen, die sowohl ein BPO (s. Kap. 3.1.3) im Bereich der Dienstleisterinteraktion als auch die Einführung neuer Kundenkanäle und -services vereinfachen.
- *Innovation.* Den Vertriebsbereich sollen Interaktionskanäle mit dem Kunden – ein Contact Center, ein Mobilkanal und eine Online Kunden Community – ergänzen. Daneben möchte die SmartestBank die elektronischen Kanäle (insbesondere das Online Banking) um weitere Funktionalitäten ergänzen, die Kanäle untereinander vernetzen (hybride Kundeninteraktion, s. Kap. 2.5.2) und angesichts des geänderten Kundenverhaltens die Filialdichte reduzieren.

5.2.1 Banknetzwerk

Zur Erreichung der formulierten Ziele legt die Geschäftsleitung der SmartestBank die Eckpunkte für eine neue Vertriebs- und Sourcing-Strategie fest. Aus Sicht der Leitlinien

Tabelle 5-2: Geplante Maßnahmen im Bereich der Kundeninteraktion

Elemente der Vertriebs-strategie		Maßnahmen der SmartestBank im Bereich der Kundeninteraktion
Reduktion der Filialdichte		• Reduktion der Filialen von 70 auf 40
Erweiterung des Kanal-portfolios		• Contact Center für die Beratung von Retailkunden (>20'000 CHF) • Mobile Banking • Social Media • Vertriebsergänzung
Erweiterung des Leistungsangebots der Online-Kanäle um weitere Services	Beratung	• Online-Chat • Videoberatung
	Zahlen	• E-Wallet • Überweisungsformularerfassung mittels Smartphone • Bonuspunkte-Marktplatz
	Anlegen	• Mobile Brokerage • Online Portfolio-Management
	Finanzieren	• Online-Kreditantrag Hypothekenkredit
	Übergreifend	• Personal Finance Management
Vernetzung der Kanäle		• Integration der Kanäle (hybride Kundeninteraktion)

(s. Tabelle 1-5) umfasst diese Strategie (s. Tabelle 5-3) im Bereich der Kundeninteraktion die Reduktion der Filialdichte, die Erweiterung des Kanalportfolios, die Erweiterung des Leistungsangebots der Online-Kanäle um zusätzliche Services und die Vernetzung der Kanäle. Nach einer Analyse des Portfolios möglicher Banking Innovations (s. Kap. 2.5.2) wählt sie die in Tabelle 5-2 aufgelisteten Maßnahmen zur zukünftigen Kundeninteraktion.

Im Bereich der *Dienstleisterinteraktion* leitet die SmartestBank aus den Industrialisierungsprinzipien (s. Kap. 1.3.1) Maßnahmen für die Umsetzung der zukünftigen Ausrichtung im Backoffice der Bank ab (s. Tabelle 5-3).

Tabelle 5-3: Maßnahmen zur Industrialisierung bei der SmartestBank

Industrialisierungs-prinzipien	Maßnahmen der SmartestBank im Bereich der Dienstleisterinteraktion
Standardisierung	• Verstärkter Einkauf standardisierter Produkte
Spezialisierung	• Weiterentwicklung der Kredittätigkeit als Kernkompetenz der SmartestBank • Auslagerung der IT inklusive RZ, Anwendungsmanagement sowie Druck und Versand, gebündelt an einen Dienstleister • Auslagerung von ZV- und WP-Abwicklung an einen Dienstleister, auf Basis eines Standard-Kernbankensystems • Bündelung der Interbankbeziehungen (Vermittler, Depotstellen und Korrespondenzbanken) bei einem Dienstleister
Automatisierung	• Nutzung eines Standard-Kernbankensystems (bzw. Schnittstellen), das auch der Abwickler für WP und den ZV einsetzt
Qualitätsorientierung	• Erweiterung der Vertriebskompetenz durch Beratung aus dem Privatbankenumfeld und durch Ergänzung des Vertriebskanals über Branchenfremde

Zur Umsetzung der Maßnahmen hat sich die SmartestBank für mehrere Partnerschaften im Banknetzwerk entschieden (s. Bild 5-5):

• Eine *Privatbank* ergänzt die SmartestBank und baut die bisherige Kompetenz im Private Banking (s. Kap. 1.1.3) um komplementäre Beratungsdienstleistungen im Bereich Portfoliostrukturierung und -management sowie in der Finanz- und Vermögensplanung aus. Die Privatbank ergänzt die SmartestBank und tritt nur begrenzt mit dieser in Konkurrenz. Die Kundenbetreuung und Beziehungspflege erbringen weiterhin Mitarbeiter der SmartestBank, da der Privatbank-Kunde ein Kunde der SmartestBank bleibt.

• *Anbieter standardisierter Produkte* ergänzen das Banknetzwerk als unabhängige Partner. Sie erweitern die Produktpalette um Fonds- und Indexprodukte sowie spezielle Produkte im Anlagebereich (s. Kap. 2.3.4), um innovative Lösungen den Kunden anbieten zu können. Die Partnerauswahl erfolgt anhand eines Selektionsprozesses und definierter Kriterien, wie etwa Dienstleister-, Produkte- und Performance-, Produkterisiko-Analyse und Preismodelle. Nach der Anbindung eines Pilotpartners sind weitere Partneranbindungen geplant.

- Ein *Abwickler für WP und ZV* übernimmt die Backoffice-Leistungen als BPO-Anbieter (s. Kap. 3.1.3), sodass bei der SmartestBank lediglich eine Rumpforganisation (Retained Organisation, s. Kap. 3.3.3) verbleibt. Der Abwickler benötigt hierfür keine Banklizenz (s. Kap. 1.1.2), sondern übernimmt ausschließlich die automatisierte Transaktionsverarbeitung (STP, s. Automatisierung in Kap. 1.3.2). Grundlage dafür ist eine hohe Standardisierung (s. Kap. 4.2.5), da der Abwickler gleiche Dienstleistungen für andere Banken erbringt. Dieser BPO-Anbieter übernimmt die Abwicklung der ZV- und WP-Transaktionen mit der unterstützenden Kernbanken(standard)lösung (s. Kap. 4.2.2) entsprechend dem Full Outsourcing-Modell (s. Kap. 3.2.5). Für den Auslands-ZV (s. Kap. 4.3.3) besitzt der Abwickler ein Korrespondenzbankennetz, das aus Effizienzgründen dem Ausschließlichkeitsprinzip[61] unterliegt. Der WP-Teil beim Abwickler beinhaltet die kundenseitige Depotführung, Verwaltungshandlungen und die Administration der WP-Aufträge. Verwaltungshandlungen, die den Kunden einbeziehen (z. B. Einladung zur Generalversammlung), erfolgen über den physischen Kanal, also etwa den Kundenberater der SmartestBank. Informationen über die erfolgte Ausführung (Trade) erhält er direkt von der globalen Depotbank. Die Erstellung von Kundendokumenten übernimmt das Service Center der SmartestBank.
- Eine *globale Depotbank* führt künftig über ihr weltweites Vermittler- und Depotstellennetz sämtliche Wertpapieraufträge der SmartestBank aus. Dieser Dienstleister mit Banklizenz (s. Kap. 1.1.2) hat Einblick in den Status aller WP-Transaktionen in der Abwicklungskette, die neben der Depotbank selbst auch die SmartestBank und den Abwickler umfasst. Die globale Depotbank verfügt über standardisierte Prozesse, sodass die SmartestBank ihre bisherigen eigenen Prozesse nicht mehr fortführen kann und sich daran anpassen muss. Sie ist somit gezwungen, den bereits reduzierten Ausführungsteil weiter zu vermindern und auf andere Börsenverbindungen zu verzichten.
- Das *Service Center*[62] bündelt sämtliche IT-Dienstleistungen entlang des Servicelebenszyklus (s. Kap. 4.2.4) und betreibt u. a. im Auftrag des Abwicklers als weiterer Dienstleister auch das Kernbankensystem. Der Betrieb und die Wartung der in der Bank verbleibenden AS übernimmt bis zum Ende der Migration (s. Kap. 2.1.2 zum Ende der Umsetzungsphase des Transformationsprozesses) die SmartestBank. Die Gewährleistung des Zugriffs auf Daten aus dem alten Kernbankensystem (s. Kap. 1.3.4) übernimmt gemäß regulatorischer Vorschriften nach der Migration das Service Center. Den Druck der Kundendokumente und deren Archivierung, die bislang ein Druckdienstleister, erbringt künftig auch das Service Center. Anforderungen von Umsystemen (z. B. Portfolio Ma-

---

[61] Eine Ausschließlichkeitsklausel bezeichnet im Bankbereich eine Nebenbestimmung eines Kreditvertrags, die den Kreditnehmer verpflichtet, nur bei der kreditgebenden Bank Konten zu unterhalten und alle Bankgeschäfte über diese Bank abzuwickeln (Gramlich et al., 2012, 109). Vorliegend bezieht sich die Ausschliesslichkeitsklausel auf die Vertragsbeziehung zwischen der SmartestBank und dem Abwickler, wonach aus Effizienzgründen (Economies of Scale, s. Kap. 3.1.1) die SmartestBank nur über diesen einen Dienstleister den Auslands-ZV abwickeln darf.

[62] Das Service Center ist vom Service Desk abzugrenzen. Zweitgenannter agiert als zentrale Anlaufstellt nach einem Outsourcing auf Dienstleisterseite (s. Kap. 3.3.3). Hingegen bezeichnet das Service Center einen IT-Dienstleister.

nagement System etc.), sollen entweder das neue Abwicklungs-AS oder neue Standard-systeme abdecken.

- Der *Software-Dienstleister* stellt das Kernbankensystem (s. Kap. 4.2.2) bereit, befasst sich mit der Entwicklung von Software und deckt sämtliche Aufgaben für die Einführung der Kernbankenlösung, den laufenden Betrieb wie Anwendungs- und Testmanagement mit seinem Service Center ab. Die Wartung der Software erfolgt über einen Wartungs-vertrag zwischen der SmartestBank und dem Software-Dienstleister.

- Zur *Vertriebsergänzung* ist ein unabhängiger Händler aus einer anderen Branche mit ei-ner breiten Kundenbasis vorgesehen. Damit erschließt die SmartestBank einen neuen Vertriebskanal, um zusätzliche Retailkunden zu erreichen. Die Eröffnung der Geschäfts-beziehung geschieht dabei direkt in den Räumlichkeiten des Distributionspartners, wobei die regulatorischen Vorgaben gemäß den Standards der Bank zu berücksichtigen sind.

Die Refinanzierung der Kredite über den bisherigen Refinanzierer bleibt bestehen, wo-bei insbesondere die Hypothekenrefinanzierung, z. B. via WP-Absicherungsgeschäfte oder über eine Pfandbriefbank erfolgen soll. Ebenso nutzt die SmartestBank weiterhin die Dienste des Finanzinformationsdienstleisters.

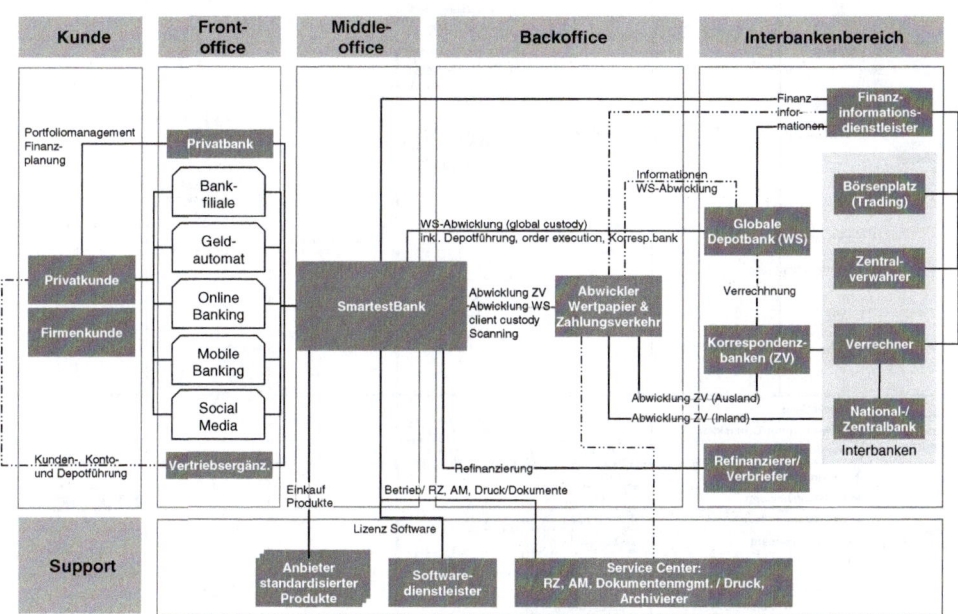

Bild 5-5: Banknetzwerk der SmartestBank (Zielmodell)

5.2.2 Ablauf- und Aufbauorganisation

Das Banknetzwerk bietet die Basis von Ablauf- und Aufbauorganisation in Anlehnung an das Bankmodell (s. Kap. 2.3.1), die Sourcing-Modelle (s. Kap. 5.2.1) sowie Aufbauorgani-sationsmodelle (s. Kap. 2.4). Die SmartestBank hat daher die Beziehungen des künftigen

Banknetzwerks (s. Kap. 5.2.1) mit Prozessen zu unterlegen und die Schnittstellen zu den Partnern auszugestalten.

Bezogen auf den Prozess Zahlen nimmt die SmartestBank künftig nur noch elektronische sowie persönlich in der Bankfiliale abgegebene Aufträge entgegen. Alle anderen beleghaften Aufträge (per Post, Bankbriefkasten etc.) leitet sie ohne Einsicht direkt an das Service Center für das Scannen und die manuelle Erfassung der Belege weiter. Der Abwickler ZV führt alle ZV-Prozessschritte von der Plausibilitätsprüfung bis zur Auftragsfreigabe (außer Dokumentenmanagement und externe Abwicklung) aus. Hierzu hat das Service Center Zugriff auf die AS der SmartestBank. Als Sourcing-Partner für das Dokumentenmanagement übernimmt das Service Center den Druck aus den entsprechenden AS. Die externe Abwicklung der Zahlungen verläuft wie bisher über die Korrespondenzbanken (Auslandszahlungen) bzw. die Nationalbank (Inland), jedoch initialisiert nun der Abwickler anstatt der SmartestBank den Prozess.

		Kunde	SmartestBank	Abwickler ZV	Korresp.bank	Service Center	Anbieter stand. Prod.
Ausführung/ Abwicklung	Initialisierung	Auftragsverteilung(Kunde)	Auftragsentgegennahme			Auftragsentgegennahme	
	Erfassung			Datenübernahme(elektr.)		Datenerfassung (papier)	
						Man. Nachbearbeitung	
				Plausibilitätsprüfung			
		Authentisierung		Authentisierung			
	Prüfung			Auftragsverwaltung			
				Limitenprüfung (Konto)			
				Reg.Prüf. (GwG, OFAC)			
	Freigabe						
	Verarbeitung		Spesen-/Gebührenermittl.	Spesen-/Gebührenermittl.			
				Verbuch. Zahlungsauslg.			
				Gutschriftsauslösung			
						Aufbereitung Kundendoku.	
						Druck Kundendokumente	
						Archivierung	
	Interbanken				Externe Abwicklung		
	Verarbeitung			Entgegennahme			
				Manuelle Nachbereitung			
				Reg. Prüf. (GwG, OFAC)			
				Freigabe			
				Verbuchung			
						Aufbereitung Kundendoku.	
						Druck Kundendokumente	
						Archivierung	
Transaktions-bezogene Prozesse	Überwachung						
	Bewirtschaftung Transaktionen			Bestandsausgleich			
	Behandlung Ausnahmen		Ermittlung / Berichtigungen	Ermittlung / Berichtigungen			
Transaktions-übergreifende Prozesse	Kd. / Kto. / Depotführung		Eröffnung, etc.				
	Produktentwicklung		Produktmanagement				Produktmanagement
	Produktstammpflege		Gebührenpflege	Gebührenpflege			
	Risikomanagement		Liquiditäts-Management				
	Interne Überwachung		Compliance	Compliance			
	Kundenberichte					Kundenbericht	
	Übergreifende fachliche Prozesse		Vertrieb/Beratung				

Bild 5-6: Prozessverteilung der SmartestBank am Beispiel „Zahlen"

Für eine vollständige Gebührenermittlung müssen alle an der Gesamtabwicklung beteiligten Akteure (SmartestBank, Service Center und Abwickler ZV) die jeweiligen Prozessschritte abgestimmt wahrnehmen (s. Bild 5-6). Die Prozesse Vertrieb und Beratung sowie die Kunden- und Kontoführung verbleiben vollständig bei der SmartestBank, da sie über den primären Kundenkontakt verfügt. Der Abwickler ZV übernimmt zusätzlich die Produktentwicklung in diesem Bereich aufgrund der Vielfalt neuer Zahlungsprodukte (s. Banking Innovation, Kap. 2.5.1).

Obgleich die Änderungen nur wenige direkte Auswirkungen auf den Kunden besitzen, führen diese doch zu einem tiefgreifenden Umbau der NettestBank. So lösen mit dem Outsourcing die betreffenden Dienstleister einzelne interne Organisationseinheiten (z. B. im Bereich der IT) fast vollständig ab. Zur Steuerung des entstehenden Partnernetzwerks benötigt die NettestBank zudem Zuständigkeiten für die Netzwerksteuerung (s. Kap. 3.3).

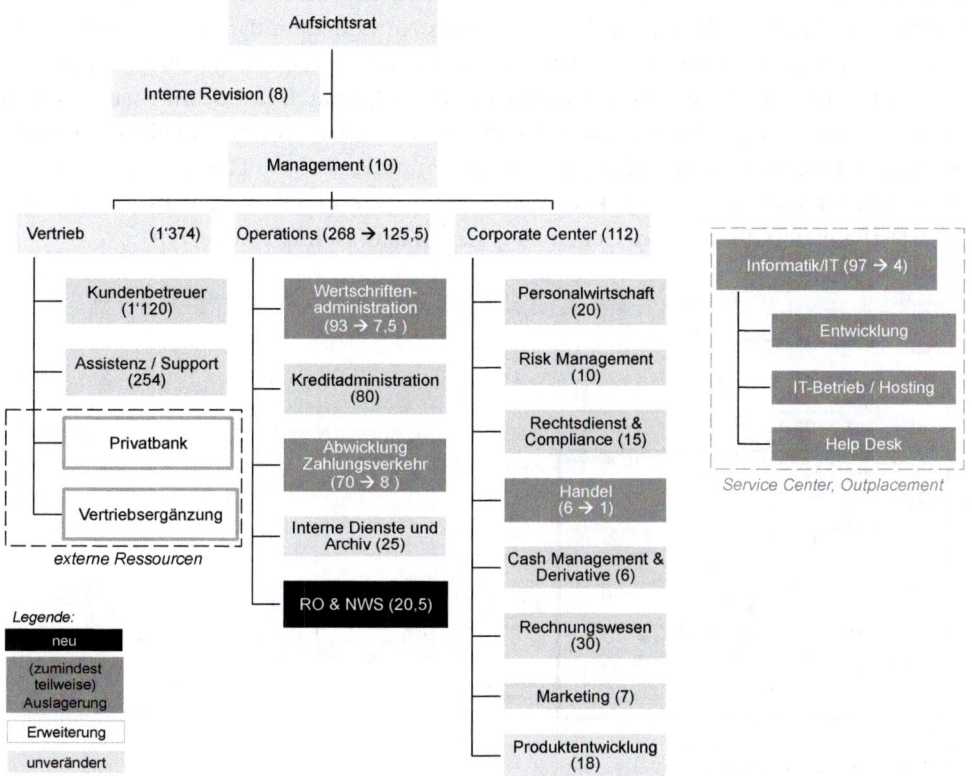

Bild 5-7: Aufbauorganisation der SmartestBank

Gegenüber der NettestBank ist die SmartestBank nur mehr in drei Bereiche gegliedert (s. Bild 5-7). Das *Corporate Center* agiert als zentrales Kompetenzzentrum der Bank und koordiniert alle Unterstützungsprozesse, wie etwa Personalwirtschaft, Marketing etc. Insgesamt sind 261 Mitarbeiter von der Transformation direkt betroffen. Davon verbleiben 20,5 FTEs in Form einer RO bei der SmartestBank (s. Kap. 3.3.3). Der Bereich *Vertrieb* fasst die Vertriebskanäle für eine kanalübergreifende Koordination zusammen. Der Vertriebsleiter ist für die Ausgestaltung des Produktangebotes in der Bank und deren Abstimmung mit den internen und externen Partnern verantwortlich. Im Bereich *Operations* bestehen unverändert die Kreditadministration und die internen Dienste mit dem physischen Archiv. Die Mitarbeiter aus der Wertpapieradministration und der ZV-Abwicklung konsolidiert die SmartestBank mit den verbleibenden aus der IT (Informatik) und dem Handel zur zentralen RO.

5.2.3 Anwendungsarchitektur

Die neue Prozessverteilung reflektiert auch die AS-Architektur. Entsprechend der Industrialisierungsstrategie (s. Kap. 5.2) findet die Auslagerung der ZV- und WP-Abwicklung an einen Dienstleister mit einem modernen Standard-Kernbankensystem statt. Die SmartestBank wechselt auf das gleiche Kernbankensystem und kann dadurch die neuen Prozesse mit dem Dienstleister mit geringerem Aufwand in das eigene System integrieren (s. Bild 5-8). Ebenso sind Anbieter standardisierter Produkte durch eine Schnittstelle mit dem Kernbankensystem der SmartestBank leichter zu verbinden. Da das Service Center den Betrieb und die Weiterentwicklung aller AS übernimmt, sind die IT-bezogenen Prozesse im Rahmen des Service Lebenszyklus-Managements (s. Kap. 3.3.3) ebenfalls zwischen der SmartestBank und dem Service Center zu gestalten bzw. zu implementieren.

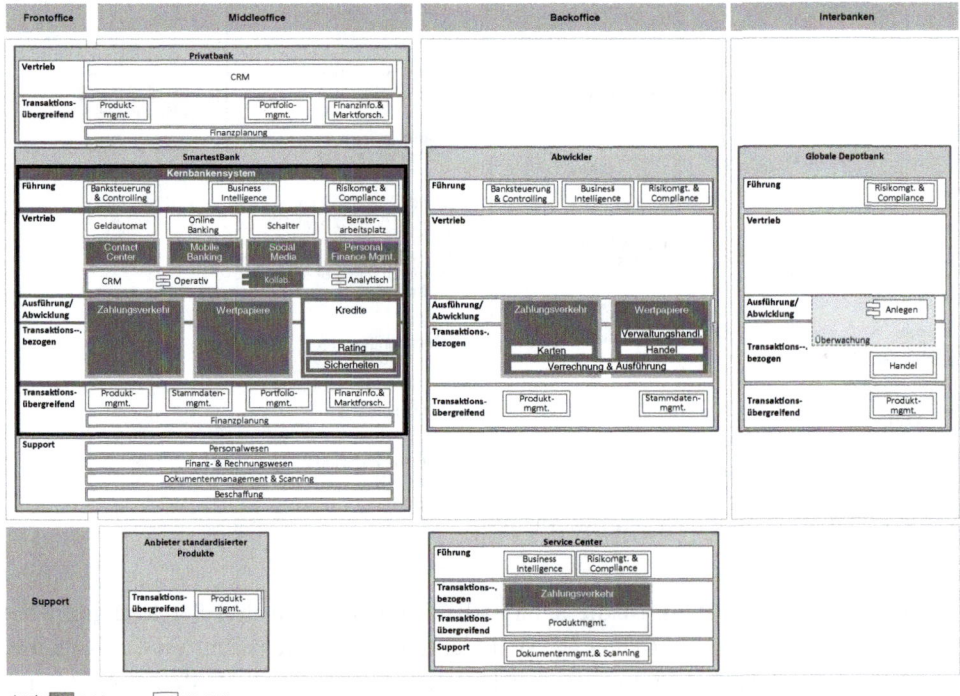

Bild 5-8: AS-Architektur der SmartestBank

5.3 Bewertung

5.3.1 Sicht des Betriebs

Gegenüber der Gestaltungssicht zielt die Bewertung auf die quantitative und qualitative Evaluation der künftigen Modelle. Für die NettestBank bedeutet dies, dass einerseits die Neuausrichtung im Kundenkontakt und andererseits die Dienstleisterinteraktion zu betrachten ist. Da auf Ertragsseite nur Schätzungen möglich sind, liegt der Schwerpunkt auf der Kostenseite, die hier als Business Case für die Transformation von der NettestBank zur SmartestBank dargestellt ist. Für eine Bewertung des Transformationsprogramms muss die SmartestBank alle künftig von Dienstleistern erbrachten Leistungen analysieren. Die Ergebnisse dieser quantitativen Analyse sind (s. Bild 5-9):

- *Die Kostenentwicklung variiert je nach Leistung.* Während die Lizenz für die Standardsoftware durch die Ablösung des alten Kernbankensystems zu einem Kostenanstieg führt, profitiert die NettestBank beim Scanning von einem starken Rückgang. Das Anwendungsmanagement verspricht durch die Auslagerung der IT die größte absolute Einsparung in Höhe von 10,6 Mio. EUR. Die Einsparungen durch die Kooperation mit dem Service Center in Höhe von 13,7 Mio. EUR sind verglichen mit allen anderen Dienstleistern am größten.
- *Die Gesamtkostenreduktion rechtfertigt die Maßnahmen der Industrialisierung.* Die SmartestBank profitiert insgesamt von einer Kostenreduktion von 74,2 Mio. EUR auf 58,1 Mio. EUR (s. Bild 5-9) und kann damit einen Nutzen von ca. 16 Mio. EUR im Betrieb realisieren. Da die Mitarbeiterkosten den wichtigsten Kostenfaktor darstellen, hat

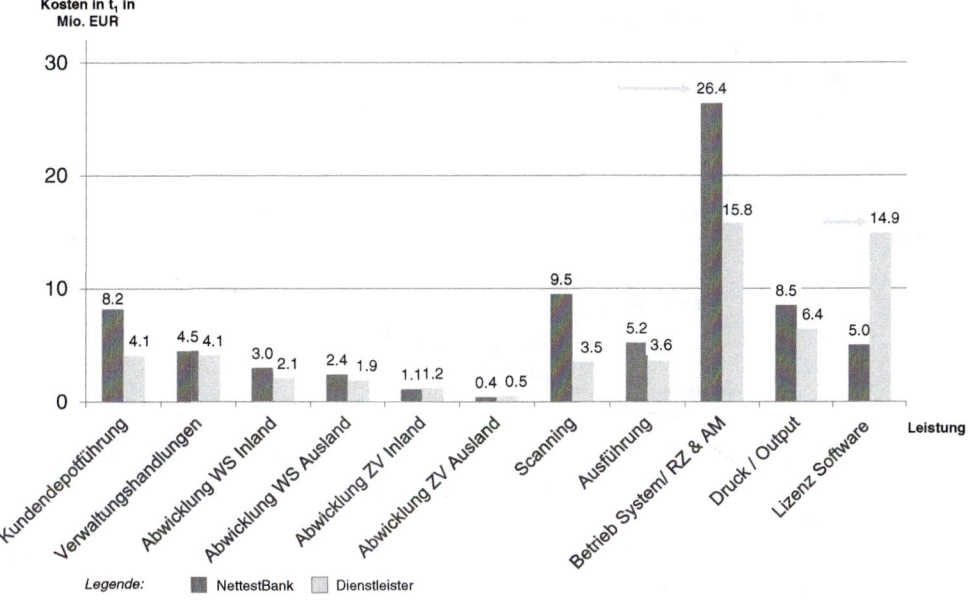

Bild 5-9: Kosteneffekte des Outsourcing nach betrachteter Leistung

vor allem die Variabilisierung dieses Kostenblocks durch das Outsourcing einen starken Effekt. Daneben strafft die NettestBank ihr Filialnetz von heute 70 Filialen auf 40 Filialen über die nächsten sechs Jahre. Hierfür kalkuliert die NettestBank ab dem zweiten Jahr eine Kostenreduktion auf Vertriebsseite von 10%, im dritten Jahr von 20%, usw., um schließlich im sechsten Jahr eine Reduktion von 50% zu erreichen.

5.3.2 Sicht der Transformation

Die zuvor ermittelten Kosten je Leistungsbereich bilden eine operative Sicht auf den Bankbetrieb der NettestBank. Zusätzlich sind die Kosten der Transformation zu berücksichtigen, welche zusätzlich zum Betrieb zu berücksichtigen sind:

- *Lizenzkosten.* Bereits während der Transformation fallen ca. 8,4 Mio. EUR Kosten für die Lizenz der Standardsoftware an. Die jährlichen Wartungskosten sind erst ab dem Betrieb fällig.
- *Mitarbeiterkosten.* Die Abstellung interner Mitarbeiter in das Transformationsprojekt senkt den Bedarf externer Mitarbeiter um ca. 25'000 Personentage.
- *Systemkosten.* Die Transformation auf ein bereits laufendes Kernbankensystem reduziert die (Betriebs-)Kosten erheblich. Die Voraussetzung hierfür ist die Übernahme von Standardvorgaben des Dienstleisters im nicht differenzierenden Bereich bei individuellen Produkt- und Leistungsstrukturen. Hierdurch kann die SmartestBank ca. 17,6 Mio. EUR einsparen.
- *Transformationskosten.* Zusätzlich einzubeziehen sind die Kosten der Transformation, die ca. 62 Mio. EUR betragen.

Bild 5-10 zeigt, dass die NettestBank für die das Geschäftsmodell der SmartestBank einen Break-Even nach etwa drei Jahren erwartet.

Gesamtkosten in Mio. EUR

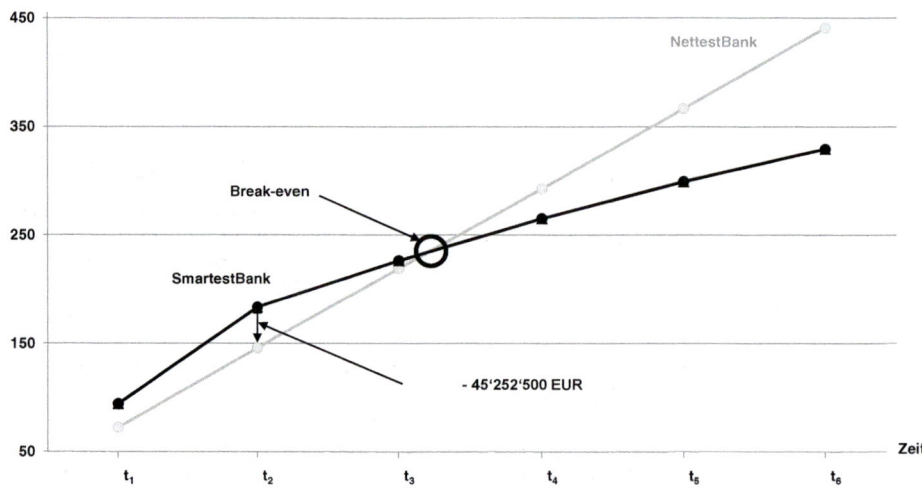

Bild 5-10: Gesamtkostenbetrachtung und Break-Even der SmartestBank

5.3.3 Sicht der Modelladaption

Obgleich die SmartestBank die notwendigen Transformationskosten beziffern kann, ist die Bewertung der Vorteile des mit dem Referenzmodell verbundenen methodischen Vorgehens kaum möglich, da ein Vergleich zu einer alternativen, weniger methodischen Vorgehensweise fehlt. Diese in der Realität übliche Situation erlaubt häufig lediglich qualitative Schätzungen zu den Effizienz- (Zeit und Kosten der Erstellung von Zielmodellen) und Effektivitätseffekten (Berücksichtigung der richtigen Gestaltungselemente und deren richtige Konfiguration).

Zunächst ergeben sich Nutzeffekte aus der Vorgabe zukünftiger Gestaltungsmöglichkeiten, welche die NettestBank berücksichtigen kann. Dazu zählen Anregungen zu Innovationspotenzialen ebenso wie Kompatibilitätsvorteile zu den externen Partnern, die sich aus der Verwendung überbetrieblich vereinbarter bzw. akzeptierter (Referenz-)Modelle ergeben. Bei der Anpassung verwendet die Modellbank sowohl die Mechanismen der generierenden als auch der nicht generierenden Adaption (s. Tabelle 5-4). In ersterem Falle

Tabelle 5-4: Adaptionsmechanismen bei der Modellbank

		Anpassungen bei der Modellbank
Mechanismen der generierenden Adaption	Modelltypselektion	Die Modellbank verwendet das Metamodell (s. Kap. 2.2.2) und folgende weitere Modelltypen entlang der drei Gestaltungsebenen (s. Kap. 1.4.1, 5.1, 5.2): Banknetzwerk, Bankmodell und Bank-IS.

	Elementtypselektion	Die Modellbank verwendet folgende Elementtypen:
		• Banknetzwerk:
		  – <u>verwendet</u>: Netzwerktypen (generisch s. Kap. 3.2.1, verwendet s. Kap. 5.1.1, 5.2.1), Rollen (generisch s. Kap. 3.2.2, verwendet s. Kap 5.1.1, 5.2.1), Sourcing Modelle (generisch s. Kap. 3.2.3, verwendet s. Kap 5.1.1, 5.2.1)
		  – <u>nicht verwendet</u>: Netzwerksteuerung (s. Kap. 3.3)
		• Bankmodell:
		  – <u>verwendet</u>: Prozessmodelle (generisch s. Kap. 2.3.8, verwendet s. Kap. 5.1.2, 5.2.2), Organigramme (generisch s. Kap. 2.4, verwendet s. Kap. 5.1.2, 5.2.2)
		  – <u>nicht verwendet</u>: Servicetypologie (s. Kap. 2.3.1)
		• Bank-IS:
		  – <u>verwendet</u>: AS-Architektur (generisch s. Kap. 4.2.1, verwendet s. Kap. 5.1.3, 5.2.3)
		  – <u>nicht verwendet</u>: SLM-Architektur (s. Kap. 4.2.4), technische Services, Standards (s. Kap. 4.2.5)

	Elementselektion	Die Modellbank verwendet folgende Elemente:
		• Banknetzwerk:
		  – <u>verwendet</u>: Sourcing-Modelle (generisch s. Kap. 3.2.5, verwendet s. Kap. 5.1.2, 5.2.2), elektronische Zahlungsnetzwerke (generisch s. Kap. 3.4.1, verwendet s. Kap. 5.1.1, 5.2.1), strategische Kooperationsformen (generisch s. Kap. 3.3.2, verwendet: 5.1.1, 5.2.1)
		  – <u>nicht verwendet</u>: Sourcing-Modell für den Kreditbereich (s. Kap. 3.2.5), elektronische B2C- und B2B-Märkte (s. Kap. 3.4.2, 3.4.3), Kooperationsprozesse (s. Kap. 3.3.3)

		Anpassungen bei der Modellbank

		• Bankmodell:
		  – <u>verwendet</u>: Transformations-, Betriebs-, Vertriebs- und Transaktions-prozesse (generisch s. Kap. 2.1.2, 2.3.2 bis 2.3.7, verwendet s. Kap. 5.1.2, 5.2.2), Banking Innovations (generisch s. Kap. 2.5.1, verwendet s. Kap. 5.1.1, 5.2.1), Aufbauorganisationstypen (generisch s. Kap. 2.4, verwendet s. Kap. 5.1.2, 5.2.2)
		  – <u>nicht verwendet</u>: Bankprodukte (s. Kap. 2.3.3 bis 2.3.5),
		• Bank-IS:
		  – <u>verwendet</u>: Kernbankensysteme (generisch s. Kap. 4.2.2, verwendet s. Kap. 5.1.3, 5.2.3), Führungs-AS, Vertriebs-AS, Ausführungs-/ Abwick-lungs-AS, transaktionsbezogene AS, transaktionsübergreifende AS, Unterstützungs-AS (generisch s. Kap. 4.2.1, verwendet s. Kap. 5.1.3, 5.2.3)
		  – <u>nicht verwendet</u>: SLM-Systeme (s. Kap. 4.2.4)

	Bezeich-nungsva-riation	• Die Modellbank verwendet die Begrifflichkeiten des Metamodells sowie der Elemente zur Konkretisierung der Maßnahmen bei der Kun-deninteraktion sowie der Industrialisierung (s. Kap. 5.2.1). Zur Adaption greift sie jedoch auf einzelne Variationen bei der Bezeichnung, wie z. B. die Rollenbezeichnung „Service Center", zurück.
	Darstel-lungsva-riation	• Die Modellbank nimmt keine Variation an der vorgegebenen BPMN 2.0-Notation vor und schafft damit eine konsistente Darstellung (s. Kap. 2.2.3).
Mecha-nismen der nicht generie-renden Adaption	Aggrega-tion	• Die Modellbank nutzt die Aggregation, um die beiden transaktionsori-entierten Sourcing-Modelle und –Prozesse im Bereich der Zahlungsver-kehrs- und Wertpapierabwicklung bei einem Dienstleister zusammen-zuführen (s. Kap. 5.2.2).
	Instan-ziierung	• Die Modellbank nutzt die Instanziierung etwa bei der Ausprägung des Banknetzwerks, der Prozesse sowie der AS-Architektur (s. Kap. 5.1.1 bis 5.1.3, 5.2.1 bis 5.2.3).
	Speziali-sierung und Ana-logiekon-struktion	• Ein Beispiel für die Spezialisierung ist der Kundenberatungsprozess (ge-nerisch s. Kap. 2.3.2), den die Modellbank als Teil des Vertriebsprozesses für die Videoberatung detailliert hat (s. Kap. 5.2.1). – <u>nicht verwendet</u>: Analogiekonstruktion

verwendet sie eine Teilmenge der verfügbaren Modellierungselemente (Elementtypselektion) sowie der darin enthaltenen Elemente (Elementselektion). Die Dokumentation im Rahmen der generierenden Adaption erlaubt so die Verbindung allgemeiner Modelle mit den internen Notationen der NettestBank (Bezeichnungsvariation) und die Nachvollziehbarkeit der Anpassungen was insbesondere bei der Weiterentwicklungen der Modelle in künftigen Transformationen notwendig sein kann. Im zweiten Falle erstellt die Modellbank durch Kombination vorgegebener Modellelemente eigene Modelle, die im Referenzmodell nicht vorgesehen waren (z. B. Bild 5-2) und spezifiziert ausgewählte Prozesse nach ihren vorliegenden Bedarfen.

Durch die dokumentierten Zielmodelle vereinfacht sich die Kooperation mit externen Partnern ebenso wie mit internen (z. B. Landesgesellschaften). Insbesondere zur Erfüllung regulatorischer Anforderungen benötigt die SmartestBank klar spezifizierte und dokumentierte Abläufe, was insbesondere bei einer künftig stärkeren internationalen Präsenz zur Verwaltung abweichender länderspezifischer Vorgaben von Bedeutung ist.

6 Ausblick

Zusammenfassend zeigt das Lehrbuch wie eng die Digitalisierung mit der Finanzindustrie verbunden ist. Wie kaum eine andere Branche, lässt sich das Bankgeschäft fast vollständig elektronisch abbilden. Nicht zuletzt deshalb gilt die Bankenindustrie seit jeher als „Early Adopter" von IT und war eine der ersten Branchen, die ihren Kunden bereits 1981 Online-Transaktionen von zu Hause ermöglichte. Aktuell zeichnet sich nach der Einführung von Lochkarten, dem Aufkommen von Standardsoftware sowie dem Online Banking eine fünfte Phase der Digitalisierung ab, die Produkte sowie Prozesse umfassend unterstützt und einen Paradigmenwechsel von einer bankzentrierten Inside-Out Sicht hin zu einer kundenzentrierten Outside-In Sicht bewirkt. Dieser Wandel beruht auf einer erheblichen Leistungssteigerung der IT, die infolge der Konvergenz von Endgeräten, wie Smartphones, Tablets etc. und elektronischen Diensten wie elektronischen Marktplätzen oder dem Cloud Computing (s. Kap. 3.4.2, 3.4.3, 4.4.1) gegeben ist. Dadurch können Kunden eigenständig (elektronische) Finanzdienstleistungen konfigurieren und diese beinahe in gleicher Weise nutzen wie zuvor die Bankangestellten. Ebenso können Banken ihre internen und überbetrieblichen Abläufe gemeinsam mit Dienstleistern gestalten oder neue Finanzmarktinfrastrukturen auf Basis virtueller Währungen und zugrunde liegender Technologien (z. B. Blockchain) aufbauen. Allerdings steht dies auch Nicht-Banken offen.

Zum Verständnis der Digitalisierung im Finanz- und insbesondere dem Bankenbereich stützt sich das vorliegende Buch auf bewährte Konzepte der Wirtschaftsinformatik und passt diese an die Anwendungsdomäne „Bank" an bzw. entwickelt diese Modelle weiter. Von grundlegender Bedeutung sind danach: 1. Das Verständnis der Wertschöpfungskette im Bankenbereich, die sich in die Abschnitte Kunde, Front-, Middle- und Backoffice sowie den Interbankenbereich unterteilen lässt. Der Kunde ist ebenso wie die Dienstleister inhärenter Bestandteil des Netzwerks. Dieser Aspekt findet sich in der Leitlinie „Vernetzung" des Buches wieder. 2. Die Gestaltung der Digitalisierung erfordert jeweils eine multidimensionale Betrachtung und (mindestens) die Unterscheidung der drei Ebenen Strategie, Organisation und IS. Dies war Gegenstand der Leitlinie „Multidimensionalität". 3. Die Digitalisierung eröffnet sowohl Effizienzpotenziale- („Business/IT-Alignment") durch die verbesserte IT-Unterstützung aller bankfachlichen Bereiche als auch Effektivitätseffekte bezüglich der Erschließung neuer Lösungen und Geschäftsmodelle im Sinne des „IT als Enabler". Innovation war daher eine weitere Leitlinie. 4. Mit der Digitalisierung steigt die Möglichkeit zur Gestaltung arbeitsteiliger Strukturen, wobei sich spezialisierte Dienstleister, Organisationseinheiten und IS(Komponenten) aufgrund von Nutzungsverträgen und standardisierten Schnittstellen leichter koordinieren können. Mit der Digitalisierung sinken die mit der Vernetzung verbundenen Koordinations- bzw. Transaktionskosten, sodass sich ein neues Idealverhältnis zwischen den Spezialisierungsvorteilen und der Komplexitätssteigerung ergibt. Dies war Gegenstand der vierten Leitlinie.

Alle vier Leitlinien beeinflussen die Fähigkeit zur Transformation. Nicht zuletzt die zahlreichen Fintech-Initiativen (bzw. Banking Innovations) illustrieren, dass sich Banken nicht gegen Konkurrenz untereinander behaupten müssen, sondern auch gegen Neugründungen („Start-ups") und branchenfremde Unternehmen aus dem Handels-, Telekommunikations- und/oder Medienbereich. Veränderungen betreffen vor allem die Kunden- und Dienstleisterinteraktion.

Neue Formen der Kundeninteraktion

Ein Beispiel für die Transformation kundenorientierter Lösungen sind innovative Bezahldienstleistungen. Zunächst hat diese eine Veränderung des Bargeldes zur Folge, da mit der Zunahme elektronischer Zahlungsverfahren die Nutzung von Bargeld sinkt. So beträgt die Bargeld-Zahlungsquote in der Schweiz zwar weiterhin über 60%, jedoch nutzt in den skandinavischen Ländern, wie z. B. Dänemark, bereits jeder dritte Einwohner mobile Zahlungsverfahren (Grundlehner, 2015). Dort führte die Danske Bank 2013 eine Mobile Payment App ein, die in kurzer Zeit 1,6 Mio. Nutzer gewinnen konnte. Diese hohe Quote trifft auch auf Schweden zu. Nach Schätzungen der Branchenorganisation Svensk Handel bezahlen mittlerweile in Schweden 70% aller Einkäufer elektronisch (Årebo, 2013). Eine Folge ist der Rückgang bestehender Zahlverfahren, wie die verringerte Anzahl an Geldautomaten illustriert. So verfügt Schweden mit gerade einmal 3,8 Geldautomaten auf 10'000 Personen über eine verglichen mit der Schweiz (8,4 Geldautomaten) und den Euro-Ländern (9,7 Geldautomaten) geringe Anzahl. Es ist zu vermuten, dass mit dem Aufkommen einfach zu nutzender mobiler Bezahlverfahren die Bargeldquote und die damit verbundenen Verfahren weiter sinken. Die weitere Verbreitung von Smartphones und darauf entwickelter Lösungen (z. B. Apple Pay) lassen einen einheitlichen Standard, etwa innerhalb von Ökosystemen, wie Apple, Google, Facebook, Visa, Maestro oder Bankenverbänden (z. B. Cash Group), erwarten. Gleichzeitig haben die Anbieter Fragen der Vertraulichkeit und des Datenschutzes zu beachten, da Kunden den Effizienzvorteilen der neuen Bezahlverfahren ihre Bedenken bezüglich der Vertraulichkeit und Nachverfolgbarkeit elektronischer Handlungen gegenüberstellen.

Wie in Kap. 2.5.1 beschrieben, umfassen Banking Innovations alle bankfachlichen Kundenprozesse – von Zahlen, Anlegen bis Finanzieren. Kunden können mit den neuen Werkzeugen ihre Finanzen selbst verwalten und dabei komplexere Aufgaben selbst erledigen. Für die Beratung gewinnt neben dem Berater die kollektive Intelligenz der „Crowd" an Bedeutung. Dies schließt auch den Vergleich mit anderen Kunden z. B. beim Ausgabeverhalten ein. So bieten etwa PFM-Systeme die Möglichkeit, sich anonymisiert mit anderen Kunden bezüglich ihrer Ausgaben in einzelnen Kategorien, wie etwa Versicherungen etc., zu vergleichen. Dadurch unterliegt auch die Rolle des Bankberaters einem Wandel hin zu einem Finanzmanager für den Kunden, der diesen vor allem bei spezifischeren Anliegen unterstützt. Zudem greift der Kunde nicht mehr linear auf einzelne, vorab zugewiesene Kanäle zu, sondern nutzt Finanzdienste situations- und ortsabhängig. Der Einsatz mobiler und sozialer Technologien deutet zudem auf die Nutzung mehrerer Kanäle (hybride Kundeninteraktion) hin. Die Reduktion der Bankfiliale als primärem Interaktionskanal setzt sich fort. Allerdings bietet aber die potenziell höhere Kontaktfrequenz über elektronische Kanäle möglicherweise sogar neue Vertriebspotenziale, denn die Anzahl an möglichen Kundenkontakten nimmt gegenüber dem physischen Kontakt tendenziell zu. Dabei steht neben der Ausnutzung der jeweiligen Stärken der einzelnen Kanäle auch die Integration und simultane Nutzung der heute meist isolierten Kanäle im Vordergrund, um Kunden einen Kanalwechsel auch innerhalb von Prozessen zu ermöglichen.

„Der Kunde im Zentrum

(…) Erst wenn Kunden jederzeit und ortsunabhängig auf allen Online- und Offline-Kanälen mit ihrer Bank interagieren können, dürfen sie sich als Könige fühlen."

(Quelle: Neue Zürcher Zeitung v. 30.04.2015, 27)

Neue Formen der Dienstleisterinteraktion

Die Digitalisierung als übergreifender Transformationstreiber im Finanzbereich verändert auch die bankfachliche Wertschöpfungskette. In stärkerem Maße orientieren sich die Leistungen im Banknetzwerk an den kundenorientierten Anforderungen, was sich etwa in der Konfiguration einzelner Bankleistungen im Sinne von Services auf elektronischen Marktplätzen („App Stores") niederschlägt. Wie die Übersicht zu den Innovationen in Kap. 2.5.1 zeigt, stammen diese sowohl von etablierten Akteuren aus dem Bankenbereich als auch von Technologieanbietern, branchenfremden Marktakteuren sowie Neugründungen. Das Leistungsangebot nimmt vom Kredit- über den Anlage- bis hin zum Zahlungsbereich zu, wobei die Kundenberatung analog zum Anlagebereich ungefähr im mittleren Teil einzuordnen ist. Um sich in diesen neuen Ökosystemen (s. Kap. 3.4.3) zu positionieren, reorganisieren viele Banken derzeit ihr Innovationsmanagement. Dabei lassen sich zwei Kategorien beobachten:

- *Eigene Organisationseinheiten („Make")*. Bei der Organisation des Innovationsmanagements durch Finanzdienstleister selbst finden sich drei Ansätze. Zunächst ermöglichen Open Innovation-Plattformen den direkten Austausch mit Kunden zur Entwicklung neuer Produkte und Dienstleistungen (z. B. sLAB der Erste Bank in Österreich). Ein zweiter Ansatz sind Innovationslabore, die Banken selbst oder häufig in Kooperation mit IT-Unternehmen betreiben (z. B. Innovation Labs der UBS in Zürich, London und Singapur oder die gemeinsam mit IBM, Microsoft und HCL Technologies geplanten Innovation Labs der Deutschen Bank in Berlin, London und Palo Alto). Drittens führen Banken sog. „Hackathons" durch, bei denen Softwareentwickler zu mehrtägigen Veranstaltungen, z. B. in die genannten Innovationslabore, eingeladen sind und eine Jury die besten Lösungen prämiert.
- *Externe Organisationseinheiten („Buy")*. Obgleich Unternehmen auf ein vollständiges Auslagern ihrer Innovationsaktivitäten verzichten sollten, besteht die ergänzende Möglichkeit einer Externalisierung in zwei Varianten. So stellen Finanzdienstleister Mittel im Sinne eines Venture Capital Fonds bzw. von Inkubatoren zur direkten Finanzierung

von Start-ups und deren Lösungen ab (z. B. Start-up-Fonds von Banco Santander ca. 100 Mio. EUR, HSBC ca. 200 Mio. EUR, Main Incubator der Commerzbank). Ein zweiter Ansatz sind die von mehreren Banken getragenen sog. „Accelerators", bei welchen mehrere Banken als Mentoren von Fintech-Start-ups zur Entwicklung ihrer Lösungen agieren (z. B. Accenture Fintech Innovation Labs in London, New York und Hong Kong, oder Rocket Internet in Berlin).

Zukünftige Ökosysteme

Insgesamt bedeutet die Verfügbarkeit kundenorientierter Lösungen von konkurrierenden Anbietern im Finanznetzwerk eine Veränderung der bestehenden Branchenstrukturen. Beispiele aus anderen Branchen in denen die Digitalisierung bestehende Intermediäre gefährdet hat, finden sich mit der Musikindustrie oder auch dem Handel (s. Vorwort des Buches). Gerade die Musikindustrie zeigt die Bildung neuer Ökosysteme (z. B. Apple, Google, Microsoft), die Endgeräte, (Markt-)Plattformen und Dienste umfassen. Für Banken bedeutet diese Entwicklung Risiko und Chance zugleich. Eine grobe Einschätzung erlaubt das Modell der fünf Wettbewerbskräfte (Porter, 2001):

- *Verhandlungsmacht der Käufer.* Ökosysteme wie die KFMI (s. Kap. 3.4.3) verstärken die Verhandlungsmacht der Kunden. Wenn diese künftig über Marktplätze individuelle Finanzlösungen in ihrem „Finanzcockpit" Produkte selbst zusammenstellen, dann sind die Anbieter austauschbarer und differenzieren sich primär über das Leistungsangebot. Wechselkosten reduzieren sich zudem, wenn Intermediäre die Schritte für Käufe vereinheitlichen.
- *Rivalität zwischen den Wettbewerbern.* Durch Standardisierung (s. Kap. 4.2.5) und erhöhte Markttransparenz steigt die Rivalität zwischen den Wettbewerbern. Dies erhöht die Preistransparenz ebenso wie die Marktreichweite. Dazu tragen einerseits Vergleichsplattformen und elektronische Märkte im B2C- und B2B-Bereich bei (s. Kap. 3.4.2, 3.4.3). Andererseits intensivieren neue Angebote von Nicht-Banken (s. Kap. 2.5.1) den Wettbewerb.
- *Eintrittsbarrieren.* Die Digitalisierung trägt dazu bei, dass die Eintrittsbarrieren für den Aufbau eines Leistungsangebots für neue Anbieter grundsätzlich sinken. Durch den immateriellen Charakter von Bankdienstleistungen trifft dies auf nahezu alle Bereiche der Wertschöpfung zu. Insbesondere die bereits aufgeführte Standardisierung verstärkt die Reduktion der Eintrittsbarrieren aus technischer Sicht. Auch aus fachlicher Sicht sind jüngst Bestrebungen (z. B. der britischen FCA, s. Kap. 1.1.2) im Gange, einheitliche Regeln für regulatorische Anforderungen in Form von APIs öffentlich zu machen.
- *Bedrohung durch Substitute.* Durch die Senkung der Eintrittsbarrieren steigt auch die Bedrohung durch substituierende Produkte und Dienstleistungen. Dies zeigt die Vielzahl an Fintech-Start-ups, die über Marktplätze (z. B. Apple App Store, Google Play) in kurzer Zeit neue Services vielen Kunden anbieten können. Auch die von den beiden genannten Akteuren selbst initiierten Services (Apple Pay, Google Wallet) sind dieser Kategorie zuzurechnen.

- *Verhandlungsmacht der Lieferanten.* Zwar haben die Lieferanten bzw. Anbieter von Finanzdienstleistungen über Ökosysteme wie die KFMI Zugang zu potenziellen neuen Kunden. Die stärkere Vergleichbarkeit des Leistungsangebots aufgrund der größeren Transparenz (z. B. durch Servicemarktplätze und -kataloge) hat aber auch eine Reduktion ihrer Verhandlungsmacht zur Folge.

Die skizzierten Entwicklungen unterstreichen die zunehmende Wettbewerbsintensität in der Bankenindustrie. Gerade bestehende Akteure haben ihre Lösungen zu überdenken, da einheitliche und übergreifende Lösungen zwar im Sinne einer KFMI Mehrwert für den Kunden stiften, jedoch nicht immer im Interesse der Banken sind. Eine Perspektive könnten Kooperationen von Finanzdienstleistern mit konsumentenorientierten IT-Unternehmen (z. B. Google Wallet mit Master Card) darstellen, die ihre Kompetenz gerade in der Kundenschnittstelle und entsprechenden Marktplätzen besitzen. Dies würde zugleich auch aus Kundensicht neue Produkte und Services entstehen lassen. Beispiele wären etwa die Nutzung von PayPal im Online Banking oder die Integration von Kickstarter in traditionelle Anlageportfolios der Bank. Durch die Internationalisierung (s. Kap. 1.3.1) sind Nicht-Banken wie Google oder Apple fast weltweit präsent und arbeiten an globalen Leistungsangeboten, die sie bereits in vielen Ländern durch eigene Banklizenz ergänzt haben. Zudem haben sich Amazon, Apple, Google, PayPal und Intuit jüngst zur Allianz „Financial Innovation Now" zusammengeschlossen, um die Entwicklung solcher Services zu intensivieren. Obgleich Banken und Börsen bzw. Betreiber von Finanzmarktinfrastrukturen diese Entwicklung erkannt und ihre globalen Produktportfolios verbessert haben, bedeutet der Aufbau eigener Ökosysteme hohe Anforderungen an das Erreichen einer notwendigen kritischen Masse. Ihre Kompetenzen könnten Banken in drei Bereichen einbringen:

- *Produkte und Prozesse.* Gegenwärtig betreffen Banking Innovations (Fintech-Lösungen) noch verhältnismäßig abgegrenzte und standardisierte Anwendungsfelder. Traditionelle Banken besitzen nicht nur Kenntnisse der häufig komplexen Produkte und der Abläufe des Bankgeschäfts, sondern haben diese in Kernbankensystemen zuverlässig und performant abgebildet. Wenngleich Fintech-Unternehmen innovative Produkte anbieten, so sind doch Verbuchungs- und Verrechnungsfunktionen auf Konten und Depots erforderlich, die klassische Kernkompetenzen von Banken bilden. Beispielsweise münden die meisten Fintech-Transaktionen in eine Kontobuchung. Vor diesem Hintergrund könnten Banken künftig durch Kooperation mit Fintech-Unternehmen diversifizierte Angebote (z. B. Anlagestrategien mit klassischen Fonds und Crowdfunding-Lösungen) erstellen und dadurch ihr Produktportfolio erweitern. Ebenso können innovative Lösungen zur elektronischen Beratung oder Legitimierung zur Verringerung weiterer Medienbrüche und damit zu durchgängig(er) digitalisierten Wertschöpfungsprozessen führen.
- *Regulierung.* Mit den im Finanzbereich zu beachtenden komplexen regulatorischen Rahmenbedingungen sind Banken traditionell vertraut und besitzen einen Kompetenzvorteil gegenüber Nicht-Banken. Allerdings ist dies erst dann relevant, wenn die bislang mehrheitlich nicht regulierten Fintech-Lösungen (z. B. Anlage- und Bezahlplattformen) ebenfalls eine Regulierung erfahren. Bis dahin gelten für Ansätze wie Social Trading

oder Crowdsourcing bestehende Regulierungen (s. Kap. 1.3.1) im Anlage- bzw. Kredit-bereich nur eingeschränkt. Diesem Zeitvorteil von Nicht-Banken bzw. Start-ups könn-ten Banken durch eigene Spin-offs etc. begegnen. Gleiches ist für den Zahlungsbereich mit der Blockchain-Technologie (s. Kap. 4.4.3) zu beobachten. Ebenso können Banken die mit der Regulierung verbundenen Sicherheitsvorteile (z. B. Einlagenschutz) gezielt als Wettbewerbsvorteil einsetzen.

- *Sichere Verwahrung.* Die Besonderheiten der Bankenindustrie betreffen vor allem den verlässlichen Umgang mit dem „ernsten Gut Geld". So könnte bei der Investitionsfunk-tion (s. Kap. 1.1.2) das sichere Verwahren von Vermögensgegenständen gegenüber der Absicht zur Geldvermehrung in den Vordergrund treten. Aktuelle Entwicklungen, wie etwa Abhörskandale und Sicherheitslücken, illustrieren, dass auch Nicht-Banken aus Kundensicht nicht risikofrei zu betrachten sind. So könnten Banken den Kunden an-knüpfend an ihre Archivierungsaktivitäten (s. Kap. 2.3.6) beispielsweise eine sichere Dokumentenverwaltung zur Verwahrung von (elektronischen) Dokumente, wie Füh-rerschein, Registerauszügen sowie Informationen und Transaktionen aus anderen Le-bensbereichen, wie etwa Gesundheit, Mobilität oder Bildung, anbieten.

Versicherer als weitere Akteure im Finanznetzwerk

Ähnlich wie bei den Banken zeichnet sich in der Versicherungsindustrie, dem zweiten wichtigen Bereich der Finanzindustrie, eine Transformation ab. Wie bereits in Kap. 1.2.2 erwähnt, bestehen wichtige Unterschiede zwischen Bank- und Versicherungsleistungen. So weisen Versicherungsunternehmen im Bereich der *Kundeninteraktion* gerade gegen-über Banken eine deutlich geringere Interaktionsfrequenz auf: nach dem Abschluss einer Versicherungspolice finden erneute Kontakte erst im Schadenfalle oder bei Fälligkeit der Leistung statt. Grundsätzlich lassen sich die im Bankbereich skizzierten Entwicklungen zur Selbstberatung und zur hybriden Kundeninteraktion aufgrund mobiler Endgeräte und elektronischer Dienste bzw. Marktplätze auch bei Versicherungen antreffen (s. Ta-belle 6-1). Beispielsweise bieten derartige Insurtech-Unternehmen (s. Kap. 1.2.2) nutzer-orientierte Produkte, wie z. B. Auslandsreisekrankenversicherungen an, welche der Benut-zer auf seinem Smartphone beim Grenzübertritt ins Ausland angeboten bekommt oder Telematik-Versicherungslösungen, bei denen das Verhalten des Kunden die Risikoeinstu-fung und damit die Prämie unmittelbar beeinflusst (z. B. „Pay as you Drive"). Ein weiteres Feld sind C2C-Plattformen analog zum Crowdlending, bei denen Kunden ihre Versiche-rungsbedarfe bündeln (z. B. Friendsurance). Gerade dieser Bereich adressiert den Kern des Versicherungsgeschäfts, das Risiken über ein Kollektiv verteilt. Über Innovationen von Finanzmarktinfrastrukturen wie etwa Blockchain (s. Kap. 4.4.3) lassen sich solche Crowd-Modelle künftig möglicherweise auch für weitere Anwendungsfelder umsetzen.

Ebenso sind im Bereich der *Dienstleisterinteraktion* Potenziale anzutreffen. So lässt sich der gesamte Produktlebenszyklus mit Leistungen von Drittanbietern anreichern (z. B. die Kooperation von Octo Telematics mit The Weather Company zur Integration von Wetter-daten in eine Telematikversicherungslösung). Dadurch könnten sich auch bei Versiche-rungen Ökosysteme herausbilden, welche die etablierten Akteure mit Nicht-Versicherern über neue Geschäftsmodelle, -prozesse und AS vernetzen. So ergeben sich aus den Ansätzen der sog. Sharing Economy (Puschmann & Alt, 2016) Kooperationsmöglichkeiten zur Versicherung ausgeliehener bzw. verliehener Objekte, wie z. B. einer Wohnung im Falle von Airbnb. Aus diesen Ansätzen entsteht ein Zusatzbedarf für neue Versicherungsprodukte, z. B. Kreditausfallversicherungen für Crowdlending-Plattformen. Bereits seit längerem bekannt sind Überlegungen zur Transaktionsabwicklung in sog. Versicherungsfabriken, bei denen Dienstleister (z. B. Xchanging) (Full Out)Sourcing-Modelle zur Erfassung, Bearbeitung und Verwaltung von Policen sowie von Schadenfällen analog dem Abwickler ZV oder WP (s. Kap. 3.2.5) anbieten.

Zur weiteren Detaillierung der Gestaltungsoptionen im Versicherungsbereich bieten sich die für Banken skizzierten Modelle an. Im Mittelpunkt stehen die Prozesse von Kunden und Versicherern (s. Bild 6-1), die Outside-in bzw. ausgehend vom Kunden gestaltet sind. Dieser hat ein Absicherungs-, Vorsorge- und/oder Anlagebedürfnis, für welches er die Leistungen von Versicherungen nutzt. Die Produkte stammen dabei aus den Bereichen Lebensversicherung sowie der Nicht-Lebensversicherung (Kranken-, Sachversicherungen etc.). Die Brücke zwischen Kunden und Versicherern bilden die Vertriebsprozesse mit dem Kundenkontakt über mehrere Kanäle (Agenten, Online, Mobile etc.). Die Prozesse der Versicherer gliedern sich entlang der Führungs-, Leistungs- und Unterstützungsprozesse, wobei im Bereich der Leistungsprozesse analog zum Bankmodell Ausführungs-/Abwicklungsprozesse, transaktionsbezogene, -übergreifende Prozesse anzutreffen sind.

Finanzinformatik durch Digitalisierung

Die Bewegungen in der Finanz- und IT-Branche deuten darauf hin, dass in den kommenden Jahren die Geschwindigkeit und Komplexität der Veränderung zumindest anhalten, wenn nicht sogar weiter zunehmen werden. Ohne die erfolgreiche Transformation garantieren zu können, so können die vorgestellten Modelle Banken und Dienstleister bei der Identifikation der wichtigsten Gestaltungsbereiche und grundsätzlichen Gestaltungsalterativen sowie bei der Entwicklung eigener Ist- und Zielmodelle unterstützen. Neue Technologien schaffen nicht per se einen Vorteil oder Nutzen, vielmehr erfordert die digitale Transformation die Berücksichtigung von drei Bereichen, die das Buch als Gestaltungsebenen Strategie, Organisation und System beschrieben hat. Dem Bank- bzw. Versicherungsmodell als Bindeglied zwischen Netzwerk- und IS-Modellen sowie als Ausgangspunkt zur Gestaltung innovativer Szenarios kommt dabei eine Schlüsselrolle zu. Es bildet ein wichtiges Bindeglied zwischen strategischen sowie systemtechnischen Aspekte und trägt dadurch zunächst zu einem Business/IT-Alignment bei. Digitalisierung bildet jedoch auch einen wichtigen Treiber für künftige Veränderungen im Bankmodell und -netzwerk dar. Banken haben nicht nur ihre eigene Wertschöpfungskette zu hinterfragen, sondern insbesondere die Interaktion mit künftigen Kunden sowie das Anbieten innovativer Produkte und Prozesse zu adressieren. Dabei gehören Kooperationen mit Fintech-Unternehmen und branchenfremden Plattform- und Ökosystembetreibern zu wichtigen Handlungsalternativen.

Tabelle 6-1: Beispiele für Insurance Innovations

Kundenprozess / Dienstleister	Vertrieb und Beratung	Nicht-Lebensversicherung	Lebensversicherung	Schadenmanagement	Risikomanagement	Übergreifend
Versicherer — B2C	**Online-Abschluss:** Personalisiertes Marketing (Manulife, CA)	**Autoversicherung:** Pay as you Drive (Progressive, US) **Krankenversicherung:** Embryonal-App für werdende Mütter (Allianz, CN), Fitness-Punktesystem „Vitality" (Generali, IT), Health Keeper (AXA, ES) **Hausratversicherung:** Smart Home Raumüberwachung (Allianz, DE) **Unternehmensversicherung:** Cyber-Security (Zurich, CH)	**Lebensversicherung:** Online-Abschluss (Haven Life, US)	**Mobiler Schadenmanagementprozess:** Smartphone Schadenmanagement Einreichung (Zurich, CH) **Remote-Schadenmanagement:** Drohnenbasiertes Schadenmanagement (Erie Insurance, US)	**Risikodatenmanagement:** Big Data-Analyse bei Arbeitsunfallversicherungen (CA, US)	**Policenmanagement:** Prozessautomation (EZLynx, US)
Versicherer — C2C		**Crowd-Versicherung:** Haftpflichtversicherung (Lloyd's of London, GB)				

Kundenprozess / Dienstleister		Vertrieb und Beratung	Nicht-Lebens-versicherung	Lebensversicherung	Schaden-management	Risikom-anagement	Übergreifend
Nicht-Versicherer	B2C	**Produktvergleich:** Google Compare (US), Finanzchef24 (DE) **Digitaler Versicherungs-Broker:** Knip (CH) **Online-Abschluss:** Bungalow (US)	**Autoversicherung:** Metromile (US), Guevara (GB), Octo Telematics (IT) **Krankenversicherung:** Oscar (US) **Unternehmensversicherung:** InstaBenefit (US)	**Lebensstilabhängige Lebensversicherungsprämie:** Sureify (US)	**Smartphone Schadenmanagement Einreichung:** upsie (US) **Mobiler Schadenmanagementprozess:** Snapsheet (US) **24 Stunden Ersatz für Smartphones:** Asurion (US)	**Risikodatenmanagement:** QuanTemplate (US)	**Rückversicherungskalkulation:** EazyRe (DE)
	C2C	**Online-Kundenbewertungen:** Comparis (CH)	**Sharing Economy Versicherung:** Geario (US) **Crowd-Versicherung:** Friendsurance (DE)	**Crowd-Lebensversicherung:** Shacom (TW)	**Schadensfreiheitsbonus:** Schadenrückzahlung (Friendsurance, DE)	**Crowd-Underwriting:** Guild (AU)	**Spenden aus Versicherungsprämien:** Givesurance (US)

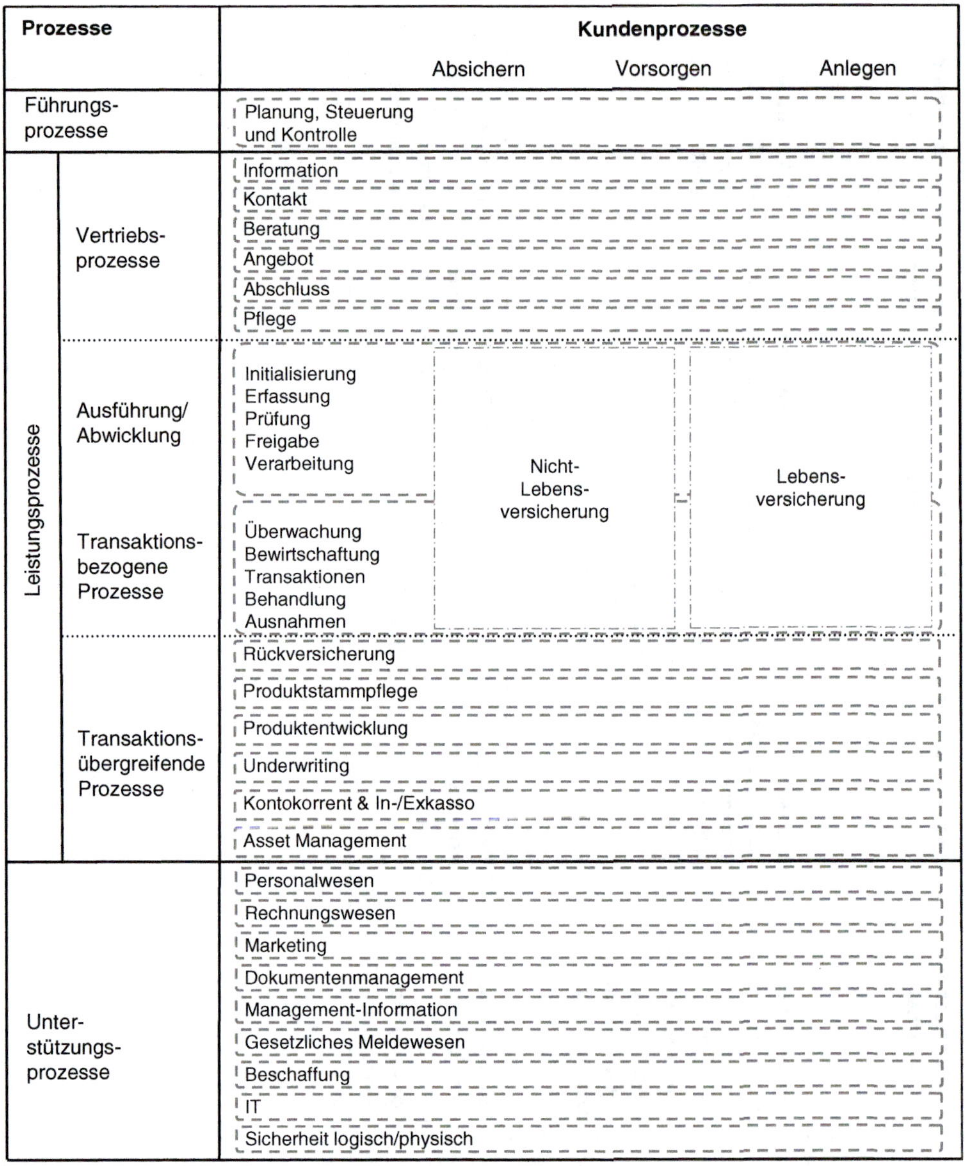

Prozesse		Kundenprozesse		
		Absichern	Vorsorgen	Anlegen
Führungs-prozesse		Planung, Steuerung und Kontrolle		
Leistungsprozesse	Vertriebs-prozesse	Information		
		Kontakt		
		Beratung		
		Angebot		
		Abschluss		
		Pflege		
	Ausführung/ Abwicklung	Initialisierung Erfassung Prüfung Freigabe Verarbeitung	Nicht-Lebens-versicherung	Lebens-versicherung
	Transaktions-bezogene Prozesse	Überwachung Bewirtschaftung Transaktionen Behandlung Ausnahmen		
	Transaktions-übergreifende Prozesse	Rückversicherung		
		Produktstammpflege		
		Produktentwicklung		
		Underwriting		
		Kontokorrent & In-/Exkasso		
		Asset Management		
Unter-stützungs-prozesse		Personalwesen		
		Rechnungswesen		
		Marketing		
		Dokumentenmanagement		
		Management-Information		
		Gesetzliches Meldewesen		
		Beschaffung		
		IT		
		Sicherheit logisch/physisch		

Bild 6-1: Übertragung des Bankmodells auf den Versicherungsbereich

Letztlich zeigt die Verbindung von Bank- und Versicherungsmodell, dass auch die Kooperation zwischen Banken und Versicherern eine erneute Diskussion erfährt. Zwar haben Allfinanz-Konzepte bereits in den 1990er Jahren die gegenseitigen Berührungspunkte aufgezeigt, jedoch waren diese Strategien nicht zuletzt aufgrund unterschiedlicher Finanzierungs- und Sicherungsbedürfnisse (s. Kap. 1.2.2) wenig erfolgreich. Die zunehmende Digitalisierung könnte auch eine Chance für eine stärker integrierte Betrachtung des gesamten Finanzbereiches bzw. der Finanzinformatik darstellen. Eine weitergehende Sicht betrachtet den Finanzbereich lediglich als eine Lebenswelt von vielen, in denen sich Menschen bewegen (z. B. Mobilität, Gesundheit, Bildung). Heute ist die Abstimmung dieser Lebensweltbereiche primär Aufgabe der einzelnen Nutzer, jedoch sind mit der Digitalisierung auch hier Lösungen zu erwarten. Ebenso wie branchenfremde Akteure in den Finanzbereich eindringen, steht es auch Banken offen, ihre künftigen Aktivitäten als Branchenfremde auf andere Branchen auszuweiten oder zu verlagern.

Literatur

Adrian, R. & Heidorn, T. (2000). *Der Bankbetrieb*. Wiesbaden: Gabler.

Aier, S., Riege, C. & Winter, R. (2008). Unternehmensarchitektur – Literaturüberblick und Stand der Praxis. *Wirtschaftsinformatik*, *55*(4), S. 292–304.

Alpar, P., Alt, R., Bensberg, F., Grob, H. L., Weimann, P. & Winter, R. (2014). *Anwendungsorientierte Wirtschaftsinformatik: Strategische Planung, Entwicklung und Nutzung von Informationssystemen* (7. Auflage). Braunschweig/Wiesbaden: Springer Vieweg.

Alt, R. (1997). *Interorganisationssysteme in der Logistik: Interaktionsorientierte Gestaltung von Koordinationsinstrumenten*. Wiesbaden: Deutscher Universitäts-Verlag.

Alt, R. (2008). *Überbetriebliches Prozessmanagement: Gestaltungsalternativen und Vorgehen am Beispiel integrierter Prozessportale*. Berlin: Logos.

Alt, R. (2012a). Sourcing. In: L. Gramlich, P. Gluchowski, A. Horsch, K. Schäfer & G. Waschbusch (Hrsg.), *Gabler Bank-Lexikon* (14. Auflage). Wiesbaden: Gabler, S. 1277-1278.

Alt, R. (2012b). Sourcing-Strategie. In: L. Gramlich, P. Gluchowski, A. Horsch, K. Schäfer & G. Waschbusch (Hrsg.), *Gabler Bank-Lexikon* (14. Auflage). Wiesbaden: Gabler, S. 1279.

Alt, R., Bernet, B., Österle, H., Eckert, C., Etter, W., Fischbach, M., Kohlmann, F., Kutsch, O., Mansfeldt, K., Puschmann, T. & Zerndt, T. (2009a). *Transformation zur Bank 2015*. Marktstudie, Leipzig & St. Gallen.

Alt, R., Bernet, B. & Zerndt, T. (2009b). *Transformation von Banken*. Berlin: Springer.

Alt, R. & Brost, H.-C. (2012). Outsourcing. In: L. Gramlich, P. Gluchowski, A. Horsch, K. Schäfer & G. Waschbusch (Hrsg.), *Gabler Bank-Lexikon* (14. Auflage). Wiesbaden: Gabler, S. 1064–1065.

Alt, R. & Cathomen, I. (1995). *Handbuch Interorganisationssysteme – Anwendungen für die Waren- und Finanzlogistik*. Wiesbaden: Vieweg.

Alt, R. & Klein, S. (2011). Twenty Years of Electronic Markets Research – Looking Backwards Towards the Future. *Electronic Markets*, *21*(1), S. 41–51.

Alt, R. & Puschmann, T. (2012). The Rise of Customer-oriented Banking – Electronic Markets Are Paving the Way for Change in the Financial Industry. *Electronic Markets*, *22*(4), S. 203–215.

Alt, R. & Reinhold, O. (2012). Social-Customer-Relationship-Management (Social-CRM). *Wirtschaftsinformatik*, *54*(5), S. 281–286.

Alt, R. & Sachse, S. (2012). Banking Innovation. In: L. Gramlich, P. Gluchowski, A. Horsch, K. Schäfer & G. Waschbusch (Hrsg.), *Gabler Bank-Lexikon* (14. Auflage). Wiesbaden: Gabler, S. 161–162.

Alt, R. & Sachse, S. (2014). Kundenorientierung und die Sprache des Kunden – Konzept, Herausforderungen und erste Ergebnisse. In: A. Boes (Hrsg.), *Dienstleistung in der digitalen Gesellschaft*. Frankfurt/New York: Campus, S. 109–120.

Alt, R. & Zerndt, T. (2009a). Grundlagen der Transformation. In: R. Alt, B. Bernet & T. Zerndt, *Transformation von Banken*. Berlin/Heidelberg: Springer, S. 47–68.

Alt, R. & Zerndt, T. (2009b). Transformation durch Sourcing bei Banken. In: R. Alt, B. Bernet & T. Zerndt, *Transformation von Banken*. Berlin/Heidelberg: Springer, S. 3–20.

Alt, R. & Zerndt, T. (2012a). Bankmodell. In: L. Gramlich, P. Gluchowski, A. Horsch, K. Schäfer & G. Waschbusch (Hrsg.), *Gabler Bank-Lexikon* (14. Auflage). Wiesbaden: Springer Gabler, S. 167-169.

Alt, R. & Zerndt, T. (2012b). Finanznetzwerk. In: L. Gramlich, P. Gluchowski, A. Horsch, K. Schäfer & G. Waschbuch (Hrsg.), *Gabler Bank-Lexikon* (14. Auflage). Wiesbaden: Gabler, S. 547–549.

Anand, A., Irvine, P., Puckett, A. & Venkataraman, K. (2013). Institutional Trading and Stock Resiliency: Evidence from the 2007–2009 Financial Crisis. *Journal of Financial Economics, 108*(3), S. 773–797.

Årebo, I. M. (2013). Schweden wandelt sich zur bargeldlosen Gesellschaft. *Neue Zürcher Zeitung,* 07.12., S. 35.

Aulinger, A. (2008). *Netzwerk-Evaluation: Herausforderungen und Praktiken für Verbundnetzwerke.* Stuttgart: Kohlhammer.

Balgheim, T. & Ollagnier, J.-M. (2005). *Redefining Core Banking: Worldwide Survey: Executive Summary.* Walldorf: Accenture SAP.

Bardhan, I. R., Demirkan, H., Kannan, P. K., Kauffman, R. J. & Sougstad, R. (2010). An Interdisciplinary Perspective on IT Services Management and Service Science. *Journal of Management Information Systems, 26*(4), S. 13–64.

Barnett, G. (2008). *Application Management: Challenges in the Banking Industry.* Cobham: The Bathwick Group.

Bartmann, D. (2004). *Bankinformatik 2004 – Strategien, Konzepte und Technologien für das Retail-Banking.* Wiesbaden: Gabler.

Bartmann, D., Penzel, H.-G. & Petzel, E. (2005). *Die Industrialisierung des Bankbetriebs: Wie sich Konzepte der Industrie auf die Banken übertragen lassen.* Weinheim: Wiley.

Baskerville, R., Cavallari, M., Hjort-Madsen, K., Pries-Heje, J., Sorrentino, M. & Virili, F. (2005). Extensible Architectures: The Strategic Value of Service-oriented Architecture in Banking. In: *Proceedings of the 13th European Conference on Information Systems (ECIS).* Regensburg, S. 761–772.

BCG (2013). *BCG Retail Banking Performance Index.* Boston (MA): The Boston Consulting Group.

Becker, J., Delfmann, P. & Knackstedt, R. (2004). Konstruktion von Referenzmodellierungssprachen: Ein Ordnungsrahmen zur Spezifikation von Adaptionsmechanismen für Informationsmodelle. *Wirtschaftsinformatik, 46* (4), S. 251–264.

Becker, J., Holten, R., Knackstedt, R. & Schütte, R. (2000). Referenz-Informationsmodellierung. In: F. Bodendorf & M. Grauer (Hrsg.), *Verbundtagung Wirtschaftsinformatik 2000.* Siegen: Shaker, S. 86–109.

Becker, J., Probandt, W. & Vering, O. (2012). *Grundsätze ordnungsmäßiger Modellierung.* Berlin/Heidelberg: Springer.

Berensmann, D. (2004). Gesamtbankarchitektur der Deutschen Postbank AG. In: J. Moormann & T. Fischer (Hrsg.), *Handbuch Informationstechnologie in Banken* (2. Auflage). Wiesbaden: Gabler, S. 59–78.

Berensmann, D. (2005). Die Rolle der IT bei der Industrialisierung von Banken. In: Z. Sokolovsky & S. Löschenkohl (Hrsg.), *Handbuch Industrialisierung der Finanzwirtschaft.* Wiesbaden: Gabler, S. 83–93.

Berger, D. (2014). *The Role of Banks in eWallet Ecosystems.* Masterarbeit, Universität St. Gallen.

Bernet, B. (2003). *Institutionelle Grundlagen der Finanzintermediation. International Management and Finance.* München: Oldenbourg.

Bernet, B., Hoffmann, M. & Mattig, A. (2009). *Der Schweizer Parabankenbereich. Bestandesaufnahme und strategische Herausforderungen.* Marktstudie, Universität St. Gallen.

BIAN (2012). *TOGAF BIAN White Paper.* Frankfurt: Banking Industry Architecture Network & The Open Group.

Blank, T. (1990). *Finanzinnovationen und Geldpolitik.* Berlin: Duncker und Humblot.

Bodendorf, F. (1999). *Wirtschaftsinformatik im Dienstleistungsbereich.* Berlin/Heidelberg: Springer.

Bodendorf, F. & Robra-Bissantz, S. (2003). *E-Finance: Elektronische Dienstleistungen in der Finanzwirtschaft.* München/Wien: Oldenbourg.

Bögl, A., Kobler, M. & Schrefl, M. (2006). Wiederverwendung von Prozessmodellen. In: K. Fink & C. Ploder (Hrsg.), *Wirtschaftsinformatik als Schlüssel zum Unternehmenserfolg*. Wiesbaden: Deutscher Universitäts-Verlag, S. 137–152.

Böhmann, T. & Krcmar, H. (2003). Modulare Servicearchitekturen: Entwicklung und Gestaltung innovativer Dienstleistungen. In: H. J. Bullinger & A. W. Scheer (Hrsg.), *Service Engineering*. Berlin/Heidelberg: Springer, S. 391–415.

Bons, R. & Alt, R. (2015). e-Commerce Online Payments. In: R. Mansell, et al. (Hrsg.), *The International Encyclopedia of Digital Communication and Society*. New York (NY): Wiley.

Brockhoff, F.-T. (2006). Effiziente Vertriebsunterstützung auf Basis einer serviceorientierten Architektur. In: L. Dietrich & W. Schirra (Hrsg.), *Innovationen durch IT: Erfolgsbeispiele aus der Praxis*. Berlin/Heidelberg: Springer, S. 381–396.

Brost, H. C. (2012). Front Office. In: L. Gramlich, P. Gluchowski, A. Horsch, K. Schäfer & G. Waschbusch (Hrsg.), *Gabler Bank-Lexikon* (14. Auflage). Wiesbaden: Gabler, S. 577.

Buhl, H. U., Röglinger, M., Moser, F. & Heidemann, J. (2013). Big Data. *Business & Information Systems Engineering*, 5(2), S. 65–69.

Büschgen, H. E. (1999). *Grundlagen des Bankmanagements*. Frankfurt am Main: Knapp.

Degen, R. (2010). *Preisakzeptanz im Private Banking*. Dissertation, Universität St. Gallen.

Dern, G. (2007). Architekturmanagement bei der SEB AG: IT-Target getriebene Gestaltung der IT-Landschaft. Stockholm: SEB AG.

Deutsche Bundesbank. (2015). *Bankstellenbericht 2013 – Entwicklung des Bankstellennetzes im Jahr 2014*. Frankfurt am Main: Deutsche Bundesbank.

Directive 2009/110/EC (2009). Directive 2009/110/EC of the European Parliament and of the Council of 16 September 2009 on the Taking up, Pursuit and Prudential Supervision of the Business of Electronic Money Institutions Amending Directives 2005/60/EC and 2006/48/EC and Repealing Directive 2000/46/EC. *Official Journal of the European Union*, 10.10.2009.

Dietl, H., Royer, S. & Stratmann, U. (2009). Wertschöfpungsorganisation und Differenzierungsdilemma in der Automobilindustrie. *Zeitschrift für betriebswirtschaftliche Forschung*, 61(6), S. 439–462.

Eckert, C. (2011). *Architektur zur Netzwerksteuerung in der Finanzindustrie*. Berlin: Logos.

Emrich, O. T. (2011). *Cross-Channel Management – Kompetenzen, Instrumente und Erfolgspotenziale*. Dissertation, Universität St. Gallen.

Erl, T. (2006). *Service-oriented Architecture: Concepts, Technology and Design*. Boston: Prentice Hall.

Erl, T. (2007). *SOA – Principles of Service Design*. Boston: Prentice Hall.

Fettke, P. & Loos, P. (2005). Der Beitrag der Referenzmodellierung zum Business Engineering. *HMD – Praxis der Wirtschaftsinformatik*, 42(241), S. 18–26.

Fink, A., Schneidereit, G. & Voß, S. (2005). *Grundlagen der Wirtschaftsinformatik* (2. Auflage). Heidelberg: Physica.

Fischbach, M. (2014). *A Reference Architecture for IT Support in Service Life Cycle Management – Construction and Application to Designing and Analyzing IT Support*. Dissertation, Universität Leipzig, http://nbn-resolving.de/urn:nbn:de:bsz:15-qucosa-154904.

Fischbach, M., Puschmann, T. & Alt, R. (2013). Service Lifecycle Management. *Business & Information Systems Engineering*, 55(1), S. 51-55.

Freixas, X. & Rochet, J.-C. (2008). *Microeconomics of Banking* (2. Auflage). Cambridge (MA): The MIT Press.

Fröschle, N., Praeg, C.-P., Baum, J., Gerblinger, M., Heiler, P., Kraft, R., Kuper, K., Nentwig, L., Ringwald, G., Rosenmüller, R. & Rubart, U. (2009). *Machbarkeitsstudie: Entwicklung von Prozessketten zwischen Wirtschaft und Verwaltung: Finanzdienstleistungen*. Stuttgart: Fraunhofer.

Gallarotti, E. (2014). Finanzsektor als treibende Kraft. *Neue Zürcher Zeitung*, 9.10., S. 22.

Giaglis, G. M., Klein, S. & O'Keefe, R. M. (2002). The Role of Intermediaries in Electronic Market-places: Developing a Contingency Model. *Information Systems Journal, 12*(3), S. 231–246.

Gisiger, M. & Weber, W. (2005). Switzerland's Financial Infrastructure: Today and Tomorrow. *Vierteljahrshefte zur Wirtschaftsforschung, 74*(4), S. 51–62.

Google (2014). *Research Online Purchase Offline – Die Bedeutung des Internet im Kaufentscheidungsprozess.* Menlo Park (CA): Google.

Gopalan, S., Jain, G., Kalani, G. & Tan, J. (2012). Breakthrough IT Banking. *McKinsey Quarterly, 26*(2), S. 30–35.

Gramlich, L., Gluchowski, P., Horsch, A., Schäfer, K. & Waschbusch, G. (2012). *Gabler Bank-Lexikon* (14. Auflage). Wiesbaden: Gabler.

Grass, M., Rufer, R. & Zainhofer, F. (2014). *Die volkswirtschaftliche Bedeutung des Schweizer Finanzsektors.* Basel: BAK Basel Economics AG.

Greer, S. & Narter, B. (2012). *Core Banking Solutions for Large Banks.* New York (NY) etc.: Celent.

Grill, W. & Perczynski, H. (1997). *Wirtschaftslehre des Kreditwesens* (31. Auflage). Bad Homburg: Gehlen.

Gronover, S. C. (2003). *Multi-Channel-Management.* Dissertation, Universität St. Gallen.

Grundlehner, W. (2015). Das Portemonnaie im Handy. *Neue Zücher Zeitung,* 08.06., S. 25.

Guadamillas, M. & Keppler, R. (2001). Securities Clearance and Settlement Systems: A Guide to Best Practices. *Policy Research Working Paper.* Washington D. C.: World Bank.

Hartmann-Wendels, T., Pfingsten, A. & Weber, M. (2010). *Bankbetriebslehre* (5. Auflage). Berlin/Heidelberg: Springer.

Heinemann, G. (2013). No-Line-Systeme als höchste Evolutionsstufe des Multi-Channel-Handels. In: F. Keuper, K. Hamidian, E. Verwaayen, T. Kalinowski & C. Kraijo (Hrsg.), *Digitalisierung und Innovation – Planung – Entstehung – Entwicklungsperspektiven.* Wiesbaden: Gabler, S. 169–184.

Henkel, C. H. (2015). Guter Start in der Berichtsaison für US-Banken. *Neue Zürcher Zeitung,* 14.04., S. 29.

Heutschi, R. (2007). *Serviceorientierte Architektur: Architekturmodell und Umsetzung in der Praxis.* Dissertation, Universität St. Gallen.

Holland, H. & Flocke, L. (2014). Customer-Journey-Analyse – Ein neuer Ansatz zur Optimierung des (Online-) Marketing-Mix. In: H. Holland (Hrsg.), *Digitales Dialogmarketing – Grundlagen, Strategien, Instrumente.* Wiesbaden: Springer Gabler, S. 825–855.

Hoppermann, J. (2008). *The Future Shape of Banking Architecture In 2023.* Cambridge (MA): Forrester Research.

Houy, C., Fettke, P., Loos, P., Aalst, W. M. P. & Krogstie, J. (2011). Geschäftsprozessmanagement im Großen. *Wirtschaftsinformatik, 53*(6), S. 377–381.

Huber, T., Alt, R. & Lehmann, G. (2002). Templates: Standardisierung beim Business Networking. In: H. Österle, E. Fleisch & R. Alt, *Business Networking in der Praxis.* Berlin/Heidelberg: Springer, S. 251–269.

Huch, S. (2014). *Der einheitliche EU-Zahlungsverkehr: Inhalte und Auswirkungen von PSD I, PSD II und SEPA.* Berlin etc.: Springer Gabler.

Hunt, R. (2013). *Core Banking Systems for the Large Bank Market.* Arlington (VA): CEB TowerGroup.

Ingber, L. & Jürgensen, N. (2014). Nutzen statt besitzen. *Neue Zürcher Zeitung,* 05.09., S. 11.

Jannek, M. & Staar, H. (2012). Mikropolitik – Informelle Einflussnahme durch individuelle Akteure in Netzwerken. In: J. Glückler, W. Dehning, M. Jannek & T. Armbrüster (Hrsg.), *Unternehmensnetzwerke – Architekturen, Strukturen und Strategien.* Berlin/Heidelberg: Springer Gabler, S. 205-227.

Katz, M. L. & Shapiro, C. (1989). Network Externalities, Competition, and Compatibility. *The American Economic Review, 75*(3), S. 424–440.

Klose, K. & Knackstedt, R. (2007). Serviceidentifikation für die Produktionsplanung eines mittelständischen Auftragsfertigers. *HMD – Praxis der Wirtschaftsinformatik, 44(1),* S. 47–56.

Koch, G. (2006). Versicherungsinformatik – Eine versicherungswissenschaftliche Fachdisziplin. *Zeitschrift für die gesamte Versicherungswissenschaft, 95(1)*, S. 359-372.

Koch, M. & Rill, M. (2005). *Serviceorientierte Architekturen bei Finanzdienstleistern.* Regensburg: ibi research.

Kohlmann, F. (2011). *Geschäftsorientierte Referenz-Servicearchitektur für Banken.* Berlin: Logos.

Kohnke, O., Scheffler, T. & Hock, C. (2008). SOA-Governance: Ein Ansatz zum Management service-orientierter Architekturen. *Wirtschaftsinformatik, 50(5)*, S. 408–412.

Krafzig, D., Banke, K. & Slama, D. (2007). *Enterprise SOA: Wege und Best Practices für Serviceorientierte Architekturen.* Heidelberg: mitp.

Krcal, H.-C. (2008). Strategische Implikationen einer geringen Fertigungstiefe für die Automobilindustrie. *Zeitschrift für betriebswirtschaftliche Forschung, 60(12)*, S. 778–808.

Krotsch, S. (2006). *Industrialisierung in der Abwicklungs- und Transformationsfunktion von Banken: Ein stochastisches Modell.* Wiesbaden: Deutscher Universitäts-Verlag.

Kuhlke, E. (2010). *Wirtschaftsgeographie Deutschlands* (2. Auflage). Berlin etc.: Spektrum.

Kunze, B. (2007). *Überwachung operationeller Risiken bei Banken.* Wiesbaden: Deutscher Universitäts-Verlag.

Kutschker, M. (1994). Kooperation als Mittel der Internationalisierung. In: L. Schuster (Hrsg.), *Die Unternehmung im internationalem Wettbewerb.* Berlin: Erich Schmidt, S. 121–157.

Lamberti, H.-J. (2004). Industrialisierung des Bankgeschäfts. *Die Bank, 54(6)*, S. 370–375.

Lamberti, H.-J. & Büger, M. (2009). Lessons Learned: 50 Jahre Informationstechnologie im Bankgeschäft am Beispiel der Deutschen Bank AG. *Wirtschaftsinformatik , 51(1)*, S. 31–42.

Lamberti, H.-J., Marlière, A. & Pöhler, A. (2004). *Management von Transaktionsbanken.* Berlin/Heidelberg: Springer.

Lamberti, H.-J. & Poehler, P. (2004). Die Industrialisierung des Backoffice am Beispiel der etb. In: H.-J. Lamberti, A. Marlière & P. Poehler (Hrsg.), *Management von Transaktionsbanken.* Berlin/Heidelberg: Springer, S. 3–38.

Lammers, M., Löhndorf, N. & Weitzel, T. (2004). Strategic Sourcing in Banking – A Framework. In: T. Reponen (Hrsg.), *12th European Conference on Information Systems (ECIS).* Turku.

Lanz, M. (2014). Hadern mit dem Finanzmarktgesetz. *Neue Zücher Zeitung*, 10.11., S. 18.

Lassmann, W. (2006). *Wirtschaftsinformatik: Nachschlagewerk für Studium und Praxis.* Wiesbaden: Gabler.

Lederer, A. (2004). IT-Gesamtbankarchitektur in der Genossenschaftsorganisation. In: J. Moormann & T. Fischer (Hrsg.), *Handbuch Informationstechnologie in Banken* (2. Auflage). Wiesbaden: Gabler, S. 79–94.

Leisinger, C. (2016). Das Bitcoin-Märchen vor dem Ende? *Neue Zürcher Zeitung*, 29.01., S. 33.

Leist, S. & Winter, R. (2002). *Retail Banking im Informationszeitalter: Integrierte Gestaltung der Geschäfts-, Prozess- und Applikationsebene.* Berlin etc.: Springer.

Lodge, G., Jegher, J. & Zhang, H. (2013). *IT Spending in Banking: A Global Perspective.* New York (NY) etc.: Celent.

Lusch, R. F. & Vargo, S. L. (2006). *The Service-Dominant Logic of Marketing.* Armonk (NY): Sharpe.

Mani, D., Barua, A. & Winston, A. B. (2006). Successfully Governing Business Process Relationships. *MIS Quarterly Executive, 5(1)*, S. 15–29.

Marks, E. A. & Bell, M. (2006). *Service-Oriented Architecture: A Planning and Implementation Guide for Business and Technology.* Hoboken (NJ): Wiley.

Masters, B. (2011). Financial Groups Hit by Flood of New Rules. *Financial Times.* 08.12.

Matt, C., Hess, T., Benlian, A. (2015). Digital Transformation Strategies. *Business & Information Systems Engineering, 57(5)*, S. 339-343.

McKinsey & Company. (2010). *Banking on Multichannel.* Chicago (IL).

Mehlau, J. I. (2003). IT-Architekturen von Finanzdienstleistern. In: D. Bartmann (Hrsg.), *Bankinformatik 2004: Strategien, Konzepte und Technologien für das Retail-Banking*. Wiesbaden: Gabler, S. 203–220.

Meise, V. (2001). *Ordnungsrahmen zur prozessorientierten Organisationsgestaltung*. Hamburg: Kovač.

Mertens, P., Bodendorf, F., König, W., Picot, A., Schumann, M. & Hess, T. (2012). *Grundzüge der Wirtschaftsinformatik* (11. Auflage). Berlin/Heidelberg: Springer Gabler.

Möller, K. (2006). *Wertschöpfung in Netzwerken*. München: Vahlen.

Moore, J. F. (1996). *The Death of Competition: Leadership & Strategy in the Age of Business Ecosystems*. New York (NY): Harper Business.

Moormann, J. (2004). Die Rolle der Informatik im Bankgeschäft. In: J. Moormann & T. Fischer (Hrsg.), *Handbuch Informationstechnologie in Banken* (2. Auflage). Wiesbaden: Gabler, S. 1–17.

Moormann, J. (2015). Kernbanksystem. In: N. Gronau, J. Becker, K. Kurbel, E. Sinz & L. Suhl (Hrsg.), *Enzyklopädie der Wirtschaftsinformatik*, Online-Lexikon, Universität Potsdam.

Moormann, J. & Schmidt, G. (2007). *IT in der Finanzbranche*. Berlin/Heidelberg: Springer.

Morschett, D. (2003). Formen von Kooperationen, Allianzen und Netzwerken. In: J. Zentes, B. Swoboda & D. Morschett (Hrsg.), *Kooperationen, Allianzen und Netzwerke*. Wiesbaden: Gabler, S. 387–414.

Mugler, A. (2014). *Das deutsche Bankensystem im internationalen Vergleich: Vergleich der Bankensysteme Deutschlands, der USA, Japans und Großbritanniens*. Hamburg: Disserta.

Müller, S. & Pfromm, C. (2003). CRM- und Web-Technologie im Firmenkundengeschäft. In: J. Moormann & T. Fischer (Hrsg.), *Handbuch Informationstechnologie in Banken* (2. Auflage). Wiesbaden: Gabler, S. 357–374.

Müller-Stewens, G. & Lechner, C. (2011). *Strategisches Management – Wie strategische Initiativen zum Wandel führen* (4. Auflage). Stuttgart: Schäffer-Poeschel.

Nadhan, E. G. (2004). Seven Steps to a Service-oriented Evolution. *Business Integration Journal*, S. 41–44.

Niemeyer, V. (2008). *Segmenting German Financial Consumers*. Cambridge (MA): Forrester Research.

Noack, J., Mehmanesh, H., Mehmaneche, H., & Zendler, A. (2000). Architekturen für Network Computing. *Wirtschaftsinformatik*, *42*(1), S. 5–14.

Nohr, H., Roos, A. W. & Vöhringer, A. (2008). Relationship Management in Verbundgruppen. In: J. Becker, R. Knackstedt & D. Pfeiffer (Hrsg.), *Wertschöpfungsnetzwerke – Konzepte für das Netzwerkmanagement und Potenziale aktueller Informationstechnologien*. Heidelberg: Physica, S. 153–169.

Nora, S. & Minc, A. (1979). *Die Informatisierung der Gesellschaft*. Frankfurt am Main: Campus.

North, M. (1994). *Das Geld und seine Geschichte – Vom Mittelalter bis zur Gegenwart*. München: Beck.

Nüesch, R., Puschmann, T., & Alt, R. (2015). Hybrid Customer Interaction. *Business & Information Systems Engineering*, *57*(1), S. 73–78.

O.V. (2015a). BCV bleibt auf Kurs. *Neue Zücher Zeitung*, 01.05., S. 27.

O.V. (2015b). Europas Bankkonzerne auf Schrumpfkur. *Frankfurter Allgemeine Zeitung*, 02.11., S. 21.

O.V. (2015c). Vontobel spürt den zweiten Frühling. *Neue Zürcher Zeitung*, 12.02., S. 27.

OMG (2011). Business Process Model and Notation (BPMN) Version 2.0. Needham (MA): Object Management Group.

OMG (2015). *OMG Unified Modeling Language TM (OMG UML)*. Needham (MA): Object Management Group.

OMGFinanceDomainTaskForce. (2015). *FIBO – Monthly Status*. Needham (MA): Object Management Group.

Österle, H. (1995). *Business Engineering Prozeß- und Systementwicklung – Band 1: Entwurfstechniken* (2. Auflage). Berlin/Heidelberg: Springer.

Österle, H. & Blessing, D. (2003). Business Engineering Modell. In: H. Österle & R. Winter (Hrsg.), *Business Engineering: Auf dem Weg zum Unternehmen des Informationszeitalters* (2. Auflage). Berlin/Heidelberg: Springer, S. 65–85.

Ostermaier, E. (2004). Realisierung von Kreditfabriken. In: J. Moormann & T. Fischer (Hrsg.), *Handbuch Informationstechnologie in Banken* (2. Auflage). Wiesbaden: Gabler, S. 508–519.

Österreichische Nationalbank. (2001). *Das österreichische Finanzwesen* (3. Auflage). Wien: Österreichische Nationalbank.

Pfau, W. (1997). *Betriebliches Informationsmanagement: Flexibilisierung der Informationsinfrastruktur*. Wiesbaden: Gabler.

Pickens, M., Porteous, D. & Rotman, S. (2009). *Scenarios for Branchless Banking in 2020*. Consultative Group to Assist the Poor, Washington D. C.: Department for International Development (DFID).

Picot, A., Reichwald, R. & Wigand, R. T. (1998). *Die grenzenlose Unternehmung: Information, Organisation und Management* (3. Auflage). Wiesbaden: Gabler.

Porter, M. E. (2001). Strategy and the Internet. *Harvard Business Review, 79*(3), S. 62–78.

Prensky, M. (2001). Digital Natives, Digital Immigrants. *On the Horizon, 9*(5), S. 1–6.

Priewasser, E. (2001). *Bankbetriebslehre* (7. Auflage). München/Wien: Oldenbourg.

Provan, K., Fish, A. & Sydow, J. (2007). Interorganizational Networks at the Network Level: A Review of the Empirical Literature on Whole Networks. *Journal of Management, 33*(3), S. 479–516.

Pukropski, U., Mayer, M., Sommer, D., Wiechens, G. & von Zanthier, U. (2013). Auswirkungen regulatorischer Anforderungen. Frankfurt am Main: KPMG.

Puschmann, T. & Alt, R. (2011). Überbetriebliches Service Lifecycle Management. *HMD – Praxis der Wirtschaftsinformatik, 48*(2), S. 58–67.

Puschmann, T. & Alt, R. (2016). Sharing Economy. *Business & Information Systems Engineering, 58*(1), S. 93–99.

Rabenstein, R. (2003). Architekturen für die Multikanalbank. In: J. Moormann & T. Fischer (Hrsg.), *Handbuch Informationstechnologie in Banken* (2. Auflage). Wiesbaden: Gabler, S. 183–196.

Reuttner, I., Glass, T., Drzeniek Hanouz, M., Geiger, T., Koenitzer, M., Duffie, D. & van Horen, N. (2012). *The Financial Development Report 2012*. New York (NY): World Economic Forum.

Riedl, G. R. (2002). *Der bankbetriebliche Zahlungsverkehr*. Heidelberg: Physica.

Riemer, K. & Klein, S. (2006). Network Management Framework. In: S. Klein & A. Poulymenakou (Hrsg.), *Managing Dynamic Networks*. Berlin/Heidelberg: Springer, S. 17–68.

Riese, C. (2006). *Industrialisierung von Banken: Grundlagen, Ausprägungen, Wirkungen*. Wiesbaden: Deutscher Universitäts-Verlag.

Röhrs, N. (2008). *Transformation des Retail und Private Banking – Transformationsmodell – Geschäftsarchitektur – Strategische Entscheidungs- und Handlungsfelder*. Bamberg: Difo.

Roland Berger (2013). *Die Zukunft des Retail Bankings in Europa – Umfrage unter Top-Führungskräften 2013*. München: Roland Berger Strategy Consultants.

Rosen, M., Lublinski, B., Smith, K. T. & Balcer, M. J. (2008). *Applied SOA: Service-oriented Architecture and Design Strategies*. Indianapolis: Wiley Publishing.

Sachse, S. (2016). *Customer-centric Service Management*. Dissertation, Universität Leipzig (in Fertigstellung).

Sachse, S., Alt, R. & Puschmann, T. (2014). Towards Customer-centric Mass Customization – Contribution of a Customer Model. In: D. Kundisch, L. Suhl & L. Beckmann (Hrsg.). *Tagungsband Multikonferenz Wirtschaftsinformatik 2014 (MKWI 2014)*. Paderborn.

Sachse, S., Puschmann, T. & Alt, R. (2012). Towards Customer-oriented Electronic Markets – A Survey Among Digital Natives in the Financial Industry. In: *Proceedings of the 25th Bled eConference*. Bled.

Schafferer, M. (2005). *Evaluation von Notationen zur Geschäftsprozessmodellierung*. Hall in Tirol: Private Universität für Gesundheitswissenschaften, Medizinische Informatik und Technik.

Scheer, A.-W., Grieble, O. & Klein, R. (2003). Modellbasiertes Dienstleistungsmanagement. In: H.-J. Bullinger & A.-W. Scheer (Hrsg.), *Service Engineering: Entwicklung und Gestaltung innovativer Dienstleistungen*. Berlin/Heidelberg: Springer, S. 19–49.

Schieble, M. & Schölzel, S. (2011). Innovation als Wettbewerbsfaktor in der Finanzdienstleistungsbranche. In: S. Ziegler & M. Sohl (Hrsg.), *Moderner Bankvertrieb im Dienst des Kunden*. Wiesbaden: Gabler, S. 53–62.

Schmid, M., Schindler, M., Nees, F. & Wirth, A. (2013). *Marktstudie Core Banking Systeme – Ergebnis aus Sicht der Softwareanbieter und Sichtweise der Softwarenutzer*. Karlsruhe: Hochschule Karlsruhe Technik und Wirtschaft.

Schrauth, K.-D. (2004). Die Erwartungen einer Landesbank an die TxB. In: H.-J. Lamberti, A. Marlière & P. Pöhler (Hrsg.), *Management von Transaktionsbanken*. Berlin/Heidelberg: Springer, S. 59–70.

Schwaller, P. & Patusi, B. (2014). *Bankenbarometer 2014 – Die konjunkturelle Entwicklung der Banken in der Schweiz*. Basel: Schweizerische Bankiervereinigung.

Seo, D. & Rietsema, A. (2010). A Way to Become Enterprise 2.0: Beyond Web 2.0 Tools. In: *Proceedings of the 31st International Conference on Information Systems (ICIS)*. St. Louis (MO).

Skan, J., Dickerson, J., & Masood, S. (2015). *The Future of Fintech and Banking: Digitally Disrupted or Reimagined?* London: Accenture.

Snow, C. C., Miles, R. E. & Coleman, H. J. (1992). Managing 21st Century Network Organizations. *Organizational Dynamics, 20*(3), S. 4–20.

Spath, D., Bauer, W., Praeg, C.-P. & Vocke, C. (2011). Bank & Zukunft 2011. Stuttgart: Fraunhofer IAO.

Spremann, K. & Gantenbein, P. (2014). *Zinsen, Anleihen, Kredite* (5. Auflage). München: Oldenbourg.

Stachowiak, H. (1973). *Allgemeine Modelltheorie*. Berlin: Springer.

Strahringer, S. & Gmeiner, R. (2004). Auswahlstrategien für Standardsoftware in Banken. *HMD – Praxis der Wirtschaftsinformatik, 41*(10), S. 95–101.

Süchting, J. & Paul, S. (1998). *Bankmanagement* (4. Auflage). Stuttgart: Schäffer-Poeschel.

Sydow, J. (1992). *Strategische Netzwerke: Evolution und Organisation*. Wiesbaden: Gabler.

Tolkmitt, V. (2007). *Neue Bankbetriebslehre – Basiswissen zu Finanzprodukten und Finanzdienstleistungen* (2. Auflage). Wiesbaden: Gabler.

Tseng, M. M. & Jiao, J. (2001). Mass Customization. In: G. Salvendy (Hrsg.), *Handbook of Industrial Engineering, Technology and Operation Management* (3. Auflage). New York (NY): Wiley.

Wagner, C.-P. & Müller-Tronnier, D. (2013). Bankenbarometer Deutschland/Europa Januar 2013. Eschborn: Ernst & Young.

Wang, E. & Free, D. (2013). *Magic Quadrant for International Retail Core Banking*. Stamford (CT): Gartner Group.

Wendt, P. (2004). IT in der Abwicklung des Inlandszahlungsverkehrs. In: J. Moorman & T. Fischer (Hrsg.), *Handbuch Informationstechnologie in Banken* (2. Auflage). Wiesbaden: Gabler, S. 473–488.

Wickel, S. (1995). *Banken im Wandel: Konzept für eine zukunftsorientierte Organisationsstruktur*. Wiesbaden: Deutscher Universitäts-Verlag.

Wiese, H. (1989). *Netzeffekte und Kompatibilität: ein theoretischer und simulationsgeleiteter Beitrag zur Absatzpolitik für Netzeffekt-Güter*. Stuttgart: Poeschel.

Wilson, C. (2006). *Transparent IT: Building Blocks for an Agile Enterprise*. Dallas: Geniant.

Winkler, V. (2007). Identifikation und Gestaltung von Services: Vorgehen und Beispielhafte Anwendung im Finanzdienstleistungsbereich. *Wirtschaftsinformatik, 49*(4), S. 257–266.

WKWI (1994). Profil der Wirtschaftsinformatik. Ausführungen der Wissenschaftlichen Komission der Wirtschaftsinformatik. *Wirtschaftsinformatik, 36*(1), S. 80–81.

Wolf, J. & Kohlmann, F. (2009). DZ Bank als Integrator im Netzwerk. In: R. Alt, B. Bernet & T. Zerndt, *Transformation von Banken: Praxis des In- und Outsourcings auf dem Weg zur Bank 2015*. Berlin/Heidelberg: Springer, S. 245–254.

Zachmann, J. A. (1999). A Framework For Information Systems Architecture. *IBM Systems Journal, 38*(5), S. 454–470.

Zhang, Z., Liu, R. & Yang, H. (2005). Service Identification and Packaging in Service-oriented Reengineering. In: *Proceedings of the 17th International Conference on Software Engineering and Knowledge Engineering (SEKE)*. Taipei, S. 620–625.

Zillmann, M. & Ströbele, E. (2012). *Zukunft der Banken 2020 – Trends, Technologien, Geschäftsmodelle*. Kaufbeuren: Lünendonk.

Index

Printed by Books on Demand, Germany